Perspektiven eines europarechtskonformen Gemeinnützigkeits- und Zuwendungsrechts

FINANZ- UND STEUERRECHT IN DEUTSCHLAND UND EUROPA

Herausgegeben von Klaus-Dieter Drüen,
Hanno Kube und Rainer Wernsmann

Band 13

PETER LANG
Frankfurt am Main · Berlin · Bern · Bruxelles · New York · Oxford · Wien

Dirk Wünschig

Perspektiven eines europarechtskonformen Gemeinnützigkeits- und Zuwendungsrechts

Eine Untersuchung nach „Stauffer" und „Persche" bei gleichzeitiger Kritik an der Neufassung des Gemeinnützigkeitsrechts nach dem Jahressteuergesetz 2009

PETER LANG
Internationaler Verlag der Wissenschaften

Bibliografische Information der Deutschen Nationalbibliothek
Die Deutsche Nationalbibliothek verzeichnet diese Publikation in der Deutschen Nationalbibliografie; detaillierte bibliografische Daten sind im Internet über http://dnb.d-nb.de abrufbar.

Zugl.: Mainz, Univ., Diss., 2010

Gedruckt auf alterungsbeständigem,
säurefreiem Papier.

D 77
ISSN 1863-141X
ISBN 978-3-631-60628-5

www.peterlang.de

Denn was man schwarz auf weiß besitzt,
Kann man getrost nach Hause tragen.
(Goethe, Faust I, Studierzimmer)

Vorwort

Die vorliegende Arbeit ist im Sommersemester 2010 vom Fachbereich Rechts- und Wirtschaftswissenschaften der Johannes Gutenberg-Universität Mainz als Dissertation angenommen worden. Das Manuskript wurde im Mai 2010 fertiggestellt.

Besonderer Dank gilt meinem Doktorvater, Herrn Prof. Dr. Hanno Kube, LL.M. für die Anregung des Themas und die hervorragende Betreuung. Während des gesamten Promotionsverfahrens stand er mir jederzeit mit kritischen Anregungen hilfreich zur Seite. Ich danke ihm und den Mitherausgebern, Herrn Prof. Dr. Klaus-Dieter Drüen und Herrn Prof. Dr. Rainer Wernsmann, für die Aufnahme meiner Arbeit in ihre Reihe „Finanz- und Steuerrecht in Deutschland und Europa". Herrn Prof. Dr. Dieter Dörr möchte ich für die rasche Erstellung des Zweitgutachtens danken.

Meiner Frau Nina kann ich an dieser Stelle nicht genug danken für ihre Unterstützung und ihren Beistand während meiner gesamten juristischen Ausbildung und während der Erstellung dieser Arbeit. Danken möchte ich außerdem Herrn PD Dr. habil. Lars Leuschner für die zahlreichen anregenden Diskussionen und Frau Helge Rehme für die Durchsicht und Korrektur des Manuskripts. Mein Dank für die Unterstützung während der Erstellung der vorliegenden Arbeit gebührt zudem Frau Birgit Baudson und Frau Siggi Scherer.

Inhaltsverzeichnis

Vorwort 7

Abkürzungsverzeichnis 17

Einleitung 21
A. Ausgangslage und Ziel der Arbeit 21
B. Sachverhalte bisheriger Entscheidungen des EuGH zum deutschen Gemeinnützigkeitsrecht 23
I. Entscheidung „Stauffer", Urteil vom 14.09.2006 23
II. Entscheidung „Jundt" Urteil vom 18.12.2007 23
III. Entscheidung „Persche" Urteil vom 27.01.2009 24
C. Gang der Untersuchung 25

Erster Teil: Nationale Vorgaben des Gemeinnützigkeits- und Zuwendungsrechts (Rechtslage bis zum 31.12.2008) 27
A. Historische Entwicklung in Deutschland 27
I. Fränkische Zeit und Mittelalter 27
II. Von der Neuzeit bis in das 20. Jahrhundert – ein Überblick 28
III. Abzugsfähigkeit gemeinnütziger Zuwendungen (Spendenrecht) 29
1. (Unbeschränkter) Abzug als Werbungskosten/Betriebsausgaben bei der Ertragsermittlung 30
2. (Beschränkter) Abzug bei der Einkommensermittlung 33
IV. Zwischenergebnis 36
B. Das Subjekt der Gemeinnützigkeit – Zivilrechtliche Grundlagen gemeinnütziger Tätigkeit 36
C. Rechtfertigung steuerlicher Berücksichtigung der Gemeinnützigkeit und steuerrechtsdogmatische Einordnung der Befreiungsvorschriften 39
I. Staatsentlastung als Rechtfertigung der Gemeinnützigkeit 39
II. Steuerrechtsdogmatische Einordnung als Fiskalzwecknorm – zwingende Berücksichtigung (freiwillig) geminderter Leistungsfähigkeit 40
D. Voraussetzungen steuer- und abgabenrechtlicher Gemeinnützigkeit (Rechtslage bis zum 31.12.2008) 42

I. Verfolgung steuerbegünstigter Zwecke ... 42
1. Gemeinnützige Zwecke i.e.S., § 52 AO ... 43
a. Förderung auf materiellem, geistigem oder sittlichem Gebiet ... 43
b. Förderung der Allgemeinheit ... 44
aa. Gesetzliche Negativabgrenzungen des Begriffs der Allgemeinheit ... 44
bb. Bisheriger Meinungsstand zum Begriff der Allgemeinheit ... 45
cc. Stellungnahme ... 48
dd. Zwischenergebnis ... 50
2. Mildtätige Zwecke, § 53 AO ... 51
3. Kirchliche Zwecke, § 54 AO ... 51
II. Modalitäten der Zweckverfolgung – ausschließlich, unmittelbar, selbstlos ... 51
1. Ausschließlichkeit, § 56 AO ... 52
2. Unmittelbarkeit, § 57 AO ... 52
3. Selbstlosigkeit, § 55 AO ... 52
III. Anforderungen an Satzung und Geschäftsführung ... 54
IV. Finanzierung – Vier-Sphären-Modell ... 55
1. Ideeller Bereich ... 56
2. Vermögensverwaltung ... 56
3. Wirtschaftliche Geschäftsbetriebe ... 56
4. Zweckbetriebe ... 59
V. Zwischenergebnis ... 60
E. Folgen steuer- und abgabenrechtlicher Gemeinnützigkeit (Rechtslage bis zum 31.12.2008) ... 60
I. Direkte steuerrechtliche Folgen gemeinnütziger Betätigung ... 61
1. Ertragsteuern ... 61
a. Körperschaftsteuer ... 61
b. Gewerbesteuer ... 63
c. Sonderfall Kapitalertragsteuer ... 64
d. Erbschaft- und Schenkungsteuer ... 65
2. Substanzsteuern – Befreiung von der Grundsteuer ... 66
3. Verkehr- und Verbrauchsteuern ... 67
a. Umsatzsteuer ... 67
b. Kraftfahrzeugsteuer ... 68
II. Indirekte steuerrechtliche Folgen gemeinnütziger Betätigung ... 69
1. „Spendenrecht" Begünstigung von Zuwendungen an gemeinnützige Körperschaften ... 69

a. Voraussetzungen für den Zuwendungsabzug 70
b. Umfang des Zuwendungsabzugs 70
c. Ausländischer Zuwendungsempfänger 71
2. Übungsleiterpauschale 72
3. Steuerfreie Stipendien gemeinnütziger Körperschaften 74
III. Nichtsteuerrechtliche Folgen 74
1. Zuweisung von Bußgeldern 74
2. Gebühren- und Abgabenbefreiungen 75
IV. Zwischenergebnis 76
F. Verfahrensfragen 76
I. Kein statusbegründender Verwaltungsakt 76
II. Mittelbare Wirkung des Freistellungsbescheides 78
III. Vorläufige Bescheinigung 79
IV. Keine umfassende staatliche Aufsicht 80
V. Zwischenergebnis 81
G. Zusammenfassung und abschließendes Fazit zu den nationalen Vorgaben des Gemeinnützigkeitsrechts 81

Zweiter Teil: Europarechtliche Vorgaben für das Gemeinnützigkeits- und Spendenrecht 83
A. Grundlagen der Europäischen Union und des europäischen Rechts 83
B. Prüfungsmaßstäbe des Steuerrechts für das Gemeinnützigkeitsrecht 84
C. Bedeutung der Grundfreiheiten für das Steuerrecht der Mitgliedstaaten im Allgemeinen 87
I. Europäische Harmonisierungskompetenz für die indirekten Steuern 87
II. „Stille" Harmonisierung der direkten Steuern mit Hilfe der Grundfreiheiten 88
III. Allgemeine Grundfreiheitslehren und direkte Steuern 91
1. Unmittelbare Anwendbarkeit der Grundfreiheiten 91
2. Anwendungsvorrang des europäischen Rechts und Auswirkungen im nationalen Recht 92
3. Konvergenz der Grundfreiheiten auf Tatbestandsseite 93
4. Notwendiger grenzüberschreitender Bezug 94
5. Grundfreiheiten als Diskriminierungs- und Beschränkungsverbote 94
6. Schranken der Grundfreiheiten – Rechtfertigung einer Ungleichbehandlung bzw. Beschränkung 95
a. Kohärenz des Steuersystems 96
aa. Entwicklung des Kohärenzgedankens 96

bb. Übergreifende Kohärenzbetrachtung ... 97
cc. Territorialitätsprinzip als Unterfall der Kohärenz ... 100
b. Notwendigkeit wirksamer steuerlicher Kontrollen ... 100
c. Verhinderung von Steuerumgehungen, Steuerflucht und Missbrauch ... 105
d. Wahrung der Aufteilung der Besteuerungsbefugnisse ... 106
e. Vermeidung mehrfacher Verlustberücksichtigung ... 107
f. Nicht anerkannte Rechtfertigungsgründe ... 107
IV. Zwischenfazit zur Bedeutung der Grundfreiheiten für das Steuerrecht der Mitgliedstaaten im Allgemeinen ... 108
D. Bedeutung der Grundfreiheiten für das Gemeinnützigkeits- und Zuwendungsrecht im Speziellen ... 109
I. Anwendbarkeit der Grundfreiheiten ... 109
1. Notwendiger erwerbswirtschaftlicher Bezug ... 109
2. Anwendbare Grundfreiheiten im Zusammenhang mit der Tätigkeit gemeinnütziger Körperschaften ... 111
a. Niederlassungsfreiheit ... 111
b. Kapitalverkehrsfreiheit ... 111
c. Dienstleistungsfreiheit und Arbeitnehmerfreizügigkeit ... 114
d. Zwischenergebnis: Anwendbare Grundfreiheiten ... 115
II. Beschränkung der Grundfreiheiten – Vergleichbare Situation gebietsansässiger und gebietsfremder gemeinnütziger Körperschaften ... 115
1. Dogmatische Verortung – Frage der Beschränkung ... 116
2. Bewertung der Prüfungskriterien des EuGH ... 117
3. Kritik an den Ergebnissen des EuGH ... 119
4. Zwischenergebnis: Vergleichbarkeit inländischer und ausländischer gemeinnütziger Körperschaften ... 121
III. Rechtfertigung einer Beschränkung ... 122
1. Kohärenz ... 122
2. Funktion und Wesen des Gemeinnutzausgleichs ... 127
3. Notwendigkeit wirksamer steuerlicher Kontrollen ... 129
a. Besteuerung der gemeinnützigen Körperschaft ... 129
b. Spendenrecht ... 131
c. Stellungnahme ... 134
aa. Verifikationsprinzip ... 135
(1) Verfassungsrechtliche Bedeutung des Verifikationsprinzips ... 135
(2) Kein Spezifikum des Gemeinnützigkeitsrechts ... 136

(3) Tatsächliche Überprüfungsdifferenzen bei gemeinnütziger Betätigung im In- und Ausland 137
(4) Möglichkeiten zur Auskunftserlangung 139
(5) Möglichkeit einer Beweislastentscheidung 140
(6) Abwägung ist mit Blick auf Gesamtheit der Mitgliedstaaten vorzunehmen 140
bb. Verfahrensökonomie und Verhältnismäßigkeit 141
cc. Zwischenergebnis 145
4. Sonstige Rechtfertigungsgründe 145
5. Zusammenfassung – Keine Rechtfertigung der Benachteiligung ausländischer Körperschaften 146
IV. Zwischenfazit zur Bedeutung der Grundfreiheiten für das Gemeinnützigkeits- und Zuwendungsrecht im Speziellen 147
E. Bedeutung der Beihilferegelungen für das Gemeinnützigkeits- und Zuwendungsrecht 148
I. Steuervorteile gemeinnütziger Körperschaften als Beihilfe 149
1. Funktionaler Unternehmensbegriff 149
a. Ideeller Bereich 150
b. Vermögensverwaltung 150
c. Wirtschaftliche Geschäftsbetriebe 153
d. Zweckbetriebe 153
e. Zwischenergebnis 153
2. Begünstigung 154
3. Staatliche Finanzierung 155
4. Selektivität der Maßnahme 156
5. Wettbewerbsverfälschung und Beeinträchtigung des Handels zwischen Mitgliedstaaten 157
6. Altmark-Trans-Kriterien des EuGH 157
7. Entscheidung der Kommission vom 28.11.2005 („Monti"-Paket).... 160
8. Zwischenergebnis 161
II. Rechtfertigung 162
III. Zwischenfazit zur Bedeutung der Beihilferegelungen für das Gemeinnützigkeits- und Zuwendungsrecht 162
F. Zwischenergebnis zu den europarechtlichen Vorgaben für das Gemeinnützigkeits- und Zuwendungsrecht 163

Dritter Teil: Perspektiven eines europarechtskonformen Gemeinnützigkeits- und Zuwendungsrechts 165
A. Materielle Fragen des Gemeinnützigkeitsrechts – zugleich Analyse und Kritik der Änderungen durch das Jahressteuergesetz 2009 166

I. Öffnung des § 5 Abs. 2 Nr. 2 KStG ... 166
1. Anknüpfung an Art. 48 EG bzw. Art. 34 EWG (Art. 54 AEU) ... 167
2. Gründung und Sitz oder Geschäftsleitung in einem EU/EWR-Staat ... 169
3. Bestehendes Amtshilfeabkommen ... 169
4. Zwischenergebnis: § 5 Abs. 2 Nr. 2 KStG n.F. mit Gemeinschaftsrecht nicht vereinbar ... 172
5. Eigener Vorschlag zur Neufassung des § 5 Abs. 2 Nr. 2 KStG ... 172
II. Souveräne mitgliedstaatliche Bestimmung der steuerbegünstigten Förderzwecke und Grenzen mitgliedstaatlichen Ermessens ... 173
1. Unterscheidung nach dem Ort gemeinnütziger Tätigkeit ... 175
a. Normqualität der in den Verträgen verankerten Ziele ... 176
b. Förderung von Wissenschaft und Forschung ... 176
c. Förderung der Mobilität von Lernenden und Lehrenden ... 177
d. Umweltschutz ... 178
e. Unproblematische Politikfelder: Sozialpolitik, Kultur, Gesundheitswesen ... 179
f. Weitergehende Einschränkungen durch die Grundfreiheiten und das allgemeine Diskriminierungsverbot ... 180
2. Differenzierung nach Nationalität oder Ansässigkeit der Destinatäre ... 183
3. Zwischenergebnis zur Begrenzung des Ermessens der Mitgliedstaaten bei der Festlegung förderungswürdiger Zwecke ... 185
III. Struktureller Inlandsbezug in § 51 Abs. 2 AO n.F. ... 185
1. Ansehen der Bundesrepublik Deutschland ... 187
2. Vereinbarkeit der Neuregelung mit europäischem Recht ... 189
a. Indirekte subjektive Typisierung ... 189
b. Nichtberücksichtung der spezifischen Ziele der Union ... 190
3. Präzisierung des strukturellen Inlandsbezuges mit Kriterien des Haushaltsrechts nach Fischer ... 191
4. Eigener Vorschlag zur alternativen Regelung eines Inlandsbezuges ... 192
IV. § 51 Abs. 3 AO n.F. – Ausschluss extremistischer Zielsetzungen ... 195
V. § 60 Abs. 1 AO n.F. – Verbindlichkeit der Festlegungen der Mustersatzung ... 196
VI. Zwischenergebnis und Fazit zu den gesetzlichen Neuregelungen des Gemeinnützigkeitsrechts durch das Jahressteuergesetz 2009 ... 199
B. Materielle Fragen des Zuwendungsrechts ... 201
I. Abziehbarkeit von Zuwendungen nach dem Jahressteuergesetz 2009 .. 201

II. Abziehbarkeit von Zuwendungen de lege lata 202
1. Leistung von Amtshilfe und Unterstützung bei der Beitreibung 203
2. Abstimmung mit den Änderungen durch das Jahressteuergesetz 2009 206
3. Nicht erfasste Zuwendungen 207
III. Indirekte steuerrechtliche Folgen gemeinnütziger Betätigung außerhalb des Zuwendungsrechts 207
IV. Zwischenergebnis und Fazit zum Zuwendungsrecht 207
C. Verfahrensrechtliche Fragen 208
I. Gemeinnützigkeitsrecht 208
1. Sprachliche Anforderungen an Steuererklärung und beizufügende Unterlagen 210
2. Ermittlung und Entscheidung in Zweifelsfällen 211
3. Pflicht zur Inanspruchnahme von Amtshilfe und Möglichkeit von Entscheidungen nach den Grundsätzen der Feststellungslast 212
II. Zuwendungsrecht 218
1. Analyse der verfahrensrechtlichen Hürden bei der Berücksichtigung von Zuwendungen an nichtsteuerpflichtige Körperschaften 219
a. Mehr- und Mehrfachaufwand der Finanzverwaltung bei einstufiger Prüfung der Abzugsvoraussetzungen 219
b. Einseitige Verteilung von Beweispflichten und Beweisrisiko zu Lasten des Zuwendenden 220
c. Kein Vertrauensschutz 221
d. Mehraufwand nichtsteuerpflichtiger Körperschaften 222
2. Rechtsfolgen 223
a. Vereinbarkeit mit Verfassungsrecht 223
b. Vereinbarkeit mit Gemeinschaftsrecht 224
3. Zwischenergebnis 225
4. Muster für Zuwendungsbestätigung 225
III. Änderung bestandskräftiger Steuerbescheide 228

Zusammenfassung der wichtigsten Thesen und Ergebnisse 231
A. Nationale Vorgaben des bis zum 31.12.2008 geltenden Rechts 231
B. Europäische Vorgaben für das Gemeinnützigkeitsrecht 231
I. Bedeutung der Grundfreiheiten für das Steuerrecht der Mitgliedstaaten im Allgemeinen 231
II. Bedeutung der Grundfreiheiten für das Gemeinnützigkeits- und Zuwendungsrecht der Mitgliedstaaten im Speziellen 232

III. Bedeutung der Beihilferegelungen für das Gemeinnützigkeits- und Zuwendungsrecht ... 232
C. Perspektiven eines europarechtskonformen Gemeinnützigkeits- und Zuwendungsrechts ... 233
I. Materielle Fragen des Gemeinnützigkeitsrechts ... 233
1. Neufassung des § 5 Abs. 2 Nr. 2 KStG ... 233
2. Souveräne mitgliedstaatliche Bestimmung der steuerbegünstigten Förderzwecke – Grenzen mitgliedstaatlichen Ermessens ... 233
3. Neufassung des § 51 Abs. 2 AO ... 234
a. Unvereinbarkeit mit Gemeinschaftsrecht ... 234
b. Eigener Vorschlag zur Regelung eines Inlandsbezuges ... 234
4. Neufassung des § 51 Abs. 3 AO ... 235
5. Auslegung des § 60 Abs. 1 AO n.F. ... 235
II. Materielle Fragen des Zuwendungsrechts ... 235
1. Nach dem Jahressteuergesetz 2009 ... 235
2. De lege lata ... 235
III. Verfahrensrechtliche Fragen ... 236
1. Gemeinnützigkeitsrecht ... 236
2. Zuwendungsrecht ... 236
3. Änderung bestandskräftiger Steuerbescheide ... 237

Literaturverzeichnis ... 239

Abkürzungsverzeichnis

a.A.	anderer Ansicht
a.F.	alte Fassung
ABl.	Amtsblatt der Europäischen Union
Abs.	Absatz
AEU	Zitierungen aus dem „Vertrag über die Arbeitsweise der Europäischen Union“ (AEUV), in Kraft seit dem 01.12.2009
AO	Abgabenordnung
Art.	Artikel
ausf.	ausführlich
BB	Betriebs-Berater (Zeitschrift)
Bd.	Band
BeSt	Beratersicht zur Steuerrechtsprechung (Zeitschrift)
BFH	Bundesfinanzhof
BFHE	Sammlung der Entscheidungen des Bundesfinanzhofs
BGBl.	Bundesgesetzblatt
BLS Non Profit Law News	Bucerius Law School Non Profit Law News (Zeitschrift)
BMF	Bundesministerium der Finanzen
BR-Drucks.	Bundesrats-Drucksache
BStBl.	Bundessteuerblatt
BT-Drucks.	Bundestags-Drucksache
BVerfG	Bundesverfassungsgericht
BVerfGE	Sammlung der Entscheidungen des Bundesverfassungsgerichts
bzw.	beziehungsweise
CMLR	Common Market Law Review (Zeitschrift)
DB	Der Betrieb (Zeitschrift)
DBA	Doppelbesteuerungsabkommen
ders.	derselbe
dies.	dieselbe, dieselben
DStJG	Deutsche Steuerjuristische Gesellschaft
DStR	Deutsches Steuerrecht (Zeitschrift)

DStZ	Deutsche Steuer-Zeitung
EG	Zitierungen aus dem „Vertrag zur Gründung der Europäischen Gemeinschaft“ in der bis zum 31.11.2009 geltenden Fassung
EStDV	Einkommensteuer-Durchführungsverordnung
EStG	Einkommensteuergesetz
EU	Zitierungen aus dem „Vertrag über die Europäische Union“ in der Fassung nach dem Vertrag von Lissabon, in Kraft seit dem 01.12.2009
EuR	Europarecht (Zeitschrift)
EUV	Zitierungen aus dem „Vertrag über die Europäische Union“ in der bis zum 31.11.2009 geltenden Fassung
EuZW	Europäische Zeitung für Wirtschaftsrecht
EWS	Europäisches Wirtschafts- & Steuerrecht (Zeitschrift)
f.	folgende
ff.	fortfolgende
FG	Finanzgericht
FR	Finanz-Rundschau (Zeitschrift)
gem.	gemäß
GewStG	Gewerbesteuergesetz
GG	Grundgesetz
GS	Gedächtnisschrift
Hess.	Hessisches
Hrsg.	Herausgeber
Hs.	Halbsatz
i.S.d.	im Sinne des
i.V.m.	in Verbindung mit
IStR	Internationales Steuerrecht (Zeitschrift)
IWB	Internationales Steuer- und Wirtschaftsrecht (Zeitschrift)
JbFStR	Jahrbuch der Fachanwälte für Steuerrecht
JZ	JuristenZeitung
KÖSDI	Kölner Steuerdialog (Zeitschrift)
KStG	Körperschaftsteuergesetz
KStZ	Kommunale Steuerzeitschrift
m.w.N.	mit weiteren Nachweisen
MüKo	Münchener Kommentar
NJW	Neue Juristische Wochenschrift
npoR	Zeitschrift für das Recht der Non Profit Organisationen
NVwZ	Neue Zeitschrift für Verwaltungsrecht

NWB	Neue Wirtschaftsbriefe für Steuer- und Wirtschaftsrecht (Zeitschrift)
OFD	Oberfinanzdirektion
PISTB	Praxis Internationale Steuerberatung (Zeitschrift)
RGBl.	Reichsgesetzblatt
RIW	Recht der internationalen Wirtschaft (Zeitschrift)
Rn.	Randnummer, Randnummern
Rs.	Rechtssache
S.	Seite
sog.	sogenannte
Spstr.	Spiegelstrich
StBp	Die steuerliche Betriebsprüfung (Zeitschrift)
StC	SteuerConsultant (Zeitschrift)
StuW	Steuer und Wirtschaft (Zeitschrift)
u.a.	und andere, unter anderem
v.	vom
v.a.	vor allem
VerfGH NRW	Verfassungsgerichtshof für das Land Nordrhein-Westfalen
WRV	Weimarer Reichsverfassung
ZErb	Zeitschrift für die Steuer- und Erbrechtspraxis
ZEV	Zeitschrift für Erbrecht und Vermögensnachfolge
ZSt	Zeitschrift zum Stiftungswesen

Einleitung

A. Ausgangslage und Ziel der Arbeit

Das deutsche Recht berücksichtigt gemeinnützige Betätigung nicht nur, aber vor allem in steuerlicher Hinsicht. Hinter der steuerlichen Begünstigung gemeinnützigen Handelns steht der Gedanke der Staatsentlastung. Denn die Verwirklichung des allgemeinen Wohls ist a priori Aufgabe des Staates, der sich zur Erfüllung seiner Aufgaben als Steuerstaat über Steuern und Abgaben finanziert. Übernimmt ein Steuerpflichtiger (freiwillig) gemeinnützige Aufgaben, die eigentlich dem Staat selbst oblägen, rechtfertigt dies insoweit eine Befreiung des Steuerpflichtigen von seinen (zwingenden) Steuer- und Abgabepflichten. Die Betätigungen gemeinnütziger Körperschaften sind deshalb weitgehend steuerbefreit. Auch zweckgebundene Zuwendungen zur Unterstützung gemeinnütziger Körperschaften, vor allem in Form von Spenden[1], können Dritte ihrerseits steuerlich geltend machen. Nichtsteuerliche Vergünstigungen wie die Befreiung gemeinnütziger Körperschaften von verschiedenen Gebühren oder die Möglichkeit des Strafrichters, eine Zahlung an eine gemeinnützige Einrichtung zur Auflage zu machen, runden die staatliche Förderung gemeinnütziger Tätigkeit ab.

Wie noch eingehender zu zeigen sein wird, kamen seit der Einführung der Regelungen der Gemeinnützigkeit in Deutschland in fast allen Fällen nur inländische gemeinnützige Einrichtungen in den Genuss der direkten steuerlichen Begünstigungen. Auch Zuwendungen[2] zu gemeinnützigen Zwecken waren steuerlich nur begünstigt und beim Zuwendenden steuerlich abziehbar, wenn sie einer inländischen Einrichtung zugewendet wurden.

Der EuGH hat sich bisher erst in wenigen Entscheidungen mit der Bedeutung des europäischen Rechts für das Gemeinnützigkeitsrecht beschäftigt. Der Gerichtshof sieht die Regelungen zur Körperschaftsteuerbefreiung allein inländischer gemeinnütziger Körperschaften als einen nicht gerechtfertigten Verstoß gegen die

---

1 Spenden sind Ausgaben, die von Steuerpflichtigen freiwillig und ohne Gegenleistung zur Förderung gesetzlich festgelegter Zwecke geleistet werden (*BFH* vom 12.09.1990 – I R 65/86, BStBl. II 1991, 258 = BFHE 162, 407 = DB 1991, 996).

2 Als „Zuwendungen“ gelten gemäß §§ 10b Abs. 1 S. 1 EStG, 9 Nr. 5 GewStG, 9 Abs. 1 Nr. 2 KStG „Spenden und Mitgliedsbeiträge“.

Kapitalverkehrsfreiheit nach dem EG-Vertrag[3] an (Entscheidung „Stauffer").[4] Honorare für nebenberufliche Tätigkeiten, die von vergleichbaren inländischen und ausländischen Körperschaften gezahlt werden, müssen nach dem EuGH steuerlich gleich behandelt werden (Entscheidung „Jundt")[5]. Dass nur Spenden an inländische, nicht aber an ausländische Körperschaften steuerlich berücksichtigungsfähig sind, ist für den EuGH ebenfalls ein nicht gerechtfertigter Verstoß gegen die Kapitalverkehrsfreiheit (Entscheidung „Persche").[6] Der deutsche Gesetzgeber hat auf die Rechtsprechung des EuGH reagiert und hat versucht, mit dem Jahressteuergesetz 2009 das deutsche Gemeinnützigkeitssteuerrecht europarechtlich abzusichern.[7]

Ziel dieser Arbeit ist es zum Einen, die Rechtsprechung des EuGH und die wissenschaftliche Diskussion zum Verhältnis des Gemeinnützigkeitsrechts und des europäischen Rechts systematisch aufzuarbeiten, kritisch zu hinterfragen und stellenweise um eigenständige Gesichtspunkte zu erweitern. Zudem soll untersucht werden, ob die durch das Jahressteuergesetz 2009 erfolgten Änderungen der Abgabenordnung und des Körperschaftsteuergesetzes das gesetzgeberische Anliegen der gemeinschaftsrechtlichen Absicherung des Gemeinnützigkeitsrechts erfüllen. Dies wird eine Auslegung der Tatbestandsmerkmale des neu gefassten § 51 AO mit Hilfe der juristischen Auslegungsmittel beinhalten. Zum Anderen sollen die noch offenen Flanken des deutschen Gemeinnützigkeitsrechts unter den europarechtlichen Vorgaben ebenso aufgezeigt werden wie denkbare Lösungsmöglichkeiten. Bei all dem soll die Rechtsprechung des EuGH besondere Beachtung finden, um zu einer praktisch verwertbaren Lösung zu gelangen.

---

3 Der EG-Vertrag („Vertrag zur Gründung der Europäischen Gemeinschaft") ist durch den Vertrag von Lissabon abgelöst worden. Mit Wirkung vom 01.12.2009 ist der „Vertrag über die Arbeitsweise der Europäischen Union" (AEUV) in Kraft getreten. In dieser Arbeit werden zum besseren Verständnis soweit möglich die Normen aus beiden Verträgen zitiert und dabei die Abkürzung „EG" für Zitierungen aus dem EG-Vertrag und „AEU" für Zitierungen aus dem AEUV verwendet. Durch den Vertrag von Lissabon ist auch der „Vertrag über die Europäische Union" mit Wirkung zum 01.12.2009 verändert und neu nummeriert worden. Zitierungen der Fassung vor dem Vertrag von Lissabon werden in dieser Arbeit mit „EUV" gekennzeichnet, Zitierungen aus dem Vertrag in der Fassung von Lissabon erfolgen mit der Abkürzung „EU".

4 *EuGH* vom 14.09.2006 – C-386/04 („*Stauffer*"), Slg 2006, I-8203 = DStR 2006, 1736 = IStR 2006, 675.

5 *EuGH* vom 18.12.2007 – C-281/06 („*Jundt*"), Slg 2007, I-12231 = IStR 2008, 220.

6 *EuGH* vom 27.01.2009 – C-318/07, („*Persche*"), DStR 2009, 207 = IStR 2009, 171.

7 BR-Drucks. vom 19.09.2008 – 545/08, S. 77.

B. Sachverhalte bisheriger Entscheidungen des EuGH zum deutschen Gemeinnützigkeitsrecht

Die Sachverhalte der drei zum deutschen Recht ergangenen Entscheidungen des EuGH sollen im Folgenden in aller Kürze dargestellt werden.

I. Entscheidung „Stauffer“, Urteil vom 14.09.2006[8]

Die in Italien ansässige und nach italienischem Recht als gemeinnützig anerkannte Stiftung „Centro di Musicologia Walter Stauffer“ war im Streitjahr Eigentümerin eines Geschäftsgrundstücks in München und erzielte daraus Einkünfte aus Vermietung und Verpachtung. Die Stiftung unterhielt in Deutschland keine Geschäftsräume und keine Zweigniederlassungen. Aus der Satzung geht hervor, dass die Stiftung keinen Erwerbszweck, sondern kulturelle Zwecke verfolgte. Die Stiftung förderte die Ausbildung und Erziehung junger schweizerischer Musiker durch Unterstützung der Lehrfächer der klassischen Herstellung von Saiteninstrumenten und Streichinstrumenten. Da die Stiftung weder Sitz noch Geschäftsleitung in Deutschland hatte, war sie mit ihren inländischen Vermietungseinkünften in Deutschland beschränkt steuerpflichtig. Nach § 5 Abs. 2 Nr. 2 KStG in der bis zum 31.12.2008 geltenden Fassung[9] war die nach § 5 Abs. 1 Nr. 9 KStG für gemeinnützige Körperschaften geltende Steuerbefreiung für die Stiftung nicht zugänglich. Im Revisionsverfahren legte der BFH dem EuGH den Fall zur Vorabentscheidung vor und fragte, ob die Verwehrung der Steuerbefreiung allein deswegen, weil die Stiftung im Inland nicht unbeschränkt steuerpflichtig war, letztlich also wegen des Sitzes der Stiftung im Ausland, mit den Grundfreiheiten des Gemeinschaftsrechts vereinbar sei.

II. Entscheidung „Jundt“ Urteil vom 18.12.2007[10]

Herr Jundt hatte als in Deutschland wohnender und arbeitender Rechtsanwalt einen nebenberuflichen Lehrauftrag an der Universität Straßburg angenommen. Das von der Universität gezahlte Honorar sollte der deutschen Einkommensteuer unterworfen werden. Von einer inländischen Hochschule bezogenes Honorar wäre dagegen wegen der Steuerbefreiung gemäß § 3 Nr. 26 EStG als „Entgelt aus nebenberuflichen Tätigkeiten im Dienst oder im Auftrag einer inländischen juristischen

---

8 *EuGH* vom 14.09.2006 – C-386/04 („*Stauffer*“), Slg 2006, I-8203 = IStR 2006, 675 = DStR 2006, 1736.

9 Im Streitjahr hatte noch die gleichlautende Regelung des § 5 Abs. 2 Nr. 3 KStG gegolten.

10 *EuGH* vom 18.12.2007 – C-281/06 („*Jundt*“), Slg 2007, I-12231 = IStR 2008, 220.

Person des öffentlichen Rechts" steuerbefreit gewesen. Dabei war § 3 Nr. 26 EStG rechtstechnisch als pauschalierte Aufwandsentschädigung[11] ausgestaltet. Die Steuervergünstigung des § 3 Nr. 26 EStG galt und gilt aber auch – und daraus ergibt sich der Bezug zum Gemeinnützigkeitsrecht – für nebenberufliche Tätigkeiten im Dienst oder im Auftrag „einer unter § 5 Abs. 1 Nr. 9 KStG fallenden Einrichtung zur Förderung gemeinnütziger, mildtätiger und kirchlicher Zwecke". Der BFH setzte das Revisionsverfahren aus und legte dem EuGH das Verfahren zur Vorabentscheidung mit den Fragen vor, ob (1.) der Anwendungsbereich der Dienstleistungsfreiheit auch quasi ehrenamtliche Tätigkeiten umfasse, die nur mit einer Aufwandsentschädigung abgegolten werden, ob (2.) die Regelung des § 3 Nr. 26 EStG mit der Begrenzung auf Entgelt, das von inländischen Personen des öffentlichen Rechts gezahlt wird, durch die hinter der Regelung stehenden Kohärenzüberlegungen gerechtfertigt sei und ob (3.) die Kompetenz der Mitgliedstaaten zur eigenverantwortlichen Gestaltung des Bildungswesens die Regelung des § 3 Nr. 26 EStG rechtfertigen könne.

III. Entscheidung „Persche" Urteil vom 27.01.2009[12]

Herr Persche, wohnhaft in Deutschland, beantragte in seiner Einkommensteuererklärung für das Jahr 2003 den Sonderausgabenabzug für eine Sachspende an ein portugiesisches Seniorenheim, an das ein Kinderheim angegliedert ist (Centro Popular de Lagoa). Herr Persche legte eine Bestätigung über den Erhalt der Spende und eine Erklärung vor, wonach das Centro nach portugiesischem Recht als Privateinrichtung der Sozialen Solidarität registriert worden sei und damit Anspruch auf alle Steuerbefreiungen und Vergünstigungen habe, die das portugiesische Gesetz gemeinnützigen Einrichtungen gewähre. Der BFH wollte im Wege der Vorabentscheidung vom EuGH wissen, ob (1.) Sachspenden in den Anwendungsbereich der Kapitalverkehrsfreiheit fallen, ob (2.) die Begrenzung der Abzugsfähigkeit auf Spenden an inländische gemeinnützige Einrichtungen unter Berücksichtigung der verfahrensrechtlichen Notwendigkeit der Verifikation der Angaben des Steuerpflichtigen eine Beschränkung der Kapitalverkehrsfreiheit darstelle und ob (3.). eine Pflicht der Finanzbehörden bestehe, zur Aufklärung des Sachverhalts auf die Möglichkeiten der Amtshilfe-Richtlinie zurückzugreifen oder ob eine Entscheidung nach Beweislastgrundsätzen erfolgen könne.

---

11 *Erhard*, in: Blümich, EStG, § 3, Rn. 971.

12 *EuGH* vom 27.01.2009 – C-318/07 („*Persche*"), DStR 2009, 207 = IStR 2009, 171.

C. Gang der Untersuchung

Zur Feststellung des status quo werden zunächst die Grundlagen der steuerlichen Förderung gemeinnützigen Handelns im deutschen Recht untersucht. Dazu wird im Überblick auf die historische Entwicklung des Gemeinnützigkeitsrechts in Deutschland einzugehen sein, um anschließend die nationalen Vorgaben des Gemeinnützigkeitsrechts, so wie sie der Gesetzgeber des Jahressteuergesetzes 2009 vorfand, genauer zu beleuchten. Danach werden die europäischen Vorgaben für das steuerliche Gemeinnützigkeitsrecht näher aufgezeigt. Dazu werden die Rechtsprechung des EuGH und die Literatur zum Verhältnis der Grundfreiheiten zum nationalen Steuerrecht im Allgemeinen und zum Gemeinnützigkeitssteuerrecht im Speziellen kritisch untersucht. Auch der Frage, ob das Beihilferecht zu akutem Handeln auf dem Feld des Gemeinnützigkeitsrechts drängt, soll nachgegangen werden. Notwendigkeit, Umfang und Tauglichkeit der Änderungen des Gemeinnützigkeitsrechts durch das Jahressteuergesetz 2009 sind anschließend Untersuchungsgegenstand. Dabei wird ein Schwerpunkt sowohl auf der Prüfung der vom Gesetzgeber erstrebten europarechtlichen Absicherung des Gemeinnützigkeitsrechts als auch auf der Auslegung und kritischen Würdigung des in § 51 Abs. 2 AO implementierten Inlandsbezuges und des neuen § 51 Abs. 3 AO liegen. Die Untersuchung alternativer Gestaltungsvorschläge, vor allem hinsichtlich der Verankerung eines Inlandsbezuges, und die Aufzeigung des weiteren Handlungsbedarfs und möglicher Lösungen sollen als weiterer Schwerpunkt den Abschluss der Arbeit bilden.

Erster Teil: Nationale Vorgaben des Gemeinnützigkeits- und Zuwendungsrechts (Rechtslage bis zum 31.12.2008)

Das deutsche Gemeinnützigkeitsrecht ist geprägt durch die Vorgaben der §§ 51-68 AO zur abgabenrechtlichen Gemeinnützigkeit. In der Gesamtrechtsordnung bilden diese Vorschriften den „allgemeinen Teil“ des Gemeinnützigkeitsrechts[13]. Die Rechtsfolgen der Erfüllung der abgabenrechtlichen Gemeinnützigkeitsvoraussetzungen ergeben sich jeweils aus den materiellen Gesetzen. Dabei knüpfen nicht nur die materiellen Steuergesetze an die abgabenrechtlichen Voraussetzungen an, sondern auch andere, nichtsteuerliche Regelungen in der Gesamtrechtsordnung. Dieser Teil der Arbeit zeigt, beginnend mit einem Überblick über die historische Entwicklung, die nationalen Voraussetzungen und Folgen steuer- und abgabenrechtlicher Gemeinnützigkeit auf. Soweit Unterschiede bestehen zwischen der Rechtslage, die bis zum 31.12.2008 gegolten hat, und der Rechtslage, die durch die zum 01.01.2009 in Kraft getretenen Neuregelungen des § 5 Abs. 2 Nr. 2 KStG und des § 51 AO[14] geschaffen wurde, wird darauf gesondert hingewiesen werden. Die Neufassungen durch das Jahressteuergesetz 2009 als Reaktion des Gesetzgebers auf die Rechtsprechung des EuGH werden erst im Anschluss an die Analyse der gemeinschaftsrechtlichen Vorgaben für das Gemeinnützigkeitsrecht (Zweiter Teil der Arbeit) einer separaten Untersuchung unterzogen (Dritter Teil der Arbeit).

A. Historische Entwicklung in Deutschland

I. Fränkische Zeit und Mittelalter

Die Berücksichtigung gemeinnützigen Handelns bei der Bemessung von Steuern und Abgaben lässt sich bis in die fränkische Zeit[15] zurückverfolgen. Erlangten einerseits die Kirche und der Adel in der Tradition des römischen Reiches „immunitas“ also Freiheit von jeglicher Reichsgewalt und somit auch Freiheit von

13 *Hey*, in: Tipke/Lang, Steuerrecht, § 20, Rn. 1.

14 Eingeführt durch das Jahressteuergesetz 2009 vom 19.12.2008, BGBl. I 2008, 2794.

15 *Prinz*, Neue deutsche Geschichte, Bd. 1, S.56 ff.

Steuern und Abgaben[16], so waren andererseits auch Steuerfreiheiten für Personengruppen oder Einzelne als Ausgleich für Leistungen im Gemeindienst möglich. Von „Bede“ (Bitte), „Stiura“ (Steuer) oder „Pontaticum“ (Brückenzoll) wurde freigestellt, wer insbesondere im Reiterdienst, der Stadtbefestigung oder im öffentlichen Brückenbau für König oder Kaiser in Anspruch genommen worden war.[17]

II. Von der Neuzeit bis in das 20. Jahrhundert – ein Überblick

Mit dem Gedanken der allgemeinen und gleichmäßigen Besteuerung fand der generelle Befreiungsgrund des öffentlichen Nutzens („ob utilitatem publicam“) Eingang in die kameralistische Steuerwissenschaft der zweiten Hälfte des 17. Jahrhunderts.[18] Die Steuerfreiheit der Tätigkeit von Hospitälern, Armenhäusern oder frommen Stiftungen wurde ebenso als Spiegelbild der besonderen Aufopferung für den Staat verstanden wie die lebenslängliche Freiheit von persönlichen Abgaben für „echte wichtige Dienste gegenüber dem Staat“.[19] Als „wichtigen Diensten“ kam der „Neurodungsfreiheit“[20] unter dem Rechtfertigungsgedanken der Wirtschaftsförderung[21] ebenso Bedeutung zu wie der „Zeugung einer überdurchschnittlich hohen Kinderzahl“.[22]

Ausgangs des 18. Jahrhunderts wandelte sich das Staatsverständnis vom lediglich Sicherheit und Ordnung gewährleistenden Staat hin zum umfassend tätigen Staat als „Wohlfahrtsanstalt“ mit der Verpflichtung, „jeden Stand und Untertanen in seinem Wesen, Wohlstand und Nahrungen zu schützen und zu handhaben„[23].

16 *Brunner*, Deutsche Rechtsgeschichte, S. 383.

17 *Zeumer*, Zur Geschichte der Reichssteuern im früheren Mittelalter, S. 23; *Brunner*, Deutsche Rechtsgeschichte, S. 326; *Conrad*, Deutsche Rechtsgeschichte, S. 112; *Ehrentraut*, Untersuchungen über die Frage der Frei- und Reichsstädte, S. 59 f.

18 *Schulz*, Das System und die Prinzipien der Einkünfte im werdenden Staat der Neuzeit: dargestellt anhand der kameralwissenschaftlichen Literatur (1600-1835), S. 371; *Jenetzky*, System und Entwicklung des materiellen Steuerrechts in der wissenschaftlichen Literatur des Kameralismus von 1690-1840, S. 163.

19 *Jenetzky*, System und Entwicklung des materiellen Steuerrechts in der wissenschaftlichen Literatur des Kameralismus von 1690 bis 1840, S. 163 m.w.N.

20 Die Neukultivierung von Boden und die Kolonisation von Land sollte eine mehrjährige Steuerbefreiung rechtfertigen – *Jenetzky*, System und Entwicklung des materiellen Steuerrechts in der wissenschaftlichen Literatur des Kameralismus von 1690 bis 1840, S. 163.

21 *Kirchhof*, Gemeinnützigkeit – Erfüllung staatsähnlicher Aufgaben durch selbstlose Einkommensverwendung, in: DStJG 26 (2003), S. 1 (3); *Geserich*., in: Kirchhof/Söhn/Mellinghoff, § 10b Rn. A 125.

22 *Jenetzky*, System und Entwicklung des materiellen Steuerrechts in der wissenschaftlichen Literatur des Kameralismus von 1690 bis 1840, S. 163 m.w.N.

23 So § 118 des kursächsischen Privilegs von 1661 (Erledigung der Landesgebrechen), zit. nach *Ebersbach*, Die Stiftung des öffentlichen Rechts, S. 10.

Weil mildtätige Stiftungen („piae causae„[24]) den Staat von seiner neugefundenen Aufgabe entlasteten, war ihre Tätigkeit in einigen deutschen Ländern von der Steuer befreit.[25] Ausgehend von dieser Privilegierung mildtätigen Handelns wurden im 19. Jahrhundert schließlich auch die Tätigkeiten zu kirchlichen und gemeinnützigen Zwecken von Abgaben freigestellt.[26] Dieser Dreiklang der Zwecke steuerbegünstigter Tätigkeit fand 1920 Eingang in die ersten Steuergesetze des Deutschen Reiches[27]. Die Befreiungsvorschrift des § 4 Abs. 1 Nr. 6 KStG 1934[28] ähnelte in materieller Hinsicht und nach ihrer Formulierung schon den heutigen Regelungen in der Abgabenordnung und dem Körperschaftsteuergesetz. Nach der Ausgliederung der Voraussetzungen gemeinnütziger Tätigkeit aus den materiellen Steuergesetzen und der einheitlichen Fassung für alle Steuerarten in der Gemeinnützigkeitsverordnung von 1941[29] finden sich die Voraussetzungen steuerlicher Gemeinnützigkeit seit 1977 zumindest in ihren Grundzügen nahezu unverändert in den §§ 51-68 der Abgabenordnung.[30]

III. Abzugsfähigkeit gemeinnütziger Zuwendungen (Spendenrecht)

Die Entwicklung der Abzugsfähigkeit der Zuwendungen an gemeinnützige Körperschaften beim Leistenden war weniger konsistent und bedarf deshalb schon an dieser Stelle einer detaillierteren Darstellung. Die Entwicklung war geprägt vom Dualismus der Abzugsfähigkeit unter dem Gesichtspunkt des Ansatzes als Werbungskosten bzw. Betriebsausgaben einerseits (Ertragsermittlung) und ausnahmsweise abziehbaren Kosten andererseits (Einkommensermittlung). Im Folgenden wird zunächst die Entwicklung des (unbeschränkten) Abzugs als Betriebsausgabe und sodann die Entwicklung des (beschränkten) Abzugs als ausnahmsweise abziehbare Kosten dargestellt.

---

24 Lehre von der „piae causae" zurückgehend auf den Codex Justinians, s. *Coing*, in: Seifart/von Campenhausen, Stiftungsrechts-Handbuch, 2. Aufl. 1999, § 5 Rn. 14.

25 *Buchna*, Gemeinnützigkeit im Steuerrecht, S. 15; *Geserich*, in: Kirchhof/Söhn/Mellinghoff, § 10b Rn. A 126; *Hammer*, Die Gemeinnützigkeitsregelungen des Steuerrechts, in: StuW 2001, 19 (20).

26 Z.B. Preußisches Stempelsteuergesetz vom 31.07.1895, PrGS. 1895, 416.

27 §§ 2 Ziff. 5, 6 Ziff. 2 KStG 1920; § 5 Ziff. 7 VStG 1922.

28 Gesetz vom 16.10.1934, RGBl. I 1934, 1031 = RStBl I 1934, 1031.

29 (Erste) Gemeinnützigkeitsverordnung vom 16.12.1941 (RStBl. 1941 S. 937) zur Durchführung der §§ 17-19 Steueranpassungsgesetz (StAnpG) vom 16.10.1934 (RGBl. I 1934, 925).

30 Ausf. *Leisner-Egensperger*, in: Hübschmann/Hepp/Spitaler, vor §§ 51-68 AO, Rn. 7 ff.

1. (Unbeschränkter) Abzug als Werbungskosten/Betriebsausgaben bei der Ertragsermittlung

Dem Abzug gemeinnütziger Zuwendungen als Werbungskosten/Betriebsausgaben bei der Ertragsermittlung lag und liegt der Gedanke zugrunde, dass mit einer Zuwendung für gemeinnützige Zwecke auch eigenwirtschaftliche Zwecke des Leistenden verfolgt werden können.

Nach der Rechtsprechung des Preuß. OVG und des Thür. OVG[31] zu den Ländereinkommensteuergesetzen war ein Abzug gemeinnütziger Zuwendungen als Werbungskosten grundsätzlich nicht möglich. Der aus dem Preuß. EStG 1891/1906 übernommene Begriff der Werbungskosten wurde, anders als heute, als Oberbegriff für die erwerbsnützigen Aufwendungen in allen Einkunftsarten angesehen[32] und vom Preuß. und Thür. OVG eng ausgelegt. Abziehbare Aufwendungen mussten sich insbesondere unmittelbar auf den Ertrag aus einer bestimmten Einkunftsquelle beziehen. Einer Aufwendung zur allgemeinen Hebung des Ansehens des Geschäftsinhabers wurde lediglich mittelbarer Ertragsbezug zugestanden und eine Abzugsfähigkeit deshalb verneint.[33]

Für Gewerbesteuerzwecke[34] ging das Preuß. OVG hingegen schon dann von einer Abzugsfähigkeit als „Betriebskosten" aus, wenn die Zuwendungen zumindest mittelbar den Zwecken und Interessen der steuerpflichtigen Gesellschaft selbst zu dienen bestimmt waren.[35] In den Kriegsteuergesetzen[36] schließlich wurden im Rahmen der Ermittlung der „Kriegsgewinne" gemeinnützige Zuwendungen ohne weitere Anforderungen abgabemindernd berücksichtigt.[37]

Der Reichsfinanzhof (RFH) folgte bei der Auslegung des Werbungskostenbegriffes des Reichseinkommensteuergesetzes zunächst nicht den strengen Vorgaben des Preuß. OVG und des Thür. OVG hinsichtlich der Abziehbarkeit für die einkommensteuerliche Ertragsermittlung. Vielmehr knüpfte er auch für einkommensteuerliche Zwecke ausdrücklich an die großzügige Rechtsprechung des

31 *Preuß. OVG* vom 21.12.1904 – Rep IX 188/03, PrOVGSt 12, 238; *Thür. OVG* vom 31.05.1919 – C 188/18, ThürOVGE 7/8, 59.

32 *Strutz*, EStG 1920, § 13 Rn. 1.

33 *Preuß. OVG* vom 20.10.1904 – XIa.93, abgedruckt bei *Fuisting*, Die preußischen direkten Steuern, Bd. I, EStG, 1. Hälfte, § 13, Anm. 20; *Thür. OVG* vom 31.05.1919 – C 188/18, ThürOVGE 7/8, 59 (63).

34 Ausf. *Geserich*, in: Kirchhof/Söhn/Mellinghoff, § 10b Rn. A 140 ff.

35 *Preuß. OVG* vom 24.05.1898 – Rep VI G 435/97, PrOVGSt 7, 399; Preuß. OVG vom 26.04.1900 – Rep A 3, 4/99, PrOVGSt 9, 249; Preuß. OVG vom 06.11.1902 – Rep VI G 42/02, PrOVGSt 11, 410; *Preuß. OVG* vom 23.03.1905 – Rep VI G 217/04, PrOVGSt 12, 441.

36 Kriegsteuergesetz vom 21.06.1916, RGBl. I 1916, 561 (KrStG), § 22 Abs. 1; ausf. *Geserich*, in: Kirchhof/Söhn/Mellinghoff, § 10b Rn. A 147 ff.

37 § 22 Abs. 1 KrStG.

Preuß. OVG zum Gewerbeertrag und an die gesetzlichen Vorgaben für die Kriegsteuer an.[38] Der RFH erkannte Aufwendungen zu gemeinnützigen Zwecken danach als Werbungskosten an, wenn diese dem geschäftlichen Interesse auch nur mittelbar zu dienen bestimmt waren.[39] Ein mittelbarer Betriebsbezug lag danach vor, wenn die Aufwendungen ihrer Art und Höhe nach unter vergleichbaren Steuerpflichtigen üblich waren und sich der Steuerpflichtige ihnen mit Rücksicht auf seine Stellung im Erwerbsleben bei vernünftiger Abwägung nicht entziehen konnte.[40] 1931 verschärfte der RFH die Kriterien insoweit, als für die Zuwendungen „Geschäftsinteressen ausschließlich maßgebend„[41] gewesen sein mussten. Diese allein subjektive Abgrenzung der Einkommenserzielung von der Einkommensverwendung gab der RFH 1933 zugunsten einer objektivierten Typisierung auf. Er ordnete gemeinnützige Zuwendungen nach allgemeiner Lebensauffassung als üblicherweise zur Privatsphäre gehörend ein und lehnte deren Abzugsfähigkeit fortan ab.[42] Dem schloss sich die Finanzverwaltung an.[43]

In der nationalsozialistischen Zeit sollten gemeinnützige Zuwendungen gar nicht steuerlich berücksichtigt werden. Spenden waren üblich und wurden auch in erheblichem Umfang, z.B. zur Winterhilfe, geleistet. Eine steuerliche Förderung erachtete man deshalb als nicht notwendig[44] und führte mit § 12 Nr. 4 KStG 1934[45] ein ausdrückliches Abzugsverbot betreffend Spenden für Körperschaftsteuerzwecke ein. Die Frage der Abgrenzung von Spenden und Betriebsausgaben stellte sich deshalb zunächst nicht mehr.

Erst wegen des nach dem Zweiten Weltkrieg 1948 wieder eingeführten Spendenabzugs für Einkommen- bzw. Körperschaftsteuerzwecke[46] stellte sich die

38 *RFH* vom 23.03.1927 – I A 17/27, RStBl. I 1927, S. 124.

39 Für Erwerbsgemeinschaften: *RFH* vom 16.11.1927 – VI A 367/27, RStBl. I 1928, S. 90; für Gewerbetreibende: *RFH* vom 16.11.1927 – VI A 367/27, RStBl. I 1928, S. 90; *RFH* vom 11.09.1929 – VI A 188/29, RStBl. I 1929, S. 597; für Arbeitnehmer: *RFH* vom 04.06.1930 – VI A 911/30, RStBl. I 1930, S. 480.

40 *RFH* vom 23.03.1927 – I A 17/27, RStBl. I 1927, S. 124; *RFH* vom 16.11.1927 – VI A 367/27, RStBl. I 1928, S. 90.

41 *RFH* vom 10.06.1931 – VI A 686/31, StuW 1931, Teil II, Sp. 1305.

42 *RFH* vom 23.06.1933 – VI A 170/32, RStBl. I 1933, S. 812; *RFH* vom 23.06.1933 – VI A 1493/30, RStBl. I 1933, S. 811.

43 RdF Runderlass vom 23.11.1933 – S 1940 – 78 III (Steuerliche Behandlung der Spenden für das Winterhilfswerk), RStBl 1933, 1217 f.; RdF Runderlass vom 27.01.1934 – S 2209 – 120 III (Richtlinien zur Veranlagung der Einkommensteuer und Körperschaftsteuer), B II 5 (Spenden zu wohltätigen und gemeinnützigen Zwecken), RStBl 1934, 97 (122).

44 *Hüttemann*, Gemeinnützigkeits- und Spendenrecht, § 1, Rn. 19; *Geserich*, in: Kirchhof/Söhn/ Mellinghoff, § 10b Rn. A 170 m.w.N.

45 § 12 Nr. 4 KStG 1934 eingef. mit Gesetz zur Erhaltung und Hebung der Kaufkraft vom 24.03.1934, RGBl. I 1934, 235 = RStBl. I 1934, 305 (306).

46 Dazu näher: Erster Teil, E., II., 1., S. 69 ff.

Frage der Abgrenzung altruistisch motivierter Spenden von eigenwirtschaftlich motivierten Betriebsausgaben erneut. In den sogenannten Sparkassenurteilen[47] nahm der BFH detailliert Stellung. Eine (unbeschränkt abziehbare) Betriebsausgabe liegt danach im Gegensatz zu einer (beschränkt abziehbaren) Spende nur vor, wenn die Zuwendung unmittelbar den eigenwirtschaftlichen Zielen des Steuerpflichtigen zu dienen bestimmt und geeignet ist. Entscheidend ist dabei die durch äußere Umstände erkennbare Motivation des Leistenden. Nicht ausreichend ist es, wenn im Zusammenhang mit der Zuwendung lediglich auf die Person des Zuwendenden aufmerksam gemacht wird.[48]

In der Diskussion um die steuerrechtlichen Folgen des Sponsoring gerieten die Abgrenzungsprobleme in den 1990er Jahren erneut in den Fokus der steuerrechtlichen Diskussion.[49] Als Sponsoring bezeichnet man „... die Gewährung von Geld oder geldwerten Vorteilen durch Unternehmen zur Förderung von Personen, Gruppen und/oder Organisationen in sportlichen, kulturellen, kirchlichen, wissenschaftlichen, sozialen, ökologischen oder ähnlich bedeutsamen gesellschaftspolitischen Bereichen, ... mit der regelmäßig auch eigene unternehmensbezogene Ziele der Werbung oder Öffentlichkeitsarbeit verfolgt werden“[50] – kurz Förderung gegen Öffentlichkeit[51]. Die Rechtsprechung legt seither einen strengen Maßstab an und lässt den (unbeschränkten) Betriebsausgabenabzug nur bei einer angemessenen Gegenleistung des Gesponserten zu. Die Werbeleistung muss in etwa den Aufwendungen des Sponsors entsprechen, dagegen bedarf es eines thematischen Bezugs der Veranstaltung zum Unternehmensgegenstand des Sponsors nicht.[52] Die Finanzverwaltung ist heute großzügiger und setzt eine Gleichwertigkeit nicht mehr voraus.[53] Schädlich ist danach lediglich ein krasses Missverhältnis zwischen den Leistungen des Sponsors und den erhofften wirtschaftlichen Vorteilen.[54]

---

47 *BFH* vom 25.11.1987 – I R 126/85, BStBl. II 1988, 220 = BFHE 151, 544 zur Frage der Abziehbarkeit von Zuwendungen einer Sparkasse an politische Parteien; *BFH* vom 09.08.1989 – I R 4/84, BStBl. II 1990, 237 = BFHE 158, 510 zu Zuwendungen einer Sparkasse für die Aufstellung einer Plastik zur Verschönerung des Marktplatzes unter Nennung des Namens der spendenden Sparkasse an der Plastik.

48 *BFH* vom 25.11.1987 – I R 126/85, BStBl. II 1988, 220 = BFHE 151, 544; *BFH* vom 09.08.1989 – I R 4/84, BStBl. II 1990, 237 = BFHE 158, 510.

49 *Wied*, in: Blümich, EStG, § 4, Rn. 940, Stichwort „Spenden“ m.w.N.

50 *BMF* vom 18.02.1998 – IV B 2-S 2144-40/98; IV B 7-S 0183-62/98, BStBl. I 1998, 212.

51 *Weiand*, Wirtschaftliche und rechtliche Grundlagen des Kommunikationsinstruments Sponsoring, DStR 1996, 1897.

52 *Hess. FG* vom 23.11.1989 – 4 K 1309/97, EFG 1999, 496.

53 *BMF* vom 18.02.1998 – IV B 2-S 2144-40/98; IV B 7-S 0183-62/98, BStBl. I 1998, 212.

54 Eine vergleichbare Abgrenzung wird bei der Frage der betrieblichen Veranlassung der Kosten von „secondments“ oder „loaned executives“ vorgenommen. Dabei stellt ein Unternehmen zu einem gemeinnützigen Zweck kein Geld und keine Sachmittel sondern für einen begrenzten Zeitraum eigene Mitarbeiter zur Verfügung und trägt auch für diesen Zeitraum die Lohn- und

2. (Beschränkter) Abzug bei der Einkommensermittlung

Keines der für natürliche Personen und Körperschaften[55] in den deutschen Ländern geltenden Landeseinkommensteuergesetze enthielt einen Steuerabzug für gemeinnützige Zuwendungen.[56] Erst im Einkommensteuergesetz des Deutschen Reiches gestattete mit § 13 Abs. 1 Nr. 7 EStG 1920[57] erstmals eine Einkommensermittlungsvorschrift[58] den umfassenden Abzug von Beiträgen an kulturfördernde, mildtätige, gemeinnützige und politische Vereinigungen. Gemäß § 5 KStG 1920[59] galt § 13 Abs. 1 Nr. 7 EStG 1920 auch für die Ermittlung der Körperschaftsteuer. Die Befürworter der Neuregelung bemühten in der parlamentarischen Debatte zur Begründung der Einführung der Regelung vor allem den Gedanken des biblischen Zehnten[60], die Entlastung der staatlichen Gemeinwohlförderung[61] und die freiheitssichernde Komponente der privaten Gemeinwohlförderung[62].

Bereits nach einem Jahr wurde die Abzugsfähigkeit in dreifacher Hinsicht eingeschränkt.[63] Beiträge an politische Vereinigungen waren nun nicht mehr abziehbar, der Abzug unterlag einem negativen Progressionsvorbehalt und generell waren nur noch Beiträge an inländische Empfänger abzugsfähig. Im Jahr 1925 wurde § 13 Abs. 1 Nr. 7 EStG 1920/1921 dann gänzlich gestrichen.[64] Zur Begründung wurde zum Einen angeführt, dass eine Fortsetzung des Abzuges gemeinnütziger Zuwendungen in Verbindung mit der Tarifsenkung steuer- und sozialpolitisch ungerecht sei.[65] Zum Anderen führe unter anderem die Prüfung der Empfangsberechtigung der bedachten Vereinigungen zu einem zu hohen Verwaltungsaufwand.[66]

Lohnnebenkosten: *Jachmann*, in: Enquete-Kommission „Zukunft des Bürgerschaftlichen Engagements" S. 182 m.w.N.

55 Nach § 1 Nr. 4 und 5 Preuß. EStG 1891/1906 gilt für bestimmte Körperschaften (im Wesentlichen: Aktiengesellschaften, Kommanditgesellschaften auf Aktien, Bergwerksgesellschaften) nur der unter den Mitgliedern verteilte Überschuss als steuerpflichtiges Einkommen. Ein Abzug tatsächlich geleisteter gemeinnütziger Aufwendungen war damit praktisch möglich.

56 *Geserich*, in: Kirchhof/Söhn/Mellinghoff, § 10b Rn. A 130.

57 Gesetz vom 29.03.1920, RGBl. I 1920, S. 359.

58 *Geserich*, in: Kirchhof/Söhn/Mellinghoff, § 10b Rn. A 151.

59 Gesetz vom 29.03.1920, RGBl. I 1920, S. 359.

60 Sitzungsbericht der Nationalversammlung vom 10.03.1920, StenBer., S. 4839 C, 4850 A.

61 Sitzungsbericht der Nationalversammlung vom 10.03.1920, StenBer., S. 4840 D, 4841 C.

62 Sitzungsbericht der Nationalversammlung vom 10.03.1920, StenBer., S. 4580 A.

63 Gesetz zur Änderung des Einkommensteuergesetzes vom 29.03.1920 vom 24.03.1921, RGBl. I 1921, S. 313.

64 Einkommensteuergesetz vom 10.08.1925, RGBl. I 1925, S. 189.

65 *Korth*, Betriebsausgabenabzug für direkte/indirekte Parteispenden?, in: DB 1985, 2640 (2641); zur Senkung des Spitzensteuersatzes von 60 % (1921) auf 40 % (1925) *Strutz*, EStG 1925, § 17, Rn. 3.

66 RT-Drucks. 1924/25, Bd. 400, Nr. 795, S. 49.

Für Körperschaftsteuerzwecke hatte § 13 Abs. 1 Nr. 7 EStG 1920 über eine Verweisung in § 5 KStG 1922[67] bis 1925 ebenfalls gegolten. Entgegen der eben referierten Begründung zur Streichung des § 13 Abs. 1 Nr. 7 EStG, der für die Besteuerung natürlicher Personen gegolten hatte, enthielt § 14 Nr. 1 KStG 1925[68] für Körperschaften gar einen neuen Sonderabzugstatbestand für Beträge, die gemeinnützigen oder mildtätigen Zwecken zugeführt wurden.

In der Zeit des Nationalsozialismus wurden, wie bereits ausgeführt, Spenden auch ohne steuerliche Förderung erwartet und tatsächlich geleistet. Nach § 12 Nr. 4 KStG 1934 wurden Spenden für Körperschaftsteuerzwecke nicht berücksichtigt. Für die Einkommensteuer ergab sich die Nichtabziehbarkeit im Umkehrschluss aus § 10 EStG 1934[69], in dem Spenden nicht aufgeführt waren.

Nach dem Zweiten Weltkrieg wurde 1948 zur Währungsreform mit der Neufassung des § 10 Abs. 1 Nr. 2 lit. e EStG[70] der (beschränkte) Sonderausgabenabzug für Einkommensteuerzwecke bzw. mit § 11 Nr. 5 KStG der (beschränkte) Sonderabzug für Körperschaftsteuerzwecke wieder eingeführt. Aufwendungen zur Förderung gemeinnütziger, mildtätiger, kirchlicher, religiöser und wissenschaftlicher Zwecke waren zum Abzug zugelassen, wenn die Zwecke als steuerbegünstigt anerkannt waren. Damit wurde die Zweistufigkeit des Gemeinnützigkeits- und Spendenrechts begründet. Entgegen einzelner Stimmen in der Literatur[71] ist diese Maßnahme der amerikanischen und britischen Militärregierung richtigerweise wohl nicht auf Einflüsse ausländischen Rechts zurückzuführen. Vielmehr scheinen die grundrechtssichernde und gewaltenteilende Funktion eines funktionierenden Gemeinnützigkeitswesens neben der Möglichkeit der Entstaatlichung der Gemeinwohlförderung Motive zur Einführung gewesen zu sein.[72]

In den Folgejahren wurden die Höchstgrenzen der abziehbaren Beträge angehoben[73] und als neue Regelungsorte § 10b EStG[74] bzw. § 9 Nr. 3 lit. a KStG[75] geschaffen. Mit dem Vereinsförderungsgesetz[76] wurde 1989 zugunsten des Spenders ein

67 Gesetz vom 02.05.1922, RGBl. I 1922, 472.

68 Gesetz vom 10.08.1925, RGBl. I 1925, 208.

69 Gesetz vom 16.10.1934, RGBl. I 1934, 1005.

70 Art. 1 Nr. 4 des Anhangs zum Art. 1 des Gesetzes Nr. 64 der amerikanischen und britischen Militärregierung vom 20.06.1948, WiGBl 1948, Beilage Nr. 4 S. 1 = Gesetze der Militärregierung (Amerikanische Zone), Bd. 1, D 64.

71 *Schropp*, DStZ 1948, 74 (77).

72 *Geserich*, in: Kirchhof/Söhn/Mellinghoff, § 10b Rn. A 173.

73 Gesetz zur Änderung des Einkommensteuergesetzes und des Körperschaftsteuergesetzes vom 29.04.1950, BGBl. I 1950, 95.

74 Gesetz zur Änderung des Einkommensteuergesetzes und des Körperschaftsteuergesetzes vom 27.06.1951, BGBl. I 1951, 411 = BStBl. I 1951, 223.

75 Gesetz vom 31.08.1976, BGBl. I 1976, 2597 = BStBl. I 1976, 445.

76 Gesetz zur Verbesserung und Vereinfachung der Vereinsbesteuerung vom 18.12.1989, BGBl. I 1989, 2212 = BStBl. I 1989, 499.

Vertrauensschutztatbestand hinsichtlich der steuerbegünstigten Verwendung seiner Spende als § 10b Abs. 4 EStG eingeführt. Das heißt, der Spender darf grundsätzlich auf die Richtigkeit der Spendenbestätigung vertrauen und die steuermindernde Wirkung seiner Spende verbleibt ihm auch dann, wenn der zugewendete Betrag letztlich zweckwidrig verwandt wird.[77] Mit dem Vertrauensschutz für den Spender korrespondieren seither die gleichzeitig eingeführten Haftungstatbestände (§ 10b Abs. 4 S. 2 ff. EStG) für die unrichtige Ausstellung einer Zuwendungsbestätigung (Ausstellerhaftung) und für die Veranlassung einer schädlichen Verwendung der Zuwendung (Veranlasserhaftung).

Mit dem Kultur- und Stiftungsförderungsgesetz[78] ist 1990 erstmals die Möglichkeit des Spendenrück- und Spendenvortrages eingeführt worden. Zur Förderung der Stiftungskultur in Deutschland und zur Schaffung steuerlicher Anreize für die Errichtung von Stiftungen wurden im Jahr 2000[79] die steuerlichen Rahmenbedingungen für Stiftungsgründungen verbessert und insbesondere die steuerlichen Abzugsmöglichkeiten für Spenden an Stiftungen erweitert.[80] Die Regelungen zum Abzug gemeinnütziger Zuwendungen wurden mit dem Gesetz zur Stärkung des bürgerschaftlichen Engagements vom 10.10.2007[81] vereinheitlicht und entbürokratisiert[82]. Die zweistufige Ausgestaltung des Gemeinnützigkeits- und Spendenrechts durch die Aufzählung der steuerbegünstigten Zwecke in § 52 Abs. 2 AO a.F. einerseits und den Katalog der spendenbegünstigten Zwecke in der Anlage 1 zu § 48 Abs. 2 EStDV a.F.[83] andererseits wurde bewusst aufgegeben[84]. Stattdessen

---

77 *Buchna*, Gemeinnützigkeit im Steuerrecht, S. 347.

78 Gesetz zur steuerlichen Förderung von Kunst, Kultur und Stiftungen sowie zur Änderung steuerrechtlicher Vorschriften vom 13.12.1990, BGBl. I 1990, 2775 = BStBl. I 1991, 51.

79 Gesetz zur weiteren steuerlichen Förderung von Stiftungen vom 14.07.2000, BGBl. I 2000, 1034 = BStBl. I 2000, 1192.

80 Nach § 58 Nr. 12 AO kann eine Stiftung im Jahr ihrer Errichtung und den beiden Folgejahren steuerunschädlich Vermögen ansparen, § 10b Abs. 1 S. 3 EStG erlaubte kurzzeitig höhere Abzugsbeträge bei Zuwendungen an Stiftungen, mit § 10b Abs. 1a EStG wurde eine Großspendenregelung eingeführt und Erbschaftsteuer fällt nach § 29 Abs. 1 Nr. 4 ErbStG nicht an, wenn Vermögen gemeinnützigen Stiftungen zugewendet wird.

81 BGBl. I 2007, 2332 = BStBl. I 2007, 815.

82 *Hüttemann*, DB 2007, 127; *Krieger*, DStZ 2007, 77.

83 Die abgeschafften Regelungen in den §§ 48 – 50 EStDV und den dazugehörigen Anlagen waren erst zum 01.01.2000 neu gefasst worden, nachdem sich zuvor die wesentlichen Regelungen aus Abschn. 111 EStR i.V.m. der Anlage 7 ergeben hatten. Diese Regelung durch Verwaltungsrichtlinie aufgrund der Ermächtigung in der EStDV als Rechtsverordnung war zuvor auf erhebliche, teils verfassungsrechtliche Bedenken in Rechtsprechung und Literatur gestoßen (*BFH* vom 24.11.1993 – X R 5/91, BStBl. II 1994, 683 = BFHE 173, 519 = DB 1994, 1266; *BFH* vom 11.06.1997 – X R 242/93, BStBl. II 1997, 612 = BFHE 183, 427 = DStR 1997, 1320 und *Geserich*, Das Spendenrecht, in: DStJG 26 (2003), S. 245 (249) jeweils m.w.N.).

84 BR-Drucks. 117/07, S.16 f.; BT-Drucks. 16/5200, S. 16, 20.

wurde durch die Integration des Katalogs der Anlage 1 zu § 48 Abs. 2 EStDV a.F. in die Aufzählung des § 52 Abs. 2 AO und die Verweise der Einzelsteuergesetze auf die §§ 51 ff. AO ein Gleichklang von Steuerbegünstigung und Zuwendungsabzugsberechtigung[85] geschaffen. Mit dem Veranlagungszeitraum 2009 ist das Recht des Abzugs gemeinnütziger Zuwendungen im elektronischen Zeitalter angekommen. Der Spender kann den Zuwendungsempfänger nun bevollmächtigen, die Zuwendungsbescheinigung elektronisch an das Finanzamt zu übermitteln.[86]

IV. Zwischenergebnis

Die steuerliche Berücksichtigung gemeinnützigen Handelns kann in Deutschland auf eine lange Tradition zurückblicken, die sich bis in die fränkische Zeit zurückverfolgen lässt. Der Gedanke der Staatsentlastung und des freiheitlichen privaten Engagements dominierte dabei auch schon bei der erstmaligen Einführung der den heutigen Vorschriften vergleichbaren Regelungen in den 1920er Jahren. Die Grundgedanken des steuerlichen Gemeinnützigkeitsausgleichs sind damit um ein Vielfaches älter als die Europäische Union. Dies erklärt, warum in der Entwicklung der Regelungen europarechtliche Aspekte keine Rolle spielten. Durch zahlreiche flankierende Maßnahmen, wie etwa den Vertrauenstatbestand und die korrespondierenden Haftungstatbestände beim Spendenabzug, hat sich die Komplexität der nationalen Vorschriften nach und nach beachtlich gesteigert.

B. Das Subjekt der Gemeinnützigkeit – Zivilrechtliche Grundlagen gemeinnütziger Tätigkeit

Gemeinnütziges Handeln wird oft mit der Tätigkeit gemeinnütziger Vereine verbunden, und es ist ein vielverbreiteter Irrglaube, dass allein die Eintragung als Verein und der Namenszusatz „e.V." Steuerfreiheit wegen Gemeinnützigkeit bescheren.[87] Eine Organisation als Verein ist möglich und üblich, aber nicht notwendig. Nach § 51 Abs. 1 S. 1 AO kann der steuerbegünstigte Zweck durch Körperschaften, Personenvereinigungen und Vermögensmassen im Sinne des Körperschaftsteuergesetzes verfolgt werden. Neben dem Verein kommen damit auch

---

85 *Drüen/Liedke*, Die Reform des Gemeinnützigkeits- und Spendenrechts und seine europarechtliche Flanke, in: FR 2008, 1 (2).

86 § 50 Abs. 1 EStDV, geändert durch Art. 2 Nr. 1 Gesetz zur Modernisierung und Entbürokratisierung des Steuerverfahrens (Steuerbürokratieabbaugesetz) vom 20.12.2008, BGBl. I 2008, 2850.

87 *Koss*, Die Besteuerung von Vereinen, NWB Fach 2, 9809 (26/2008); siehe z.B. die Pressemitteilung der Bürgerinitiative KoMa – Kohlefreies Mainz e.V. vom 05.03.2007, *www.kohlefreies-mainz.de/download/PE_gemeinnuetzig.pdf* (Stand: 22.06.2009)

alle übrigen in § 1 Abs. 1 KStG enumerativ aufgezählten Organisationsformen in Betracht. Der eigenständige steuerrechtliche Körperschaftsbegriff des § 1 Abs. 1 KStG zählt die *Organisations*formen wie Kapitalgesellschaften oder Genossenschaften zwar abschließend auf, ist insoweit aber rechtsformneutral, als er nicht auf bestimmte *Rechts*formen beschränkt und insbesondere gegenüber ausländischen Rechtsformen offen ist.[88] Einschränkungen für ausländische Körperschaften hinsichtlich der Inanspruchnahme steuerrechtlicher oder anderer mit dem Gemeinnützigkeitsstatus verbundener Vorteile ergeben sich damit aus § 1 Abs. 1 KStG nicht. Auch aus den allgemeinen Vorgaben der §§ 51-68 AO resultieren hinsichtlich der zivilrechtlichen Gestaltung keine besonderen Einschränkungen speziell für ausländische Körperschaften. Solche Einschränkungen folgen vielmehr aus den jeweiligen materiell-rechtlichen Regelungen, die beispielsweise an die unbeschränkte Steuerpflicht und damit an den Sitz der Körperschaft bzw. deren Geschäftsleitung im Inland anknüpfen.[89]

Der steuerrechtliche Körperschaftsbegriff des § 1 Abs. 1 KStG ist nicht deckungsgleich mit dem Begriff der Körperschaft i.S. des privaten Gesellschaftsrechts oder dem Begriff der „inländischen juristischen Person" gem. Art. 19 Abs. 3 GG, sondern weiter.[90] Natürliche Personen und Personenvereinigungen wie eine GbR, OHG, KG oder stille Gesellschaft fallen jedoch nicht unter das Körperschaftsteuergesetz und können deshalb nicht die mit den §§ 51-68 AO verbundenen Steuervergünstigungen in Anspruch nehmen.[91] Im weiteren Verlauf dieser Arbeit wird der Begriff der „gemeinnützigen Körperschaft" aus Vereinfachungsgründen genutzt werden und soll alle Körperschaften, Personenvereinigungen und Vermögensmassen im Sinne des Körperschaftsteuergesetzes einschließen.

Die typische Rechtsform inländischer gemeinnütziger Körperschaften neben dem Verein ist die der Stiftung.[92] Auf die Rechtsfähigkeit der Körperschaft kommt es dabei nicht an, sodass auch die sogenannte fiduziarische Stiftung[93] bzw. der nichtrechtsfähige Verein[94] unter die §§ 51-68 AO fallen können.

Der Verein als Grundmodell aller juristischen Personen ist eine auf Dauer angelegte Verbindung einer größeren Anzahl von Personen zur Erreichung eines

---

88 Zu den verfassungsrechtlichen Maßstäben der Rechtsformneutralität des Steuerrechts s. die „Schwarzwald-Klinik-Entscheidung" des BVerfG vom 10.11.1999 – 2 BvR 2861/93, BVerfGE 101, 151 = BStBl. II 2000, 160 = DStR 1999, 1984.

89 Z.B. § 5 Abs. 2 Nr. 2 KStG, § 3 Abs. 1 Nr. 3 lit. b GrStG.

90 *Leisner-Egensperger*, in: Hübschmann/Hepp/Spitaler, § 51 AO, Rn. 20.

91 *Leisner-Egensperger*, in: Hübschmann/Hepp/Spitaler, vor §§ 51 AO, Rn. 20, *Uterhark*, in: Schwarz, § 51, Rn. 11.

92 *Tipke*, in: Tipke/Kruse, § 51 AO, Rn. 3; *van Randenborgh*, in: Schauhoff, Handbuch der Gemeinnützigkeit, § 1, Rn. 4, *Uterhark*, in: Schwarz, § 51, Rn. 9.

93 *BFH* vom 29.01.2003 – I R 106/00, BFH/NV 2003, 868 = BFHE 201, 287.

94 *Buchna*, Gemeinnützigkeit im Steuerrecht, S. 23.

gemeinsamen Zweckes, die nach ihrer Satzung körperschaftlich organisiert ist, einen Gesamtnamen führt und auf einen wechselnden Mitgliederbestand angelegt ist.[95] Eine Stiftung wird dagegen errichtet, wenn ein oder mehrere Stifter in einem Stiftungsgeschäft förmlich den Willen bekunden, zur Verwirklichung eines bestimmten Zwecks auf Dauer eine Stiftung zu errichten und diese mit den hierzu benötigten Mitteln und einer entsprechenden Organisation auszustatten. Stiftungszweck, Stiftungsvermögen und Stiftungsorganisation sind die prägenden Elemente.[96] Der sich verselbständigende und perpetuierende Stifterwille charakterisiert die jeweilige Stiftung.[97]

Vorrangig als Trägerkörperschaft für ausgelagerte Zweckbetriebe gem. § 68 AO ist heute auch die Rechtsform der (gemeinnützigen) GmbH üblich.[98] Das dürfte in erster Linie auf die damit verbundene Haftungsbeschränkung zurückzuführen sein, die als solche der Gemeinnützigkeit nicht entgegensteht.[99] Im Gegensatz zur Vorgründungsgesellschaft[100] als Personengesellschaft kann dabei die nach Abschluss des notariellen Gesellschaftsvertrages bestehende Vorgesellschaft[101] als Körperschaftsteuersubjekt schon gemeinnützig i.S.d. §§ 51-68 AO sein. Auch die zum 01.11.2008 eingeführte „Unternehmergesellschaft (haftungsbeschränkt)“ taugt als Rechtsträger gemeinnütziger Betätigung. Die Sondervorschriften des § 5a GmbHG schließen das nicht aus, erste „gUG“ wurden bereits gegründet.[102]

---

95 *RGZ* 143, 212, 213; 165, 140, 143; *BGH* LM § 31 Nr. 11.

96 *Schauhoff*, in: Schauhoff, Handbuch der Gemeinnützigkeit, § 3, Rn. 1.

97 *Von Campenhausen*, in: Seifart/von Campenhausen, Stiftungsrechts-Handbuch, § 1 Rn. 9.

98 *Schröder*, Die steuerbegünstigte und steuerpflichtige GmbH bei Non-Profit-Organisationen (Gründung, Ausgliederung und Hilfspersonen), in: DStR 2004, 1815; *van Randenborgh*, in: Schauhoff, Handbuch der Gemeinnützigkeit, § 1, Rn. 4; *Uterhark*, in: Schwarz, § 51, Rn. 9.

99 *Leisner-Egensperger*, in: Hübschmann/Hepp/Spitaler, § 51 AO, Rn. 21.

100 *BFH* vom 08.11.1989 – I R 174/86, BStBl. II 1990, 91 = BFHE 158, 540.

101 *BFH* vom 14.10.1992 – I R 17/92, BStBl. II 1993, 352 = BFHE 169, 343.

102 *Bayer/Hoffmann*, Erste gemeinnützige Unternehmergesellschaft (haftungsbeschränkt), in: GmbHR 2009, R102.

C. Rechtfertigung steuerlicher Berücksichtigung der Gemeinnützigkeit und steuerrechtsdogmatische Einordnung der Befreiungsvorschriften

I. Staatsentlastung als Rechtfertigung der Gemeinnützigkeit

Der Staatsentlastungsgedanke dominiert die Rechtfertigungsüberlegungen in der Gemeinnützigkeitsliteratur.[103] Danach rechtfertigt altruistisches Handeln eine steuerliche Entlastung, weil und soweit Private damit Aufgaben des Staates[104] übernehmen. Denn anders gewendet ist gerade die Finanzierung der (gemeinwohlbezogenen) staatlichen Aufgaben Rechtfertigung des Steuerstaates. Dass daraus auch eine rechtliche Verpflichtung erwächst, bestimmte gemeinwohlbezogene Tätigkeiten als steuerlich gemeinnützig anzuerkennen, ist damit nicht gesagt.[105] Andererseits ist der Staat (auch) bei der Förderung und Unterstützung der privaten Gemeinnützigkeit an seine religiöse und ideologische Neutralität gebunden.[106] Die staatliche Förderung politischer oder ideologischer Partikularinteressen über die Regelungen zur steuerlichen Gemeinnützigkeit stellen die vorherrschende Rechtfertigung dieser Regelungen mit dem Gedanken der Staatsentlastung aber nicht in Frage.[107] Denn dass der Staat eine bestimmte ideologische, politische oder religiöse Tätigkeit aufgrund seiner Neutralität nicht selbst wahrnehmen darf, heißt nicht, dass er diese nicht fördern darf, wenn sie durch Private ausgeübt wird. Der Staat wahrt gerade das Neutralitätsgebot, wenn er unterschiedslos und wettbewerbsneutral jede sich im Rahmen der geltenden Gesetze bewegende Tätigkeit auf den genannten Gebieten fördert.

---

103 Gutachten der Unabhängigen Sachverständigenkommission zur Prüfung des Gemeinnützigkeits- und Spendenrechts, S.94, 104ff.; differenzierend *Isensee*, Gemeinnützigkeit und Europäisches Gemeinschaftsrecht, in: DStJG 26 (2003), S. 93 (97 ff.).

104 Zur Definition der Staatsaufgaben *Isensee*, in: Handbuch des Staatsrechts, Band IV, Aufgaben des Staates, § 73, Rn. 13.

105 Dazu *Leisner-Egensperger*, in: Hübschmann/Hepp/Spitaler, vor §§ 51-68 AO, Rn. 35.

106 *Walz*, Non-Profit-Organisationen im Europäischen Zugwind, in: Spenden- und Gemeinnützigkeitsrecht in Europa, S. 653 (666).

107 So aber *Walz*, Non-Profit-Organisationen im Europäischen Zugwind, in: Spenden- und Gemeinnützigkeitsrecht in Europa, S. 653 (665 f.).

II. Steuerrechtsdogmatische Einordnung als Fiskalzwecknorm – zwingende Berücksichtigung (freiwillig) geminderter Leistungsfähigkeit

Mit Blick auf die ihnen zugrundeliegenden Prinzipien werden Steuernormen gewöhnlich in drei Gruppen geteilt: Fiskalzwecknormen dienen unter Berücksichtigung des Prinzips der austeilenden Gerechtigkeit primär der Deckung des staatlichen Finanzbedarfs. Sozialzwecknormen sind als lenkende, interventionistische Normen in den Steuergesetzen enthalten, um sozial erwünschtes Verhalten durch steuerliche Verschonung zu fördern bzw. sozial unerwünschtem Verhalten durch besondere steuerliche Belastung die Attraktivität zu nehmen. Vereinfachungszwecknormen sollen als dritte Gruppe beispielsweise durch Pauschalierung oder Typisierung die Anwendung der Steuergesetze vereinfachen.[108]

Rechtsprechung[109] und Teile der Literatur[110] sehen in den Gemeinnützigkeitsvorschriften Sozialzwecknormen bzw. Verschonungssubventionen in Form von Lenkungsnormen. Dies wird vor allem damit begründet, dass eine Spende oder die gemeinnützige Tätigkeit im Gegensatz zu beispielsweise den objektiv notwendigen Erwerbsaufwendungen freiwillig erfolge. Der Steuerpflichtige verwende disponibles Einkommen, welches grundsätzlich der Steuer unterliege, wird aber von der Steuer verschont, weil er der Lenkung gemäß handele und vom Staat für förderungswürdig befundene Zwecke fördere.

Die Gegenauffassung[111] geht davon aus, dass die steuerlichen Gemeinnützigkeitsregelungen Ausdruck materieller Belastungsgleichheit seien. Wer spendet, konsumiert nicht und spart nicht, setzt sein Einkommen also nicht eigennützig, sondern fremdnützig ein. Der Spender hilft dem Staat bei der Verwirklichung des Gemeinwohls, dessen Ziele der Staat durch den Katalog der förderungswürdigen Zwecke selbst vorgegeben hat. Die Spende fungiert als Ersatz für die Steuer.

---

108 Siehe dazu *Lang*, in: Tipke/Lang, Steuerrecht, § 4, Rn. 19 ff.

109 *BFH* vom 11.11.1966 – VI R 45/66, BStBl. III 1967, 116 = BFHE 87, 304 = BB 1967, 1031.

110 *Hey*, in: Tipke/Lang, Steuerrecht, § 20, Rn. 15; *Hüttemann*, Gemeinnützigkeits- und Spendenrecht, § 1, Rn. 69; *Lang*, Gemeinnützigkeitsabhängige Steuervergünstigungen, in: StuW 1987, 221 (230); differenzierend *Seer*, Gemeinwohlzwecke und steuerliche Entlastung, in: DStJG 26 (2003), S. 11 (33 ff.).

111 *Vogel*, Die Abschichtung von Rechtsfragen im Steuerrecht, in: StuW 1977, 97 (103 ff.); Gutachten der Unabhängigen Sachverständigenkommission zur Prüfung des Gemeinnützigkeits- und Spendenrechts, S. 228 f.; *Kirchhof*, Gemeinnützigkeit – Erfüllung staatsähnlicher Aufgaben durch selbstlose Einkommensverwendung, in: DStJG 26 (2003), S. 1 (5); *Geserich*, Das Spendenrecht, in: DStJG 26 (2003), S. 245 (246 ff.); *Kube*, Die Zukunft des Gemeinnützigkeitsrechts in der europäischen Marktordnung, in: IStR 2005, 469 (471); *Hammer*, Die Gemeinnützigkeitsregelungen des Steuerrechts, in: StuW 2001, 19 (23); *Fischer*, Überlegungen zur Fortentwicklung des steuerlichen Gemeinnützigkeitsrechts, in: FR 2008, 752, 757.

Die Spende zugunsten gemeinnütziger Körperschaften oder die gemeinnützige Tätigkeit selbst mindert danach die Leistungsfähigkeit des Steuerpflichtigen, weshalb eine Berücksichtigung bei der Bemessung der Steuern, ähnlich wie beim Abzug von Werbungskosten oder Betriebsausgaben, zwingend sei.

Zu Recht betonen beide Auffassungen für sich jeweils zutreffende Gesichtspunkte. Die Freiwilligkeit als ein Merkmal der Sozialzwecknorm bzw. Verschonungssubvention charakterisiert gemeinnütziges Handeln ebenso wie die Fremdnützigkeit, die auf eine Einordnung als Fiskalzwecknorm unter Berücksichtigung der geminderten Leistungsfähigkeit hindeutet.

Dass die Freiwilligkeit der Leistung indes nicht zwingend auf eine Sozialzwecknorm schließen lässt und die Freiwilligkeit bzw. Unfreiwilligkeit nicht das prägende und entscheidende Merkmal sein kann, zeigt die Abzugsfähigkeit der objektiv erwerbssichernden Werbungskosten und Betriebsausgaben bzw. der subjektiv existenzsichernden Sonderausgaben nach den §§ 10 ff. EStG. Der Umfang der Werbungskosten, Betriebsausgaben und Sonderausgaben steht jedenfalls teilweise zur Disposition des Steuerpflichtigen. Der Steuerpflichtige entscheidet selbst, ob und in welchem Umfang er sich fortbildet oder ob und in welchem Umfang er Existenzrisiken versichert. Bis zur Grenze unangemessenen Repräsentationsaufwandes unterliegt gerade die Höhe der Kosten keiner Zweckmäßigkeitskontrolle. Gleichwohl besteht Einigkeit, dass durch die (freiwillige) Leistung von Werbungskosten, Betriebsausgaben oder Sonderausgaben als erwerbssichernde bzw. existenzsichernde Aufwendungen eine zu berücksichtigende Minderung der steuerlichen Leistungsfähigkeit eintritt.[112] Ist die Freiwilligkeit aber insoweit nicht das entscheidende Kriterium, ist auch die Einordnung der Regelungen zur steuerlichen Gemeinnützigkeit als Fiskalzwecknormen gerechtfertigt, soweit die Regelungen nicht, wie noch zu zeigen sein wird, lediglich deklaratorischen Charakter haben.

Für eine Einordnung als Fiskalzwecknorm und die (zwingende) Berücksichtigung gemeinnützigen Handelns als Minderung der Leistungsfähigkeit spricht außerdem ein weiterer, übergreifend ansetzender Gedanke. Die Aufgaben zur Verwirklichung des gemeinen Wohls können gar nicht vollständig und ausschließlich durch den Staat wahrgenommen werden – dies überforderte selbst den leistungsfähigsten Staatshaushalt.[113] Obwohl er alle Staatsgewalt in sich vereint, übernimmt der Staat nur die durch die Verfassung vorgegebenen Pflichtaufgaben und im Übrigen lediglich fragmentarisch und freiwillig die ihm vordringlichst erscheinenden Aufgaben. Eine gedachte „Grundzuständigkeit“ verbleibt demnach

---

112 Siehe nur: *Lang*, in Tipke/Lang, Steuerrecht, § 9, Rn. 55.

113 *Isensee*, Gemeinnützigkeit und Europäisches Gemeinschaftsrecht, in: DStJG 26 (2003), S. 93 (99).

bei der bürgerlichen Gesellschaft selbst. Unabhängig von Umfang, Reichweite und Dimension ist die staatliche Zuständigkeit danach die Ausnahme von der Regel. Zur Erfüllung seiner so gefundenen Aufgaben erhebt der Staat Steuern und Gebühren, er finanziert sein Tun also über eine monetäre Belastung der Bürger. Gibt der Staat den Bürgern nun die Möglichkeit, innerhalb eines gesetzlich definierten Rahmens und zu gesetzlich definierten Zwecken zum gemeinen Wohl selbst tätig zu werden, stellt dies das Angebot einer partiellen Rückübertragung staatlich wahrgenommener Aufgaben dar. Dem Bürger ist es dann überlassen, wie er diese Aufgabe ausfüllt. Er muss dafür aber zwingend steuerlich entlastet werden, weil insoweit, quasi als Kehrseite des Steuerstaates, die Rechtfertigung der Steuer- und Abgabenerhebung entfallen ist.

Gemeinnützige Leistungen mindern damit die steuerliche Leistungsfähigkeit und treten als dritte Gruppe neben die objektiv erwerbssichernden Betriebsausgaben bzw. Werbungskosten und die subjektiv existenzsichernden Sonderausgaben.

D. Voraussetzungen steuer- und abgabenrechtlicher Gemeinnützigkeit (Rechtslage bis zum 31.12.2008)

Die §§ 51-68 AO definieren allgemein und übergreifend die Voraussetzungen für Tätigkeiten zu steuerbegünstigten Zwecken. Das Gesetz gibt dabei die Prüfungs- und Darstellungsreihenfolge vor. Notwendig ist die Verfolgung steuerbegünstigter Zwecke (I.), dies muss ausschließlich, unmittelbar und selbstlos erfolgen (II.), Satzung und Geschäftsführung der Körperschaft müssen bestimmten Anforderungen genügen (III.) und es darf grundsätzlich kein wirtschaftlicher Geschäftsbetrieb geführt werden (IV.). In systematischer Hinsicht lassen sich die Vorschriften in solche zur Mittelverwendung (I. und II.), Anwendungsvoraussetzungen (III.) und Vorschriften zur Finanzierung (IV.) einteilen.

I. Verfolgung steuerbegünstigter Zwecke

Nach § 51 S. 1 AO a.F. muss die Körperschaft (ausschließlich und unmittelbar) steuerbegünstigte Zwecke verfolgen. Die steuerbegünstigten Zwecke als Oberbegriff sind legaldefiniert in § 51 AO[114] als gemeinnützige, mildtätige und kirchliche Zwecke.

114 §§ 51 S. 1 AO a.F., 51 Abs. 1 S. 1 AO n.F.

1. Gemeinnützige Zwecke i.e.S., § 52 AO

Gemeinnützige Zwecke i.e.S. verfolgt nach § 52 Abs. 1 S. 1 AO, wer die Allgemeinheit auf materiellem, geistigem oder sittlichem Gebiet selbstlos fördert.

a. Förderung auf materiellem, geistigem oder sittlichem Gebiet

Fördern bedeutet, etwas voranzubringen, zu vervollkommnen oder zu verbessern.[115] Materielle Förderung betrifft den wirtschaftlichen Lebensstandard, die finanzielle Ausstattung, geistige und sittliche Förderung dagegen alles, was den ideellen Bereich, den Bereich des Schöngeistigen und der Vernunft angeht.[116] § 52 Abs. 2 S. 1 AO nennt explizit Förderzwecke, die nach heutiger Gesetzesfassung[117] als gemeinnützige Förderung i.e.S. anzuerkennen sind. Die Aufzählung ist nicht abschließend, denn nach § 52 Abs. 2 S. 2 AO kann auch ein nicht von § 52 Abs. 2 Satz 1 erfasster Zweck von der zuständigen Finanzbehörde als gemeinnützig erklärt werden. Die ausdrücklich aufgezählten Förderzwecke sind im Laufe der historischen Entwicklung entgegen anderslautender Empfehlungen[118] und z.T. auch beißender Kritik[119] zu einem ausufernden, unsystematischen Konglomerat[120] gewachsen. Gemeinnützig sind danach heute zwar unmittelbar einleuchtende Sachverhalte wie die Förderung des demokratischen Staatswesens (Nr. 24) oder die Förderung der Jugend- und Altenhilfe (Nr. 4). Andererseits ist aber auch die nicht nur auf den ersten Blick unpassend anmutende Förderung der Kleingärtnerei, der Fastnacht, des Amateurfunkens, des Modellflugs oder des Hundesports (Nr. 23) erfasst. Kollidieren bei bestimmten Tätigkeiten mehrere der genannten Förderzwecke miteinander (z.B. Motorsport als Sport nach Nr. 21 mit dem Natur- und Umweltschutz nach Nr. 8) oder kollidiert die geförderte Betätigung mit Staatszielen (z.B. der zitierte Motorsport mit dem Staatsziel des Umweltschutzes gem. Art. 20a GG), ist dies für die Gemeinnützigkeit der Betätigung nicht per se schädlich. Es ist richtigerweise Aufgabe des Gesetzgebers,

---

115 *BFH* vom 13.12.1978 – I R 39/78, BStBl. II 1979, 482 = BFHE 127, 330; *BFH* vom 23.11.1988 – I R 11/88, BStBl. II 1989, 391 = BFHE 155, 461.

116 *BFH* vom 23.11.1988 – I R 11/88, BStBl. II 1989, 391 = BFHE 155, 461.

117 Mit der Neufassung durch das Gesetz zur weiteren Stärkung des bürgerschaftlichen Engagements vom 10.10.2007 (BGBl. I 2007, 2332 = BStBl. I 2007, 815) hat sich der Streit um die konstitutive Wirkung des Katalogs des § 52 Abs. 2 AO erledigt – siehe zum Streitstand *Schäfers*, Die steuerrechtliche Behandlung gemeinnütziger Stiftungen in grenzüberschreitenden Fällen, S. 72.

118 Siehe z.B. Gutachten der Unabhängigen Sachverständigenkommission zur Prüfung des Gemeinnützigkeits- und Spendenrechts, S. 13, 15.

119 *Tipke*, Die deklassierte Gemeinnützigkeit, in: StuW 1989, 165.

120 *Leisner-Egensperger*, in: Hübschmann/Hepp/Spitaler, § 52 AO, Rn. 10.

durch Regelungen im Gefahrenabwehrrecht Zielkonflikte zu lösen.[121] Erfolgt die tatsächliche Geschäftsführung dagegen nicht im Rahmen der verfassungsgemäßen Ordnung, kann die Betätigung nicht als gemeinnützig anerkannt werden.[122]

b. Förderung der Allgemeinheit

Als nach wie vor umstritten muss die Auslegung und Bedeutung des unbestimmten Rechtsbegriffs der Allgemeinheit in § 52 Abs. 1 S. 1 AO bezeichnet werden. Eine Legaldefinition fand und findet sich im Gesetz nicht, der Begriff wird lediglich „nach unten" negativ abgegrenzt und es ist offen, ob und wo „nach oben" eine Grenze der Allgemeinheit verläuft. Das ist aber entscheidend für die Frage, ob und wie auslandsoffen das deutsche Gemeinnützigkeitsrecht ist, und bedarf deshalb schon an dieser Stelle einer eingehenden Untersuchung.

aa. Gesetzliche Negativabgrenzungen des Begriffs der Allgemeinheit

§ 52 Abs. 1 S. 2 und 3 AO grenzen die Förderung der Allgemeinheit negativ ab, regeln also, wann jedenfalls keine Förderung der Allgemeinheit vorliegt (untere Grenze).

Nach § 52 Abs. 1 S. 2 AO ist eine Förderung der Allgemeinheit nicht gegeben, wenn der Kreis der Personen, denen die Förderung (unmittelbar) zugute kommt (Destinatäre), fest abgeschlossen ist oder in Folge seiner Abgrenzung dauerhaft nur klein sein kann. Hierzu sind seit vielen Jahren vor allem die Exklusivität des Zugangs und/oder besonders hohe Mitgliedsbeiträge für Sportvereine Gegenstand gerichtlicher Auseinandersetzungen.[123] Gemäß § 52 Abs. 1 S. 3 AO liegt eine Förderung der Allgemeinheit auch nicht schon allein deswegen vor, weil eine Körperschaft ihre Mittel einer Körperschaft des öffentlichen Rechts zuführt.

---

121 *BFH* vom 29.10.1997 – I R 13/97, BStBl. II 1998, 9 = BFHE 184, 226; wie hier: *Buchna*, Gemeinnützigkeit im Steuerrecht, S. 33; a.A. *Bauer*, Die Steuerpflicht gemeinnütziger Körperschaften nach der Rechtsprechung des Bundesfinanzhofs, in: FR 1989, 61 (70); *Gmach*, Neuere Rechtsprechung zum Recht der steuerbegünstigten Zwecke, FR 1997, 793 (796); *Scholtz*, in: Koch/Scholtz, § 52, Rn. 21; *Schäfers*, Die steuerrechtliche Behandlung gemeinnütziger Stiftungen in grenzüberschreitenden Fällen, S. 73.

122 *BFH* vom 29.08.1984 – I R 215/81, BStBl. II 1985, 106 = BFHE 142, 243; *Gmach*, Neuere Rechtsprechung zum Recht der steuerbegünstigten Zwecke, FR 1997, 793 (794).

123 Dazu ausführlich und m.w.N. *Leisner-Egensperger*, in: Hübschmann/Hepp/Spitaler, § 52 AO, Rn. 64 ff.; *Uterhark*, in: Schwarz, § 51, Rn. 10 ff.

bb. Bisheriger Meinungsstand zum Begriff der Allgemeinheit

Mit dieser gesetzlichen Negativabgrenzung ist aber nicht geklärt, wer insgesamt zur Gruppe der Allgemeinheit rechnet. Im europarechtlichen Kontext war und ist insbesondere fraglich, ob mit der Allgemeinheit des § 52 Abs. 1 AO nur eine deutsche Allgemeinheit gemeint ist. Obwohl die Fassung des § 52 Abs. 1 AO seit Einführung im Jahre 1977 nur unwesentlich und in erster Linie sprachlich angepasst wurde, sind diese Fragen in Rechtsprechung oder Literatur lange Zeit nicht explizit gestellt worden. Erst durch den Vorlagebeschluss des BFH im Jahr 2004 in der Rechtssache „Stauffer„[124] und das daraufhin im Jahr 2005 erlassene BMF-Schreiben[125] rückte die Problematik in den Fokus juristischer Auseinandersetzungen.

Bis zum zitierten Vorlagebeschluss des BFH wurde überwiegend und wohl zurückgehend auf *Scholtz*[126] in der Literatur[127] vertreten, dass gemeinnützige Tätigkeiten auch im Inland für das Ausland oder im Ausland selbst ausgeübt werden können. Teilweise wurde zusätzlich vorausgesetzt, dass die geförderte Tätigkeit im Ausland eine positive Rückwirkung auf das Inland oder wenigstens keine nachteilige Wirkung für Deutschland haben müsse.[128] Ohne weitere Differenzierung wurde daraus dann zum Teil geschlossen, dass auch eine ausländische Allgemeinheit steuerbegünstigt gefördert werden könne.[129]

Die *Finanzverwaltung* schloss sich dem zunächst an. Eine Förderung der Allgemeinheit i.S. von § 52 AO setze nicht voraus, dass die Fördermaßnahme Bewohnern oder Staatsangehörigen Deutschlands zugute komme. Erforderlich sei nur, dass sie sich zumindest nicht zum Nachteil für Deutschland auswirke. Dies gelte aber nur für die Tätigkeit inländischer Körperschaften.[130]

---

124 *BFH* vom 14.07.2004 – I R 94/02 = BStBl. II 2005, 721 = BFHE 206, 350 = DStR 2004, 1644.

125 *BMF*-Schreiben vom 20.09.2005 – IV C 4 – S 0181 – 9/05, BStBl. I 2005, 902 = ZEV 2005, 523.

126 *Scholtz*, Steuerbegünstigte Zwecke, in: FR 1976, 181 (184).

127 *Buchna*, in: Gemeinnützigkeit im Steuerrecht, S. 34; *Eicker*, Grenzüberschreitende gemeinnützige Tätigkeit, S. 63; *Gersch*, in: Klein, AO, 8. Aufl. 2003, § 52, Rn. 12; *Pöllath*, in: Seifart/v. Campenhausen, Handbuch des Stiftungsrechts, 2. Aufl. 1999 S. 767; *Spiegel*, in: Germany, European Taxation 1997, 348 (352); *Thömmes*, Gemeinnützigkeit und EG-Recht – Zur EG-Rechtswidrigkeit des § 5 Abs. 2 Nr. 3 KStG, in: Jahrbuch der Fachanwälte für Steuerrecht (JbFStR) 1999/2000, S. 123 (125); *Wallenhorst*, in: Troll/Wallenhorst/Halaczinsky, Die Besteuerung gemeinnütziger Vereine und Stiftungen, S. 19.

128 *Gersch*, in: Klein, AO, 8. Aufl. 2003, § 52, Rn. 12; *Spiegel*, in: European Taxation 1997, 348 (352).

129 *Pöllath*, in: Seifart/v. Campenhausen, Handbuch des Stiftungsrechts, 2. Aufl. 1999, S. 767.

130 *OFD Frankfurt* vom 29.01.1997 – S 0177 A-2-St II 12, KSt-Kartei HE § 5 KStG Karte H 103; *OFD Düsseldorf* vom 18.06.1997 – 1997-06-18 S 2729 A-St 1312, IStR 1997, 469; *OFD Hannover* vom 15.06.2001 – S 2729-325-StO 214, S 2729-326-StH 223, KSt-Kartei ND § 5 KStG Karte

Nur vereinzelte Stimmen in der Literatur traten dem entgegen. Nach *Isensee*[131] und ihm folgend *Leisner-Egensperger*[132] sei die Allgemeinheit nach § 52 Abs. 1 AO keine freischwebende Idee, sondern die reale deutsche Gesellschaft. *Schäfers* entwickelt aus den Rechtfertigungsgründen des nationalen Gemeinnützigkeitsrechts die These, dass die Allgemeinheit im Sinne des § 52 Abs. 1 AO die deutschen Staatsangehörigen und die deutsche Bevölkerung als diejenigen Personen umfasse, über die der deutsche Staat seine Hoheitsgewalt ausübe.[133] In diesem Sinne dürfte wohl auch *Kube* zu verstehen sein, der auf die durchgängige Inlandsanknüpfung des deutschen Gemeinnützigkeitsrechts Bezug nimmt.[134] Auch *Jachmann* und *Meier-Behringer* verweisen auf den strukturellen Inlandsbezug des deutschen Gemeinnützigkeitsrechts, betonen aber mit Verweis auf die Ansicht der Finanzverwaltung, dass die Zweckverwirklichung der Förderung rechtspolitischer Ziele Deutschlands dienen müsse.[135]

Einen Inlandsbezug erkannte wohl auch die Rechtsprechung lange Zeit. Der I. Senat des BFH hatte 1978 in einem reinen Inlandsfall nämlich noch geäußert, dass unter dem Begriff der Allgemeinheit „nicht notwendig die Gesamtheit der Bürger der Bundesrepublik Deutschland oder eine daraus kaum zu ermittelnde Mehrheit der Bevölkerung zu verstehen" sein soll.[136] Dies impliziert in der Tat, dass die Allgemeinheit jedenfalls nicht mehr Personen umfasst als die Gesamtheit der deutschen Bürger.[137] Mit dem Bezug auf die deutschen Bürger lag der BFH auf der traditionellen Linie des RFH[138], der eine gemeinnützige Mittelverwendung[139] im Sinne einer Verwendung für die Allgemeinheit nur dann als gegeben angesehen hatte, wenn die Mittel der „Masse der deutschen Staatsangehörigen" zugute kämen, mithin „deutsche Interessen" gefördert würden.

In seinem Vorlagebeschluss in der Rechtssache „Stauffer" vom 14.07.2004 übernahm der I. Senat des BFH dann jedoch die überwiegende Meinung in der

---

H 7.7; *OFD München* vom 23.11.2001 – 2001-11-23 S 2223 – 145 St 41, ESt-Kartei BY § 10b EStG Karte 3.1 = DStR 2002, 806.

131 *Isensee*, Gemeinnützigkeit und Europäisches Gemeinschaftsrecht, in: DStJG 26 (2003), S. 93 (111).

132 *Leisner-Egensperger*, in: Hübschmann/Hepp/Spitaler, § 52 AO, Rn. 35.

133 *Schäfers*, Die steuerrechtliche Behandlung gemeinnütziger Stiftungen in grenzüberschreitenden Fällen, S. 139.

134 *Kube*, Die Zukunft des Gemeinnützigkeitsrechts in der europäischen Marktordnung, in: IStR 2005, 469 (473).

135 *Jachmann/Meier-Behringer*, Gemeinnützigkeit in Europa: Steuer- und europarechtliche Rahmenbedingungen, in: BB 2006, 1823 (1827).

136 *BFH* vom 13.12.1978 – I R 39/78, BStBl. II 1979, 482 = BFHE 127, 330.

137 *Schäfers*, Die steuerrechtliche Behandlung gemeinnütziger Stiftungen in grenzüberschreitenden Fällen, S. 130; dem BFH folgend: *Jost*, in: Dötsch/Jost/Pung/Witt, KStG, § 5 Abs. 1 Nr. 9, Rn. 14.

138 *RFH* vom 16.05.1924 – I A 46/24, RFHE 14, 112.

139 § 6 Ziff. 3 KStG 1922.

Literatur.[140] Ohne weitere sachliche Begründung und mit einem bloßen Verweis auf Stimmen in der Literatur[141] unterstellte er dem deutschen Gemeinnützigkeitsrecht eine weitreichende Auslandsoffenheit und sah im konkreten Fall die Aktivität einer Stiftung mit Sitz in Italien und Fördertätigkeit in der Schweiz als eine „Förderung der Allgemeinheit" gemäß § 52 Abs. 1 AO an. Eine Förderung der Allgemeinheit setze nicht voraus, dass die Fördermaßnahmen den Bewohnern oder Staatsangehörigen Deutschlands zugute kämen.[142]

Dem widersprach die Finanzverwaltung, die sich bisher zwar immer mit genau diesen Worten, aber eben nur explizit zu inländischen Körperschaften geäußert hatte. Nun wurde präzisiert, dass unter „Allgemeinheit" i.S.v. des § 52 Abs. 1 AO die Bevölkerung Deutschlands bzw. ein Ausschnitt daraus zu verstehen sei. Die Regelungen der steuerbegünstigten Zwecke der §§ 51-68 AO seien nationales Recht, gälten nicht im Ausland und deshalb nicht für ausländische Körperschaften. Die Steuerbefreiungen bedürften zudem einer Rechtfertigung, die sich nach dem Subsidiaritätsprinzip daraus ergäbe, dass inländische gemeinnützige Körperschaften dem Staat Gemeinwohlaufgaben abnähmen, die er sonst durch die Aufwendung von Steuermitteln selbst erfüllen müsste.[143] Entsprechend ihrer bisherigen Äußerungen könnten inländische Körperschaften steuerbegünstigte Zwecke auch im Ausland verwirklichen, weil und soweit diese Maßnahmen positive Rückwirkungen auf das Ansehen Deutschlands und die deutsche Bevölkerung (Allgemeinheit) hätten[144].

In der Literatur stieß dieses insoweit sicher nicht zu Unrecht als „vorgezogener Nichtanwendungserlass„[145] titulierte BMF-Schreiben, soweit ersichtlich, durchgängig auf Kritik. Für die Auslegung des BMF finde sich im Wortlaut des § 52 Abs. 1 AO keinerlei Anhaltspunkt[146], eine Beschränkung der Allgemeinheit auf die Bevölkerung Deutschlands sei hinsichtlich des Standes der Europäischen

140 *BFH* vom 14.07.2004 – I R 94/02 = BStBl. II 2005, 721 = BFHE 206, 350 = DStR 2004, 1644.

141 Der BFH verweist lediglich auf *Thömmes*, Gemeinnützigkeit und EG-Recht – Zur EG-Rechtswidrigkeit des § 5 Abs. 2 Nr. 3 KStG, in: Jahrbuch der Fachanwälte für Steuerrecht (JbFStR) 1999/2000, S. 123 (125) und diesem folgend *Widmann*, ebenda, S. 128.

142 Zustimmend: *Hüttemann/Helios*, Gemeinnützige Zweckverfolgung im Ausland nach der „Stauffer"-Entscheidung des EuGH, in: DB 2006, 2481 (2490); *Hüttemann*, Gemeinnützigkeits- und Spendenrecht, § 3 Rn. 29; *Hufeld*, Deutsches Steuerrecht und europäische Gemeinnützigkeit, in: FS-Mußgnug, S. 255 (257); *Reimer/Ribbrock*, Gemeinnützigkeit auch für ausländische Körperschaften?, in: RIW 2005, 611 (616); *Richter*, in: Meyn/Richter/Koss, Die Stiftung, Rn. 322.

143 *BMF*-Schreiben vom 20.09.2005 – IV C 4 – S 0181 – 9/05, BStBl. I 2005, 902 = ZEV 2005, 523.

144 *BMF*-Schreiben vom 20.09.2005 – IV C 4 – S 0181 – 9/05, BStBl. I 2005, 902 = ZEV 2005, 523.

145 *Thömmes/Nakhai,* Gemeinnützigkeitsrecht – Förderung der Allgemeinheit und Satzungsbestimmungen zur Ausschließlichkeit und Unmittelbarkeit, in: DB 2005, 2259 (2259).

146 *Richter*, in: Meyn/Richter/Koss, Die Stiftung, Rn. 322; *Wachter*, Anmerkung zum BMF-Schreiben vom 20.09.2005, in: ZEV 2005, 523 (524).

Integration nicht mehr zeitgemäß und hinsichtlich der Ziele und Aufgaben der Europäischen Gemeinschaft bedenklich.[147] Das Merkmal der „positiven Rückwirkung auf Deutschland“ sei schlicht nicht praktikabel.[148]

Schließlich folgen einzelne Vertreter in der Literatur ausdrücklich weder dem grundsätzlichen Ansatz des BMF noch dem des BFH. Für *von Hippel*[149] gelangen BFH und BMF praktisch zu sehr ähnlichen Ergebnissen. *Heintzen*[150] meint, die Allgemeinheit sei zwar personalisierbar, aber eine entwicklungsoffene politische Grundkategorie und eine präzise Unterteilung in nationale und universelle (Förder-) Zwecke sei unmöglich. Für *Fischer*[151] ist die Förderung der Allgemeinheit „Förderung im Interesse der Allgemeinheit“[152]. Im Gegensatz zu den unmittelbaren Destinatären sei die Allgemeinheit ein lediglich „virtuelles Zurechnungssubjekt des bonum commune“ und das „Gegenstück zu den Nutznießern eines nichtaltruistischen Vorteils“. Eine Beschränkung der Auslegung des Begriffs der „Allgemeinheit“ auf die Bevölkerung Deutschlands geht damit nicht einher.

cc. Stellungnahme

Der überwiegenden Meinung in der Literatur und der Auffassung des I. Senats des BFH, die sich den traditionellen Ansatz der Finanzverwaltung zueigen machen, ist entgegenzuhalten, dass sie sich um eine allgemeine Definition des Tatbestandmerkmals der „Allgemeinheit“ gar nicht bemühen. Denn der Kern dieser traditionellen Aussage gibt für eine Bestimmung des Merkmals der Allgemeinheit nichts her. Es mag stimmen oder nicht, dass die Fördermaßnahmen den Bewohnern oder Staatsangehörigen Deutschlands nicht (direkt) zugute kommen müssen und Fördermaßnahmen auch im Ausland verwirklicht werden können.[153] Eine Eingrenzung bzw. Bestimmung des Kreises der Destinatäre bringt eine Konkretisierung des

147 *Thömmes/Nakhai,* Gemeinnützigkeitsrecht – Förderung der Allgemeinheit und Satzungsbestimmungen zur Ausschließlichkeit und Unmittelbarkeit, in: DB 2005, 2259 (2259).

148 *Wachter*, Anmerkung zum BMF-Schreiben vom 20.09.2005, in: ZEV 2005, 523 (524).

149 *Von Hippel*, Zukunft des deutschen Gemeinnützigkeitsrechts nach der „Stauffer“-Entscheidung, in: EuZW 2006, 614 (616); *ders.*, Steuerliche Diskriminierung ausländischer gemeinnütziger Nonprofit-Organisationen, in: Spenden- und Gemeinnützigkeitsrecht in Europa, S. 677 (708).

150 *Heintzen*, Steuerliche Anreize für gemeinwohlorientiertes Engagement Privater, in: FR 2008, 737 (744).

151 *Fischer*, Überlegungen zur Fortentwicklung des steuerlichen Gemeinnützigkeitsrechts, in: FR 2008, 752 (754).

152 So auch schon *Lang*, Gemeinnützigkeitsabhängige Steuervergünstigungen, in: StuW 1987, 221 (232 f.) und *Hüttemann/Helios*, Gemeinnützige Zweckverfolgung im Ausland nach der „Stauffer“-Entscheidung des EuGH, in: DB 2006, 2481 (2486).

153 Ausgehend vom Katalog der förderungswürdigen Zwecke (§ 52 Abs. 2 AO) und vor allem dessen Erweiterung um die Völkerverständigung und die Entwicklungshilfe ist dem aber durchaus zuzustimmen.

Begriffs der Allgemeinheit aber nicht voran. Denn richtigerweise sind nach der gesetzlichen Formulierung die Destinatäre als unmittelbare Nutznießer der Fördermaßnahmen von der „Allgemeinheit" zu unterscheiden.[154] Das zeigt § 52 Abs. 1 S. 2 AO deutlich, der einerseits die „Förderung der Allgemeinheit" und andererseits den „Kreis der Personen, denen die Förderung zugute kommt" benennt.

Von Hippels These der praktisch sehr ähnlichen Ergebnisse dürfte nur hinsichtlich der Auslandstätigkeiten inländischer Körperschaften zu folgen sein. Zu grundlegend verschiedenen Konsequenzen führen die beiden Auffassungen aber, wenn, wie in der Rechtssache „Stauffer" in Deutschland beschränkt steuerpflichtige ausländische Körperschaften ihre Zwecke ausschließlich im Ausland verwirklichen. Die Bestimmungen der Allgemeinheit durch *Heintzen* und *Fischer* als „politische Grundkategorie" bzw. als „virtuelles Zurechnungssubjekt des bonum commune" mögen wohlklingen, sind einer Subsumtion aber nicht zugänglich.

Zuzustimmen ist der Auffassung *Isensees*[155], *Schäfers*[156] und der Finanzverwaltung[157], wonach die Allgemeinheit in § 52 Abs. 1 AO nur eine inländische Allgemeinheit in Person der deutschen Staatsangehörigen und der deutschen Bevölkerung umfasst.

Die mangelnde Verankerung im Wortlaut des § 52 Abs. 1 AO steht dem nicht entgegen. Wie *Schäfers*[158] zutreffend zeigt, folgt aus systematischen und teleologischen Gründen, dass nur eine „deutsche Allgemeinheit" gemeint sein kann. Die Rechtfertigung der steuerlichen Anerkennung gemeinnützigen Handelns folgt aus der Tätigkeit der Körperschaften für das Gemeinwohl und der sich daraus ergebenden Staatsentlastung.[159] Diese Staatsentlastung fehlt jedoch, wenn die gemeinnützige Tätigkeit einer ausländischen Allgemeinheit zugute kommt. Für das Wohl einer ausländischen Allgemeinheit muss der (deutsche) Staat nicht aufkommen, erfährt also keine Entlastung, wenn dieses ausländische Gemeinwohl durch Private gefördert wird.

Die weitergehende Kritik von *Thömmes/Nakhai*, eine solche national orientierte Auslegung sei hinsichtlich des Standes der Europäischen Integration nicht mehr zeitgemäß und hinsichtlich der Ziele und Aufgaben der Europäischen Ge-

---

154 So auch *Fischer*, Überlegungen zur Fortentwicklung des steuerlichen Gemeinnützigkeitsrechts, in: FR 2008, 752 (754).

155 *Isensee*, Gemeinnützigkeit und Europäisches Gemeinschaftsrecht, in: DStJG 26 (2003), S. 93 (111).

156 *Schäfers*, Die steuerrechtliche Behandlung gemeinnütziger Stiftungen in grenzüberschreitenden Fällen, S. 139.

157 *BMF*-Schreiben vom 20.09.2005 – IV C 4 – S 0181 – 9/05, BStBl. I 2005, 902 = ZEV 2005, 523.

158 *Schäfers*, Die steuerrechtliche Behandlung gemeinnütziger Stiftungen in grenzüberschreitenden Fällen, S. 133 ff.

159 Allgemeine Ansicht, statt Vieler: *Leisner-Egensperger*, in: Hübschmann/Hepp/Spitaler, vor §§ 51-68 AO, Rn. 35 ff. m.w.N.

meinschaft bedenklich[160], greift im Ergebnis nicht durch. Abgesehen davon, dass *Thömmes/Nakhai* nicht präzisieren, welche Ziele und Aufgaben der Europäischen Gemeinschaft ihres Erachtens einer national orientierten Auslegung entgegenstehen, ist „zeitgemäß" zunächst kein rechtlich relevantes Kriterium. Für den Rechtsanwender ist „zeitgemäß" bei der Auslegung eines unbestimmten Rechtsbegriffes so unbedeutend wie etwa „modern" oder „fortschrittlich". Rechtlich erheblich und damit entscheidend kann nur sein, ob europäisches Recht einer solchen Auslegung entgegensteht, was nicht der Fall ist. Dies wird im weiteren Verlauf der Arbeit nach der detaillierten Untersuchung der europäischen Vorgaben für das Gemeinnützigkeitsrecht noch näher zu zeigen sein.[161]

Schließlich steht auch eine historische Auslegung dem Ergebnis jedenfalls nicht entgegen, dass allein deutsche Staatsangehörige bzw. die deutsche Bevölkerung als die der deutschen Staatsgewalt unterworfenen Menschen als „Allgemeinheit" gemäß § 52 Abs. 1 AO gemeint sind. Denn die Formulierung der heutigen Vorschrift des § 52 Abs. 1 AO 1977 geht im Kern auf § 17 StAnpG[162] zurück. Zu dieser Vorschrift wurde in der Literatur bereits seinerzeit vertreten, dass Allgemeinheit „deutsche Allgemeinheit" bedeute.[163] Aus historischer Perspektive betrachtet leuchtet auch kaum ein, welche andere als die inländische Allgemeinheit der Gesetzgeber bei der erstmaligen Einführung der vergleichbaren Regelungen in den 1920er Jahren bzw. später in den 1970er Jahren bei der Erarbeitung der §§ 51-68 der Abgabenordnung gemeint haben soll.[164]

dd. Zwischenergebnis

Die Förderung der Allgemeinheit in § 52 Abs. 1 AO meinte (auch schon) in der bis zum 31.12.2008 geltenden Gesetzesfassung eine Förderung deutscher Staatsangehöriger oder der deutschen Bevölkerung als der Menschen, die der deutschen Staatsgewalt unterliegen. Die geförderte Allgemeinheit ist von den unmittelbaren Destinatären der gemeinnützigen Tätigkeit zu unterscheiden. Unmittelbare Destinatäre der konkreten Fördermaßnahmen können auch nichtdeutsche Staatsangehörige im Ausland sein.

---

160 *Thömmes/Nakhai,* Gemeinnützigkeitsrecht – Förderung der Allgemeinheit und Satzungsbestimmungen zur Ausschließlichkeit und Unmittelbarkeit, in: DB 2005, 2259 (2259).

161 Zur mitgliedstaatlichen Souveränität bei der Festlegung der steuerbegünstigten Förderzwecke und der Möglichkeit einer Inlandsverknüpfung: Dritter Teil, A., II., S. 173 ff.

162 Steueranpassungsgesetz vom 16.10.1934, RGBl. I 1934, 925.

163 *Menck*, in: International Fiscal Association, Die Möglichkeiten und Nachteile einer eventuellen Anwendung nationaler Steuererleichterungsmassnahmen auf auslaendische wissenschaftliche, erzieherische oder gemeinnuetzige Institute, S. II/11 f.; a.A. *Felix*, Förderung der Allgemeinheit als Voraussetzung der Gemeinnützigkeit, in: FR 1961, 236 (236).

164 Siehe Erster Teil, A., II., S. 28 ff.

2. *Mildtätige Zwecke, § 53 AO*

Neben der soeben dargestellten Förderung gemeinnütziger Zwecke i.e.S. sieht die Abgabenordnung auch die Förderung mildtätiger und die Förderung kirchlicher Zwecke als förderungswürdig an. Mildtätige Zwecke verfolgt nach § 53 AO, wer hilfsbedürftige natürliche Personen unterstützt, der mildtätige Zweck braucht nicht gleichzeitig gemeinnützig i.e.S. zu sein.[165] Im Gegensatz zur Verfolgung gemeinnütziger Zwecke i.e.S. kann es sich auch um einen kleinen und/oder fest abgegrenzten Kreis von Destinatären handeln. Hilfsbedürftig ist, wer auf fremde Hilfe angewiesen ist, unabhängig davon, ob die Bedürftigkeit in körperlicher, geistiger, seelischer oder auch wirtschaftlicher Hinsicht gegeben ist.

3. *Kirchliche Zwecke, § 54 AO*

Gemäß § 54 AO verfolgt kirchliche Zwecke, wer eine Religionsgemeinschaft fördert, die Körperschaft des öffentlichen Recht ist. § 54 Abs. 2 AO nennt in nicht abschließender Aufzählung unter anderem die Errichtung, Ausschmückung und Unterhaltung von Gotteshäusern und kirchlichen Gemeindehäusern.

Zu beachten ist zum Einen, dass § 54 AO nur die Förderung der anerkannten Religionsgemeinschaften erfasst. Eine Förderung nicht anerkannter Religionsgemeinschaften kann aber als „Förderung der Religion" nach § 52 Abs. 2 S. 1 Nr. 2 AO gemeinnützig sein, muss dann jedoch im Gegensatz zur „Förderung kirchlicher Zwecke" den Voraussetzungen an eine „Förderung der Allgemeinheit" nach § 52 Abs. 1 AO genügen. Für die Anerkennung einer Religionsgemeinschaft nach Art. 140 GG i.V.m. Art. 137 Abs. 5 WRV sind die Länder zuständig.

Zum Anderen ist zu beachten, dass von der Förderung kirchlicher Zwecke nicht die Tätigkeit der anerkannten Religionsgemeinschaften selbst erfasst ist, sich die Steuerbefreiung für die kirchlichen Tätigkeiten also nicht aus der AO ergibt. Anerkannte Religionsgemeinschaften sind als Körperschaften des öffentlichen Rechts schon subjektiv nicht steuerpflichtig.[166]

II. Modalitäten der Zweckverfolgung – ausschließlich, unmittelbar, selbstlos

Legen die §§ 51-54 AO Anforderungen an den verfolgten Zweck fest, stellen die §§ 55-58 AO Anforderungen an die Modalität der Zweckverfolgung. Die Kör-

165 Statt vieler: *Pöllath/Richter*, in: Seifart/v. Campenhausen, Handbuch des Stiftungsrechts, § 43, Rn. 37.

166 *Leisner-Egensperger*, in: Hübschmann/Hepp/Spitaler, § 54 AO, Rn. 7; *Pöllath/Richter*, in: Seifart/v. Campenhausen, Handbuch des Stiftungsrechts, § 43, Rn. 41; *Uterhark*, in: Schwarz, § 54, Rn. 1.

perschaft muss ausschließlich ihre satzungsmäßigen steuerbegünstigten Zwecke verfolgen (§ 56 AO), muss diese Zwecke unmittelbar, also selbst verwirklichen (§ 57 AO) und dabei selbstlos (§ 55 AO) handeln.

1. Ausschließlichkeit, § 56 AO

Ausschließlichkeit bedeutet, dass die Körperschaft nur zu steuerbegünstigten Zwecken tätig werden darf und auch nur zu solchen, die in der Satzung genannt sind. Im Gesetz selbst sind aber zahlreiche Ausnahmen enthalten, so beispielsweise in § 58 AO (steuerlich unschädliche Betätigungen), § 64 AO (wirtschaftlicher Geschäftsbetrieb) oder § 65 (Zweckbetrieb). Auch eine vermögensverwaltende Tätigkeit verstößt nicht gegen das Ausschließlichkeitsgebot.[167]

2. Unmittelbarkeit, § 57 AO

Unmittelbarkeit heißt, die steuerbegünstigten Zwecke selbst zu verwirklichen. Die Körperschaft kann aber Hilfspersonen einschalten, wenn deren Tätigkeit als eine Tätigkeit der Körperschaft anzusehen ist und die Hilfspersonen von der Körperschaft überwacht werden.[168]

3. Selbstlosigkeit, § 55 AO

Die Bestimmungen zur Selbstlosigkeit sind im Wesentlichen darauf zu reduzieren, dass eine steuerbegünstigte Körperschaft[169] und ihre Mitglieder „nicht in erster Linie" eigenwirtschaftliche Zwecke verfolgen dürfen und besonderen Ge- und Verboten hinsichtlich der Mittelverwendung und der Vermögensbindung unterliegen. Dabei wird insbesondere das Gebot der zeitnahen Mittelverwendung wiederum durch die Vorschriften zur Zulässigkeit von Rücklagen (§ 58 AO) durchbrochen. Die sich im Einzelnen ergebenden Abgrenzungs- und Streitfragen zur eigenwirtschaftlichen Betätigung sind vielfältig und können und sollen hier nicht im Einzelnen vertieft werden.[170] Einzig die Frage, wann bei einer gemischten Tätigkeit eine Verfolgung eigenwirtschaftlicher Zwecke „in erster Linie" vorliegt, soll exemplarisch erläutert werden. Unter gemischter Tätigkeit soll dabei eine

---

167 *BFH* vom 23.10.1991 – I R 19/91, BStBl. II 1992, 62 = BFHE 165, 484 = DB 1992, 186.

168 *Gersch*, in: Klein, AO, § 57, Rn. 1.

169 A.A. *Hüttemann*, Wirtschaftliche Betätigung und steuerliche Gemeinnützigkeit, S. 36 ff.; *ders.*, Gemeinnützigkeits- und Spendenrecht, § 4 Rn. 95 ff., wonach das Selbstlosigkeitsgebot auf eigenwirtschaftliche Zwecke der Mitglieder zu beschränken ist, dazu näher sogleich.

170 S. dazu z.B. *Hüttemann*, Gemeinnützigkeits- und Spendenrecht, § 4 Rn. 68 ff.; *Leisner-Egensperger*, in: Hübschmann/Hepp/Spitaler, § 55 AO, Rn. 50 ff.; *Pöllath/Richter*, in: Seifart/v. Campenhausen, Handbuch des Stiftungsrechts, § 43, Rn. 44 ff.

steuerbegünstigte Tätigkeit bei Unterhaltung eines wirtschaftlichen Geschäftsbetriebs verstanden werden. Nach Ansicht der *Finanzverwaltung*[171] soll es auf die Gewichtung der einzelnen Betätigungen ankommen und diejenige Tätigkeit entscheidend sein, die in einer Gesamtschau den Charakter der Körperschaft prägt. Die Abgrenzungskriterien hat die Verwaltung aber nicht erschöpfend konkretisiert. Genannt werden beispielsweise das Verhältnis der Einnahmen aus dem Geschäftsbetrieb zu den im ideellen Bereich erwirtschafteten Mitteln, die Gesamtaktivitäten der Körperschaft und der jeweilige Zeit- und Personaleinsatz. Der BFH[172] ist großzügiger und grenzt klar die Einkommenserzielung von der Mittelverwendung ab. Entscheidend sei grundsätzlich, ob die Mittel zweckgerichtet für die steuerbegünstigten Zwecke eingesetzt und auch die Einnahmen aus der nichtbegünstigten Tätigkeit, also dem wirtschaftlichen Geschäftsbetrieb, für die begünstigte Tätigkeit verwendet würden. Allein wegen der Größe eines wirtschaftlichen Geschäftsbetriebs könne man einer Körperschaft die Möglichkeit gemeinnütziger Betätigung nicht vorenthalten.

Die Literatur neigt ebenfalls überwiegend einer Abwägung zu, wobei auch hier die Kriterien variieren.[173] Davon abweichend und zurückgehend auf *Hüttemann*[174] soll allerdings der Regelungsgehalt der Selbstlosigkeit in § 55 AO auf eigenwirtschaftliche Interessen der Mitglieder zu beschränken sein. Die Frage der Grenze der Zulässigkeit wirtschaftlicher Tätigkeit sei historisch und systematisch dem Ausschließlichkeitsgrundsatz in § 56 AO zuzuordnen. Diese auf Eigeninteressen der Mitglieder beschränkte Auslegung des § 55 AO findet indes im weiten Wortlaut der Norm keinen Anhaltspunkt. Im Ergebnis muss man deshalb wohl richtigerweise dem BFH folgend betonen, dass allein Größe und Umfang der Tätigkeit

171 *BMF*-Schreiben vom 15.02.2002 – IV C 4 – S 0174 – 2/01, BStBl. I 2002, 267; *OFD Koblenz* vom 26.04.2002 – S 0174 A-St 34 1, KSt-Kartei RP § 5 KStG Karte H 58 = DB 2002, 1585; *OFD Frankfurt* vom 06.08.2003 – S 0177 A-1-St II 1.03, KSt-Kartei HE § 5 KStG Karte H 71 = DStZ 2003, 817; *OFD Kiel* vom 25.08.2003 – S 0174 A – St 262, DB 2003, 2360.

172 *BFH* vom 15.07.1998 – I R 156/94, BStBl. II 2002, 162 = BFHE 186, 546 = DStR 1998, 1710; *BFH* vom 04.04.2007 – I R 76/05, BStBl. II 2007, 631 = BFHE 217, 1 = DStR 2007, 1121.

173 *Buchna*, Gemeinnützigkeit im Steuerrecht, S. 92 f.; *Bopp*, Das Merkmal der Selbstlosigkeit bei der Verfolgung steuerbegünstigter Zwecke i.S. der §§ 51 ff. AO 1977, in: DStZ 1999, 123 (126); *Leisner-Egensperger*, in: Hübschmann/Hepp/Spitaler, § 55 AO, Rn. 65; *Richter*, in: Meyn/Richter/Koss, Die Stiftung, Rn. 369; *Scholtz*, Steuerbegünstigte Zwecke, in: FR 1976, 181 (187); *ders.*, in: Koch/Scholtz, § 55, Rn. 5;; *Wallenhorst*, in: Troll/Wallenhorst/Halaczinsky, Die Besteuerung gemeinnütziger Vereine und Stiftungen, S. 36 f.; a.A. *Orth*, Finanzierung und Mittelverwendung gemeinnütziger Organisationen, in: DStJG 26 (2003), S. 177 (192); *Schauhoff*, in: Schauhoff, Handbuch der Gemeinnützigkeit, § 8 Rn. 67.

174 *Hüttemann*, Der neue Anwendungserlass zum Gemeinnützigkeitsrecht (§§ 51 bis 68 AO), in: FR 2002, 1337 (1340); *ders.*, Grundprinzipien des steuerlichen Gemeinnützigkeitsrechts, in: DStJG 26 (2003), S. 49 (69); ihm folgend *Jachmann*, Reformbedarf im Gemeinnützigkeitsrecht, in: ZSt 2003, 35 (38); *Schauhoff*, in: Schauhoff, Handbuch der Gemeinnützigkeit, § 8 Rn. 67.

noch keine hinreichenden Abgrenzungskriterien sind. Entscheidend muss sein, ob die Verfolgung der satzungsmäßigen Zwecke nach einer Gesamtbetrachtung von der eigenwirtschaftlichen Tätigkeit der Körperschaft überlagert wird. Eine Abgrenzung im Einzelfall ist dabei unumgänglich.

III. Anforderungen an Satzung und Geschäftsführung

Die Anforderungen an Satzung und Geschäftsführung in den §§ 59-63 AO sind weitere materielle Voraussetzungen abgabenrechtlicher Gemeinnützigkeit und nicht etwa bloße Verfahrensvorschriften. Sie regeln die sogenannte formelle und materielle Satzungsmäßigkeit und die Anforderungen an die tatsächliche Geschäftsführung der Körperschaft.

Der formellen Satzungsmäßigkeit ist Genüge getan, wenn die Satzung dem Gesetz entspricht, also insbesondere den zu verfolgenden steuerbegünstigten Zweck, die Modalitäten seiner Verfolgung und die Bestimmungen zur Vermögensbindung enthält. Alle Angaben müssen in der Satzung selbst enthalten sein oder sich im Wege der Auslegung aller Satzungsbestimmungen aus ihr ergeben[175]. Eine Mustersatzung enthält die Anlage 1 zu § 60 AO des Anwendungserlasses des BMF zur Abgabenordnung (AEAO). Jedenfalls bis zum 31.12.2008 war die Mustersatzung schon deshalb unverbindlich, weil es für eine Verbindlichkeit an einer gesetzlichen Grundlage mangelte.

Materiell satzungsgemäß ist die Tätigkeit der Körperschaft, wenn sie entsprechend den Satzungsbestimmungen erfolgt. Sind die gesetzlichen Vorgaben weiter gefasst als die Satzung, reicht allein die Einhaltung der gesetzlichen Vorschriften nicht aus. Schließlich muss die tatsächliche Geschäftsführung nach 63 AO auf die tatsächliche und unmittelbare Erfüllung der steuerbegünstigten Zwecke gerichtet sein und den Satzungsbestimmungen entsprechen.

Für ausländische Körperschaften kann gerade das Satzungserfordernis für eine in Deutschland als gemeinnützig anerkannte Tätigkeit hinderlich sein. Denn auch das Gemeinnützigkeitsrecht anderer Staaten, z.B. des Herkunftsstaates der gemeinnützigen Körperschaft, kann qualifizierte und gegebenenfalls divergierende Anforderungen an Satzung und Geschäftsführung stellen. Dies kann im Ergebnis die Erfüllung der Voraussetzungen der §§ 59-63 AO erschweren und ein gemeinschaftsrechtswidriges Hemmnis der grenzüberschreitenden gemeinnützigen Tätigkeit sein.[176] In der Entscheidung des EuGH in der Rechtssache „Stauffer"[177] spielte

---

175 *BFH* vom 13.12.1978 – I R 39/78, BStBl. II 1979, 482 = BFHE 127, 330 = FR 1979, 360.

176 *Schulz/Müller*, Anmerkung zum Urteil des BFH vom 20.12.2006 – I R 94/02, in: IStR 2007, 220.

177 *EuGH* vom 14.09.2006 – C-386/04, Slg 2006, I-8203 = DStR 2006, 1736 = IStR 2006, 675.

diese Frage keine Rolle, weil der BFH[178] in seiner Vorlage an den EuGH unterstellt hatte, dass die italienische Stiftung die Voraussetzungen der Abgabenordnung erfüllte. Der BFH hatte abweichend zur Vorinstanz[179] das Erfordernis der satzungsmäßigen Vermögensbindung (§ 61 Abs. 1 AO), dem die Satzung der italienischen Stiftung nicht genügte, wegen § 62 AO a.F.[180] für verzichtbar angesehen. Nach § 62 AO a.F. brauchte bei staatlich beaufsichtigten Stiftungen die Vermögensbindung nicht in der Satzung festgelegt zu werden. Obwohl der BFH zu Recht feststellte, dass der Gesetzgeber dabei in erster Linie die Stiftungsgesetze der deutschen Bundesländer vor Augen gehabt haben wird[181], ging er in fragwürdiger Weise davon aus, dass die italienischen Aufsichtsregeln dem § 62 AO a.F. genügten. Nicht frei von Widersprüchen verwies der BFH nach der Entscheidung der Vorlagefrage durch den EuGH den „Stauffer"-Fall dann allerdings an das FG München mit der Maßgabe zurück, den gebotenen Abgleich zwischen den Aufsichtsgesetzen der deutschen Bundesländer einerseits und dem italienischen Aufsichtsrecht andererseits vorzunehmen.[182]

IV. Finanzierung – Vier-Sphären-Modell

Die allgemeinen Vorschriften der Abgabenordnung zu den Voraussetzungen abgabenrechtlicher Gemeinnützigkeit enthalten in den §§ 64-68 AO Anforderungen an die Finanzierung der gemeinnützig tätigen Körperschaft. Dabei geht es im Gegensatz zu den Vorschriften zur Mittelverwendung darum, wie die Körperschaft ihre Mittel beschafft. Die Möglichkeiten sind vielfältig. Zu denken ist an Spenden, Zustiftungen[183], Erbschaften, öffentliche Zuschüsse ebenso wie an Einnahmen aus eigener wirtschaftlicher Betätigung, wobei diese Betätigung mit der Verfolgung des steuerbegünstigten Zwecks zusammenfallen kann oder nicht. Die zugeflossenen Mittel werden steuerlich nach dem Gesetz unterschiedlich behandelt. Als Hilfsmittel zur Systematisierung hat sich allgemein das sogenannte „Vier-

178 *BFH* vom 14.07.2004 – I R 94/02 = BStBl. II 2005, 721 = BFHE 206, 350 = DStR 2004, 1644.

179 *FG München* vom 30.10.2002 – 7 K 1384/00, EFG 2003, 481.

180 Der Gesetzgeber hat in der Folge der Stauffer-Vorlage des BFH zunächst die Ausnahme der satzungsmäßigen Vermögensbindung für staatlich beaufsichtigte Stiftungen durch Gesetz vom 13.12.2006, BGBl. I 2006, 2878 gestrichen und sodann den gesamten § 62 AO durch das Jahressteuergesetz 2009 vom 19.12.2008, BGBl. I 2008, 2794, 2827 aufgehoben.

181 So auch die Meinung in der Literatur zu § 62 a.F., siehe z.B. *Fischer*, in: Hübschmann/Hepp/Spitaler, § 62 AO, Rn. 2.

182 *BFH* vom 20.12.2006 – I R 94/02 = IStR 2007, 217 (219).

183 Zustiftungen sind Vermögenswerte, die der Stifter oder ein Dritter einer bestehenden Stiftung zuwendet, um den Grundstock zu erhöhen (*Hof*, in: Seifart/v. Campenhausen, Handbuch des Stiftungsrechts, S. 915).

Sphären-Modell“ durchgesetzt.[184] Man unterteilt in den „Ideellen Bereich“ (1.), den Bereich der „Vermögensverwaltung“ (2.), die „wirtschaftlichen Geschäftsbetriebe“ (3.) und die „Zweckbetriebe“ (4.).

1. Ideeller Bereich

Der ideelle Bereich ist der Bereich der Satzungszwecke. Die hierzu rechnenden Tätigkeiten sind dadurch geprägt, dass sie direkt der Verwirklichung der steuerbegünstigten Zwecke dienen und ohne Einnahmeerzielungsabsicht und nicht im Rahmen wirtschaftlicher Austauschverhältnisse erbracht werden. Im Einzelnen fallen in diesen beispielsweise Zuflüsse durch Spenden, Zustiftungen, Erbschaften, Vermächtnisse und öffentliche Zuschüsse, aber auch durch Dritte zugunsten der Körperschaft geleistete Bußgelder[185]. Der ideelle Bereich ist grundsätzlich steuerfrei.[186]

2. Vermögensverwaltung

Nach § 14 S. 3 AO liegt eine Vermögensverwaltung in der Regel vor, wenn Vermögen genutzt, zum Beispiel Kapitalvermögen verzinslich angelegt oder unbewegliches Vermögen vermietet oder verpachtet wird. Diese beispielhafte Aufzählung zeigt, dass Vermögensverwaltung vorliegt, wenn vorhandenes Vermögen zur Einnahmeerzielung eingesetzt wird.[187] Plastische Beispiele sind Zinserträge oder Mieteinkünfte, die eine gemeinnützige Stiftung mit dem Stiftungsvermögen erzielt. Auch dieser Bereich ist grundsätzlich steuerfrei.[188]

3. Wirtschaftliche Geschäftsbetriebe

Nach § 64 AO steht die Unterhaltung eines wirtschaftlichen Geschäftsbetriebes gemeinnütziger Tätigkeit nicht entgegen. Ein wirtschaftlicher Geschäftsbetrieb ist nach § 14 S. 1 AO eine selbständige nachhaltige Tätigkeit, durch die Einnahmen oder andere wirtschaftliche Vorteile erzielt werden und die über den Rah-

---

184 Statt vieler: Gutachten der Unabhängigen Sachverständigenkommission zur Prüfung des Gemeinnützigkeits- und Spendenrechts, S. 30; *Orth*, Finanzierung und Mittelverwendung gemeinnütziger Organisationen, in: DStJG 26 (2003), S. 177 (182); a.A. *Lang*, Gemeinnützigkeitsabhängige Steuervergünstigungen, in: StuW 1987, 221 (236) der die Vermögensverwaltung generell der ideellen Sphäre zuordnet.

185 § 56b Abs. 2 Nr. 2 StGB, § 153a Abs. 1 S. 2 Nr. 2 StPO – dazu näher: Erster Teil, E., III., 1., S. 74 f.

186 Dazu näher: Erster Teil, E., I., S. 61 ff.

187 *Hüttemann*, Gemeinnützigkeits- und Spendenrecht, § 6, Rn. 18.

188 Dazu näher: Erster Teil, E., I., S. 61 ff.

men einer Vermögensverwaltung hinausgeht. Da die dem Geschäftsbetrieb zuzuordnenden Besteuerungsgrundlagen (Einkünfte, Umsätze, Vermögen) gemäß § 64 Abs.1 AO i.V.m. den Einzelsteuergesetzen der Besteuerung unterliegen, ist der wirtschaftliche Geschäftsbetrieb die Ausnahme zur Grundregel der steuerfreien Betätigung gemeinnütziger Körperschaften. Dies berührt aber, die Wahrung der Gebote der Selbstlosigkeit und Ausschließlichkeit unterstellt, die subjektive Steuerfreiheit der gemeinnützigen Körperschaft in ihrem Grundsatz nicht. Typische wirtschaftliche Geschäftsbetriebe sind das Veranstalten von Festen inklusive Speisen- und Getränkeverkauf, der Verkauf von gesammelten Altmaterialien, vor allem Altkleidern, kommerzielle Werbung, aber auch die entgeltliche Beratung von Mitgliedern oder Dritten.[189]

Der Besteuerung des wirtschaftlichen Geschäftsbetriebes liegt der Gedanke zugrunde, dass in den Fällen, in denen die Mittel nicht durch die satzungsgemäße gemeinnützige Tätigkeit erwirtschaftet werden, die Körperschaft zu anderen Unternehmen gleicher Geschäftsrichtung mehr oder weniger in Wettbewerb tritt.[190] Allein die Zuführung der Gewinne zu dem gemeinnützigen Zweck rechtfertigt keine Steuerfreiheit.[191] Denn auch im Gemeinnützigkeitsrecht gilt nach allgemeiner Meinung der aus Art.3 Abs. 1 GG abzuleitende Grundsatz der Wettbewerbsneutralität.[192] Mit § 64 Abs. 3 AO existiert seit 1990[193] eine Freigrenze[194]. Einnahmen bis aktuell 35.000 Euro[195] pro Jahr unterliegen danach nicht der Körperschafts- und Gewerbesteuer. Damit sollen nach der Gesetzesbegründung vor allem die meist ehrenamtlich Tätigen in den gemeinnützigen Körperschaften von weiterem Aufwand entlastet werden.[196] Mehrere wirtschaftliche Geschäftsbetriebe einer gemeinnützigen Körperschaft werden als ein Betrieb behandelt (§ 64 Abs. 2 AO), eine Aufspaltung einer Körperschaft zum Zweck der mehrfachen

---

189 *Schauhoff*, in: Schauhoff, Handbuch der Gemeinnützigkeit, § 6, Rn. 127 ff., *Buchna*, Gemeinnützigkeit im Steuerrecht, S. 225 ff. jeweils m.w.N.

190 So schon: *RFH* vom 24.07.1937 – VI a A 1/35 ,RStBl. 1937, 1103 = RFHE 42, 64-66; *RFH* vom 25.Juli 1935 – III A 378/34, RStBl 1935, 1493.

191 *BFH* vom 21.08.1985 – I R 60/80, BStBl. II 1986, 88 = BFHE 145, 33 = FR 1986, 74.

192 Statt vieler: *BFH* vom 11.02.2009, I R 73/08, DB 2009, 1218; Gutachten der Unabhängigen Sachverständigenkommission zur Prüfung des Gemeinnützigkeits- und Spendenrechts, S. 163 f.

193 Eingeführt mit Wirkung vom 01.01.1990 durch das Gesetz zur Verbesserung und Vereinfachung der Vereinsbesteuerung (Vereinsförderungsgesetz) vom 18.12.1989, BGBl. I 1989, 2212 = BStBl. I 1989, 499.

194 Zutreffend der explizite Hinweis von *Hoppen*, in: Schauhoff, Handbuch der Gemeinnützigkeit, § 18 Fn. 103 zu Rn. 71; zum Begriffspaar Freibetrag/Freigrenze: *Stadie*, Allgemeines Steuerrecht, Rn. 251.

195 Zuletzt angepasst von 30.678 Euro auf derzeit 35.000 Euro mit Wirkung vom 01.01.2007 durch das Gesetz zur weiteren Stärkung des bürgerschaftlichen Engagements vom 10.10.2007, BGBl. I 2007, 2332 = BStBl. I 2007, 815.

196 BT-Drucks. 16/5200, S. 22.

Inanspruchnahme der Freigrenze gilt als Missbrauch von Gestaltungsmöglichkeiten im Sinne von § 42 AO (§ 64 Abs. 4 AO).

In praxi stellt sich nicht selten das Problem der Abgrenzung prinzipiell steuerfreier Vermögensverwaltung vom grundsätzlich steuerpflichtigen wirtschaftlichen Geschäftsbetrieb.[197] Nach dem BFH liegt dann noch Vermögensverwaltung vor, wenn sich die Geschäftstätigkeit als Nutzung im Sinne einer Fruchtziehung aus zu erhaltenden Substanzwerten darstellt, nicht mehr dagegen, wenn die Ausnutzung substantieller Vermögenswerte durch Umschichtung entscheidend in den Vordergrund tritt. Ausschlaggebend ist das Gesamtbild unter Berücksichtigung der Verkehrsanschauung.[198] Berücksichtigt werden können als Kriterien nach herrschender[199] aber nicht unwidersprochener[200] Ansicht die allgemeinen einkommensteuerrechtlichen Grundsätze[201] zur Abgrenzung der Einkünfte aus Gewerbebetrieb (§ 15 Abs. 2 EStG) von Einkünften aus Kapitalvermögen (§ 20 EStG) bzw. Vermietung und Verpachtung (§§ 21, 22 Nr. 3 EStG). Danach ergeben sich besondere Abgrenzungsprobleme bei Beteiligungen der steuerbegünstigten Körperschaft an anderen, ihrerseits nicht steuerbegünstigten Kapital- oder Personengesellschaften. Nach dem BFH und der Finanzverwaltung ist die beherrschende[202] und selbst die 100 %-ige Beteiligung an einer Kapitalgesellschaft grundsätzlich (steuerunschädliche) Vermögensverwaltung, stellt jedoch dann einen wirtschaftlichen Geschäftsbetrieb dar, wenn mit ihr tatsächlich ein entscheidender Einfluss auf die laufende Geschäftsführung der Kapitalgesellschaft[203] ausgeübt wird oder

---

197 Dazu ausführlich: *Carstensen*, Vermögensverwaltung, Vermögenserhaltung und Rechnungslegung gemeinnütziger Stiftungen, S. 246 ff.

198 *BFH* vom 17.01.1973 – I R 191/72, BStBl. II 1973, 260 = BFHE 108, 190 = DB 1973, 753; *BFH* vom 26.02.1992 – I R 149/90, BStBl. II 1992, 693 = BFHE 167, 147 = NJW 1992, 3319.

199 *BFH* vom 21.05.1997 – I R 164/94, DStZ 1997, 865; *BFH* vom 27.03.2001 – I R 78/99, BStBl. II 2001, 449 = BFHE 195, 239 = DB 2001, 1231; *Buchna*, Gemeinnützigkeit im Steuerrecht, S. 209 f.; *Herbert*, Der wirtschaftliche Geschäftsbetrieb des gemeinnützigen Vereins, S. 73 ff.

200 *Hüttemann*, Gemeinnützigkeits- und Spendenrecht, § 6, Rn. 119 ff., der wegen des aus § 14 AO resultierenden Wettbewerbsschutzes zur Abgrenzung darauf abstellen will, ob zu erwarten ist, dass steuerbegünstigte Anbieter ihren Steuervorteil als Wettbewerbsvorteil am Markt einsetzen.

201 Dazu *Stuhrmann*, in: Blümich, EStG, § 15, Rn. 111 ff.

202 A.A. noch in der älteren Literatur: *Wegehenkel*, Entgeltliche Zusammenarbeit einer gemeinnützigen Körperschaft mit einem erwerbswirtschaftlich ausgerichteten Unternehmen auf dem Gebiete der Forschung, in: BB 1985, 792 (796) und *Roolf*, Die Beteiligungen einer gemeinnützigen Körperschaft an Personen- und Kapitalgesellschaften und der wirtschaftliche Geschäftsbetrieb, in: DB 1985, 1156 (1158).

203 Für einen entscheidenden Einfluss auf die Geschäftsführung reicht die Wahrnehmung der gesetzlichen Gesellschafterrechte nicht aus (*BFH* vom 30.06.1971 – I R 57/70, BStBl. II 1971, 753 = BFHE 103, 56 = DB 1971, 2143) – dem Merkmal der „entscheidenden Einflussnahme auf die Geschäftsführung" spricht *Hüttemann* (Gemeinnützigkeits- und Spendenrecht, § 6, Rn. 133) lediglich Indizwirkung zu, es komme unter Wettbewerbsgesichtspunkten letztlich darauf an, ob der eigene Steuervorteil der steuerbegünstigten Körperschaft an die Beteiligungsgesellschaft weitergegeben werde.

ein Fall der Betriebsaufspaltung vorliegt.[204] Bei einer Beteiligung an einer Personengesellschaft ist entscheidend, ob diese Gesellschaft ihrerseits lediglich vermögensverwaltend tätig ist (dann Vermögensverwaltung) oder ob es sich um eine gewerblich tätige Personengesellschaft handelt, in der die steuerbegünstigte Körperschaft Mitunternehmerinitiative und -risiko trägt (dann wirtschaftlicher Geschäftsbetrieb).[205]

4. *Zweckbetriebe*

Stellt der steuerpflichtige wirtschaftliche Geschäftsbetrieb die Ausnahme zur steuerfreien Betätigung der gemeinnützigen Körperschaft dar, so bildet der Zweckbetrieb nach den §§ 65-68 AO hiervon die wiederum steuerbegünstigte Rückausnahme. Der Zweckbetrieb ist nach § 65 AO ein wirtschaftlicher Geschäftsbetrieb, mit dem die gemeinnützige Körperschaft ihre satzungsmäßigen steuerbegünstigten Zwecke unmittelbar verwirklicht. Den Zweckbetrieb zeichnet damit aus, dass er nicht lediglich der Mittelbeschaffung dient, sondern wirtschaftlicher Geschäftsbetrieb und steuerbegünstigter Zweck in ihm eine Einheit[206] bilden, der Zweckbetrieb quasi eine Symbiose[207] zwischen wirtschaftlichem Geschäftsbetrieb und ideeller Sphäre herstellt. Die §§ 66-68 AO zählen mit teilweise konstituierender Wirkung[208] Regelbeispiele für Zweckbetriebe auf. Genannt werden unter anderem Krankenhäuser, Alten- und Pflegeheime, Behindertenwerkstätten, Volkshochschulen, Museen und sportliche Veranstaltungen eines Sportvereins.

Ein steuerbegünstigter Zweckbetrieb liegt nach den weiteren Voraussetzungen des § 65 AO nur vor, wenn die satzungsmäßigen Zwecke nur durch einen solchen Betrieb erreicht werden können und der Betrieb zu nichtbegünstigten Betrieben derselben oder ähnlichen Art nicht mehr als unvermeidbar notwendig in Wettbewerb tritt. Daraus wird zu Recht geschlossen, dass neben dem aktuellen auch der potentielle Wettbewerb geschützt ist, also keine Markzutrittsschranken durch Zweckbetriebe errichtet werden dürfen.[209]

---

204 *BFH* vom 30.06.1971 – I R 57/70, BStBl. II 1971, 753 = BFHE 103, 56 = DB 1971, 2143; AEAO zu § 64 Nr. 3.

205 *BFH* vom 27.07.1988 – I R 113/84, BStBl. II 1989, 134 = BFHE 146, 500 = DB 1989, 27.

206 *Buchna*, Gemeinnützigkeit im Steuerrecht, S. 246.

207 *Kümpel*, Die steuerliche Behandlung von Zweckbetrieben, in: DStR 1999, 93 (93).

208 S. v.a. § 68 Nr. 6 AO, wonach Lotterien und Ausspielungen Zweckbetriebe darstellen. Eine unmittelbare Zweckverwirklichung ist dabei gar nicht möglich, eine bloße Mittelbeschaffung deshalb offensichtlich. Für die übrigen gesetzlichen Regelbeispiele wird in der Literatur zu Recht gefordert, dass der Zweckbetrieb den satzungsmäßigen Zielen der Körperschaft dienen muss. Dazu *Schäfers*, Die steuerrechtliche Behandlung gemeinnütziger Stiftungen in grenzüberschreitenden Fällen, S. 87 f. m.w.N.

209 *BFH* vom 27.10.1993 – I R 60/91, BStBl. II 1994, 573 = BFHE 174, 97 = DB 1994, 1503; *BFH* vom 30.03.2000 – V R 30/99, BStBl. II 2000, 705 = BFHE 191, 434 = DB 2000, 1547; BMF-

V. Zwischenergebnis

Die Voraussetzungen in den §§ 51-68 AO, dem allgemeinen Teil des Gemeinnützigkeitsrechts, unterschieden in der bis zum 31.12.2008 gültigen Fassung nicht zwischen ausländischen oder inländischen bzw. gebietsansässigen oder gebietsfremden Körperschaften. Insbesondere war das Gemeinnützigkeitsrecht auch hinsichtlich der zivilrechtlichen Gestaltung der Tätigkeit auslandsoffen und enthielt keine Beschränkungen bezüglich ausländischer Rechtsformen.[210] Die im Gesetz aufgezählten Förderzwecke konnten von inländischen wie ausländischen Körperschaften verfolgt werden. Eine Förderung der Allgemeinheit setzte aber auch in der bis zum 31.12.2008 geltenden Fassung des § 52 Abs. 1 S. 1 AO schon voraus, dass deutsche Staatsangehörige oder die deutsche Bevölkerung als die Menschen gefördert werden, die der deutschen Staatsgewalt unterliegen. Die geförderte Allgemeinheit ist von den unmittelbaren Destinatären der gemeinnützigen Tätigkeit zu unterscheiden. Unmittelbare Destinatäre der konkreten Fördermaßnahmen können auch nichtdeutsche Staatsangehörige im Ausland sein.[211]

Die dargestellten qualifizierten Voraussetzungen an Satzung und Geschäftsführung können für ausländische gemeinnützige Körperschaften schwerer zu erfüllen sein, wenn und soweit in ihrem Herkunftsstaat oder in anderen Mitgliedstaaten divergierende formale Voraussetzungen an Satzung oder Geschäftstätigkeit gestellt werden.[212]

E. Folgen steuer- und abgabenrechtlicher Gemeinnützigkeit (Rechtslage bis zum 31.12.2008)

Gibt die Abgabenordnung in den §§ 51-68 AO die Voraussetzungen steuer- und abgabenrechtlicher Gemeinnützigkeit vor, so ergeben sich die Folgen gemeinnütziger Tätigkeit aus den Einzelsteuergesetzen und anderen Gesetzen. Sie können in direkte steuerrechtliche (I.), indirekte steuerrechtliche (II.) und nichtsteuerrechtliche (III.) Folgen eingeteilt werden. Dabei betreffen direkte steuerrechtliche Folgen die gemeinnützige Körperschaft als Steuersubjekt selbst. Hier sind vor allem, aber nicht nur die Befreiungen von der Körperschaft- und Erbschaftsteuer zu nennen. Indirekte steuerrechtliche Folgen betreffen andere Steuersub-

---

Schreiben vom 27.11.2000 – IV C 6-S 0183-22/00, BStBl. I 2000, 1548; *Hüttemann*, Wirtschaftliche Betätigung und steuerliche Gemeinnützigkeit, S. 180; a.A. und für restriktive Auslegung der Wettbewerbsklausel beschränkt auf aktuelle Konkurrenten noch *Herbert*, Der wirtschaftliche Geschäftsbetrieb des gemeinnützigen Vereins, S. 154.

210 S. Erster Teil, B., S. 36 ff.

211 S. Erster Teil, D., I., 1., lit. b., S. 44 ff.

212 S. Erster Teil, D., III., S. 54 f.

jekte, knüpfen aber an die Gemeinnützigkeit der steuerbegünstigten Körperschaft an. Hierzu rechnet primär die steuerrechtliche Begünstigung von Zuwendungen zugunsten gemeinnütziger Körperschaften. Nichtsteuerrechtliche Folgen der Gemeinnützigkeit ergeben sich aus anderen Gesetzen als den Steuergesetzen, wobei speziell das Privileg der Annahme von Geldbußen im Rahmen von Bewährungsauflagen oder Verfahrenseinstellungen aufzuzeigen ist. Soweit entscheidend, wird wiederum auf die Rechtslage, die bis zum 31.12.2008 galt, abgestellt.

I. Direkte steuerrechtliche Folgen gemeinnütziger Betätigung

Wegen der gemeinnützigen Betätigung wird die gemeinnützige Körperschaft selbst bei der Belastung mit Ertragsteuern und Verkehr- und Verbrauchsteuern privilegiert.

1. Ertragsteuern

Ertragsteuern belasten den Erwerb von Einkünften.[213] Die steuerrechtlichen Folgen gemeinnütziger Tätigkeit sollen für die Körperschaft- und die Gewerbesteuer dargestellt und mit Ausführungen zur Kapitalertragsteuer abgerundet werden.

a. Körperschaftsteuer

Die Einkünfte von Körperschaften (§§ 7 Abs. 1, 8 Abs. 1 KStG i.V.m. §§ 2 ff. EStG) unterliegen der Körperschaftsteuer, wenn die Körperschaften in Deutschland unbeschränkt (§ 1 KStG) oder beschränkt (§ 2 KStG) steuerpflichtig sind. Unbeschränkt steuerpflichtig sind Körperschaften mit Geschäftsleitung oder Sitz im Inland[214]. Beschränkt steuerpflichtig sind Körperschaften, die zwar inländische Einkünfte, aber weder Geschäftsleitung noch Sitz im Inland haben. Inländische Einkünfte sind solche nach § 49 EStG, wonach auf Merkmale wie die Belegenheit von Vermögen im Inland, eine inländische Betriebsstätte oder eine anderweitige Verbindung der Einkünfte zum Inland abgestellt wird.

Gemeinnützige Körperschaften sind nach § 5 Abs. 1 Nr. 9 KStG von der Körperschaftsteuer befreit. Diese Befreiung wird teilweise wieder durchbrochen, weshalb man von der „partiellen Steuerpflicht“ gemeinnütziger Körperschaften spricht.[215] Die wesentlichsten[216] Durchbrechungen sind die Steuerpflicht des

213 *Lang*, in: Tipke/Lang, Steuerrecht, § 8, Rn. 22.
214 Zum Begriff „Inland“ i.S. des KStG: § 1 Abs. 3 KStG.
215 *Bott*, in: Schauhoff, Handbuch der Gemeinnützigkeit, § 7, Rn. 4.
216 Weitere Durchbrechungen der Steuerfreiheit ergeben sich beispielsweise aus:

wirtschaftlichen Geschäftsbetriebes und die Steuerpflicht der dem Steuerabzug unterliegenden Einkünfte. Dies ergibt sich für den wirtschaftlichen Geschäftsbetrieb aus § 5 Abs. 1 Nr. 9 S. 2 KStG i.V.m. § 64 Abs. 1 AO. Danach unterliegen der Besteuerung alle Besteuerungsgrundlagen (Einkünfte, Umsätze, Vermögen), die der Sphäre des wirtschaftlichen Geschäftsbetriebs zuzuordnen sind. Für Einkünfte, die dem Steuerabzug unterliegen, ergibt sich die Steuerpflicht aus § 5 Abs. 2 Nr. 1 KStG, wonach die Steuerbefreiung des § 5 Abs. 1 KStG nicht für Einkünfte gilt, die dem Steuerabzug unterliegen.[217]

Die Befreiung nach § 5 Abs. 1 Nr. 9 KStG hat für die ideelle Sphäre der gemeinnützigen Tätigkeit lediglich deklaratorische Wirkung.[218] Richtigerweise und insoweit wohl unbestritten fehlt bezüglich Spenden, Zustiftungen, Erbschaften, Vermächtnissen oder öffentlichen Zuschüssen jedenfalls der subjektive Tatbestand der Einkünfteerzielung, die Einkünfteerzielungsabsicht.[219] Ob es darüber hinaus auch schon am objektiven Tatbestand der Einkünfteerzielung, der Erwerbstätigkeit, mangelt, kann nicht verallgemeinert werden.[220] Unter Zugrundelegung der herrschenden markteinkommenstheoretischen Auslegung des Einkommensbegriffs als „Verwertung von Leistungen am Markt" fallen Schenkungen, Erbschaften oder öffentliche Zuschüsse zwar nicht unter das Einkommen, das gemäß § 2 Abs. 1 S. 1 EStG „erzielt" werden muss.[221] Jedenfalls hinsichtlich Mitgliedsbeiträgen und aktiv eingeworbener Spenden kann eine nachhaltige Tätigkeit am Markt aber nicht verneint werden, weshalb insoweit der objektive Tatbestand der Einkünfteerzielung erfüllt ist.

Für die Sphäre der Vermögensverwaltung hat die Steuerbefreiung überwiegend konstitutive Wirkung, weil die Erträge aus Vermögensverwaltung nach

---

- § 5 Abs. 2 Nr. 3 KStG für die ausschüttungsbedingte Änderung der Körperschaftsteuer i.R.d. Übergangs vom Anrechnungs- zum Halbeinkünfteverfahren – dazu *Bott*, in: Schauhoff, Handbuch der Gemeinnützigkeit, § 7, Rn. 360 ff.)
- § 21 Abs. 3 Nr. UmwStG für die Steuerverhaftung einbringungsgeborener Anteile bei der Einbringung eines Betriebs in eine Kapitalgesellschaft gegen Gewährung von Anteilen (dazu *Bott*, in: Schauhoff, Handbuch der Gemeinnützigkeit, § 7, Rn. 370 ff.).

217 S. insoweit zur Kapitalertragsteuer: Erster Teil, E., I., 1., lit. c., S. 64 f.

218 *Eicker*, Grenzüberschreitende gemeinnützige Tätigkeit, S. 80; *Lang*, Gemeinnützigkeitsabhängige Steuervergünstigungen, StuW 1987, 221 (229); *Schäfers*, Die steuerrechtliche Behandlung gemeinnütziger Stiftungen in grenzüberschreitenden Fällen, S. 92.

219 *Eicker*, Grenzüberschreitende gemeinnützige Tätigkeit, S. 80; *Lang*, Gemeinnützigkeitsabhängige Steuervergünstigungen, StuW 1987, 221 (229); *Schäfers*, Die steuerrechtliche Behandlung gemeinnütziger Stiftungen in grenzüberschreitenden Fällen, S. 92.

220 Für (generell) fehlenden objektiven Tatbestand aber wohl *Eicker*, Grenzüberschreitende gemeinnützige Tätigkeit, S. 80; unklar *Schäfers*, Die steuerrechtliche Behandlung gemeinnütziger Stiftungen in grenzüberschreitenden Fällen, S. 92.

221 *Lang*, in: Tipke/Lang, Steuerrecht, § 9, Rn. 123 f.; *Ratschow*, in: Blümich, EStG, § 2, Rn. 27.

§§ 20, 21, 22 Nr. 2 i.V.m. § 23 EStG im Wesentlichen steuerbar sind.[222] Zweckbetriebe sind grundsätzlich wirtschaftliche Geschäftsbetriebe, für die ein Einkommenserwerb mit Einkünfteerzielungsabsicht wegen der geforderten Nachhaltigkeit in der Legaldefinition des § 14 S. 1 AO kennzeichnend ist. Für die Sphäre der Zweckbetriebe wirkt die Steuerbefreiung des § 5 Abs. 1 Nr. 9 KStG deshalb konstitutiv. Konstitutiv wirkt die Steuerbefreiung schließlich auch für selbstbewirtschaftete Forstbetriebe, die als wirtschaftliche Geschäftsbetriebe durch die ausdrückliche Rückausnahme nach § 5 Abs. 1 Nr. 9 S. 3 KStG steuerbefreit sind.

Für gemeinnützige Körperschaften mit Sitz im Ausland, die in Deutschland nur mit ihren inländischen Einkünften beschränkt steuerpflichtig sind, galt die Steuerbefreiung des § 5 Abs. 1 Nr. 9 KStG wegen § 5 Abs. 2 Nr. 2 KStG in der bis zum 31.12.2008 gültigen Fassung ausdrücklich nicht.[223]

b. *Gewerbesteuer*

Die Gewerbesteuer rechnet als Objektsteuer auf den Gewerbebetrieb zu den Ertragsteuern[224] und steht nach Art. 106 Abs. 6 S. 1 GG den Gemeinden zu. Gemeinnützige Körperschaften sind nach § 3 Nr. 6 GewStG von der Gewerbesteuer befreit, soweit kein wirtschaftlicher Geschäftsbetrieb vorliegt. Da Besteuerungsgrundlage der Gewerbeertrag ist[225], welcher vom Gewinn aus Gewerbebetrieb abhängt[226], kann die Steuerbefreiung praktisch nur für die ideelle Sphäre und die Sphäre der Zweckbetriebe Bedeutung erlangen.

---

222 *Schäfers*, Die steuerrechtliche Behandlung gemeinnütziger Stiftungen in grenzüberschreitenden Fällen, S. 92, a.A. *Eicker*, Grenzüberschreitende gemeinnützige Tätigkeit, S. 80, der die Vermögensverwaltung generell der ideellen Sphäre zuordnet und der Steuerbefreiung deshalb auch hinsichtlich der Vermögensverwaltung nur konstitutive Wirkung beimisst. Dabei dürfte auch *Eickers* Verweis auf *Jachmann*, Die Europarechtswidrigkeit des § 5 Abs. 2 Nr. 2 KStG, in: BB 2003, 990 (991) fehlgehen, da *Jachmann* insoweit differenziert, ob das Vermögen schon dem ideellen Bereich zugeordnet ist. Die generelle Zuordnung der Vermögensverwaltung zur ideellen Sphäre dürfte vielmehr auf *Lang*, Gemeinnützigkeitsabhängige Steuervergünstigungen, StuW 1987, 221 (229) zurückgehen. Diese Einordnung überzeugt indes nicht, weil die Vermögensverwaltung im Gegensatz zu den Tätigkeiten der ideellen Sphäre immer auf wirtschaftlichen Austauschverhältnissen beruht (so i.E. auch *Schäfers*, Die steuerrechtliche Behandlung gemeinnütziger Stiftungen in grenzüberschreitenden Fällen, S. 77).

223 So die bis 31.12.2008 geltende und in diesem Kapitel dargestellte Rechtslage, siehe *BFH* vom 14.07.2004 – I R 94/02 = BStBl. II 2005, 721 = BFHE 206, 350 = DStR 2004, 1644.

224 *Rödding*, in: Lüdicke/Sistermann, Unternehmenssteuerrecht, § 3, Rn. 23.

225 § 6 GewStG.

226 Der Gewerbeertrag ermittelt sich nach § 7 GewStG aus dem nach den Regeln des Einkommen- und Körperschaftsteuergesetzes ermittelten Gewinn zuzüglich Hinzurechnungen nach § 8 GewStG und abzüglich Kürzungen nach § 9 GewStG. Aus dem Gewerbeertrag wird durch Anwendung einer Prozentzahl (Steuermesszahl) der Steuermessbetrag errechnet (§ 11 GewStG), der zur Ermittlung

Erträge aus Vermögensverwaltung sind dagegen keine Gewerbeerträge. Die Steuerbefreiung wirkt, wie für die Körperschaftsteuerbefreiung dargestellt, hinsichtlich der ideellen Sphäre deklaratorisch und hinsichtlich der Zweckbetriebe konstitutiv.

Im Unterschied zur Ausgestaltung bei der Körperschaftsteuer unterscheidet § 3 Nr. 6 GewStG nicht zwischen unbeschränkt steuerpflichtigen und beschränkt steuerpflichtigen Körperschaften. Die Befreiung gilt unterschiedslos und richtet sich nur nach der Erfüllung der auslandsoffen gestalteten Vorgaben der §§ 51-68 AO.[227]

c. *Sonderfall Kapitalertragsteuer*

Die Kapitalertragsteuer ist keine eigene Steuer, sondern lediglich eine besondere Erhebungsform der Einkommen- bzw. Körperschaftsteuer.[228] Der Schuldner bestimmter Kapitalerträge (beispielsweise eine Bank) hat die Kapitalertragsteuer für Rechnung des Gläubigers einzubehalten und abzuführen, der Abzug erfolgt also „an der Quelle" und ist mit dem Abzugsverfahren der Lohnsteuer vergleichbar.[229] Im Regelfall erfolgt im Rahmen der Veranlagung eine Verrechnung mit der insgesamt geschuldeten Steuer (§ 36 Abs. 2 EStG), ausnahmsweise hat der Steuerabzug abgeltende Wirkung und der abgezogene Betrag wird als Steuer definitiv (§ 32 Abs. 1 KStG).

Im Rahmen der Darstellung der partiellen Körperschaftsteuerpflicht wurde gezeigt, dass gemeinnützige Körperschaften nach § 5 Abs. 2 Nr. 1 KStG für Einkünfte, die dem Steuerabzug unterliegen, partiell steuerpflichtig sind. Von der partiellen Steuerpflicht erfasst sind damit auch dem Kapitalertragsteuerabzug unterliegende Einkünfte wie Zinsen oder Dividenden. Nach § 32 Abs. 1 Nr. 2 KStG gilt die Körperschaftsteuer im Fall des § 5 Abs. 2 Nr. 1 KStG als abgegolten, die Belastung würde demnach für gemeinnützige Körperschaften definitiv. Von der Pflicht zur Einbehaltung der Kapitalertragsteuer gibt es aber Ausnahmen. Nach § 44a Abs. 4 und 7 EStG gilt die Pflicht zur Einbehaltung nicht, soweit Gläubiger der Kapitalerträge eine steuerbefreite inländische Körperschaft bzw. eine nach § 5 Abs. 1 Nr. 9 KStG befreite Körperschaft ist und die Einkünfte keinem wirtschaftlichen Geschäftsbetrieb zuzuordnen sind. Im Ergebnis waren wegen § 5

der festzusetzenden Steuer mit dem Hebesatz der zuständigen Gemeinde (§§ 4, 35a GewStG) zu multiplizieren ist.

227 S. Erster Teil, D., V., S. 60.

228 *Rauh*, in: Beck'sches Steuer- und Bilanzrechtslexikon, Stichwort „Kapitalertragsteuer", Rn. 1; zur Kapitalertragsteuer allgemein siehe die Kommentierung von *Lindberg*, in: Blümich, EStG, § 43.

229 *Stadie*, Allgemeines Steuerrecht, Rn. 425.

Abs. 2 Nr. 2 KStG a.F. nur inländische gemeinnützige Körperschaften gegenüber ausländischen gemeinnützigen Körperschaften hinsichtlich der Kapitalertragsteuer privilegiert, soweit die Einkünfte nicht zu einem wirtschaftlichen Geschäftsbetrieb gehören. Die ausländische gemeinnützige Körperschaft hat im Falle einer Steuerbefreiung in ihrem Herkunftsstaat in der Regel auch keine Möglichkeit einer Anrechung der einbehaltenen Kapitalertragsteuer über ein DBA, denn die Steuerbefreiung steht einer Abkommensberechtigung gerade entgegen.[230]

Die Befreiung vom Steuerabzug nach § 44a Abs. 4 und 7 EStG wirkt für die inländische Körperschaft konstitutiv, denn ohne die Befreiung würde der Quellenabzug auch für sie definitiv.

d. Erbschaft- und Schenkungsteuer

Die Erbschaft- und Schenkungsteuer knüpft mit dem Bereicherungsprinzip in § 1 Abs. 1 ErbStG an einen möglichen Vermögenszuwachs durch im Wesentlichen[231] Zuwendungen unter Lebenden oder von Todes wegen an. Im Gegensatz zur Ausgestaltung als Nachlasssteuer[232], die den Nachlass bzw. den Erblasser/Schenker in den Blick nimmt, ist die deutsche Erbschaftsteuer als Erbanfallsteuer ausgestaltet. Rechtfertigung der Erbschaft- und Schenkungsteuer ist der Vermögenstransfer, speziell der beim Erwerber anfallende Vermögenszuwachs und die dadurch vermittelte finanzielle Leistungsfähigkeit.[233]

Nach § 13 Abs. 1 Nr. 16 lit. b S. 1 ErbStG bleiben Zuwendungen an inländische gemeinnützige Körperschaften steuerfrei. Die Voraussetzungen müssen im Zeitpunkt der Zuwendung vorliegen (§ 9 ErbStG). Die Unterhaltung eines wirtschaftlichen Geschäftsbetriebes schadet ebenso wenig wie die Zuwendung eines steuerpflichtigen Geschäftsbetriebes selbst. Steuerpflichtig ist lediglich eine Zuwendung, die einem steuerpflichtigen wirtschaftlichen Geschäftsbetrieb und nicht der gemeinnützig tätigen Körperschaft zukommt.[234] Die Befreiung fällt nach § 13 Abs. 1 Nr. 16 lit. b S. 2 ErbStG mit Wirkung für die Vergangenheit

---

230 *Eicker*, Beschränkung der Kapitalverkehrsfreiheit durch Steuerbefreiungen nur für gebietsansässige gemeinnützige Stiftungen, in: IWB 2006, Fach 11a, S. 947 f.

231 Steuerbar sind weiterhin auch Zweckzuwendungen (§ 1 Abs. 1 Nr. 3 ErbStG) und alle 30 Jahre auch das Vermögen von Familienstiftungen (§ 1 Abs. 1 Nr. 4 ErbStG).

232 Als Nachlasssteuer sind beispielsweise in den USA auf Bundesebene die „Federal Estate and Gift Tax" und die „Generation-Skipping-Transfer-Tax" ausgestaltet (Chapter 11-14 Internal Revenue Code). Die in der Mehrzahl der Einzelstaaten zusätzlich erhobenen Erbschafts- und Schenkungsteuern sind dagegen teilweise wieder als Erbanfallsteuern ausgestaltet – siehe *Gregier/ Siemers*, in: Endres/Schreiber, Investitions- und Steuerstandort USA, S. 371 f.

233 *BVerfG* vom 22.06.1995 – 2 BvR 552/91, BGBl. I 1995, 1192 = BVerfGE 93, 165 (172) = NJW 1995, 2624 (2625).

234 R 47 Abs. 2 ErbStR.

weg, wenn innerhalb von zehn Jahren nach der Zuwendung die Voraussetzungen für die gemeinnützigkeitsrechtliche Anerkennung entfallen und das Vermögen nicht begünstigten Zwecken zugeführt wird (Nachversteuerungsklausel).

Mit § 13 Abs. 1 Nr. 16 lit. c ErbStG sieht das Gesetz ausdrücklich eine Befreiung von der Erbschaft- und Schenkungsteuer auch dann vor, wenn Empfänger der Zuwendung eine ausländische Religionsgemeinschaft oder eine ausländische gemeinnützige Körperschaft ist. Dies gilt jedoch nur, wenn im jeweiligen ausländischen Staat eine entsprechende Befreiung für deutsche Körperschaften besteht und das BMF dies durch förmlichen Austausch entsprechender Erklärungen mit dem ausländischen Staat feststellt (Gegenseitigkeitsklausel).[235]

Zuwendungen, die zu bestimmten Zwecken und nicht an einen bestimmten Empfänger geleistet werden, bleiben nach § 13 Abs. 1 Nr. 17 ErbStG steuerfrei. Das ist der Fall, wenn die ausschließliche Verwendung zu kirchlichen, gemeinnützigen oder mildtätigen Zwecken gesichert ist. Die Zweckverwirklichung kann nach der insoweit offenen Formulierung der Norm auch durch Zuwendung an einen ausländischen Empfänger erfolgen. Der Empfänger darf aber nicht selbst über die Mittelverwendung disponieren können – darin liegt der Unterschied zu § 13 Abs. 1 Nr. 16 ErbStG.

2. Substanzsteuern – Befreiung von der Grundsteuer

Substanzsteuern setzen im Gegensatz zu den Ertragsteuern nicht am Einkommen, sondern an Roh- und Reinvermögensgrößen an. Die Steuer kann die Erträge aus dem Vermögensstock übersteigen und als Substanzbesteuerung wirken.[236] Für gemeinnützige Körperschaften ist vor allem die Steuerbefreiung von der Grundsteuer von Bedeutung.

Als Objektsteuer auf den realen, lokal verorteten Vermögensgegenstand Grundbesitz[237] steht die Grundsteuer nach Art. 106 Abs. 6 S. 1 GG den Gemeinden zu. Ausgehend von einem nach dem Bewertungsgesetz zu ermittelnden Einheitswert wird durch Anwendung einer Steuermesszahl der Steuermessbetrag ermittelt (§ 13 GrStG). Aus dem Steuermessbetrag ergibt sich durch Anwendung des gemeindlich festzulegenden Hebesatzes die Grundsteuer (§ 25 GrStG). Nach § 3 Abs. 1 S. 1 Nr. 3 GrStG ist Grundbesitz von der Steuer befreit, der von einer inländischen gemeinnützigen Körperschaft für gemeinnützige oder mildtätige Zwecke benutzt wird. Dazu gehört auch die Unterhaltung eines Zweckbetrie-

235 Im Einzelnen: R 48 und H 48 ErbStR.

236 *Lang*, in: Tipke/Lang, Steuerrecht, § 8, Rn. 22.

237 *Seer*, in: Tipke/Lang, Steuerrecht, § 13, Rn. 201.

bes.[238] Eine partielle Steuerpflicht verbleibt somit nur, soweit einem wirtschaftlichen Geschäftsbetrieb nachgegangen wird.

Wegen des entgegenstehenden Wortlauts des § 3 Abs. 1 S. 1 Nr. 3 GrStG gilt die Befreiung nicht für gebietsfremde gemeinnützige Körperschaften.

3. *Verkehr- und Verbrauchsteuern*

Verkehr- und Verbrauchsteuern knüpfen äußerlich an Rechtsgeschäfte an. In traditioneller Hinsicht unterfallen den Verkehrsteuern die Umsatzsteuer als allgemeine Verkehrsteuer und weitere spezielle Verkehrsteuern.[239]

a. *Umsatzsteuer*

Die Umsatzsteuer soll als Allphasen-Netto-Steuer letztlich den privaten Konsum, den Endverbrauch, besteuern. Der Unternehmer als ein zentraler Begriff[240] des Umsatzsteuerrechts hat als Steuerschuldner eine Umsatzsteuererklärung abzugeben, die Umsatzsteuer abzuführen, kann Vorsteuer abziehen und letztlich durch Einbeziehung der Umsatzsteuer in den Endpreis die Belastung auf den Verbraucher abwälzen. Als Unternehmer (§ 2 Abs. 1 S. 1 UStG) kann sich jedes Wirtschaftsgebilde, also auch eine gemeinnützige Körperschaft, durch nachhaltige selbständige Tätigkeit gegen Entgelt betätigen. Ein Unternehmen kann dabei einen unternehmerischen und einen nichtunternehmerischen Bereich haben.[241] Die Tätigkeiten der ideellen Sphäre, insbesondere die Verwendung der Mitgliedsbeiträge und Spenden zur Verwirklichung des steuerbegünstigten Zwecks, sind der nichtunternehmerischen Sphäre zuzuordnen. Steuerbare Vorgänge der unternehmerischen Sphäre sind dagegen von entgeltlichen Gegenleistungsverhältnissen gekennzeichnet.

§ 4 UStG nennt eine Vielzahl von allgemeinen, für alle Unternehmer geltenden Steuerbefreiungen, von denen einige speziell für gemeinnützige Körperschaften Relevanz haben. Eine Unterscheidung inländischer und ausländischer Unternehmer wird nicht getroffen, inländische und ausländische gemeinnützige Körperschaften werden also unterschiedslos behandelt. Das ist wohl auch darauf zurückzuführen, dass das Mehrwertsteuerrecht als Recht einer indirekten Steuer in der Europäischen Union weitestgehend durch die 6. Umsatzsteuerrichtlinie[242]

---

238 Nr. 12 Abs. 4 S. 1 GrStR zu § 3 GrStG.

239 *Stadie*, Allgemeines Steuerrecht, Rn. 11.

240 *Klenk*, in: Sölch/Ringleb, UStG, § 2, Rn. 1.

241 *BFH* vom 20.12.1984 – V R 25/76, BStBl. II 1985, 176 = BFHE 142, 524 = BB 1985, 447.

242 Sechste Richtlinie des Rates vom 17.05.1977 zur Harmonisierung der Rechtsvorschriften der Mitgliedsstaaten über die Umsatzsteuern – Gemeinsames Mehrwertsteuersystem: einheitliche steuerliche Bemessungsgrundlage, 77/388/EWG, ABl. L 145 vom 13.06.1977, S. 1.

harmonisiert wurde, die am 01.01.2007 von der Mehrwertsteuersystemrichtlinie[243] abgelöst wurde.[244]

Steuerfrei sind nach § 4 UStG unter anderem die Vermietung und Verpachtung von Grundbesitz (§ 4 Nr. 12 UStG), der Betrieb von Krankenhäusern (§ 4 Nr. 16 UStG), die Leistungen der Verbände der Wohlfahrtspflege (§ 4 Nr. 18 UStG), die Umsätze der Blinden und Blindenwerkstätten (§ 4 Nr. 19 UStG), die Umsätze kultureller Einrichtungen wie Theater, Museen, Chöre (§ 4 Nr. 20 UStG), der Betrieb von Privatschulen (§ 4 Nr. 21 UStG) und Umsätze anlässlich bestimmter kultureller oder sportlicher Veranstaltungen (§ 4 Nr. 22 UStG). Als weitere generelle Ausnahme von der Besteuerung gilt die sogenannte Kleinunternehmerregelung des § 19 UStG ebenfalls für alle Unternehmer, kann also auch von gemeinnützigen Körperschaften in Anspruch genommen werden.

Speziell für gemeinnützige Körperschaften sieht § 12 Abs. 2 Nr. 8 UStG die Besteuerung ausgeführter Leistungen mit dem ermäßigten Steuersatz von 7 Prozent vor. Dies gilt nicht, soweit die Leistungen im Rahmen eines wirtschaftlichen Geschäftsbetriebes erbracht werden. Dazu korrespondierend können nach § 23a UStG gemeinnützige Körperschaften, die nach § 5 Abs. 1 Nr. 9 KStG von der Körperschaftsteuer befreit sind, ihre Vorsteuer pauschal mit sieben Prozent des steuerpflichtigen Umsatzes berechnen. Diese Möglichkeit bot sich wegen § 5 Abs. 2 Nr. 2 KStG a.F. bis zum 31.12.2008 nur unbeschränkt steuerpflichtigen, also nur gebietsansässigen Körperschaften.

Schließlich ermöglicht § 4a UStG die Vergütung gezahlter Vorsteuer für Gegenstände, die zu humanitären, karitativen oder erzieherischen Zwecken ins Drittlandsgebiet[245] verbracht wurden.

b. Kraftfahrzeugsteuer

Kraftfahrzeuge gemeinnütziger Körperschaften sind nicht generell von der Kraftfahrzeugsteuer befreit. Nach § 3 Nr. 5 und 5a KraftStG sind die Körperschaften lediglich von der Steuer befreit, solange die Fahrzeuge ausschließlich im Feuerwehrdienst, im Katastrophenschutz, für Zwecke des zivilen Luftschutzes, bei Unglücksfällen, im Rettungsdienst, zur Krankenbeförderung oder für humanitäre Hilfsgütertransporte in das Ausland oder für zeitlich damit zusammenhängende

243 Richtlinie des Rates über das gemeinsame Mehrwertsteuersystem vom 28.11.2006, 2006/112/EG, ABl. L 347 vom 11.12.2006, S. 1.

244 Dazu näher Zweiter Teil, C., I., S. 87 f.

245 „Drittlandgebiet" im Sinne des UStG ist gemäß § 1 Abs. 2a S. 3 UStG das Gebiet, das nicht Gemeinschaftsgebiet ist, also vereinfacht ausgedrückt Gebiet außerhalb der Mitgliedstaaten der Europäischen Union (zur exakten Fassung des Begriffs des Gemeinschaftsgebiets: § 1 Abs. 2a S. 1, 2 UStG).

Vorbereitungsfahrten verwendet werden. Eine Unterscheidung danach, ob es sich um ein Fahrzeug einer im Inland oder im Ausland ansässigen Körperschaft handelt, wird nicht getroffen, die Befreiung gilt unterschiedslos. Selbst für ausländische Fahrzeuge (§ 1 Nr. 2 KraftStG) ausländischer gemeinnützige Körperschaften (§ 7 Nr. 2 KraftStG) gilt deshalb die Befreiung, wenn das entsprechende Fahrzeug nur zu den genannten Zwecken eingesetzt wird.

II. Indirekte steuerrechtliche Folgen gemeinnütziger Betätigung

Indirekte steuerrechtliche Folgen gemeinnütziger Tätigkeit betreffen andere Steuersubjekte als die gemeinnützige Körperschaft selbst. Die steuerrechtlichen Folgen für Dritte knüpfen dabei aber an den Status der Gemeinnützigkeit der Körperschaft an. Indirekt profitieren die gemeinnützigen Körperschaften von der steuerrechtlichen Honorierung der Dritten, z.B. durch eine erhöhte Spendenbereitschaft aufgrund der steuerlichen Berücksichtigung der Zuwendungen zu gemeinnützigen Zwecken.

1. „Spendenrecht“ Begünstigung von Zuwendungen an gemeinnützige Körperschaften

Praktisch außerordentlich bedeutsam ist die steuerrechtliche Begünstigung desjenigen, der Zuwendungen (Spenden oder Mitgliedsbeiträge) an gemeinnützige Körperschaften leistet. Mit § 10b Abs. 1 EStG, § 9 Abs. 1 Nr. 2 KStG und § 9 Nr. 5 GewStG ist eine Berücksichtigung im Rahmen der Einkommen-, Körperschaft- und Gewerbesteuer unter vergleichbaren Voraussetzungen vorgesehen. Ein vorrangiger und der Höhe nach unbegrenzter Abzug als Werbungskosten bzw. Betriebsausgabe auf der Ebene der Einkommensermittlung ist vom Zuwendungsabzug als steuerlich ausnahmsweise zu berücksichtigende Einkommensverwendung zu unterscheiden.[246] Der Vorrang des Werbungskosten- bzw. Betriebsausgabenabzugs ergibt sich aus der in § 10 Abs. 1 EStG verankerten Subsidiarität des Sonderausgabenabzugs.[247] Als berücksichtigungsfähige Zuwendung eines beherrschenden Gesellschafters kann sich auch eine Leistung einer von diesem beherrschten Kapitalgesellschaft darstellen, denn § 9 Abs. 1 Nr. 2 KStG gilt „vorbehaltlich des § 8 Abs. 3“. Die Zuwendung an die Körperschaft stellt dann auf der Gesellschaft-/Gesellschafterebene eine verdeckte Gewinnausschüttung dar.

246 Zur Abgrenzung Erster Teil, A., III., 1., S. 30.

247 § 10 Abs. 1 EStG: „Sonderausgaben sind die folgenden Aufwendungen, wenn sie weder Betriebsausgaben noch Werbungskosten sind …“.

a. *Voraussetzungen für den Zuwendungsabzug*

Durch das Gesetz zur Stärkung des bürgerschaftlichen Engagements[248] wurde rückwirkend zum 01.01.2007 der Abzug von Zuwendungen an gemeinnützige Körperschaften entscheidend geändert. Seitdem sind Zuwendungen an gemeinnützige Organisationen abzugsfähig, wenn die Körperschaft einen steuerbegünstigten Zweck verfolgt. Die bisherige Notwendigkeit der „besonderen Förderungswürdigkeit“ wurde abgeschafft. Die Körperschaftsteuerbefreiung der gemeinnützigen Körperschaft und die steuerrechtliche Begünstigung von Zuwendungen hängen nun, von wenigen sogleich aufzuzeigenden Ausnahmen abgesehen, einheitlich davon ab, ob die gemeinnützige Körperschaft einen steuerbegünstigten Zweck nach den §§ 52-54 AO verfolgt bzw. fördert. Nach § 50 Abs. 1 EStDV dürfen Zuwendungen nur abgezogen werden, wenn sie durch eine Zuwendungsbestätigung des Zuwendungsempfängers nach amtlich vorgeschriebenem Vordruck nachgewiesen sind. Ausnahmen sieht § 50 Abs. 2 EStDV für Spenden in Katastrophenfällen und Kleinspenden bis zu 200 Euro vor. Die Zuwendungsbestätigung ist damit grundsätzlich materiell-rechtliche Voraussetzung für den steuerlichen Abzug[249] und regelt nicht lediglich Fragen der Feststellungslast ohne rechtsbegründende, konstitutive Wirkung[250]. Das gilt jedenfalls seit der Einführung des § 51 Abs. 1 Nr. 2 lit. c EStG mit Wirkung vom 01.01.2007, wodurch § 50 EStDV als Teil einer Rechtsverordnung der Bundesregierung eine explizite gesetzliche Grundlage erhielt.

b. *Umfang des Zuwendungsabzugs*

Abzugsfähig sind nach § 10b Abs. 1 EStG, § 9 Abs. 1 Nr. 2 KStG und § 9 Nr. 5 GewStG Zuwendungen in Form von Spenden und Mitgliedsbeiträgen. Ausgenommen sind nur Mitgliedsbeiträge an Körperschaften, die, vereinfacht ausgedrückt, vorrangig oder ausschließlich die Freizeitbetätigung ihrer Mitglieder

---

248 BGBl. I 2007, 2332 = BStBl. I 2007, 815.

249 *BFH* vom 23.05.1989 – X R 17/85, BStBl. II 1989, 879 = BFHE 157, 516; *BFH* vom 05.02.1992 – I R 63/91, BStBl. II 1992, 748 = BFHE 168, 35; *BFH* vom 06.03.2003 – XI R 13/02, BStBl. II 2003, 554 = BFHE 201, 421; *OFD Frankfurt* vom 10.09.2001 – S 2223 A-35-St II 25, ESt-Kartei HE § 10b EStG Fach 1 Karte 1; *Hofmeister*, in: Blümich, EStG, § 10b, Rn. 46; *Kirchhof*, in: Kirchhof, EStG, § 10b, Rn. 32; *Geserich*, in: Kirchhof/Söhn/Mellinghoff, § 10b Rn. B 350; *Schneider/Krammer*, in: Littmann/Bitz/Pust, EStG, § 10b, Rn. 70; *Kümpel*, Die Änderung des Spendenrechts ab dem 1.1.2000, in: FR 2000, 91; *Buchna,* Gemeinnützigkeit im Steuerrecht, S. 358.

250 So aber *Heinicke*, in: Schmidt, EStG, § 10b, Rn. 35; *Brandt*, in: Herrmann/Heuer/Raupach, EStG, §10b, Rn. 73.

fördern.[251] Die Zuwendungen sind nur im Rahmen gesetzlich fixierter Höchstbeträge[252] abziehbar. Überschreiten die Zuwendungen den abziehbaren Höchstbetrag, können sie aber in die folgenden Veranlagungszeiträume vorgetragen werden.[253] Der Abzug der Zuwendungen von der Bemessungsgrundlage bewirkt aufgrund des für natürliche Personen geltenden progressiven Steuertarifs eine höhere steuerliche Förderung für Besserverdienende bei gleicher Zuwendungshöhe. Dies wird teilweise als schlicht ungerecht[254] empfunden.[255]

c. *Ausländischer Zuwendungsempfänger*

In den sich insoweit entsprechenden §§ 10b Abs. 1 EStG, 9 Abs. 1 Nr. 2 KStG und 9 Nr. 5 GewStG findet sich keine ausdrückliche Beschränkung auf Zuwendungen an inländische Körperschaften. Voraussetzung ist danach lediglich eine Zuwendung an eine „nach § 5 Abs. 1 Nr. 9 KStG steuerbefreite Körperschaft". Nach § 5 Abs. 2 Nr. 2 KStG in der bis zum 31.12.2008 geltenden Fassung konnten nur unbeschränkt steuerpflichtige Körperschaften, also Körperschaften mit Sitz oder Geschäftsleitung im Inland, eine entsprechende Befreiung von der Körperschaftsteuer erlangen. Daraus folgt, dass auch nur Direktzuwendungen an inländische Körperschaften zum

---

251 Ausgenommen sind nach § 10b Abs. 1 S. 2 EStG, § 9 Abs. 1 Nr. 2 S. 2 KStG, § 9 Nr. 5 S. 5 GewStG Mitgliedsbeiträge die an Körperschaften geleistet werden, die
1. den Sport (§ 52 Abs. 2 Nr. 21 der Abgabenordnung),
2. kulturelle Betätigungen, die in erster Linie der Freizeitgestaltung dienen,
3. die Heimatpflege und Heimatkunde (§ 52 Abs. 2 Nr. 2 der Abgabenordnung) oder
4. Zwecke im Sinne des § 52 Abs. 2 Nr. 23 der Abgabenordnung fördern.

252 – Für Einkommensteuerzwecke gemäß § 10b Abs. 1 EStG bis zu 20 Prozent des Gesamtbetrags der Einkünfte oder 4 Promille der Summe der gesamten Umsätze und der im Kalenderjahr aufgewendeten Löhne und Gehälter,
– für Körperschaftsteuerzwecke gemäß § 9 Abs. 1 Nr. 2 KStG bis zu 20 Prozent des Einkommens oder 4 Promille der Summe der gesamten Umsätze und der im Kalenderjahr aufgewendeten Löhne und Gehälter,
– für Gewerbesteuerzwecke gemäß § 9 Nr. 5 GewStG bis zu 20 Prozent des um die Hinzurechnungen nach § 8 Nr. 9 erhöhten Gewinns aus Gewerbebetrieb (§7) oder 4 Promille der Summe der gesamten Umsätze und der im Kalenderjahr aufgewendeten Löhne und Gehälter.

253 Unbeschränkter Spendenvortrag nach § 10b Abs. 1 S. 3 EStG, § 9 Abs. 1 Nr. 2 S. 3 KStG, § 9 Nr. 5 S. 2 GewStG im Gegensatz zur früheren Großspendenregelung mit Spendenvor- und Rücktrag, siehe dazu *Schauhoff*, in: Schauhoff, Handbuch der Gemeinnützigkeit, § 10, Rn. 81 ff.

254 *Hey*, in Tipke/Lang, Steuerrecht, § 20, Rn. 15; *Seer*, Gemeinwohlzwecke und steuerliche Entlastung, in: DStJG 26 (2003), S. 11 (42); a.A. und die unterschiedliche Förderungshöhe als Reflex des progressiven Tarifs begreifend: *Geserich.*, in: Kirchhof/Söhn/Mellinghoff, § 10b Rn. A 251.

255 *Weitemeyer* weist darauf hin, dass die geltende Regelung zudem unter evolutionsbiologischen Gesichtspunkten zur Erhöhung der Spendenbereitschaft kontraproduktiv wirkt – *Weitemeyer*, Die Grundlagen des Altruismus und die Bedeutung steuerlicher Vergünstigungen für Gemeinnützigkeit, in: Bucerius Law Journal 2008, 51 (55).

Steuerabzug berechtigten. Dies ist in der Rechtsprechung[256], Finanzverwaltung[257] und Literatur[258] unbestritten.

Gleichwohl war und ist eine steuerrechtliche Begünstigung von Zuwendungen an ausländische Körperschaften möglich, wenn die Zuwendung nicht direkt an den ausländischen Empfänger geleistet wurde oder wird. Das Gesetz gibt mit § 58 Nr. 1 AO und § 57 Abs. 1 Nr. 2 AO zwei Möglichkeiten vor:

Nach § 58 Nr. 1 AO schadet es der Steuervergünstigung inländischer Körperschaften nicht, wenn es Zweck der Körperschaft ist, Mittel für andere Körperschaften zu beschaffen. Die sogenannten „Förderkörperschaften" können also bloße Sammelvereine auch für ausländische Körperschaften sein. Eine Verwendung der Mittel im Ausland ist auf den Zuwendungsbestätigungen besonders zu vermerken.[259]

Gemäß § 57 Abs. 1 Nr. AO kann eine inländische gemeinnützige Körperschaft ihre steuerbegünstigten Zwecke durch Hilfspersonen verwirklichen. Hilfsperson kann auch eine ausländische juristische oder natürliche Person sein. Die Zuwendungsbestätigung ist gleichwohl von der inländischen Körperschaft auszustellen.

2. *Übungsleiterpauschale*

Nach § 3 Nr. 26 und Nr. 26a EStG sind Einnahmen aus einer nebenberuflichen Tätigkeit in bestimmtem Umfang steuerfrei, wenn die nebenberufliche Tätigkeit im Dienst oder im Auftrag einer „unter § 5 Abs. 1 Nr. 9 KStG fallenden Einrichtung" erbracht wird. Das soll sowohl den finanziellen Anreiz für bürgerschaftliches Engagement erhöhen, als auch bürokratische Hemmnisse für die Beschäftigten und die gemeinnützigen Körperschaften abbauen.[260] § 3 Nr. 26 und Nr. 26a EStG gewähren zwei unterschiedliche Freibeträge. Der Freibetrag nach § 3 Nr. 26 EStG ist

---

256 *BFH* vom 11.11.1966 – VI R 45/66, BStBl. III 1967, 116 = BFHE 87, 304 = BB 1967, 1031; *BFH* vom 09.10.2001 – XI B 43/01, BFH/NV 2002, 191; *BFH* vom 09.05.2007 – XI R 56/05, BFHE 218, 125 = DStR 2007, 1295; *FG Nürnberg* vom 18.01.1978 – V 134/77, EFG 1978, 375 (376); *FG Nürnberg* vom 17.07.1981 – V 27/81, EFG 1982, 186; *FG Berlin* vom 04.08.1995 – III 318/94, EFG 1995, 1066; *FG Münster* vom 28.10.2005 – 11 K 2505/05 E, EFG 2005, 357.

257 *BMF* vom 02.02.1987 – IV B 4-S 2223-15/87, DB 2002, 412 (zu Stiftungen); *OFD Düsseldorf* vom 18.06.1997 – S 2729 A – St 1312, DStR 1997, 1492 (1493).

258 *Brandt*, in: Herrmann/Heuer/Raupach, EStG, §10b, Rn. 60; *Gradel*, Zur steuerlichen Abzugsfähigkeit von Auslandsspenden, in: IStR 2002, 222 (224); *Hofmeister*, in: Blümich, EStG, § 10b, Rn. 37; *Pöllath/Richter*, in: Seifart/v. Campenhausen, Handbuch des Stiftungsrechts, § 40, Rn. 64; *Schneider/Krammer*, in: Littmann/Bitz/Pust, EStG, § 10b, Rn. 53;

259 OFD München vom 23.11.2001 – S 2223 – 145 St 41, DStR 2002, 806 (807).

260 So z.B. die Gesetzesbegründung zur Anhebung des Freibetrages zum 01.01.2007 durch das Gesetz zur Stärkung des bürgerschaftlichen Engagements, BT-Drucks. 16/5200, S. 15.

mit 2.100 Euro[261] p.a. zwar höher, wird im Gegensatz zum Freibetrag nach § 3 Nr. 26a EStG in Höhe von lediglich 500 Euro p.a. aber nur für bestimmte Tätigkeiten gewährt. Dabei sind drei Gruppen von Tätigkeiten privilegiert. Zum Ersten eine nebenberufliche Tätigkeit als Übungsleiter oder eine vergleichbare Tätigkeit, zum Zweiten eine nebenberufliche künstlerische Tätigkeit und zum Dritten die nebenberufliche Pflege alter, kranker oder behinderter Menschen.

Fraglich ist, ob nur Tätigkeiten im Dienst oder im Auftrag inländischer gemeinnütziger Körperschaften erfasst sind. Dagegen spricht der Wortlaut des § 3 Nr. 26, 26a EStG. Die Vorschriften zum Zuwendungsabzug und zur Übungsleiterpauschale nehmen jeweils auf die gemeinnützige Körperschaft Bezug, realisieren dies aber über unterschiedliche Wortlaute. Wie gezeigt, ist beim Zuwendungsabzug eine Leistung an eine „nach § 5 Abs. 1 Nr. 9 KStG steuerbefreite Körperschaft" notwendig. Nach § 3 Nr. 26 und 26a EStG sind Tätigkeiten im Dienst oder Auftrag einer „unter § 5 Abs. 1 Nr. 9 KStG fallenden Einrichtung" Voraussetzung. Auf eine „Steuerbefreiung" der Körperschaft wird im Gegensatz zum Zuwendungsabzug nicht abgehoben. Beschränkte man sich auf den Wortlaut, könnte man schließen, dass die Einschränkung der Geltung von Steuerbefreiungen für ausländische Körperschaften durch § 5 Abs. 2 Nr. 2 KStG a.F. für die nebenberuflichen Tätigkeiten im Dienste ausländischer Körperschaften keine Auswirkungen hatten. Dann hätte nur gezählt, ob die Einrichtung die Voraussetzungen des § 5 Abs. 1 Nr. 9 KStG erfüllte. Dagegen könnten jedoch Systematik sowie Sinn und Zweck der Norm sprechen. § 3Nr. 26, 26a EStG dient nämlich jedenfalls auch der Begünstigung der gemeinnützigen Körperschaft. In der bis zum 31.12.2008 geltenden Fassung war das Gemeinnützigkeitsrecht auf im Inland ansässige Körperschaften zugeschnitten, wie vor allem § 5 Abs. 2 Nr. 2 KStG a.F. zeigt. Sinn und Zweck des Bezuges auf § 5 Abs. 1 Nr. 9 KStG könnte es deshalb gewesen sein, nur Tätigkeiten im Dienst solcher Körperschaften zu privilegieren, die ihrerseits privilegiert waren. Dann wäre die Einschränkung des § 5 Abs. 2 Nr. 2 KStG auch für § 3 Nr. 26, 26a EStG maßgeblich gewesen.[262] Im Ergebnis sind beide Auslegungen möglich. Wegen des Anwendungsvorranges des Gemeinschaftsrechts muss jedoch – wie später noch genauer zu zeigen sein wird[263] – derjenigen Auslegung der Vorzug gegeben werden, nach der die Norm mit dem Gemeinschaftsrecht zu vereinbaren ist. Gemeinschaftsrechtskonform ist jedoch nur die Auslegung, nach der die Begünstigung nicht auf Tätigkeiten für inländische Körperschaften beschränkt ist.[264]

---

261 Bis VZ 1999: 2.400 DM p.a., VZ 2000 und 2001: 3.600 DM p.a., VZ 2002 – 2006: 1.848 Euro p.a. (*Erhard*, in: Blümich, EStG, § 3, Rn. 971).

262 So *von Beckerath*, in: Kirchhof, EStG, 7. Aufl., § 3, Rn. 75.

263 Siehe Zweiter Teil, C., III., 2., S. 92 f.

264 Siehe Zweiter Teil, D., IV., S. 147 f.

3. *Steuerfreie Stipendien gemeinnütziger Körperschaften*

Ähnlich § 3 Nr. 26, 26a EStG regelt § 3 Nr. 44 EStG, dass Stipendien steuerfrei bezogen werden können, die „von einer Körperschaft, Personenvereinigung oder Vermögensmasse im Sinne des § 5 Abs. 1 Nr. 9 des Körperschaftsteuergesetzes gegeben werden." Genau wie bei der Regelung zu den Einkünften aus nebenberuflicher Tätigkeit ergibt sich aus dem Wortlaut des § 3 Nr. 44 EStG keine Einschränkung auf „inländische" gemeinnützige Körperschaften. Eine solche Einschränkung könnte sich wiederum aus der Systematik sowie Sinn und Zweck der Norm ergeben, weil auch die Privilegierung der Stipendien eine indirekte Vergünstigung für die gemeinnützige Körperschaft selbst darstellt. Denn Stipendien steuerbefreiter Körperschaften sind attraktiver als jene, die vom Stipendiaten zu versteuern wären. Um die gleiche Nettoförderung zu erreichen, muss die gemeinnützige Körperschaft geringere Mittel aufwenden. Wegen der gebotenen gemeinschaftsrechtskonformen Auslegung sind von § 3 Nr. 44 EStG nicht nur Stipendien inländischer Einrichtungen erfasst.[265]

III. Nichtsteuerrechtliche Folgen

Neben direkten steuerrechtlichen Folgen für die gemeinnützige Körperschaft selbst und indirekten steuerrechtlichen Folgen für Dritte wird die Verfolgung gemeinnütziger Zwecke durch den Gesetzgeber auch anderweitig, nichtsteuerrechtlich privilegiert.

1. *Zuweisung von Bußgeldern*

Nach § 153a Abs. 1 S. 2 Nr. 2 StPO kann einem Beschuldigten in einem Strafverfahren die Zahlung eines Geldbetrages zugunsten einer „gemeinnützigen Einrichtung" zur Auflage gemacht und das Verfahren eingestellt werden, wenn die Schwere der Schuld nicht entgegensteht. Auch im Falle einer strafrechtlichen Verurteilung kann das Gericht gemäß § 56b Abs. 2 Nr. 2 StGB dem Verurteilten die Zahlung eines Geldbetrages zugunsten einer „gemeinnützigen Einrichtung" zur Auflage machen. Explizite gesetzliche Vorgaben zur Auswahl der „gemeinnützigen Einrichtung" bestehen nicht. Das Gesetz unterscheidet auch nicht danach, ob es sich um eine in- oder ausländische gemeinnützige Einrichtung handelt. Tatsächlich bemühen sich die verschiedensten Einrichtungen durch z.T. profes-

265 A.A. *FG München* vom 22.09.2003 – 13 V 2774/03, zitiert nach juris; offen gelassen von *FG Baden-Württemberg* vom 12.12.2007 – 3 K 209/03, IStR 2008, 116 (118), das § 5 Abs. 2 Nr. 2 KStG a.F. wegen Gemeinschaftsrechtswidrigkeit nicht anwendet.

sionelles Marketing darum, die Entscheidungsträger in den Staatsanwaltschaften und Gerichten von der Notwendigkeit von Zuweisungen an sich zu überzeugen.[266] Im strafrechtlichen Schrifttum herrscht, ohne ausdrückliche Begründung, Einigkeit darüber, dass eine steuerrechtliche Anerkennung der Gemeinnützigkeit nicht erforderlich ist.[267] Im Ergebnis ist dem deshalb zuzustimmen, weil die Erfüllung der steuer- und abgabenrechtlichen Voraussetzungen schlicht nicht als Voraussetzung im Gesetz vorgesehen ist.

2. Gebühren- und Abgabenbefreiungen

Eine Ermäßigung von Notargebühren steht nach § 144 Abs. 2 KostO[268] Körperschaften zu, die ausschließlich mildtätige oder kirchliche Zwecke verfolgen, wenn der Geschäftswert 26.000 Euro übersteigt und die Angelegenheit nicht einen wirtschaftlichen Geschäftsbetrieb betrifft. Der Ermäßigungsanspruch ist durch Freistellungs- oder Körperschaftsteuerbescheid oder eine vorläufige Bescheinigung des Finanzamtes nachzuweisen. Da ausländische gemeinnützige Körperschaften die Befreiung nach § 5 Abs. 1 Nr. 9 KStG i.V.m. § 5 Abs. 2 Nr. 2 KStG a.F. nicht erlangen konnten, war eine Gebührenbefreiung für sie praktisch nicht realisierbar.

Die mit Eintragungen ins Vereinsregister nach § 80 KostO zusammenhängenden Gebühren werden gemeinnützigen Vereinen in den meisten Bundesländern erlassen.[269] Für ausländische gemeinnützige Körperschaften dürfte indes eine Eintragung ins deutsche Vereinsregister gar nicht in Frage kommen.

Eine generelle Befreiung gemeinnütziger Körperschaften von Kommunalabgaben gibt es nicht.[270] In den Kommunalabgabengesetzen der Länder sind zwar regelmäßig Verweise auf eine „entsprechende“ oder „sinngemäße“ Anwendung der §§ 51-68 AO enthalten. Daraus folgt aber keine generelle Befreiung gemeinnütziger Körperschaften von Kommunalabgaben, denn nach § 51 AO[271] gelten

---

266 *Krumm*, Geldbußenzuweisung im Strafverfahren – oder: Wer bekommt das Geld des Angeklagten, in: NJW 2008, 1420; zur Verteilung der Geldauflagen zugunsten gemeinnütziger Einrichtungen in Höhe von 2.321.000 Euro im sog. „Mannesmann-Prozess“ siehe die Pressemitteilung des LG Düsseldorf vom 07.02.2007 unter *www.lg-duesseldorf.nrw.de/presse/pressearchiv/07-01.pdf* (Stand: 15.07.2009).

267 *Gribbohm*, in: Leipziger Kommentar zum StGB, § 56b, Rn. 12; *Groß*, in: MüKo StGB, § 56b, Rn. 66; *Beulke*, in: Löwe-Rosenberg, StPO, § 153a, Rn. 55 jeweils m.w.N.

268 Gesetz über die Kosten in Angelegenheiten der freiwilligen Gerichtsbarkeit.

269 *Sauter/Schweyer/Waldner*, Der eingetragene Verein, Rn. 488.

270 *Kulosa*, in: Herrmann/Heuer/Raupach, KStG, § 5, Rn. 182; *Sieger*, Nochmals: Zur Befreiung gemeinnütziger Körperschaften von Beiträgen nach den Kommunalabgabengesetzen, in: KStZ 1995, 32.

271 § 51 S. 1 AO a.F. bzw. § 51 Abs. 1 S. 1 AO n.F.

die Vorschriften der AO nur, soweit ein (anderes) Gesetz Steuervergünstigungen gewährt. Rechtsgrundlage der Steuerbefreiungen sind stets die Regelungen in den materiellen Steuer- bzw. Abgabengesetzen.[272]

IV. Zwischenergebnis

Die Steuergesetze und andere Gesetze sehen vielfältige Steuerbefreiungen, Steuererleichterungen und sonstige privilegierende Ausnahmen für gemeinnützige Körperschaften vor. Diese gelten bzw. galten bis zum 31.12.2008 teilweise ausdrücklich nur für inländische gemeinnützige Körperschaften (Körperschaftsteuer und Kapitalertragsteuer), teilweise ergaben sich die Einschränkungen aus Sinn und Zweck der Privilegierungen (Übungsleiterpauschale und Gewährung steuerfreier Stipendien), teilweise waren sie wegen der Notwendigkeit der Vorlage eines Freistellungsbescheides nach § 5 Abs. 1 Nr. 9 KStG von ausländischen gemeinnützigen Körperschaften jedenfalls praktisch nicht zu erlangen (Gebührenbefreiung nach der KostO). Gerade auf Letzteres wird sogleich im Abschnitt „Verfahrensfragen" noch ausführlicher einzugehen sein.

So vielfältig die Steuerbefreiungen und sonstigen Erleichterungen auch ausgestaltet sein mögen, so ist ihnen doch gemein, dass sie folgerichtig durch Ausnahmen für wirtschaftliche Geschäftsbetriebe erkennbar dem Grundsatz der Wettbewerbsneutralität folgen. Allein die gemeinnützige Tätigkeit soll nicht dazu führen, dass über eine gewöhnliche geschäftliche Tätigkeit eine Besserstellung gegenüber anderen (egoistisch handelnden) Anbietern gleicher Leistungen erfolgt.

F. Verfahrensfragen

I. Kein statusbegründender Verwaltungsakt

Für die Prüfung und Anerkennung der gemeinnützigen Tätigkeit einer Körperschaft ist entgegen anderslautenden Empfehlungen an die Politik[273] im Gesetz kein

---

272 *Kulosa*, in: Herrmann/Heuer/Raupach, KStG, § 5, Rn. 182; *Sieger*, Nochmals: Zur Befreiung gemeinnütziger Körperschaften von Beiträgen nach den Kommunalabgabengesetzen, in: KStZ 1995, 32; a.A. *Münzel*, Zur Befreiung gemeinnütziger Körperschaften von Beiträgen nach den Kommunalabgabengesetzen, in: KStZ 1994, 101 (104).

273 Gutachten der Unabhängigen Sachverständigenkommission zur Prüfung des Gemeinnützigkeits- und Spendenrechts, S. 266, 317 mit konkretem Regelungsvorschlag zur Einfügung in die AO; *Hüttemann*, Gemeinnützigkeits- und Spendenrecht, § 7, Rn. 3; *Jachmann*, in: Enquete-Kommission „Zukunft des Bürgerschaftlichen Engagements" S. 232; *Schauhoff*, Begründung und Verlust des Gemeinnützigkeitsstatus, in: DStJG 26 (2003), S. 133 (147 f.).

spezielles Verfahren vorgesehen. Es gibt kein Feststellungsverfahren, an dessen Ende ein Feststellungsbescheid zur Gemeinnützigkeit der Körperschaft ergeht. Vielmehr hat die gemeinnützige Körperschaft zu den einzelnen Steuerarten nach den §§ 149 ff. AO Steuererklärungen abzugeben. Im Rahmen des jeweiligen Veranlagungsverfahrens werden dann inzident und von Amts wegen die einzelnen gemeinnützigkeitsrechtlichen Voraussetzungen geprüft.[274] Die Prüfung der gemeinnützigkeitsrechtlichen Voraussetzungen erfolgt somit nicht durch besonders spezialisierte Stellen, sondern dezentral durch die Finanzbeamten der jeweiligen Veranlagungsstellen. Zuständig ist nach § 20 AO die Veranlagungsstelle des „Sitzfinanzamtes" also des Finanzamtes, in dessen Bezirk sich die Geschäftsleitung der gemeinnützigen Körperschaft befindet. Als Ergebnis des Veranlagungsverfahrens ergeht ein gewöhnlicher Steuerbescheid, wenn sich ergeben hat, dass die gemeinnützigkeitsrechtlichen Voraussetzungen bei der Körperschaft nicht vorliegen. Im Falle eines positiven Ergebnisses der Prüfung wird in der Regel ein Freistellungsbescheid[275] erlassen. Nach § 155 Abs. 1 S. 2 AO ist ein Freistellungsbescheid ein Steuerbescheid, auf den die Änderungsvorschriften für Steuerbescheide (§§ 172 ff. AO) anwendbar sind. Nur wenn die Körperschaft einen wirtschaftlichen Geschäftsbetrieb unterhält, ergeht ein Körperschaftsteuerbescheid mit der Festsetzung einer Körperschaftsteuer. In der Anlage[276] zum Körperschaftsteuerbescheid wird die „Steuerbefreiung im Übrigen" vermerkt.

Ergeht kein Freistellungsbescheid und wird die „Steuerbefreiung im Übrigen" auch nicht in der Anlage vermerkt, besteht bei Vorliegen der gemeinnützigkeitsrechtlichen Voraussetzungen ein rechtschutzfähiger Anspruch auf Erlass eines Freistellungsbescheides. Auch der Erlass eines auf 0 Euro lautenden Steuerbescheides stellt wegen der Versagung eines Freistellungsbescheides eine zu Einspruch bzw. Anfechtungsklage berechtigende Beschwer dar, wenn kein wirtschaftlicher Geschäftsbetrieb unterhalten wird.[277] Die Steuerbefreiung soll nach AEAO zu § 59 Nr. 7 S. 2 spätestens alle drei Jahre von der Finanzverwaltung überprüft werden. Das bedeutet, dass gemeinnützige Körperschaften in der Regel nur alle drei Jahre eine Steuererklärung abgeben und die gemeinnützigkeitsrechtlichen Voraussetzungen nachweisen müssen.

274 *BFH* vom 13.12.1978 – I R 77/76, BStBl. II 1979, 481 = BFHE 127, 327 = DB 1979, 1635; *BFH* vom 07.05.1986 – I B 58/85, BStBl. II 1986, 677 = BFHE 146, 392 = DStR 1986, 572; AEAO zu § 59 Nr. 3.

275 Muster bei *Buchna*, Gemeinnützigkeit im Steuerrecht, S. 535.

276 Muster bei *Buchna*, Gemeinnützigkeit im Steuerrecht, S. 537.

277 *BFH* vom 14.09.1994 – I R 153/93, BStBl. II 1995, 499 = BFHE 176, 229 = DB 1995, 756.

II. Mittelbare Wirkung des Freistellungsbescheides

Der Freistellungsbescheid zur Körperschaftsteuer bzw. die Bestätigung der Gemeinnützigkeit „im Übrigen" in der Anlage zum Körperschaftsteuerbescheid[278] haben für die Veranlagung der Körperschaft zu anderen Steuerarten nach den gesetzlichen Vorgaben keine unmittelbare Bedeutung. Rein tatsächlich wird das Ergebnis der Veranlagung zur Körperschaftsteuer aber auch für die Festsetzung anderer Steuern genutzt und damit in der Praxis wenigstens teilweise die Vereinfachung erzielt, die ein gesondertes Feststellungsverfahren nach sich zöge. Beispielsweise soll nach den Steuerrichtlinien für Zwecke der Grundsteuer auf die Feststellungen im Rahmen der Veranlagung zur Körperschaftsteuer ohne weitere Nachprüfungen zurückgegriffen werden.[279]

Für Zwecke der Besteuerung anderer Steuerpflichtiger hat der Freistellungsbescheid dagegen sehr wohl eine im Gesetz verankerte unmittelbare Wirkung. Für die steuermindernde Berücksichtigung von Zuwendungen zu gemeinnützigen Zwecken beim Leistenden im Rahmen der Festsetzung der Einkommen-, Körperschaft- oder Gewerbesteuer ist gesetzliche Voraussetzung, dass die Empfängerkörperschaft nach § 5 Abs. 1 Nr. 9 KStG steuerbefreit ist.[280] Die Zuwendung muss deshalb zum Nachweis dieser Voraussetzung von der empfangenden Körperschaft nach amtlich vorgeschriebenem Vordruck bescheinigt werden (§ 50 EStDV). Dem Freistellungsbescheid kommt dabei hinsichtlich der Körperschaftsteuerbefreiung der empfangenden Körperschaft Bindungswirkung zu.[281] Der steuermindernde Abzug der Zuwendung beim Leistenden kann deshalb nicht mit der Begründung versagt werden, die Voraussetzungen steuerlicher Gemeinnützigkeit lägen beim Zuwendungsempfänger nicht oder nicht mehr vor. Insoweit erlangt der Freistellungsbescheid der gemeinnützigen Körperschaft also eine weitere, mittelbare steuerliche Wirkung für andere Steuerpflichtige.

Zusammenfassend ist festzuhalten, dass der Freistellungsbescheid zur Körperschaftsteuer im Ergebnis zwar kein statusbegründender Verwaltungsakt ist, er aber sowohl für Zwecke der Besteuerung der Körperschaft als auch für Zwecke der Berücksichtigung von Zuwendungen beim Leistenden eine tatsächliche, mittelbare Bedeutung erlangt. Dies kann für ausländische gemeinnützige Körper-

---

278 Im weiteren Verlauf der Arbeit wird aus Vereinfachungsgründen nur noch der Begriff des Freistellungsbescheides benutzt werden – dieser soll dann auch den Körperschaftsteuerbescheid mit dem Vermerk der Befreiung „im Übrigen" einschließen.

279 Abschnitt 12 Abs. 2 GrStR.

280 §§ 10b Abs. 1 EStG, 9 Abs. 1 Nr. 2 KStG, 9 Nr. 5 GewStG.

281 *BFH* vom 15.06.1973 – VI R 35/70, BStBl. II 1973, 850 = BFHE 110, 112 = BB 1973, 1247; *BFH* vom 18.07.1980 – VI R 167/77, BStBl. II 1981, 52 = BFHE 131, 345 = BB 1980, 1783; *Geserich.*, in: Kirchhof/Söhn/Mellinghoff, § 10b Rn. A 232; *Hofmeister*, in: Blümich, EStG, § 10b, Rn. 37

schaften problematisch sein. Sind diese in Deutschland mangels inländischer Einkünfte nicht beschränkt steuerpflichtig, erfolgt für sie keine Veranlagung zur Körperschaftsteuer und es besteht für sie keine Möglichkeit, einen der Vereinfachung bzw. dem materiellen Nachweis dienenden Freistellungsbescheid zu erlangen. Selbst wenn eine Zuwendung eines inländischen Steuerpflichtigen an eine gebietsfremde gemeinnützige Körperschaft steuerrechtlich abziehbar wäre, verbliebe das Problem, dass der Steuerpflichtige anders als bei einer Zuwendung an eine gebietsansässige gemeinnützige Körperschaft, nicht auf den Freistellungsbescheid zurückgreifen könnte. Vielmehr müsste der Steuerpflichtige im Einzelfall die Voraussetzungen der gemeinnützigen Betätigung (der gebietsfremden Körperschaft) nachweisen. Ob und inwieweit die Grundfreiheiten des EG-Vertrages zugunsten des Spenders eine Nachweiserleichterung bedingen, welche Bedeutung der Anerkennung der Gemeinnützigkeit der empfangenden Körperschaft in ihrem Herkunftsstaat zukommt und welche Anforderungen an zu erbringende Nachweise zu stellen sind, wird deshalb als ein Schwerpunkt im weiteren Verlauf der Arbeit noch eingehender untersucht werden.[282]

III. Vorläufige Bescheinigung

Von einem Steuer- bzw. Freistellungsbescheid ist eine vorläufige Bescheinigung[283] über die Gemeinnützigkeit zu unterscheiden. Dabei wird auf Antrag der erstmals steuerlich in Erscheinung tretenden Körperschaft durch das Finanzamt vorläufig bescheinigt, dass die Körperschaft steuerlich erfasst ist und eine den formellen Satzungsanforderungen entsprechende Satzung vorgelegt wurde.[284] Dadurch soll die Aufnahme der tatsächlichen Tätigkeit ermöglicht bzw. vereinfacht werden. Denn die Einwerbung steuerbegünstigter Zuwendungen und die Ausstellung entsprechender Zuwendungsbestätigungen wird nur durch die vorläufige Bescheinigung ermöglicht, wenn eine Veranlagung erstmalig noch nicht erfolgt ist. Die vorläufige Bescheinigung ist nach der Rechtsprechung[285], der Finanzverwaltung[286] und dem überwiegenden Teil der Literatur[287] kein Verwaltungsakt, sondern lediglich eine nicht bindende, frei widerrufliche Rechtsauskunft über den Teilbe-

282 S. Dritter Teil, C., I., S. 208 ff.

283 Muster bei *Buchna*, Gemeinnützigkeit im Steuerrecht, S. 520.

284 AEAO zu § 59 Nr. 4.

285 *BFH* vom 07.05.1986 – I B 58/85, BStBl. II 1986, 677 = BFHE 146, 392 = DStR 1986, 572.

286 AEAO zu § 59 Nr. 5.

287 *Bott*, in: Schauhoff, Handbuch der Gemeinnützigkeit, § 9, Rn. 11; *Buchna*, Gemeinnützigkeit im Steuerrecht, S. 382; *Hüttemann*, Gemeinnützigkeits- und Spendenrecht, § 7, Rn. 10; a.A. *Fischer*, in: Hübschmann/Hepp/Spitaler, § 59 AO, Rn. 16; *Gast-de Haan*, Ungelöste Verfahrensfragen im Recht gemeinnütziger Körperschaften, in: FR 1993, 708.

reich der formellen Satzungsmäßigkeit.[288] Ihre Geltungsdauer soll 18 Monate nicht überschreiten.[289] Die gemeinnützige Körperschaft muss deshalb zeitnah nach Aufnahme ihrer Tätigkeit eine Steuererklärung abgeben, um durch die Veranlagung zur Körperschaftsteuer einen Freistellungsbescheid zu erlangen.

IV. Keine umfassende staatliche Aufsicht

Es gibt keine umfassende allgemeine Aufsicht über gemeinnützige Körperschaften. Nach den Stiftungsgesetzen der Bundesländer werden lediglich inländische rechtsfähige Stiftungen im Wege der Rechtsaufsicht staatlich beaufsichtigt.[290]

Die Beaufsichtigung von Stiftungen resultiert jedoch aus der besonderen Verfassung einer Stiftung und nicht aus deren gegebenenfalls gemeinnütziger Zwecksetzung. Nach ihrer staatlichen Anerkennung ist eine Stiftung vom Stifter losgelöst und rechtlich verselbständigt. Die handelnden Organe sind nur noch dem satzungsgemäßen Stifterwillen verpflichtet und unterliegen insbesondere keiner rechtlich verbindlichen Kontrolle des Stifters oder der Destinatäre. Anders als bei gegenseitigen Verträgen gibt es keine sich gegenüberstehenden Interessen, die einen Ausgleich bewirken könnten. Die staatliche Aufsicht soll deshalb sicherstellen, dass die Stiftungsorgane den Stifterwillen beachten.[291] Die gemeinnützige Betätigung bedingt keine Beaufsichtigung.

Andererseits führte jedoch bis zum 31.12.2008 eine Beaufsichtigung dazu, dass an die Festlegung der Vermögensbindung in der Satzung einer gemeinnützigen Körperschaft geringere Anforderungen gestellt wurden. Nach § 62 AO a.F. war eine satzungsmäßige Vermögensbindung entbehrlich bei staatlich beaufsichtigten Stiftungen, bei von einer Körperschaft des öffentlichen Rechts verwalteten, unselbständigen Stiftungen und bei geistlichen Genossenschaften (Orden, Kongregationen). Die jeweilige Aufsicht erschien dem Gesetzgeber als ausreichend für die Vermögensbindung.[292] Wegen der Öffnung des § 5 Abs. 2 Nr. 2 KStG für gemeinnützige Körperschaften mit Sitz und/oder Geschäftsleitung im europäischen Ausland durch das Jahressteuergesetz 2009 wurde die Erleichterung für nach dem 01.01.2009 gegründete Gesellschaften[293] abgeschafft, weil dem Gesetzgeber die

288 AEAO zu § 59 Nr. 5.

289 AEAO zu § 59 Nr. 5.

290 *Hof*, in: Seifart/von Campenhausen, Stiftungsrechts-Handbuch, § 10, Rn. 21 ff.

291 Zu Funktion und Instrumenten der Aufsicht z.B. *Hof*, in: Seifart/von Campenhausen, Stiftungsrechts-Handbuch, § 10, Rn. 123 ff.

292 *Tipke*, in: Tipke/Kruse, § 62 AO, Rn. 1.

293 § 1 f Abs. 1 EGAO.

durchgängige Kontrolle durch die Aufseher oder Verwalter nicht mehr gesichert erschien.[294]

V. Zwischenergebnis

Zur Erlangung eines „Status der Gemeinnützigkeit“ gibt es in Deutschland kein separates Feststellungsverfahren und keinen entsprechenden Feststellungsbescheid. Gemeinnützig tätige Körperschaften haben aber Anspruch auf Erteilung eines Freistellungsbescheides bzw. im Falle der Unterhaltung eines wirtschaftlichen Geschäftsbetriebes Anspruch auf Vermerk einer „Steuerbefreiung im Übrigen“ in der Anlage zum Körperschaftsteuerbescheid. Der Freistellungsbescheid zur Körperschaftsteuer erlangt eine nicht unerhebliche faktische bzw. mittelbare Bedeutung als Nachweismittel. Zum Einen kann die gemeinnützige Körperschaft selbst im Rahmen anderer Steuerarten auf den Freistellungsbescheid zur Körperschaftsteuer zurückgreifen. Zum Anderen muss die gemeinnützige Körperschaft bei der Ausstellung eines Zuwendungsbescheides zugunsten eines Zuwendenden auf ihren Freistellungsbescheid Bezug nehmen. Insoweit genügt für den Zuwendenden für seine Veranlagung zur Körperschaft-, Gewerbe- oder Einkommensteuer der nach amtlichem Muster ausgestellte Zuwendungsnachweis mit dem Verweis auf den Freistellungsbescheid der Empfängerkörperschaft. Weitere Nachweise hinsichtlich der gemeinnützigen Betätigung der Empfängerkörperschaft muss der Zuwendende nicht erbringen.

G. Zusammenfassung und abschließendes Fazit zu den nationalen Vorgaben des Gemeinnützigkeitsrechts

Das Gemeinnützigkeitsrecht mit dem Grundsatz der steuerlichen Berücksichtigung gemeinnützigen Handelns kann in Deutschland auf eine lange Tradition zurückblicken. Der Gedanke des Ausgleichs der Staatsentlastung ist bis in die fränkische Zeit zurückverfolgbar.[295] Die Normen des Gemeinnützigkeitssteuerrechts folgen dabei als Fiskalzwecknormen dem Gebot austeilender Gerechtigkeit.[296] Die über die Jahre stetig gewachsene Komplexität der Regelungen hat vor allem im Bereich der förderungswürdigen Zwecke zu einem nicht widerspruchsfreien, gesetzlichen Katalog der Förderzwecke geführt.[297] Als „Allgemeiner

294 BT-Drucks. 16/11108 vom 27.11.2008, S. 57.
295 Siehe Erster Teil, A., I., S. 27 f.
296 Siehe Erster Teil, C., II., S. 40 ff.
297 Siehe Erster Teil, C., I., S. 39 f.

Teil" des Gemeinnützigkeitsrechts regeln die §§ 51-68 AO übergreifend die Voraussetzungen steuerlich relevanter gemeinnütziger Tätigkeit. Dieser Teil war bis zum 31.12.2008 auslandsoffen ausgestaltet und unterschied nicht zwischen gebietsansässigen und gebietsfremden gemeinnützigen Körperschaften.[298] Dabei setzte eine „Förderung der Allgemeinheit" nach § 52 Abs. 1 S. 1 AO auch in der bis zum 31.12.2008 geltenden Gesetzesfassung aber voraus, dass deutsche Staatsangehörige oder die deutsche Bevölkerung als die Menschen gefördert wurden, die der deutschen Staatsgewalt unterliegen.[299] Von der „Allgemeinheit" zu unterscheiden sind die unmittelbaren Destinatäre gemeinnütziger Tätigkeit, die nach den bis zum 31.12.2008 geltenden Regelungen einschränkungslos Ausländer sein konnten.

Eine Unterscheidung nach der Gebietsansässigkeit wurde dagegen in verschiedenen materiellen Steuergesetzen hinsichtlich der fördernden Körperschaft getroffen und führte zu einer greifbaren Schlechterstellung gebietsfremder gemeinnütziger Körperschaften. Darauf wird im weiteren Verlauf der Arbeit noch intensiver einzugehen sein. Auch Regelungen, die lediglich das Verfahrensrecht betreffen, stellten für gebietsfremde gemeinnützige Körperschaften eine hohe Hürde dar, beispielsweise, weil sie nach der bis zum 31.12.2008 geltenden Rechtslage, anders als inländische gemeinnützige Körperschaften, gegenüber dem Spender nicht auf einen Freistellungsbescheid nach § 5 Abs. 1 Nr. 9 KStG zurückgreifen konnten.[300] Auch die insoweit gebotenen legislativen Konsequenzen werden noch näher zu untersuchen sein.

---

298 Siehe Erster Teil, D., V., S. 60.

299 Siehe Erster Teil, D., I., 1., lit. b., S. 44 ff.

300 Siehe Erster Teil, F., II., S. 78 f.

Zweiter Teil: Europarechtliche Vorgaben für das Gemeinnützigkeits- und Spendenrecht

A. Grundlagen der Europäischen Union und des europäischen Rechts

Die Europäische Gemeinschaft[301] als Rechtsvorgängerin der Europäischen Union (Art. 1 Abs. 3 S. 3 EU) ging als Wirtschaftsgemeinschaft auf die Gründung der „Europäischen Gemeinschaft für Kohle und Stahl“ (EGKS, auch Montanunion) im Jahre 1951 und die Römischen Verträge von 1957 zurück.[302] Nach dem Konzept eines Binnenmarktes war und ist die Schaffung eines gemeinsamen Marktes für Waren, Dienstleistungen, Arbeitskräfte und Kapital das Ziel der Gemeinschaft bzw. der Union. Mit dem Vertrag von Maastricht[303] wurden 1992 die „Gemeinsame Außen- und Sicherheitspolitik“ (GASP) und die „Polizeiliche und justizielle Zusammenarbeit in Strafsachen“ (PJZS) neben der Europäischen Gemeinschaft zu den beiden weiteren Säulen der europäischen Integration. Nach dem sogenannten „Drei-Säulen-Modell“ bildete die Europäische Union das „Dach“ bzw. den „Mantel“ dieser drei Säulen.[304] Ausweislich des nunmehr in allen Mitgliedstaaten ratifizierten[305] Vertrages von Lissabon aus dem Jahr 2007 ist die Europäische Gemeinschaft mit Wirkung vom 01.12.2009 in der Europäischen Union aufgegangen und das Drei-Säulen-Modell aufgegeben worden. Die Europäische Union ersetzt die Europäische Gemeinschaft und soll als ihre Rechtsnachfolgerin von

---

301 Genau genommen muss im Plural von den „Europäischen Gemeinschaften“ gesprochen werden, denn die Gemeinschaften bestehen aus der EG (Europäische Gemeinschaft) und der EAG (Europäische Atomgemeinschaft). Beide waren aber trotz eigenständiger Rechtspersönlichkeiten durch die Fusion der Organe, einen gemeinsamen Haushalt und eine einheitliche Rechtsordnung eng miteinander verbunden, weshalb allgemein von der Gemeinschaft im Singular gesprochen wird – *Wichard*, in: Calliess/Ruffert, Art. 1 EGV, Rn. 3.

302 *Oppermann/Classen/Nettesheim*, Europarecht, § 2, Rn. 8 ff.

303 Näher *Streinz*, Europarecht, Rn. 37 ff.

304 *Calliess*, in: Calliess/Ruffert, Art. 1 EUV, Rn. 4 m.w.N.

305 Zum Ratifizierungsverfahren in Deutschland siehe die Entscheidung des *BVerfG* zum Lissabon-Vertrag vom 30.06.2009 – 2 BvE 2/08, 2 BvE 5/08, 2 BvR 1010/08, 2 BvR 1022/08, 2 BvR 1259/08, 2 BvR 182/09, NJW 2009, 2267 = DVBl 2009, 1032.

ihr die bisher fehlende Rechtspersönlichkeit vermittelt bekommen.[306] Primärrechtliche Grundlagen sind nunmehr der reformierte EU-Vertrag (EU) und der aus dem EG-Vertrag entwickelte Vertrag über die Arbeitsweise der Europäischen Union (AEU). Insgesamt ist die Europäische Union heute mehr als eine bloße Wirtschaftsgemeinschaft[307], auch wenn die bedeutendsten Integrationsschritte bisher auf wirtschaftlichem Gebiet vollzogen wurden.[308] Zur Frage der Staatlichkeit der Europäischen Union hat das Bundesverfassungsgericht mit der Entscheidung zum Vertrag von Maastricht zutreffend[309] den Begriff des „Staatenverbundes" als eine supranational organisierte zwischenstaatliche Gemeinschaft geprägt.[310]

Aus Vereinfachungsgründen werden im weiteren Verlauf der Arbeit, soweit nicht anders gekennzeichnet, der Begriff der „Gemeinschaft" für die Europäische Gemeinschaft, der Begriff der „Union" für die Europäische Union und die Begriffe des „Gemeinschaftsrechts" bzw. des „Europarechts" als umfassende Begriffe für das EG- und das EU-Recht verwendet werden.

B. Prüfungsmaßstäbe des Steuerrechts für das Gemeinnützigkeitsrecht

Für die Tätigkeit gemeinnütziger Körperschaften enthält das Gemeinschaftsrecht durchaus einige Kompetenzen der Union. Diese betreffen die Politikfelder der Forschung und Technologie[311], Bildung und Kultur[312], Sozialpolitik[313], Umwelt[314], Verbraucherschutz[315] und Entwicklungspolitik[316]. Hinsichtlich dieser Politikfelder

306 Zum bisherigen Streitstand zur Völkerrechts- und Verfassungsfähigkeit der Europäischen Gemeinschaft: *Streinz*, Europarecht, Rn. 134; *Stumpf*, in: Schwarze, Art. 1 EUV, Rn. 9 f. m.w.N.

307 *Oppermann/Classen/Nettesheim*, Europarecht, § 10, Rn. 93 sprechen vom „Wandel von der Wirtschafts- zur Werteunion".

308 Zur Entwicklung der EU ausführlich und jeweils m.w.N. *Oppermann/Classen/Nettesheim*, Europarecht, § 2, Rn. 30 ff.; *Streinz*, Europarecht, Rn. 9 ff.

309 So die herrschende Ansicht, siehe auch *Calliess*, in: Calliess/Ruffert, Art. 1 EUV, Rn. 29 ff.; *Oppermann/Classen/Nettesheim*, Europarecht, § 5, Rn. 4 ff.; *Scholz*, in: Maunz/Dürig, Art. 23 GG, Rn. 32; *Streinz*, Europarecht, Rn. 133; *von Heinegg*, in: Beck-OK GG, Art. 23, Rn. 6.

310 BVerfG vom 12.10.1993 – 2 BvR 2134/92, 2 BvR 2159/92, BVerfGE 89, 155 = NJW 1993, 3047 = EuZW 1993, 667; zu divergierenden Deutungen, etwa als „Internationale Organisation" „Staatenbund" „Zweckverband" „(Vor)Bundesstaat" siehe *Oppermann/Classen/Nettesheim*, Europarecht, § 5, Rn. 28 ff. m.w.N.

311 Art. 163 ff. EG = Art. 179 ff. AEU.

312 Art. 149 -151 EG = Art. 165 – 167 AEU.

313 Art. 136 ff. EG = Art. 151 ff. AEU.

314 Art. 174 ff. EG = Art. 191 ff. AEU.

315 Art. 153 EG = Art. 169 AEU.

316 Art. 177 ff. EG = Art. 208 ff. AEU.

stehen der Union aber keine ausschließlichen Kompetenzen zu, vielmehr sind die Kompetenzen neben denen der Mitgliedstaaten auszuüben. Dadurch kommt ihnen vor allem koordinierender, fördernder und unterstützender Charakter zu.[317] Umweltpolitik, Verbraucherschutz und Gesundheitswesen werden zudem als Querschnittsaufgaben begriffen.[318] Für die verschiedenen nationalstaatlichen Regelungen zum Gemeinnützigkeits- und Spendenrecht rechnet die Europäische Kommission auf absehbare Zeit nicht mit einer Harmonisierung.[319] Lediglich mittelfristig sieht sie die Möglichkeit der Realisierung einer „Europäischen Stiftung" als ergänzender, europaweit einheitlicher, Rechtsform für gemeinnützige Tätigkeiten.[320] Die „Europäische Stiftung" könnte dann ähnlich der „Societas Europaea" eine komplementäre, nicht eine ersetzende Rechtsform für gemeinnützige Betätigung sein.[321] Die Ausgestaltung des Gemeinnützigkeits- und Spendenrechts bleibt daher primär Aufgabe des nationalen Gesetzgebers.

In den Entscheidungen „Stauffer" „Jundt" und „Persche" hat der EuGH für die Überprüfung der Regelungen zu den Steuervergünstigungen für gemeinnützige Betätigungen die Maßstäbe angelegt, die er für das Verhältnis des nationalen Steuerrechts zum Gemeinschaftsrecht entwickelt hat. Obwohl es auf den ersten Blick durchaus plausibel erscheint, Steuervergünstigungen am Maßstab der Regelungen für nationales Steuerrecht zu prüfen, muss die Frage erlaubt sein, ob die hinter dem Gemeinnützigkeitsrecht stehenden Erwägungen einen anderen Blickwinkel und andere Prüfungsmaßstäbe hätten rechtfertigen können. Legt man zugrunde, dass die staatliche Unterstützung nach den §§ 51-68 AO gewährt wird für die selbstlose Förderung der Allgemeinheit, die Förderung mildtätiger Zwecke oder die Förderung kirchlicher Zwecke, so liegt es durchaus nicht fern, zu überlegen, ob die Regelungsmaterie nicht etwa eine Beurteilung unter dem Blickwinkel der mitgliedstaatlichen Eigenverantwortung für die soziale Siche-

---

317 *Benicke*, in: Schauhoff, Handbuch der Gemeinnützigkeit, § 23, Rn. 5; *Ress/Ukrow*, in: Grabitz/Hilf, Das Recht der Europäischen Union, Art. 151, Rn. 14 ff.; *Pfeiffer*, in: Grabitz/Hilf, Das Recht der Europäischen Union, Art. 153, Rn. 1; *Langenfeld*, in: Grabitz/Hilf, Das Recht der Europäischen Union, Art. 136, Rn. 3.

318 *Bardenhewer-Rating/Niggemeier*, in: von der Groeben/Schwarze, EU-/EG-Vertrag, Art. 152 EG, Rn. 6; *Benedek*, in: Grabitz/Hilf, Das Recht der Europäischen Union, Art. 179 EGV, Rn. 27; *Pfeiffer*, in: Grabitz/Hilf, Das Recht der Europäischen Union, Art. 153, Rn. 33.

319 Mitteilung der Kommission über die Förderung der Rolle gemeinnütziger Vereine und Stiftungen in Europa vom 06.06.1997 – KOM (1997) 241 endg., S. 1, 13.

320 Mitteilung der Kommission zur Modernisierung des Gesellschaftsrechts und Verbesserung der Corporate Governance in der Europäischen Union – Aktionsplan vom 21.05.2003 – KOM (2003) 284 endg. – zu den Chancen einer Europäischen Stiftung: Hopt/Walz/v. Hippel/Then, The European Foundation, 2006.

321 *Schäfers*, Die steuerrechtliche Behandlung gemeinnütziger Stiftungen in grenzüberschreitenden Fällen, S. 370.

rung gebietet. Für die Gestaltung sozialer Sicherungssysteme gelten teilweise andere Regelungen als für die Gestaltung des nationalen Steuerrechts. So akzeptiert der EuGH beispielsweise die staatlich geschützten Monopole der Sozialversicherungen, und nach der Verordnung Nr. 1408/71/EWG[322] gilt für beitragsunabhängige Sozialhilfeleistungen eine ausdrückliche territoriale Begrenzung, sie unterliegen also keiner Exportpflicht.

Jedoch ist Gemeinnützigkeitsrecht als Ganzes kein Sozialrecht, jedenfalls ist es nicht nur sozialrechtlich geprägt. Zwar ist der Kernbereich der Regelungen auf soziale Belange zugeschnitten, wie die Förderungswürdigkeit mildtätiger Zwecke (§ 53 AO), der Jugend- und Altenhilfe (§ 52 Abs. 2 S. 1 Nr. 4 AO) oder des Wohlfahrtswesens (§ 52 Abs. 2 S. 1 Nr. 9 AO) zeigt. Auf der anderen Seite beweisen aber die Förderungswürdigkeit des Sports (§ 52 Abs. 2 S. 1 Nr. 21 AO), des Umweltschutzes (§ 52 Abs. 2 S. 1 Nr. 8 AO) oder des demokratischen Staatswesens (§ 52 Abs. 2 S. 1 Nr. 24 AO), dass die förderungswürdigen Zwecke nicht trennscharf auf soziale Belange zurückgeführt werden können. Gemeinnützigkeit ist nicht auf Hilfe für Menschen beschränkt, die sich nicht selbst helfen können. Vielmehr zeigen die genannten Beispiele aus dem Katalog des § 52 Abs. 2 AO und die Öffnungsklausel des § 52 Abs. 2 S. 2 AO, dass ein pluralistischer Ansatz verfolgt wird. Sich auf den materiellen Gehalt der Regelungen zu konzentrieren, führt damit zu keiner einheitlichen Handhabbarkeit des Gemeinnützigkeitsrechts.

Zudem spricht für eine Beurteilung nach den Maßstäben des Steuerrechts, dass eine Regelung sich am genutzten Vehikel messen lassen muss. Denn so wird eine eindeutige und einfache rechtliche Qualifikation möglich. Wird staatliche Unterstützung danach aufgrund der technischen Ausgestaltung des Gesetzes als direkte oder indirekte Steuervergünstigung gewährt, müssen die zugrunde liegenden Normen an den Maßstäben gemessen werden, die für das Steuerrecht gelten.

Bei der Gestaltung des nationalen Steuerrechts haben die Mitgliedstaaten, wie zu zeigen sein wird, ihre Kompetenzen unter Wahrung des Gemeinschaftsrechts auszuüben. Entscheidend für die europarechtliche Konformität des nationalen Gemeinnützigkeits- und Spendenrechts ist dabei die Vereinbarkeit mit den Grundfreiheiten und den Beihilferegelungen. Die Anforderungen im Einzelnen werden in den nächsten Schritten näher auszuführen sein. Mit den Grundfreiheiten soll begonnen werden, und zwar unterteilt nach der Bedeutung der Grundfreiheiten für das Steuerrecht im Allgemeinen (sogleich C.) und das Gemeinnützigkeits- und Spendenrecht im Speziellen (D.). Das Beihilferecht folgt in einem weiteren Schritt (E.)

---

322 Verordnung (EWG) Nr. 1408/71 des Rates vom 14.06.1971 über die Anwendung der Systeme der sozialen Sicherheit auf Arbeitnehmer und Selbständige sowie deren Familienangehörige, die innerhalb der Gemeinschaft zu- und abwandern, Abl. 1971 L 149/2.

C. Bedeutung der Grundfreiheiten für das Steuerrecht der Mitgliedstaaten im Allgemeinen

Die Europäische Union kann keine eigenen Steuern erheben. Sie hat (auch schon mangels eigener Staatlichkeit)[323] keine in den Verträgen verankerte Kompetenz-Kompetenz[324] und kein Steuererfindungsrecht.[325] Die Finanzierung der Union erfolgt einzig über das System der Eigenmittel (Art. 269 Abs. 1 EG = Art. 311 Abs. 2 AEU), die ihr auf Basis des von den Mitgliedstaaten ratifizierten Eigenmittelbeschlusses[326] zustehen. Diese Eigenmittel setzen sich zusammen aus: (1) Zöllen aufgrund des gemeinsamen Zolltarifs, (2) Agrarabschöpfungen und anderen Abgaben im Zusammenhang mit dem Handel mit Drittstaaten, (3) einem Anteil am Umsatzsteueraufkommen der Mitgliedstaaten und (4) einem Abführungssatz der Mitgliedstaaten auf ihr Bruttoinlandsprodukt.[327]

I. Europäische Harmonisierungskompetenz für die indirekten Steuern

Für die indirekten Steuern der Mitgliedstaaten erlässt nach Art. 93 EG = Art. 113 AEU der Rat einstimmig die für eine Harmonisierung notwendigen Bestimmungen. Kennzeichnend für indirekte Steuern ist das Auseinanderfallen von Steuerschuldner und Steuerträger. Der Steuerschuldner als derjenige, der die Steuer abzuführen hat, ist wegen der Möglichkeit der Überwälzung der Steuer auf den Steuerträger wirtschaftlich nicht mit ihr belastet. Typische Beispiele sind die Verkehr- und Verbrauchsteuern, wie die Umsatzsteuer, die Mineralölsteuer oder auch die Tabaksteuer.[328] In rechtstechnischer Hinsicht bedient sich der Rat dazu der Richtlinien nach Art. 249 EG = Art. 288 AEU als Instrument des europäischen Sekundärrechts. Richtlinien sind nach Art. 249 Abs. 3 EG = Art. 288 Abs. 3 AEU für die Mitgliedstaaten als Adressaten verbindlich, lassen ihnen aber die freie Wahl hinsichtlich der Form und der Mittel der Umsetzung.[329] Für die Umsatzsteuer ist vor allem wegen der einheitlichen Bemessungsgrundlage nach

---

323 Dazu *Wieland*, Der Europäische Gerichtshof als Steuergesetzgeber?, in: FS-Zuleeg, S. 492 (493).

324 Nach Art. 5 Abs. 1 EG = Art. 5 Abs. 2 EU wird die Gemeinschaft bzw. die Union nur innerhalb der Grenzen ihrer Zuständigkeiten tätig.

325 So soll es auch nach dem Vertrag von Lissabon bleiben, was Art. 311 Abs. 3 S. 3 AEU klarstellt.

326 Zuletzt Ratsbeschluss vom 07.06.2007 – 2007/436/EG, ABl. L 163/17 vom 23.06.2007.

327 Näher *Oppermann/Classen/Nettesheim*, Europarecht, § 9, Rn. 19 ff.; *Streinz*, Europarecht, Rn. 662 ff.

328 Zum Ganzen statt aller: *Lang*, in: Tipke/Lang, Steuerrecht, § 8, Rn. 20.

329 Umfangreiche Schrifttumsnachweise zur Richtlinie als Rechtsquelle bei *Oppermann/Classen/Nettesheim*, Europarecht, § 10, Rn. 93.

der Sechsten Mehrwertsteuerrichtlinie[330] schon nahezu der Stand einer Vollharmonisierung erreicht.[331]

II. „Stille" Harmonisierung der direkten Steuern mit Hilfe der Grundfreiheiten

Bei direkten Steuern sind Steuerschuldner und Steuerträger identisch. Eine tatsächliche Überwälzung ist deswegen nicht ausgeschlossen, erfolgt aber jedenfalls nicht unmittelbar. Über die Preise für Waren und Dienstleistungen werden letztlich aber auch die Kosten für Körperschaft-, Einkommen- oder Grundsteuer an den Verbraucher weitergegeben.[332]

Der Regelungsbereich der direkten Steuern fällt nach dem derzeitigen Stand der Integration in den Zuständigkeitsbereich der Mitgliedstaaten.[333] Das folgt zum Einen aus Art. 95 Abs. 2 EG = Art. 114 Abs. 2 AEU und zum Anderen als argumentum e contrario aus der expliziten Ermächtigung der Union zur Harmonisierung der indirekten Steuern in Art. 93 EG = Art. 113 AEU und dem Fehlen einer entsprechenden gemeinschaftsrechtlichen Norm für die direkten Steuern. Lediglich auf Grundlage der allgemeinen Harmonisierungsvorschrift des Art. 94 EG = Art. 115 AEU können Richtlinien auch mit Bezug zu steuerrechtlichen Regelungen ergehen. Es bedarf dann aber eines spezifischen Zieles wie der Verhütung von Steuerhinterziehung oder der Beseitigung von Doppelbesteuerung.[334] Vor diesem Hintergrund sind bisher vor allem Richtlinien zur Besteuerung von Kapitalgesellschaften erlassen worden. Dazu rechnen[335] die „Mutter/Tochter-Richtlinie[336], die Fusions-Richtlinie[337], die Zinsertragsteuer-Richtlinie[338] und die Zins/Lizenzgebühren-Richtlinie[339].

330 6. RL 77/388/EWG vom 17.05.1977 – ABL. L145 vom 13.06.1977, zuletzt geändert durch die RL 2006/98/EG vom 01.01.2007 – ABL. L363 vom 20.12.2006.

331 *Haase*, Internationales und Europäisches Steuerrecht, Rn. 759.

332 Zum Ganzen statt aller: *Lang*, in: Tipke/Lang, Steuerrecht, § 8, Rn. 20.

333 So auch die st. Rspr. des *EuGH* seit Entscheidung vom 14.02.1995 – C-279/93 (*„Schumacker")*, Slg 1995, I-225 = NJW 1995, 1207 = EuZW 1995, 177.

334 *Weber-Grellet*, Europäisches Steuerrecht, § 22, Rn. 4.

335 Ausführliche Übersicht zum steuerrechtlich relevanten Sekundärrecht bei *Weber-Grellet*, Europäisches Steuerrecht, § 4, Rn. 18.

336 Die Mutter/Tochter-Richtlinie (Nr. 90/435/EWG des Rates vom 23.07.1990, ABl. EG 1990 L 225, 6) soll verhindern, dass die Verwirklichung des Binnenmarktes dadurch behindert wird, dass grenzüberschreitende Beziehungen zwischen Mutter- und Tochtergesellschaft nachteilig besteuert werden. Es soll steuerlich keinen Unterschied machen, ob im EU-Ausland eine Tochtergesellschaft oder eine Betriebsstätte besteht.

337 Nach der Fusions-Richtlinie (Nr. 90/434/EWG des Rates vom 23.07.1990, ABl. EG 1990 L 225, 1) wird durch eine Buchwertverknüpfung vermieden, dass im Zuge grenzüberschreitender

Obgleich der Regelungsbereich der direkten Steuern in den Zuständigkeitsbereich der Mitgliedstaaten fällt, müssen diese nach der vom EuGH in der „Schumacker“-Entscheidung erstmals bezüglich nationalen Steuerrechts gebrauchten Formel „ihre verbliebenen Befugnisse unter Wahrung des Gemeinschaftsrechts ausüben„[340]. Dabei sind die Grundfreiheiten von zentraler Bedeutung. Der EuGH gilt als Motor der Integration[341], und die Grundfreiheiten dienten ihm stets als Antriebsmittel. Sie sind eines der Kernstücke der Verträge. Die Grundfreiheiten gehören untrennbar zum europäischen Integrationsprozess. Nach Art. 3 Abs. lit. c EG soll ein Binnenmarkt entstehen „... durch die Beseitigung der Hindernisse für den freien Waren-, Personen-, Dienstleistungs- und Kapitalverkehr“. Die Arbeitnehmerfreizügigkeit (Art. 39 EG = Art. 45 AEU), die Niederlassungsfreiheit (Art. 43 EG = Art. 49 AEU), die Warenverkehrsfreiheit (Art. 28 EG = Art.34 AEU), die Dienstleistungsfreiheit (Art. 49 EG = Art. 56 AEU) und die Kapitalverkehrsfreiheit (Art. 56 EG = Art. 63 AEU) sind nicht nur durch Zölle oder staatliche Ein- bzw. Ausfuhrverbote einschränkbar. Steuerliche Regelungen der einzelnen Mitgliedstaaten können grenzüberschreitende wirtschaftliche Aktivitäten ebenso behindern oder gar unterbinden. Auch außerhalb unterschiedlicher Steuersätze für inländische und ausländische Aktivitäten oder der unterschiedlichen Behandlung von Steuerpflichtigen mit in- bzw. ausländischem Sitz oder Wohnort ist eine Behinderung grenzüberschreitenden Wirtschaftens durch steuerliche Regelungen möglich. Eine Bereichsausnahme für das Steuerrecht gibt es deshalb hinsichtlich der Geltung der Grundfreiheiten nicht. Eine solche ergibt sich insbesondere auch für die Kapitalverkehrsfreiheit (Art. 56 EG = Art. 63 AEU) nicht aus Art. 58 EG = Art. 65 AEU.[342] Die

---

Fusionen, Spaltungen, Einbringungen, Anteilstauschen oder Sitzverlegungen stille Reserven steuerpflichtig aufgedeckt werden.

338 Die Zinsertragsteuer-Richtlinie (Nr. 2003/48/EG des Rates vom 03.06.2003, ABl. EG L 157, 38) will gemeinschaftsweit Zinserträge einer effektiven Besteuerung unterwerfen. Dazu sollen unter den Mitgliedstaaten Daten über Zinszahlungen ausgetauscht werden. Die Schweiz hat sich über das Zinsbesteuerungsabkommen (ABl. L 385, 30 vom 29.12.2004) im Rahmen der sogenannten „Bilateralen Abkommen II“ gegenüber der Gemeinschaft verpflichtet, v.a. durch eine Quellenbesteuerung eine Umgehung der Zinsrichtlinie zu erschweren.

339 Die Zins/Lizenzgebühren-Richtlinie (Nr. 2003/49/EG des Rates vom 03.06.2003, ABl. EG L 157, 49) zielt auf eine Entlastung von Doppelbesteuerung auf Zins- und Lizenzgebühren für verbundene Unternehmen bzw. ihre Betriebsstätten in verschiedenen Mitgliedsstaaten.

340 *EuGH* vom 14.02.1995 – C-279/93 (*„Schumacker“*), Slg 1995, I-225 = NJW 1995, 1207 = EuZW 1995, 177.

341 Im Gegensatz zur Kommission, die gern als „Motor der Gemeinschaft“ bezeichnet wird, so schon 1969 *Hallstein*, Der unvollendete Bundesstaat, S. 56.

342 Zwar heißt es in Art. 58 Abs. 1 EG = Art. 65 Abs. 1 AEU, dass Art. 56 EG = Art. 63 AEU nicht das Recht der Mitgliedstaaten berühre,

„a) die einschlägigen Vorschriften ihres Steuerrechts anzuwenden, die Steuerpflichtige mit unterschiedlichem Wohnort oder Kapitalanlageort unterschiedlich behandeln,

Regelung hat lediglich deklaratorischen Charakter und geht nicht über das hinaus, was nach dem heutigen Stand der Dogmatik auch für alle übrigen Grundfreiheiten gilt und sogleich näher zu untersuchen sein wird: Regelungen, die nach der Nationalität oder der Ansässigkeit direkt oder indirekt differenzieren, bedürfen einer sachlichen Rechtfertigung.[343]

Beachtlicherweise rückten nationalstaatliche steuerliche Regelungen erst Mitte der achtziger Jahre des vergangenen Jahrhunderts in den Fokus der Arbeit der Kommission und der Rechtsprechung des EuGH.[344] Mit der Entscheidung „Kommission/Frankreich“[345] erhielt der EuGH 1985 erstmals die Gelegenheit zur Überprüfung einer nationalstaatlichen Norm des direkten Steuerrechts. Verfahrensgegenstand war eine französische Gewinnermittlungsvorschrift mit begünstigender Sonderregelung für Presseunternehmen, soweit sie ihre Presseerzeugnisse in Frankreich druckten. Generalanwalt *Mancini* verzichtete ebenso wie der Gerichtshof auf Ausführungen zur Besonderheit der Anwendbarkeit der Grundfreiheiten auf nationales Steuerrecht. Die Nichtharmonisierung im Bereich der direkten Steuern wurde nicht näher gewürdigt. Im Ergebnis sah der EuGH die französische Regelung als „Maßnahme mit gleicher Wirkung wie eine mengenmäßige Beschränkung“ und somit als Verstoß gegen die Warenverkehrsfreiheit (Art. 28 EG = Art. 34 AEU) an. Die Druckereien seien angespornt, „ihre Druckerzeugnisse in Frankreich anstatt in anderen Mitgliedstaaten herstellen zu lassen“.[346] Eine mögliche Rechtfertigung der Beschränkung der Marktfreiheit wurde seinerzeit vom EuGH nicht wenigstens im Ansatz erwogen. Im Ergebnis ist der Entscheidung des EuGH aber auch heute noch zuzustimmen. Wegen der ausdrücklich nach der Herkunft der Waren differenzierenden Vorschrift liegt eine nicht zu rechtfertigende Diskriminierung nach der Ansässigkeit auf der Hand.

In der nunmehr über 20-jährigen Rechtsprechung des EuGH zum Verhältnis der direkten Steuern zu den europäischen Grundfreiheiten zeichnen sich einige

---

b) die unerlässlichen Maßnahmen zu treffen, um Zuwiderhandlungen gegen innerstaatliche Rechts- und Verwaltungsvorschriften, insbesondere auf dem Gebiet des Steuerrechts und der Aufsicht über Finanzinstitute, zu verhindern, sowie Meldeverfahren für den Kapitalverkehr zwecks administrativer oder statistischer Information vorzusehen oder Maßnahmen zu ergreifen, die aus Gründen der öffentlichen Ordnung oder Sicherheit gerechtfertigt sind“.

Diese Maßnahmen dürfen aber nach Art. 58 Abs. 3 EG = Art. 65 Abs. 3 AEU

„... weder ein Mittel zur willkürlichen Diskriminierung noch eine verschleierte Beschränkung des freien Kapital- und Zahlungsverkehrs im Sinne des Artikels 56 darstellen.“

343 *Ruppe*, Die Bedeutung der Kapitalverkehrsfreiheit für das Steuerrecht, in: Kapitalverkehrsfreiheit und Steuerrecht, S. 9 (25).

344 Ausführlich zur Entwicklung und m.w.N.: *Cordewener*, Europäische Grundfreiheiten und nationales Steuerrecht, S. 25 ff.

345 *EuGH* vom 07.05.1985 – C-18/84, Slg 1985, 1339.

346 *EuGH* vom 07.05.1985 – C-18/84, Slg 1985, 1339, Rn. 16.

Strukturen und Prinzipien ab. Diese im Überblick wiederzugeben, ist das Ziel der sich anschließenden Absätze. Eine Gesamtdarstellung aller Entscheidungen des EuGH zum nationalen Steuerrecht kann und soll an dieser Stelle nicht geleistet werden.[347]

III. Allgemeine Grundfreiheitslehren und direkte Steuern

1. Unmittelbare Anwendbarkeit der Grundfreiheiten

Das Gemeinschaftsrecht im Allgemeinen ist in den Mitgliedstaaten nach dem „Prinzip der einheitlichen Wirkung" unmittelbar anwendbar, es bedarf keiner weiteren Umsetzungsakte, z.B. durch ein Ausführungsgesetz.[348] Davon zu unterscheiden ist, dass das Gemeinschaftsrecht nicht nur für die Mitgliedstaaten, sondern auch für die Bürger eine unmittelbare Wirkung („direct effect") haben kann. Das ist der Fall, wenn die Norm des Gemeinschaftsrechts abschließend und vollständig ist, was auf die Grundfreiheiten zutrifft und ihnen damit zur unmittelbaren Wirkung bzw. zur unmittelbaren Anwendbarkeit im Verhältnis zum Einzelnen verhilft.[349] Nach Ablauf der seinerzeit in Art. 8 Abs. 7 EWG geregelten Übergangsfrist zum 31.12.1969 erklärte der EuGH nach und nach die verschiedenen Grundfreiheiten für direkt anwendbar.[350] Einen Sonderfall stellt die Kapitalverkehrsfreiheit dar. Sie wurde erst nach der Änderung der damaligen Art. 73b ff. EGV (Art. 56 ff. EG = Art. 63 ff. AEU) zum 01.01.1994 explizit für unmittelbar anwendbar erklärt.[351] Zuvor existierte die sogenannte Kapitalverkehrsrichtlinie, in deren Anhang verschiedene Formen des Kapitalverkehrs aufgezählt wurden. Diese Aufzählung wird vom EuGH heute noch zur Auslegung der Art. 56 ff. EG = Art. 63 ff. AEU fruchtbar gemacht.[352]

---

347 Siehe insoweit z.B. zum Ertragsteuerrecht: *Eicker/Obser*, EuGH-Rechtsprechung Ertragsteuerrecht.

348 *Oppermann/Classen/Nettesheim*, Europarecht, § 10, Rn. 16.

349 So in ständiger Rechtsprechung der *EuGH* seit Urteil vom 05.02.1963 – 26/62 („*Van Gend & Loos*"), Slg 9, 1 = NJW 1963, 1751.

350 Warenverkehrsfreiheit: *EuGH* vom 22.03.1977 – C-74/76 („*Ianelli*"), Slg 1977, 557 = RIW 1977, 560; Niederlassungsfreiheit: *EuGH* vom 21.06.1974 – C-2/74 („*Reyners*"), Slg 1974, 631 = EuR 1975, 129; Dienstleistungsfreiheit: *EuGH* vom 03.12.1974 – C-33/74 („van *Binsbergen*"), Slg. 1974, 1299 = NJW 1975, 1095; Arbeitnehmerfreizügigkeit: *EuGH* vom 04.12.1974 – C-41/74 („*van Duyn*"), Slg. 1974, 1337 = ABl EG 1975, Nr. C 53, 2.

351 *EuGH* vom 14.12.1995 – C-163/94, 165/94, 250/94 („*Sanz de Lera u.a.*"), Slg 1995, I-4821 = WM 1996, 1170.

352 *EuGH* vom 23.02.2006 – C-513/03 („*van Hilten – van der Heijden*"), Slg 2006, I-1957 = IStR 2006, 309 (310), Rn. 39; *EuGH* vom 11.09.2008 – C-11/07 („*Eckelkamp*"), IStR 2008, 697 (698), Rn. 38.

Auf das Steuerrecht der Mitgliedstaten als Teil des jeweiligen nationalen Rechts sind die Grundfreiheiten unmittelbar anwendbar. Bei der Prüfung des Vorliegens einer Beschränkung oder einer Diskriminierung geht der EuGH aber davon aus, dass eine ausgewogene Aufteilung der Besteuerungsgrundlagen (die in der Regel bilateral durch DBA erfolgt) dem europäischen Recht vorgelagert ist.[353] Die Aufteilung der Besteuerungsrechte betrifft die Kompetenzbereiche der Mitgliedstaaten unmittelbar, und die Doppelbesteuerung soll nach Art. 293 Spstr. 2 EG von den Mitgliedstaaten im Verhandlungs- und Abkommensweg beseitigt werden. Das Gemeinschaftsrecht ist deshalb insoweit unanwendbar. Das gilt sowohl hinsichtlich der Kriterien als auch der Methode der Aufteilung der Besteuerungsrechte.[354] Erst die konkrete Ausgestaltung eines (zugewiesenen) Besteuerungsrechts ist am Maßstab der Grundfreiheiten zu messen.[355] Vor diesem Hintergrund kann die „Wahrung der Aufteilung der Besteuerungsbefugnisse“ auch ein Rechtfertigungsgrund einer beschränkenden Regelung sein, worauf noch einzugehen sein wird.

2. *Anwendungsvorrang des europäischen Rechts und Auswirkungen im nationalen Recht*

Das Gemeinschaftsrecht genießt einen Anwendungsvorrang vor dem nationalen Recht. Entgegen stehendes nationales Recht ist danach im Kollisionsfalle zwar nicht unwirksam, aber unanwendbar.[356] Die Unanwendbarkeit gilt nicht nur für de lege lata bereits in Kraft gesetzte Rechtsakte, sondern insbesondere auch für zeitlich nachfolgende Rechtsakte der Mitgliedstaaten. Die allgemeine „lex-posterior-Regel“ gilt nicht.[357] Der Gerichtshof stellt die Unvereinbarkeit der nationalen Regelung mit ex-tunc Wirkung fest und ist von der Rückwirkung beispielsweise selbst auf ausdrücklichen Antrag der griechischen Regierung in der Rechtssache „Athinaiki“ nicht abgewichen.[358] Das nationale Recht hat sich dem europäischen anzupassen, nicht umgekehrt. Anders als bei einer vertraglich vorgesehenen Har-

---

353 *EuGH* vom 12.05.1998 – C-336/96 („*Gilly*“), Slg 1998, I-2793 = IStR 1998, 336; *EuGH* vom 12.02.2009 – C-67/08 („*Block*“), IStR 2009, 175 = DStR 2009, 373, Rn. 30.

354 Sehr plastisch *Terra/Wattel*, European Tax Law, S. 103: „This means that EC law in principle respects any choice of connecting factor the States may use to divide their taxing power, even nationality, or flipping a coin, if that choice serves the prevention of double taxation.“

355 *Eicker/Obser*, EuGH-Rechtsprechung Ertragsteuerrecht, S. 166.

356 *EuGH* vom 05.02.1963 – 26/62 („*Van Gend & Loos*“), Slg 9, 1 = NJW 1963, 1751; *EuGH* vom 15.07.1964 – 6/64 („*Costa/Enel*“), Slg 10, 1251 = NJW 1964, 2371; *EuGH* vom 09.03.1978 – C-106/77 („*Simmenthal*“), Slg 1978, 629 = NJW 1978, 1741.

357 *EuGH* vom 09.03.1978 – C-106/77 („*Simmenthal*“), Slg 1978, 629 = NJW 1978, 1741.

358 *EuGH* vom 04.10.2001 – C-294/99 („*Athinaiki*“), Slg 2001, I-6797 = IStR 2001, 651 = FR 2001, 1119.

monisierung des nationalen Rechts durch sekundärrechtliche europäische Regelungen bewirkt die Rechtsprechung des EuGH im Ergebnis lediglich eine punktuelle Änderung der nationalen Regelungen.[359] Denn der Gerichtshof ist für die Auslegung des europäischen Rechts zuständig und kontrolliert nach Art. 234 EG = Art. 267 AEU jeweils nur den ihm zur Überprüfung vorgelegten Sachverhalt und die insoweit einschlägige mitgliedstaatliche Regelung. Zur „Schadensbegrenzung“ in den nationalen Haushalten reagieren die Mitgliedstaaten auf die Feststellung der Unvereinbarkeit ihrer nationalen Steuernormen regelmäßig mit Abwehrreaktionen und dabei häufig ebenso nur mit einer punktuellen Änderung bzw. Anpassung. Diese Änderung erfasst dann nur den konkret entschiedenen Sachverhalt. Als Beleg kann etwa auf die Neufassung der §§ 5 Abs. 2 Nr. 2 KStG und 51 AO durch das Jahressteuergesetz 2009 als Reaktion auf die Entscheidung „Stauffer“ verwiesen werden. Das Wechselspiel zwischen Nationalstaaten und Gerichtshof führt im Ergebnis zu immer komplizierteren steuerrechtlichen Normen der Mitgliedstaaten und zu einer verminderten Rechtssicherheit.[360]

3. Konvergenz der Grundfreiheiten auf Tatbestandsseite

Die verschiedenen Grundfreiheiten des Gemeinschaftsrechts folgen „einem gemeinsamen Modell„[361], was heute ganz überwiegend unter dem Begriff der „Konvergenz“ der Marktfreiheiten erfasst wird.[362] Zurückgehend auf die Entwicklung der Entscheidungen des EuGH nimmt man zu Recht an, dass alle Grundfreiheiten ungeachtet ihrer unterschiedlichen sachlichen und persönlichen Anwendungsbereiche eine im Kern ähnliche dogmatische Struktur haben. Vergleichbar mit der in Rechtsprechung und Literatur zu den deutschen Grundrechten entwickelten Dogmatik geht man bezüglich der Grundfreiheiten von der Not-

---

359 *Lang*, Besteuerung in Europa zwischen Harmonisierung und Differenzierung, in: FS-Flick, S. 873 (874).

360 *Haase*, Internationales und Europäisches Steuerrecht, Rn. 767.

361 So 1981 schon *Bleckmann*, Die Freiheiten des Gemeinsamen Marktes als Grundrechte, in: Gedächtnisschrift C. Sasse, S. 665 (672).

362 *Behrens*, Die Konvergenz der wirtschaftlichen Freiheiten im europäischen Gemeinschaftsrecht, in: EuR 1992, 145; *Schlussantrag des Generalanwalts Lenz* vom 20.09.1995 – C-415/93 („*Bosman*“), Slg. 1995, I-4921, Rn. 200; *Jarass*, Elemente einer Dogmatik der Grundfreiheiten II, in: EuR 2000, 705 (706); *Roth*, Die Niederlassungsfreiheit zwischen Beschränkungs- und Diskriminierungsverbot, in: GS-Knobbe-Keuk, S. 729 (740 f.); *Cordewener*, Europäische Grundfreiheiten und nationales Steuerrecht, S. 110; *Schroeder*, Gemeinschaftsrechtliche Zulässigkeit von Transferregeln und Ausländerklauseln im Profisport, in: JZ 1996, 254 (256); *Sedlaczek*, Der Begriff der Diskriminierung und der Beschränkung – die Kapitalverkehrsfreiheit als konvergente Grundfreiheit des EG-Vertrages, in: Kapitalverkehrsfreiheit und Steuerrecht, S. 27 (40, 59); den Begriff der „Parallelität“ nutzen z.B. *Weber*, Kapitalverkehr und Kapitalmärkte im Vertrag über die Europäische Union, in: EuZW 1992, 561 (562); *Geiger*, EGV, § Art. 73d, Rn. 5 m.w.N.

wendigkeit der Eröffnung des Anwendungsbereiches, des Vorliegens einer Beschränkung und der Möglichkeit einer Rechtfertigung aus.

4. *Notwendiger grenzüberschreitender Bezug*

Ein Unterschied zu den deutschen Grundrechten besteht darin, dass es für die Eröffnung des Anwendungsbereichs der Grundfreiheiten generell eines grenzüberschreitenden Bezuges bedarf, auch, und vor allem dann, wenn sich ein Gemeinschaftsbürger gegenüber seinem Herkunftsmitgliedstaat auf die Marktfreiheiten beruft. Allein die Verlegung des Wohnsitzes aus dem eigenen Mitgliedstaat in einen anderen Mitgliedstaat soll dafür nach der „Werner"-Entscheidung[363] des EuGH noch nicht genügen. Übe der Steuerpflichtige seine wirtschaftliche Tätigkeit weiterhin im ursprünglichen Mitgliedstaat aus, so dürfe dieser Mitgliedstaat ihn steuerlich anders behandeln als einen weiterhin Gebietsansässigen. Der Anwendungsbereich der Grundfreiheiten war in der Tat nicht berührt, weil allein die Wohnsitzverlegung wirtschaftlich nicht relevant ist. Es kommt auf die Beibehaltung des Ortes der wirtschaftlichen Betätigung und nicht auf die (grenzüberschreitende) Verlagerung des Wohnortes an.

5. *Grundfreiheiten als Diskriminierungs- und Beschränkungsverbote*

Wiederum ähnlich den deutschen Grundrechten weisen die europäischen Grundfreiheiten nach heutiger Auffassung eine gleichheitsrechtliche und eine freiheitsrechtliche Komponente auf. Das heißt, die Grundfreiheiten enthalten einerseits ein umfassendes, absolut wirkendes Beschränkungsverbot im engeren Sinne[364] und andererseits ein relativ wirkendes Diskriminierungsverbot.[365] Traditionell sah man in den Grundfreiheiten nur spezielle Ausformungen des Diskriminierungsverbotes (Art. 12 EG = Art. 18 AEU), gerichtet auf „Inländergleichbehandlung" (sog. Inbound-Sachverhalte). Das nach heutiger Auffassung ebenfalls enthaltene Beschränkungsverbot betrifft dagegen in erster Linie den Herkunftsmitgliedstaat in seinem Verhältnis zu den eigenen Staatsangehörigen und verbietet

---

363 EuGH vom 26.01.1993 – C-112/91 („*Werner*"), Slg 1993, I-429 = NJW 1993, 995 = BB 1993, 347: Der deutsche Zahnarzt Hans Werner wohnte in den Niederlanden, arbeitete aber weiterhin in seiner Praxis in Aachen. Nach § 1 Abs. 4, 49 Abs. 1 Nr. 3 EStG wurde er mit seinen Einkünften aus der selbständigen Tätigkeit als beschränkt Steuerpflichtiger behandelt und ihm wurde nach den damaligen einkommenssteuerlichen Regelungen insbesondere der Splittingtarif verwehrt.

364 Im weiteren Verlauf der Arbeit soll der Bezeichnung „Beschränkungen der Grundfreiheiten im weiteren Sinne" eine übergreifende Bedeutung zukommen, die sowohl Diskriminierungen als auch Beschränkungen im engeren Sinne umfasst.

365 *Kingreen*, in: Calliess/Ruffert, Art. 28 EGV, Rn. 57; *Weber-Grellet*, Europäisches Steuerrecht, § 8, Rn. 7; ausführlich *Cordewener*, Europäische Grundfreiheiten und nationales Steuerrecht, S. 322 ff.

jede ungerechtfertigte Behinderung bei der Ausübung der Grundfreiheiten (sog. Outbound-Sachverhalte). Im Rahmen der Prüfung einer Diskriminierung kommt der Bildung des Vergleichspaares die entscheidende Bedeutung zu. In steuerrechtlichen Fällen stellt sich dabei regelmäßig die Frage der Vergleichbarkeit von Steuerinländern und Steuerausländern, also Gebietsansässigen und Gebietsfremden, wobei der Inlandssachverhalt der Bezugspunkt ist, an dem sich die Gleichheitsprüfung auszurichten hat.[366]

6. Schranken der Grundfreiheiten – Rechtfertigung einer Ungleichbehandlung bzw. Beschränkung

Statt der ausdrücklich in den Verträgen normierten Rechtfertigungsgründe für Beschränkungen von Grundfreiheiten (z.B. Art. 30 EG = Art. 36 AEU, Art. 39 Abs. 3 EG = Art. 45 Abs. 3 AEU, Art. 46 Abs. 1 EG = Art: 52 Abs. 1 AEU, Art. 55 EG = Art. 62 AEU) spielen in der Rechtsprechung des EuGH vor allem ungeschriebene Rechtfertigungsgründe eine Rolle. Auf der Prüfung einer möglichen Rechtfertigung einer Grundfreiheitsverletzung liegt regelmäßig der Schwerpunkt der Begründung der Entscheidungen. Allgemein können Beschränkungen gerechtfertigt werden, wenn vier (kumulative) Voraussetzungen vorliegen: (1) die nationale Regelung darf nicht diskriminierend wirken, (2) ein zwingender Grund des Allgemeininteresses muss vorliegen, (3) die Regelung muss geeignet sein, das erstrebte Ziel zu erreichen, und (4) die Regelung hat sich auf das zu beschränken, was zur Erreichung des Ziels notwendig ist.[367] Als „zwingende Gründe des Allgemeininteresses" sind für steuerrechtliche Regelungen als potentielle Rechtfertigungsgründe anerkannt:

- die Kohärenz des Steuersystems
- die Wirksamkeit steuerlicher Kontrollen
- die Verhinderung von Steuerumgehungen, Steuerflucht und Missbrauch
- die Wahrung der Aufteilung der Besteuerungsbefugnisse
- die Vermeidung mehrfacher Verlustberücksichtigung

Während vor allem die beiden erstgenannten Gründe als Rechtfertigungsgründe der 1. Stunde bezeichnet werden können, sind die letztgenannten deutlich jüngerer Natur und verdanken ihre Entwicklung maßgeblich der Rechtsprechung zur grenzüberschreitenden Verlustverrechnung. Das Verhältnis der Rechtfertigungsgründe unter- und zueinander, einschließlich der Frage, ob einer der genannten Gründe gegebenenfalls nur aus einem älteren weiterentwickelt wurde, ist noch nicht vollständig geklärt. In Folge der Ausführungen des EuGH in der Entscheidung „Marks

---

366 *Rust*, Rechtsfolgen EG-rechtswidriger Normen, in: IStR 2009, 382 (384).

367 *Weber-Grellet*, Europäisches Steuerrecht, § 8, Rn. 33.

& Spencer“ wird vor allem auch die Frage diskutiert, ob die letztgenannten Rechtfertigungsgründe nur in Kombination miteinander oder auch einzeln eine Beschränkung der Grundfreiheiten zu rechtfertigen vermögen.[368]

a. Kohärenz des Steuersystems

aa. Entwicklung des Kohärenzgedankens

Der Rechtfertigungsgrund der Kohärenz („cohesion“ or „fiscal coherence“) wurde zuerst in der „Bachmann“-Entscheidung[369] und der parallel zur selben belgischen Regelung ergangenen Entscheidung „Kommission/Belgien“[370] vom Gerichtshof anerkannt. Danach kann eine steuerliche Vergünstigung demjenigen verwehrt werden, den eine damit im unmittelbaren Zusammenhang stehende Beschränkung nicht träfe. Im entschiedenen Fall konnte deshalb Herrn Bachmann, einem in Belgien lebenden Deutschen, die steuerliche Abziehbarkeit von Versicherungsbeiträgen zur Altersvorsorge versagt werden, weil eine Besteuerung der Erträge der späteren Renten aus der Versicherung nicht sichergestellt war; denn Herr Bachmann hatte seine Versicherung nicht bei einem belgischen Versicherer abgeschlossen. Die Ausgestaltung der belgischen Regelung war kohärent, weil sie die Abzugsfähigkeit nur gewährte, wenn die spätere Versteuerung der Renten gesichert war. In der Folge der „Bachmann“-Entscheidung wurde der Rechtfertigungsgrund der Kohärenz von den Mitgliedstaaten so regelmäßig vorgetragen, wie er vom EuGH im konkreten Fall abgelehnt wurde.[371] Der EuGH hat im Laufe der Jahre nach und nach die Anforderungen an die „Unmittelbarkeit“ der Regelung verengt und konkretisiert. Zusammenfassend bedurfte es nach der Entwicklung der Rechtsprechung des EuGH eines unmittelbaren, nicht lediglich makroökonomischen Zusammenhangs zwischen steuerlicher Vergünstigung und Beschränkung hinsichtlich derselben Steuer, desselben Steuerzahlers und gegebenenfalls desselben

368 Zum Streitstand m.w.N. *Lang*, Recent Case Law of the ECJ in Direct Taxation: Trends, Tensions, and Contradictions, in: EC Tax Review, 2009, 98 (107).

369 *EuGH* vom 28.01.1992 – C-204/90 („*Bachmann*“), Slg 1992, I-249 = EuZW 1992, 215 = RIW 1992, 334.

370 *EuGH* vom 28.01.1992 – C-300/90, Slg 1992, I-305 = EuZW 1992, 217 = RIW 1993, 777.

371 S.z.B. *EuGH* vom 14.11.1995 – C-484/93 („*Svensson/Gustavsson*“), Slg 1995, I-3955 = EuZW 1996, 95, Rn. 17 f.; *EuGH* vom 13.04.2000 – C-251/98 („*Baars*“), Slg 2000, I-2787, Rn. 37 f.; *EuGH* vom 06.06.2000 – C-35/98 („*Verkooijen*“), Slg 2000, I-4071 = IStR 2000, 432, Rn. 58; *EuGH* vom 12.12.2002 – C-324/00 („*Lankhorst-Hohorst*“), Slg 2002, I-11779 = IStR 2003, 55 = EuZW 2003, 79, Rn. 42; *EuGH* vom 18.09.2003 – C-168/01 („*Bosal*“), Slg 2003, I-9409 = IStR 2003, 666 = DStRE 2003, 1226, Rn. 30 ff.; *EuGH* vom 07.09.2004 – C-319/02 („*Manninen*“ Slg 2004, I-7477 = IStR 2004, 680 = DStRE 2004, 1220, Rn. 43 f.

Vertrages.[372] In der Literatur wegen der ständigen Verengung der Anforderungen schon als „überholt„[373] totgesagt, wurde der Rechtfertigungsgrund der Kohärenz im Jahre 2008 in der Entscheidung „Krankenheim Ruhesitz am Wannsee“ vom EuGH erneut als durchgreifender Rechtfertigungsgrund einer Beschränkung der Niederlassungsfreiheit anerkannt.[374]

bb. Übergreifende Kohärenzbetrachtung

Den Rechtfertigungsgrund der Kohärenz flexibler zu handhaben und insbesondere das Kriterium „derselbe Steuerpflichtige“ aufzugeben, schlug Generalanwältin Kokott im Jahre 2004 im Schlussantrag zur „Manninen“-Entscheidung ausdrücklich vor.[375] Eine Belastung bei einem Steuerpflichtigen könne auch durch eine Entlastung bei einem anderen Steuerpflichtigen ausgeglichen werden.[376] Für einen der Kohärenzformel genügenden unmittelbaren Zusammenhang reiche es aus, wenn sich die Besteuerung auf den selben wirtschaftlichen Vorgang beziehe und die rechtliche Ausgestaltung gewährleiste, dass der Vorteil dem einen Steuerpflichtigen nur dann zugute komme, wenn der Nachteil bei dem anderen Steuerpflichtigen auch tatsächlich und in demselben Umfang eintrete. Diesen Erwägungen schloss sich Generalanwalt Maduro im Schlussantrag zur „Marks & Spencer“-Entscheidung 2005 mit der Begründung an, dass die Auffassung von der steuerlichen Kohärenz auf zu engen Kriterien beruhe und der den Mitgliedstaaten gewährte Spielraum für die Rechtfertigung ihrer Steuerregelungen außerordentlich gering sei.[377] Auch in der Literatur wurde eine Erweiterung des Kohärenzgedankens hin zu einer übergreifenden Kohärenzbetrachtung für notwendig erachtet.[378]

---

372 *Elicker*, Die „steuerrechtliche Kohärenz“ in der Rechtsprechung des Europäischen Gerichtshofes, in: IStR 2005, 89; *Cordewener*, Europäische Grundfreiheiten und nationales Steuerrecht, S. 980 f.

373 *Borgsmidt*, Leitgedanken der EuGH-Rechtsprechung zu den Grundfreiheiten in Steuerfällen – eine Bestandsaufnahme, in: IStR 2007, 802 (806).

374 *EuGH* vom 23.10.2008 – C-157/07 („*Krankenheim Ruhesitz am Wannsee*“), ABl. EU 2008, Nr. C 313, 5 = IStR 2008, 769, Rn. 43.

375 *Schlussantrag der Generalanwältin Kokott* vom 18.03.2004 – C-319/02 („*Manninen*“), Slg. 2004, I-07477, Rn. 61.

376 So auch schon *Staringer*, Dividendenbesteuerung und Kapitalverkehrsfreiheit, in: Kapitalverkehrsfreiheit und Steuerrecht, S. 93 (110).

377 *Schlussantrag des Generalanwaltes Maduro* vom 07.04.2005 – C-446/03 („*Marks & Spencer*“), Slg. 2005, I-10837, Rn. 71.

378 *Englisch*, Fiscal Cohesion in the Taxation of Cross-Border Dividends, in: European Taxation, 2004, 323, 355 (357); *Jacobs*, Internationale Unternehmensbesteuerung, S. 207; *Seer*, Die beschränkte Steuerpflicht aus dem Blickwinkel des Gemeinschaftsrechts, in: IWB, Fach 11, Gr. 2, S. 573 (586); *Herzig/Wagner*, EuGH-Urteil „Marks & Spencer“ – Begrenzter Zwang zur Öffnung nationaler Gruppenbesteuerungssysteme für grenzüberschreitende Sachverhalte, in: DStR 2006, 1 (5).

Der EuGH hat weder in der „Manninen“-Entscheidung noch später explizit zum Vorstoß der Generalanwältin Kokott Stellung genommen. Daraus kann aber nicht geschlossen werden, dass der EuGH am Kriterium der Steuer- und Personenidentität festhält.[379] Allein dass die Rechtfertigung in „Manninen“ letztlich auf der Ebene der Verhältnismäßigkeit der nationalen Regelung scheitert, ist dafür kein Beleg.[380] Etliche Gründe sprechen vielmehr dafür, dass der EuGH das Merkmal der Steuer- und Personenidentität tatsächlich aufgegeben hat.[381]

Erstens weicht der EuGH in der „Manninen“-Entscheidung von der Formel ab, die er zuvor in Fällen mit mehreren beteiligten Steuerpflichtigen verwendet hatte.[382] Er verlangt in „Manninen“ nicht mehr, dass ein unmittelbarer Zusammenhang zwischen Vor- und Nachteil bei demselben Steuerpflichtigen bestehen müsse.[383] Stattdessen stellt er lediglich auf den notwendigen unmittelbaren Zusammenhang ab[384] – der EuGH änderte also gewissermaßen seinen Obersatz für Fälle mit mehreren betroffenen Steuerpflichtigen.

Zweitens wären die eingehenden Ausführungen zum Rechtfertigungsgrund der Kohärenz in der „Manninen“-Entscheidung gar nicht notwendig gewesen, wenn sich der Gerichtshof, wie bisher, auf die fehlende Personenidentität hätte zurückziehen wollen.[385] Die über mehrere Textziffern geführte Begründung zur fehlenden Kohärenz hätte sich der EuGH durch einen einzigen Verweis auf die mangelnde Personenidentität ersparen können.

---

379 So aber *Englisch*, Anmerkung zum Urteil des EuGH vom 15.07.2004 – C-315/02 („*Lenz“)*, in: IStR 2004, 526 (527); zumindest skeptisch *Eicker/Obser*, EuGH-Rechtsprechung Ertragsteuerrecht, S. 348.

380 Darauf abstellend: *Eicker/Obser*, EuGH-Rechtsprechung Ertragsteuerrecht, S. 348.

381 So i.E. auch *Schlussantrag der Generalanwältin Kokott* vom 12.09.2006 – C-231/05 („*Oy AA*“), Slg. 2007, I-6373, Rn. 34; *Rust*, Renaissance der Kohärenz, in: EWS 2004, 450 (452); *Schnitger*, Grenzüberschreitende Körperschaftsteueranrechnung und Neuausrichtung der Kohärenz nach dem EuGH-Urteil in der Rs. Manninen, in: FR 2004, 1357 (1360); *Herzig/Wagner*, EuGH-Urteil „Marks & Spencer“ – Begrenzter Zwang zur Öffnung nationaler Gruppenbesteuerungssysteme für grenzüberschreitende Sachverhalte, in: DStR 2006, 1 (4); *Axer*, Der Europäische Gerichtshof auf dem Weg zur „doppelten“ Kohärenz“ in: IStR 2007, 162 (166 f.).

382 *Rust*, Renaissance der Kohärenz, in: EWS 2004, 450 (452).

383 *EuGH* vom 13.04.2000 – C-251/98 („*Baars*“), Slg 2000, I-2787, Rn. 40; *EuGH* vom 06.06.2000 – C-35/98 („*Verkooijen*“), Slg 2000, I-4071 = IStR 2000, 432, Rn. 57; *EuGH* vom 12.12.2002 – C-324/00 („*Lankhorst-Hohorst*“), Slg 2002, I-11779 = IStR 2003, 55 = EuZW 2003, 7, Rn. 42; *EuGH* vom 18.09.2003 – C-168/01 („*Bosal*“), Slg 2003, I-9409 = IStR 2003, 666 = DStRE 2003, 1226, Rn. 30.

384 *EuGH* vom 07.09.2004 – C-319/02 („*Manninen*“ Slg 2004, I-7477 = IStR 2004, 680 = DStRE 2004, 1220, Rn. 42.

385 *Rust*, Renaissance der Kohärenz, in: EWS 2004, 450 (452).

Drittens zeigt auch das vom EuGH in der „Manninen"-Entscheidung angeführte Beispiel einer kohärenten Regelung zur Körperschaftsteueranrechnung[386], dass das Merkmal der Personenidentität aufgegeben worden sein muss.[387] Nach dem Beispiel des EuGH könne bei Steuergutschriften, die zur Vermeidung von Doppelbesteuerung auf Dividendeneinkünfte gewährt werden, die Steuergutschrift nach Maßgabe der von der ausschüttenden Gesellschaft in ihrem Ansässigkeitsstaat geschuldeten Körperschaftsteuer ermittelt werden. Somit verstößt ein Mitgliedstaat nicht gegen die Grundfreiheiten, wenn er gebietsansässigen, unbeschränkt steuerpflichtigen Aktionären unterschiedliche Steuergutschriften in Abhängigkeit davon gewährt, inwieweit die ausschüttende Gesellschaft (in ihrem Ansässigkeitsstaat) mit Körperschaftsteuer belastet wurde. Die Besteuerung des Anteilsinhabers wird damit vom Sitz der ausschüttenden Körperschaft abhängig gemacht, es liegt also zweifellos eine nach dem Sitz differenzierende, die grenzüberschreitende Investition beschränkende steuerliche Behandlung vor. Gleichwohl billigt der EuGH die Beschränkung mit der Erwägung folgerichtiger, sich ausgleichender Vorteile eines Steuerpflichtigen (des Anteilsinhabers) und Nachteile eines anderen Steuerpflichtigen (der ausschüttenden Gesellschaft). Mit einem Festhalten am Merkmal der Personenidentität wäre dies nicht zu vereinbaren.

Viertens zeigt nicht zuletzt die Rechtsprechungsentwicklung nach der „Manninen"-Entscheidung, dass sich der EuGH einer übergreifenderen Kohärenzbetrachtung geöffnet hat. Das Kriterium der notwendigen Personenidentität verwendete der EuGH nach „Manninen" nicht mehr, obwohl er dazu durchaus Gelegenheit gehabt hätte. In mehreren Entscheidungen hatte er sich mit Konstellationen auseinander zu setzen, an denen verschiedene Steuerpflichtige beteiligt waren und in denen der Rechtfertigungsgrund der Kohärenz vorgebracht worden war.[388] Der EuGH griff auf das Kriterium der notwendigen Personenidentität aber nicht wieder zurück, sondern nahm vielmehr in jedem Fall eine übergreifende Betrachtung der Vergünstigungen und Belastungen aller beteiligten Steuerpflichtigen vor und prüfte die kohärente Ausgestaltung personenübergreifender Verlustkompensation.

Der EuGH hat sich danach von „demselben Steuerpflichtigen" zwar nicht ausdrücklich, aber durch eindeutige Entscheidungen verabschiedet. Das war auch richtig, da die Kohärenz einer steuerlichen Regelung nur in einer Gesamtbetrach-

---

386 *EuGH* vom 07.09.2004 – C-319/02 („*Manninen*" Slg 2004, I-7477 = IStR 2004, 680 = DStRE 2004, 1220, Rn. 46.

387 *Rust*, Renaissance der Kohärenz, in: EWS 2004, 450 (452).

388 *EuGH* vom 23.02.2006 – C-471/04 „*Keller Holding*"), Slg 2006, I-2107 = IStR 2006, 235, Rn. 42; *EuGH* vom 12.12.2006 – C-446/04 („*Test Claimants in the FII Group Litigation*"), Slg. 2006, I-11753 = BFH/NV 2007, Beilage 4, 173, Rn. 93; *EuGH* vom 13.03.2007 – C-524/04 („*Test Claimants in the Thin Cap Group Litigation*"), Slg. 2007, I-2107 = IStR 2007, 249, Rn. 68 f.; *EuGH* vom 29.03.2007 – C-347/04 („*Rewe Zentralfinanz*"), Slg 2007, I-2647 = IStR 2007, 291, Rn. 62 ff.

tung des zugrundeliegenden wirtschaftlichen Vorgangs ermittelt werden kann. Steuerliche Vorteile und steuerliche Nachteile können auch dann folgerichtig und nichtdiskriminierend ausgestaltet sein, wenn sie nicht unmittelbar denselben Steuerpflichtigen treffen. Die Regelung muss aber gewährleisten, dass der Vorteil dem einen Steuerpflichtigen nur dann zugute kommt, wenn der Nachteil bei dem anderen Steuerpflichtigen auch tatsächlich und in demselben Umfang eintritt.[389]

cc. Territorialitätsprinzip als Unterfall der Kohärenz

Das vom EuGH im „Futura Participations“ – Fall erstmals bemühte Territorialitätsprinzip[390] muss als Unterfall des Kohärenzgedankens begriffen werden.[391] Im „Futura Participations“ – Fall ging es um einen Verlustvortrag für Betriebsstätten Gebietsfremder, der nach luxemburgischem Recht nur möglich war, wenn die Verluste im Zusammenhang mit einer wirtschaftlichen Tätigkeit im Inland standen. Für Gebietsansässige galt dies nicht – die Verluste ihrer Betriebsstätten waren ohne weiteres in den Folgejahren verrechenbar. Dies billigte der EuGH zu Recht, denn es stellt die systeminhärente Fortführung des grundlegenden Unterschieds zwischen der Besteuerung Gebietsansässiger und Gebietsfremder dar. Die Berücksichtigung von Verlusten kann nur soweit gehen, wie der Zugriff auf positive Einkünfte reichen würde. Bei Gebietsansässigen betrifft dies nach dem Universalitätsprinzip alle Einkünfte, bei Gebietsfremden nur die aus inländischen Quellen.[392] Genau diese systemkonforme und ausgleichende Berücksichtigung von Vor- und Nachteilen kennzeichnet aber den Rechtfertigungsgrund der Kohärenz.

b. Notwendigkeit wirksamer steuerlicher Kontrollen

Die Notwendigkeit der Wirksamkeit steuerlicher Kontrollen („effective fiscal supervision“) wurde vom EuGH schon in der relativ frühen „Cassis de Dijon“-Entscheidung als möglicher Rechtfertigungsgrund benannt[393] und später in „Futura Participations“ tatsächlich als Rechtfertigungsgrund für eine konkrete beschrän-

389 *Schlussantrag der Generalanwältin Kokott* vom 18.03.2004 – C-319/02 („*Manninen*“), Slg. 2004, I-07477, Rn. 61.

390 *EuGH* vom 15.05.1997 – C-250/95 („*Futura Participations*“), Slg 1997, I-2471 = IStR 1997, 366 = DStRE 1997, 514, Rn. 21; *EuGH* vom 07.09.2004 – C-319/02 („*Manninen*“ Slg 2004, I-7477 = IStR 2004, 680 = DStRE 2004, 1220, Rn. 38; *EuGH* vom 13.12.2005 – C-446/03 („*Marks & Spencer*“),Slg 2005, I-10837 = IStR 2006, 19, Rn. 37.

391 *Cordewener*, Europäische Grundfreiheiten und nationales Steuerrecht, S. 631 f.; *Terra/Wattel*, European Tax Law, S. 130.

392 *Cordewener*, Europäische Grundfreiheiten und nationales Steuerrecht, S. 631 f.

393 *EuGH* vom 20.02.1979 – 120/78 („*Cassis de Dijon*“), Slg 1979, 649 = NJW 1979, 1766 = RIW 1979, 331, Rn. 8.

kende Wirkung anerkannt.[394] Ein Mitgliedstaat hat danach das Recht zur Anwendung von Maßnahmen, welche die klare und eindeutige Feststellung der Höhe der in diesem Staat steuerbaren Einkünfte erlauben.[395] Als nach wie vor offen muss aber die Frage bezeichnet werden, welches Maß an Kontrolle die Mitgliedstaaten im Einzelnen in grenzüberschreitenden Fällen beanspruchen können und wie die Kontrolle auszuüben ist. In Fällen mit Auslandsbezügen stellen sich mögliche Fragen der steuerlichen Kontrolle in ganz anderen Dimensionen als in rein nationalen Sachverhalten. Das ist nicht nur, aber vor allem, der völkerrechtlichen Souveränität der Staaten und den unterschiedlichen Sprachen und Rechtsordnungen geschuldet. Die jeweilige Staatsgewalt und damit auch die Möglichkeit, steuerliche Kontrolle notfalls mit Hilfe von Zwangsmaßnahmen zu gewährleisten, endet nach dem Völkerrecht grundsätzlich an den Staatsgrenzen der Mitgliedstaaten. Der EuGH weist in ständiger Rechtsprechung auf zwei Möglichkeiten der Nationalstaaten hin, die Besteuerungsgrundlagen zu ermitteln, und lehnt mit Bezug darauf oft eine Rechtfertigung beschränkender Normen für Gebietsfremde ab. Zum Einen könne der Mitgliedstaat alle erforderlichen Nachweise vom Steuerpflichtigen verlangen.[396] Zum Anderen könne auf die Amtshilfe nach der Amtshilfe-Richtlinie[397] zurückgegriffen werden.[398]

Ein gebetsmühlenartig[399] wiederholter, lediglich pauschaler Verweis auf ein mögliches Vorgehen der Mitgliedstaaten nach der Amtshilfe-Richtlinie hilft aber

394 *EuGH* vom 15.05.1997 – C-250/95 („*Futura Participations*“), Slg 1997, I-2471 = IStR 1997, 366 = DStRE 1997, 514, Rn. 31; Abgelehnt im konkreten Fall aber z.B. in *EuGH* vom 08.07.1999 – C-254/97 („*Baxter*“), Slg 1999, I-4809 = IStR 1999, 563, Rn. 18 ff.; *EuGH* vom 03.10.2002 – C-136/00 („*Danner*“), Slg 2002, I-8147 = IStR 2002, 736, Rn. 49 ff.

395 *EuGH* vom 15.05.1997 – C-250/95 („*Futura Participations*“), Slg 1997, I-2471 = IStR 1997, 366 = DStRE 1997, 514, Rn. 31.

396 *EuGH* vom 28.01.1992 – C-300/90, Slg 1992, I-305 = EuZW 1992, 217 = RIW 1993, 777, Rn. 11 ff.; *EuGH* vom 28.10.1999 – C-55/98 („*Vestergaard*“), Slg 1999, I-7641 = IStR 1999, 694, Rn. 23 ff.; *EuGH* vom 11.10.2007 – C-451/05 („*ELISA*“); Slg 2007, I-8251 = IStR 2007, 894, Rn. 95; *EuGH* vom 02.10.2008 – C-360/06 („*Bauer Verlag*“), Slg 2008, I-7333 = IStR 2008, 773, Rn. 41.

397 Richtlinie 77/799/EWG des Rates vom 19.12.1977 über die gegenseitige Amtshilfe der Mitgliedstaaten im Bereich der direkten Steuern (ABl. L 336, S. 15), zuletzt geändert durch die Richtlinie 2004/106/EG des Rates vom 16.11.2004 (ABl. L 359, S. 30) und vervollständigt durch mit dem Beitritt Bulgariens und Rumäniens durch die Richtlinie 2006/98/EG des Rates vom 20.11.2006 (ABl. L 363, S. 129) – in Deutschland umgesetzt durch das EG-Amthilfe-Gesetz (EGAHiG) vom 19.12.1985, BGBl. I S. 2436, 2441 zuletzt geändert durch das Jahressteuergesetz 2008 vom 20.12.2007, BGBl. I S. 3150.

398 *EuGH* 12.04.1994 – C-1/93 („*Halliburton*“), Slg 1994, I-1137 = EuZW 1994, 347, Rn. 22; *EuGH* vom 14.09.2006 – C-386/04 („*Stauffer*“), Slg 2006, I-8203 = IStR 2006, 675 = DStR 2006, 1736, Rn. 50; *EuGH* vom 29.03.2007 – C-347/04 („*Rewe Zentralfinanz*“), Slg 2007, I-2647 = IStR 2007, 291, Rn. 56.

399 *Hey*, Perspektiven der Unternehmensbesteuerung in Europa, in: StuW 2004, 193 (196).

nur wenig weiter.[400] Die Amtshilfe-Richtlinie ist nach wie vor in der Praxis der Steuerverwaltung wenig effektiv. Das ist dem Umstand geschuldet, dass in der Richtlinie selbst schon zahlreiche Ausnahmen als Rechtfertigung einer Abstandnahme von der Auskunftserteilung vorgesehen sind. Nach Art. 2 Abs. 1 Amtshilfe-Richtlinie kann eine Auskunft verweigert werden, wenn es scheint, dass der um Auskunft ersuchende Staat eigene Ermittlungsmöglichkeiten nicht ausgeschöpft hat, nach Art. 8 Amtshilfe-Richtlinie kann etwa die Gegenseitigkeit der Auskunftserteilung zur Voraussetzung gemacht werden oder eine Auskunft mit Verweis auf Geheimhaltungsinteressen abgelehnt werden. Außerdem erfordert die Inanspruchnahme von Amtshilfe einen gegebenenfalls nicht unerheblichen Verwaltungsaufwand. Der ergibt sich auch daraus, dass z.B. in Deutschland für den internationalen Auskunftsverkehr der Bundesminister der Finanzen zuständig ist[401], wobei dieser freilich seine Zuständigkeit auf das Bundeszentralamt für Steuern, die Oberfinanzdirektionen oder, wie in Einzelfällen bereits geschehen, auf die einzelnen Finanzämter selbst delegieren kann.[402]

Der pauschale Hinweis des EuGH auf die Möglichkeiten nach der Amtshilfe-Richtlinie ohne Berücksichtigung der tatsächlichen Umstände des Einzelfalles ist zudem deshalb nicht sehr überzeugend, weil der Gerichtshof selbst die unterschiedlichen Informations- und Ermittlungsmöglichkeiten der Staaten bei intra- und interstaatlichen Sachverhalten als Rechtfertigung für eine unterschiedliche Behandlung Gebietsansässiger und Gebietsfremder ins Feld führt, nämlich für die Frage, ob sich Gebietsansässige und Gebietsfremde für den Werbungskosten- und Sonderausgabenabzug in vergleichbaren Situationen befinden.

Der EuGH geht davon aus, dass sich Gebietsansässige und Gebietsfremde, nach der Diktion des internationalen Steuerrechts unbeschränkt und beschränkt Steuerpflichtige, hinsichtlich des grenzüberschreitenden Werbungskosten- bzw. Betriebsausgabenabzugs in einer vergleichbaren Situation befinden. Durch die Vorlage verschiedener Grenzgängerfälle wie „Biehl“[403], „Schumacker“[404] und

400 In der Literatur erfuhr der EuGH teils herbe Kritik: „*fester Textbestandteil*“ – *Eicker*, Abzugsfähigkeit von Spenden an gemeinnützige Körperschaften im europäischen Ausland, in: ZErb 2006, 162 (163); „*an der Realität vorbei*“ – *Tiedtke/Möllmann*, Spendenabzug und Europarecht, in: IStR 2007, 837 (843); „*zu kurz gegriffen*“ – *Everett*, Der Einfluss der EuGH-Rechtsprechung auf die direkten Steuern, in: DStZ 2006, 357 (364), „*stereotyp*“ – *Fischer*, Europa macht mobil – bleibt der Verfassungsstaat auf der Strecke?, in: FR 2005, 457 (465); „*wunder Punkt*“ – *Fischer*, Amtshilfe zwischen Behörden der Mitgliedstaaten im Bereich der direkten und indirekten Steuern, in: jurisPR-SteuerR 50/2007 Anm.5, Abschn. C, Nr. 3.

401 Siehe nur § 1a Abs. 1 EGAHiG.

402 M.w.N. und Beispielen: *Frotscher*, Internationales Steuerrecht, § 19, Rn. 745.

403 *EuGH* vom 08.05.1990 – C-175/88 („*Biehl*“), Slg 1990, I-1779 = NJW 1991, 1406.

404 *EuGH* vom 14.02.1995 – C-279/93 („*Schumacker*“), Slg 1995, I-225 = NJW 1995, 1207 = EuZW 1995, 177.

„Gerritse"[405] gelangte diese Problematik zur Entscheidung. Streitpunkt waren Sonderregelungen für beschränkt steuerpflichtige natürliche Personen. Nach den streitigen Regelungen wurde bei Gebietsfremden im Gegensatz zu Gebietsansässigen der Abzug von Werbungskosten bzw. Betriebsausgaben gar nicht ermöglicht oder pauschaliert vorgenommen. So war der Quellenabzug der Lohnsteuer bzw. die pauschale Besteuerung der Einkünfte im Fall „Gerritse" definitiv. Nach den Entscheidungen des Gerichtshofes stellt es einen nicht zu rechtfertigenden Verstoß gegen die Grundfreiheiten dar, wenn der Staat, in dem die Einkünfte bezogen werden, eine Berücksichtigung der tatsächlichen Werbungskosten bzw. Betriebsausgaben, z.B. im Rahmen eines Lohnsteuerjahresausgleichs, deshalb ausschließt, weil der Steuerpflichtige gar nicht („Schumacker" „Gerritse") oder nur für einen Teil des Jahres („Biehl") in dem Mitgliedstaat ansässig war. Aufwendungen, die Einkünfte erst ermöglichen, müssen danach im Quellenstaat berücksichtigt werden. Gebietsfremde und Gebietsansässige sind insoweit, nämlich hinsichtlich der notwendigen, objektiv erwerbssichernden Ausgaben, in einer vergleichbaren Situation und sind deshalb insoweit auch gleich zu behandeln.[406]

Anders argumentiert der EuGH hinsichtlich der Berücksichtigung der persönlichen Situation und subjektiv erwerbssichernder Ausgaben, die in Deutschland maßgeblich über den Sonderausgabenabzug realisiert werden. Bei subjektiv erwerbssichernden Ausgaben handelt es sich etwa um persönliche Ausgaben des in mehreren Mitgliedstaaten tätigen Steuerpflichtigen, die keiner speziellen Einkunftsquelle zuzuordnen sind (z.B. Beiträge zu einer Kranken- oder Rentenversicherung). Erfasst von diesem Problemkreis ist aber auch die Berücksichtigung der familiären Situation des Steuerpflichtigen, z.B. durch Ehegattensplitting oder die steuerliche Abzugsfähigkeit von Unterhaltszahlungen. Gebietsansässige und Gebietsfremde seien – so der EuGH – insoweit grundsätzlich nicht in einer vergleichbaren Situation. Denn nur im Falle des Gebietsansässigen könne der Wohnsitzmitgliedstaat (1.) die gesamte persönliche Situation inklusive des Welteinkommens, das typischerweise überwiegend im Wohnsitzmitgliedstaat erwirtschaftet werde, berücksichtigen und sei (2.) bezüglich der Möglichkeiten der Ermittlung der steuerlich maßgeblichen Faktoren in einer besseren Lage.[407] Die Grundzuständigkeit für die Berücksichtigung der persönlichen Lebenssituation des Steuerpflichtigen verbleibe daher beim Wohnsitzmitgliedstaat. Ausnahmsweise müsse aber jedenfalls dann, wenn der Steuerpflichtige in einem einzigen

405 *EuGH* vom 12.06.2003 – C-234/01 („*Gerritse*"), Slg 2003, I-5933 = IStR 2003, 458.

406 *Terra/Wattel*, European Tax Law, S. 83.

407 *EuGH* vom 14.02.1995 – C-279/93 („*Schumacker*"), Slg 1995, I-225 = NJW 1995, 1207 = EuZW 1995, 177, Rn. 31 ff.; *EuGH* vom 16.05.2000 – C-87/99 („*Zurstrassen*"), Slg 2000, I-3337 = IStR 2000, 335, Rn. 21; *EuGH* vom 01.07.2004 – C-169/03 („*Wallentin*"), Slg 2004, I-6443 = IStR 2004, 688, Rn. 15.

Mitgliedstaat sein gesamtes oder nahezu sein gesamtes Einkommen erzielt, die persönliche Situation des Steuerpflichtigen dort berücksichtigt werden, auch wenn der Steuerpflichtige in diesem Mitgliedstaat nicht ansässig sei. Der Gebietsansässige und der Gebietsfremde seien dann in einer vergleichbaren Situation, denn in seinem Wohnsitzmitgliedstaat könne zugunsten des Gebietsfremden mangels dort steuerbaren Einkommens keine Berücksichtigung der persönlichen Situation erfolgen.[408] Dies gelte auch dann, wenn der Steuerpflichtige in seinem Wohnsitzmitgliedstaat zwar Einkünfte erziele, diese dort aber steuerfrei seien. Denn auch in diesem Fall fehle es an einer berücksichtigungsfähigen Einkünftebasis im Wohnsitzmitgliedstaat.[409]

Soweit der Gerichtshof zur Begründung seiner Auffassung ausführt, dass die persönliche Steuerkraft, die sich aus der Berücksichtigung der Gesamteinkünfte sowie der persönlichen Lage und des Familienstandes ergibt, am leichtesten an dem Ort beurteilt werden könne, an dem der Mittelpunkt der persönlichen Interessen und der Vermögensinteressen liege und dies in der Regel der ständige Aufenthaltsort des betroffenen Steuerpflichtigen sei[410], widerspricht er seiner eigenen Argumentation zur Rechtfertigung einer Beschränkung wegen der Wirksamkeit steuerlicher Kontrollen.[411] Denn wie gezeigt, fordert der Gerichtshof insoweit, dass die Mitgliedstaaten alle Möglichkeiten der Informationsbeschaffung ausschöpfen müssten und dabei auf die Amtshilfe-Richtlinie und die Mitwirkungspflichten des Steuerpflichtigen zurückgreifen könnten, um gleichwertige Ermittlungs- und Überprüfungsmöglichkeiten für inländische und ausländische Sachverhalte zu erhalten. Dass es „leichter“ sei, einen inländischen Sachverhalt aufzuklären, lässt der Gerichtshof als Rechtfertigung für eine subjektiv typisierende Ungleichbehandlung oder Beschränkung nicht gelten, benutzt eben dieses Argument aber selbst, um seine Auffassung zur umfassenden Berücksichtigung der persönlichen Situation des Steuerpflichtigen in dessen Herkunftsmitgliedstaat zu begründen.[412]

---

408 *EuGH* vom 14.02.1995 – C-279/93 (*„Schumacker“)*, Slg 1995, I-225 = NJW 1995, 1207 = EuZW 1995, 177, Rn. 36 ff.; *EuGH* vom 12.12.2002 – C-385/00 („*de Groot*“), Slg 2002, I-11819 = IStR 2003, 58, Rn. 89.

409 *EuGH* vom 01.07.2004 – C-169/03 („*Wallentin“)*, Slg 2004, I-6443 = IStR 2004, 688, Rn. 17 f.

410 *EuGH* vom 14.02.1995 – C-279/93 (*„Schumacker“)*, Slg 1995, I-225 = NJW 1995, 1207 = EuZW 1995, 177, Rn. 32.

411 So auch *Cordewener*, Europäische Grundfreiheiten und nationales Steuerrecht, S. 919 f.; *Terra/Wattel*, European Tax Law, S. 90 f.

412 Abgesehen von den Begründungsschwächen kann dem EuGH auch in der Sache nicht gefolgt werden. Die Pflicht zur umfassenden Berücksichtigung im Wohnsitzmitgliedstaat führt dazu, dass dieser Mitgliedstaat auch im Falle eines nur kleinen Besteuerungsanteils am Welteinkommen seines Bürgers dessen (gesamte) persönliche Situation soweit als möglich steuerlich berücksichtigen muss. Da die ausländischen Einkünfte regelmäßig über DBA freigestellt sind

Neuere Entscheidungen des EuGH, z.B. „Truck Center" zeigen, dass der Gerichtshof sich mittlerweile zumindest eingehender mit den tatsächlichen Verfahrensgegebenheiten auseinandersetzt und bereit ist, unterschiedliche Modalitäten der Steuererhebung bzw. der Einziehung der Steuern von Gebietsansässigen und Gebietsfremden jedenfalls dann zu akzeptieren, wenn der Besteuerungsstaat dadurch den unterschiedlichen Möglichkeiten der zwangsweisen Durchsetzung seines Besteuerungsanspruches Rechnung trägt.[413]

Festzuhalten bleibt deshalb an dieser Stelle, dass pauschale Hinweise auf die Amtshilfe-Richtlinie nicht weiterhelfen. Ob die Notwendigkeit wirksamer steuerlicher Kontrollen eine Beschränkung der Grundfreiheiten im Einzelfall zu rechtfertigen vermag, ist vielmehr anhand der tatsächlichen Möglichkeiten und Schwierigkeiten der Administrierung der grenzüberschreitenden Betätigung zu beurteilen, wobei auch Mitwirkungspflichten des Steuerpflichtigen und die Möglichkeiten einer Beweislastentscheidung in den Blick zu nehmen sind.

c. *Verhinderung von Steuerumgehungen, Steuerflucht und Missbrauch*

Die Verhinderung von Steuerumgehungen, Steuerflucht und Missbrauch wird vom EuGH unter engen Voraussetzungen als ein hinreichender Rechtfertigungsgrund für Beschränkungen anerkannt. Dies ist ein relativ junger Rechtfertigungsgrund. Sein Verhältnis zu anderen Rechtfertigungsgründen, beispielsweise der Wahrung einer ausgewogenen Aufteilung der Besteuerungsbefugnis zwischen den Mitgliedstaaten, ist noch nicht vollständig geklärt.[414] So wurden in der „Oy AA"-Entscheidung beide Gründe zusammen als hinreichend für eine Rechtfertigung der Beschränkung akzeptiert.[415] Für die Eignung einer Norm als Rechtfertigungsgrund wegen der Verhinderung von Steuermissbrauch oder Steuerumgehung ist

---

bzw. die ausländische Steuer angerechnet wird, kann die Berücksichtigung der gesamten persönlichen Situation des Steuerpflichtigen zu erheblichen Steuermindereinnahmen im Wohnsitzstaat führen. Angemessen im Sinne einer fairen Aufteilung der Besteuerungsgrundlagen unter den Mitgliedstaaten wäre jedoch eine proratarische Berücksichtigung der persönlichen Ausgaben des Steuerpflichtigen, also eine jeweils anteilige Berücksichtigung nach dem Anteil der Einkünfte, die der Steuerpflichtige in jedem Mitgliedstaat erwirtschaftet (so auch *Terra/Wattel*, European Tax Law, S. 91 f.; *Cordewener*, Europäische Grundfreiheiten und nationales Steuerrecht, S. 923 m.w.N.). Der EuGH selbst akzeptiert schließlich die Aufteilung der Besteuerungsgrundlagen unter den Mitgliedstaaten als dem europäischen Recht vorgelagert und sieht darin auch einen Rechtfertigungsgrund für beschränkende Maßnahmen.

413 *EuGH* vom 22.12.2008 – C-282/07 („*Truck Center*"), IStR 2009, 135, Rn. 48.

414 Teilweise wird der Rechtfertigungsgrund der Verhinderung von Steuerumgehungen und Steuermissbrauch als Weiterentwicklung des Rechtfertigungsgrundes der Wirksamkeit steuerlicher Kontrollen angesehen, so *Borgsmidt*, Leitgedanken der EuGH-Rechtsprechung zu den Grundfreiheiten in Steuerfällen – eine Bestandsaufnahme, in: IStR 2007, 802 (806).

415 *EuGH* vom 18.07.2007 – C-231/05 („*Oy AA*"). Slg 2007, I-6373 = IStR 2007, 631, Rn. 60.

jedenfalls Voraussetzung, dass die mitgliedstaatliche Maßnahme schon konkret im Tatbestand an einen Missbrauchsfall anknüpft und auf das Ziel gerichtet ist, diesen Missbrauch abzuwenden.[416] Die Mitgliedstaaten dürfen also konkrete Maßnahmen ergreifen, um rein künstliche Konstruktionen (objektives Element), die eine Steuerumgehung und damit einen Missbrauch bezwecken (subjektives Element), zu verhindern.[417]

d. Wahrung der Aufteilung der Besteuerungsbefugnisse

Der Rechtfertigungsgrund der Wahrung der Aufteilung der Besteuerungsbefugnisse der Mitgliedstaaten wurde, wie eben ausgeführt, in Kombination mit dem Rechtfertigungsgrund der Verhinderung von Steuerumgehungen und Steuermissbrauch in der „Oy AA"-Entscheidung als hinreichend erachtet.[418] In „Marks & Spencer" hatte der Gerichtshof noch die Vermeidung mehrfacher Verlustnutzung als dritten Rechtfertigungsgrund hinzukombiniert.[419] In der Literatur wird die Aufteilung der Besteuerungsbefugnisse dagegen teilweise als für sich stehender, allein ausreichender Rechtfertigungsgrund betrachtet.[420] Der EuGH geht davon aus, dass die Mitgliedstaaten in Ermangelung gemeinschaftsrechtlicher Vereinheitlichungs- oder Harmonisierungsmaßnahmen befugt bleiben, die Kriterien für die Aufteilung ihrer Besteuerungsbefugnis vertraglich oder einseitig festzulegen, und dass deshalb beschränkende Maßnahmen gerechtfertigt sein können.[421] Er folgt damit der bereits in der „Gilly"-Entscheidung aufgenommenen Linie, auch wenn die dogmatische Behandlung des Problems nicht konsistent scheint.[422]

---

416 *EuGH* vom 11.03.2004 – C-9/02 („*de Lasteyrie du Saillant*"), Slg 2004, I-2409 = DStR 2004, 551, Rn. 51 ; *EuGH* vom 16.07.1998 – C-264/96 („*ICI*"), Slg 1998, I-4695 = IStR 1998, 467, Rn. 26; *EuGH* vom 12.12.2002 – C-324/00 („*Lankhorst-Hohorst*"), Slg 2002, I-11779 = IStR 2003, 55 = EuZW 2003, 7, Rn. 37.

417 *EuGH* vom 16.07.1998 – C-264/96 („*ICI*"), Slg 1998, I-4695 = IStR 1998, 467, Rn. 26.

418 *EuGH* vom 18.07.2007 – C-231/05 („*Oy AA*"). Slg 2007, I-6373 = IStR 2007, 631, Rn. 60.

419 *EuGH* vom 13.12.2005 – C-446/03 („*Marks & Spencer*"), Slg 2005, I-10837 = IStR 2006, 19, Rn. 43 ff.

420 *Kube*, Grenzüberschreitende Verlustverrechnung und die Zuordnung von Verantwortung, in: IStR 2008, 305 (308) – die Kombination verschiedener Rechtfertigungsgründe grundsätzlich ablehnend: *Lang*, Recent Case Law of the ECJ in Direct Taxation: Trends, Tensions, and Contradictions, in: EC Tax Review, 2009, 98, (106 ff., 113).

421 *EuGH* vom 12.09.2006 – C-196/04 („*Cadbury Schweppes*"), Slg 2006, I-7995 = IStR 2006, 670, Rn. 56; *EuGH* vom 13.03.2007 – C-524/04 („*Test Claimants in the Thin Cap Group Litigation*"), Slg. 2007, I-2107 = IStR 2007, 249, Rn. 75; *EuGH* vom 18.07.2007 – C-231/05 („*Oy AA*"). Slg 2007, I-6373 = IStR 2007, 631, Rn. 51.

422 S. Zweiter Teil, C., III., 1., S. 91 f.

e. Vermeidung mehrfacher Verlustberücksichtigung

Die Vermeidung mehrfacher Verlustnutzung wird vom Gerichtshof seit der Entscheidung „Marks & Spencer" als Rechtfertigungsgrund für Beschränkungen ausdrücklich anerkannt.[423] Auch insofern ist aber noch nicht geklärt, in welchem Verhältnis die Verhinderung mehrfacher Verlustnutzung zur Wahrung der Aufteilung der Besteuerungsbefugnisse zwischen den Mitgliedstaaten steht, denn tatsächlich sind Gewinne und Verluste steuerrechtlich gesehen die zwei Seiten derselben Medaille, die im Rahmen eines Steuersystems spiegelbildlich zu behandeln sind und zwischen den souveränen Steuerstaaten (vor allem mittels DBA) aufgeteilt werden.[424] Andererseits wird gerade in mehrpoligen Fällen mit Bezügen zu mehreren Mitgliedstaaten die Gefahr der doppelten Verlustnutzung am größten sein[425] und schon aus diesem Grund eine selbständige Bedeutung des Rechtfertigungsgrundes angezeigt sein.

f. Nicht anerkannte Rechtfertigungsgründe

Zu den vielen vom EuGH ausdrücklich nicht anerkannten Rechtsfertigungsgründen im Zusammenhang mit beschränkenden nationalen Steuerrechtsregelungen rechnen die Vermeidung von Steuermindereinnahmen[426], die mangelnde Harmonisierung der Rechtsvorschriften[427], ein möglicher Vorteilsausgleich[428] und entgegenstehende Regelungen in Doppelbesteuerungsabkommen[429].

---

423 *EuGH* vom 13.12.2005 – C-446/03 („*Marks & Spencer*"),Slg2005, I-10837 = IStR2006, 19, Rn. 47; *EuGH* vom 29.03.2007 – C-347/04 („*Rewe Zentralfinanz*"), Slg2007, I-2647 = IStR2007, 291, Rn. 47.

424 *EuGH* vom 13.12.2005 – C-446/03 („*Marks & Spencer*"),Slg 2005, I-10837 = IStR 2006, 19, Rn. 43.

425 *Kube*, Grenzüberschreitende Verlustverrechnung und die Zuordnung von Verantwortung, in: IStR 2008, 305 (308).

426 *EuGH* vom 16.07.1998 – C-264/96 („*ICI*"), Slg 1998, I-4695 = IStR 1998, 467, Rn. 28; *EuGH* vom 06.06.2000 – C-35/98 („*Verkooijen*"), Slg 2000, I-4071 = IStR 2000, 432, Rn. 59; *EuGH* vom 12.12.2002 – C-324/00 („*Lankhorst-Hohorst*"), Slg 2002, I-11779 = IStR 2003, 55 = EuZW 2003, 79, Rn. 36.

427 *EuGH* vom 28.01.1986 – 270/83 („*avoir fiscal*"), Slg 1986, 273 = NJW 1987, 569, Rn. 4.

428 *EuGH* vom 28.01.1986 – 270/83 („*avoir fiscal*"), Slg 1986, 273 = NJW 1987, 569, Rn. 21; *EuGH* vom 08.05.1990 – C-175/88 („*Biehl*"), Slg 1990, I-1779 = NJW 1991, 1406, Rn. 15; *EuGH* vom 12.12.2002 – C-385/00 („*de Groot*"), Slg 2002, I-11819 = IStR 2003, 58, Rn. 97.

429 *EuGH* vom 28.01.1986 – 270/83 („*avoir fiscal*"), Slg 1986, 273 = NJW 1987, 569, Rn. 5; *EuGH* vom 12.12.2002 – C-385/00 („*de Groot*"), Slg 2002, I-11819 = IStR 2003, 58; *EuGH* vom 21.09.1999 – C-307/97 („*Saint-Gobain*"),Slg 1999, I-6161 = IStR 1999, 592, Rn. 59.

IV. Zwischenfazit zur Bedeutung der Grundfreiheiten für das Steuerrecht der Mitgliedstaaten im Allgemeinen

Im Gegensatz zu den indirekten Steuern ist eine Vollharmonisierung auf dem Gebiet der direkten Steuern in absehbarer Zeit nicht in Sicht. Gleichwohl geht der EuGH ungeachtet der fortbestehenden Steuerrechtssouveränität der Mitgliedstaaten von einem gemeinschaftsweiten Besteuerungsraum aus.[430] Die „faktische" oder „stille" Harmonisierung des Steuerrechts der Mitgliedstaaten durch die auf die Grundfreiheiten gestützte Rechtsprechung des EuGH wirkt lediglich punktuell und führt zu vielfältigen, vor allem auch kurzfristigen, administrativen Schwierigkeiten für die Mitgliedstaaten. Die Entscheidungen provozieren Abwehrreaktionen der nationalen Finanzverwaltungen und tragen damit zu einer Verkomplizierung der nationalen Steuerrechte bei. Die als Treibstoff der Integration vom EuGH genutzten Grundfreiheiten folgen einem gemeinsamen Modell auf Tatbestandsseite, sind also insoweit konvergent. Auch auf der Rechtfertigungsebene haben sich verschiedene Rechtfertigungsgründe etabliert, die in Entscheidungen zum materiellen Steuerrecht der Mitgliedstaaten oft den entscheidenden Ausschlag geben und universell für Beschränkungen verschiedener Grundfreiheiten fruchtbar gemacht werden können. Auf den Rechtfertigungserwägungen liegt in den Entscheidungen des EuGH regelmäßig der Begründungsschwerpunkt, was auch im weiteren Verlauf dieser Arbeit entsprechend zu berücksichtigen sein wird. Hinsichtlich des Rechtfertigungsgrundes der Kohärenz können steuerliche Vorteile und steuerliche Nachteile auch dann folgerichtig und nichtdiskriminierend ausgestaltet sein, wenn sie nicht unmittelbar denselben Steuerpflichtigen treffen. Aus der Entscheidung „Manninen" und nachfolgenden Entscheidungen des EuGH lässt sich entnehmen, dass auch der Gerichtshof einer solchen übergreifenden Kohärenzbetrachtung zuneigt und am Erfordernis „desselben Steuerpflichtigen" nicht mehr festhält. Für die Frage der Rechtfertigung einer Beschränkung wegen der Notwendigkeit der Wahrung der steuerlichen Kontrolle kommt es auf die tatsächlichen Überprüfungsmöglichkeiten für die grenzüberschreitenden Sachverhalte an, wobei auch zu berücksichtigen ist, welche konkreten Möglichkeiten ein Auskunftsersuchen nach der Amtshilfe-Richtlinie bietet. Auch Mitwirkungspflichten des Steuerpflichtigen und die Möglichkeiten einer Beweislastentscheidung sind insoweit zu beachten.

430 *Weber-Grellet*, Europäisches Steuerrecht, § 28, Rn. 17.

D. Bedeutung der Grundfreiheiten für das Gemeinnützigkeits- und Zuwendungsrecht im Speziellen

I. Anwendbarkeit der Grundfreiheiten

1. *Notwendiger erwerbswirtschaftlicher Bezug*

Nach wie vor nicht vollständig geklärt ist, inwieweit die Grundfreiheiten auf die Tätigkeit gemeinnütziger Körperschaften anwendbar sind. Gegen eine Anwendbarkeit wird grundsätzlich eingewandt, dass Körperschaften nur dann als gemeinnützig anerkannt werden können, wenn sie altruistisch handeln und keinen Erwerbszweck verfolgen. Die Grundfreiheiten des Gemeinschaftsrechts, namentlich die Niederlassungs- und die Dienstleistungsfreiheit gelten nach Art. 48 Abs. 2 EG = Art. 54 Abs. 2 AEU und nach Art. 55 EG = Art. 62 AEU aber nicht für Gesellschaften, „die keinen Erwerbszweck verfolgen". *Ipsen* ging deshalb davon aus, dass sich gemeinnützige Körperschaften ohne Gewinnerzielungsabsicht nicht auf die Niederlassungsfreiheit berufen könnten, unabhängig von der Art der einzelnen Betätigungen.[431] Auch nach *Isensee* seien die Grundfreiheiten auf Idealvereine, als Körperschaften ohne wirtschaftlichen Geschäftsbetrieb, die ausschließlich ihre satzungsmäßigen, förderungswürdigen Zwecke verfolgen, nicht anwendbar.[432] Die wohl überwiegende Ansicht geht jedoch von einer funktionalen Betrachtungsweise aus, die der funktionalen Sichtweise zum Unternehmensbegriff im gemeinschaftsrechtlichen Wettbewerbsrecht gleicht.[433] Der „Erwerbszweck" sei weit und im Sinne von Art. 43 Abs. 2 EG = Art. 49 Abs. 2 AEU zu verstehen. Gesellschaften mit Erwerbszweck seien solche, die als rechtlich konfigurierte Marktakteure im Rechtsverkehr auftreten, soweit sie keine Hoheitsrechte ausübten und sich nicht ausschließlich kulturell oder karitativ betätigten.[434] Darüber hinaus wird vertre-

---

431 *Ipsen*, Soziale Dienstleistungen und EG-Recht, S. 55 ff.; so auch *Heger*, Gemeinnützigkeit und Gemeinschaftsrecht, in: FR 2004, 1154 (1156); gegen eine Anwendbarkeit auf gemeinnützige Körperschaften, die keinen Erwerbszweck verfolgen: *Leisner-Egensperger*, in: Hübschmann/Hepp/Spitaler, vor §§ 51-68 AO, Rn. 75.

432 *Isensee*, Gemeinnützigkeit und Europäisches Gemeinschaftsrecht, in: DStJG 26 (2003), S. 93 (111) – zweifelnd auch *Jachmann*, Die Europarechtswidrigkeit des § 5 Abs. 2 Nr. 2 KStG, in: BB 2003, 990 (991).

433 *Eicker*, Beschränkung der Kapitalverkehrsfreiheit durch Steuerbefreiungen nur für gebietsansässige gemeinnützige Stiftungen, in: IWB 2006, Fach 11a, S. 947.

434 *BFH* vom 14.07.2004 – I R 94/02, DStR 2004, 1644 (1646); *Hüttemann*, Gemeinnützigkeits- und Spendenrecht, § 1, Rn. 126; *Troberg/Tiedje*, in: von der Groeben/Schwarze, Art. 48 EGV, Rn. 5; *Helios*, Das deutsche Gemeinnützigkeitsrecht innerhalb der Schranken des Europarechts, in: BB 2002, 1893 (1895); *Becker*, Vergleich der Aufgabenverteilung zwischen öffentlichem und privatem Bereich – Spendenrecht im Spiegel der Staats- und Verfassungsrechtsentwicklung, in: Spenden- und

ten, dass jegliche Tätigkeiten, die zum Wirtschaftsleben i.S. des Art. 2 EG gehörten, dann einbezogen seien, wenn sie erwerbsorientiert erfolgten und gegen Entgelt erbracht würden.[435] Negativ abgrenzend kann als kleinster gemeinsamer Nenner aller Ansichten festgehalten werden, dass nach einer funktionalen Betrachtungsweise nur solche Betätigungen nicht der Niederlassungs- oder Dienstleistungsfreiheit unterfallen können, die ausschließlich die ideelle Sphäre der gemeinnützigen Körperschaft betreffen.[436] Richtigerweise kann nach dem soeben Gesagten aber schon die Verwaltung eigenen Vermögens zur Erzielung von Einkünften eine grundfreiheitsrelevante, wirtschaftliche Betätigung am Markt darstellen.[437] Schon insoweit tritt auch eine gemeinnützige Körperschaft als Marktakteur auf und muss wegen der praktischen Wirksamkeit des Gemeinschaftsrechts nach Art. 10 EG = Art. Art. 4 Abs. 3 EU in den Genuss des Schutzes der Grundfreiheiten kommen. Damit weisen die Sphären der Vermögensverwaltung, der Zweckbetriebe und der wirtschaftlichen Geschäftsbetriebe den notwendigen erwerbswirtschaftlichen Bezug auf.

Das Problem des notwendigen erwerbswirtschaftlichen Bezuges stellt sich nicht, wenn der Anwendungsbereich der Warenverkehrsfreiheit oder der Kapitalverkehrsfreiheit eröffnet ist. Als objektbezogene Grundfreiheiten sind die Warenverkehrsfreiheit und die Kapitalverkehrsfreiheit unabhängig vom Vorliegen eines Erwerbszwecks anwendbar, denn ihr persönlicher Anwendungsbereich ist offen für alle natürlichen und juristischen Personen und unterliegt nach Wortlaut und Systematik des Gemeinschaftsrechts nicht den Einschränkungen eines notwendigen erwerbswirtschaftlichen Bezuges nach Art. 48 Abs. 2 EG = Art. 54 Abs. 2 AEU.[438]

Gemeinnützigkeitsrecht in Europa, S. 637 (648); *Lissner*, Das Gemeinnützigkeits- und Spendenrecht unter dem Einfluss der europäischen Grundfreiheiten, S. 67 ff.

435 *Troberg/Tiedje*, in: von der Groeben/Schwarze, Art. 43 EGV, Rn. 55 ff.; *Randelzhofer/Forsthoff*, in: Grabitz/Hilf, Art. 43 EGV, Rn. 16; *Hufeld*, Deutsches Steuerrecht und europäische Gemeinnützigkeit, in: FS-Mußgnug, S. 255 (263).

436 *Ecker*, Taxation of Non-Profit-Organisations with Multinational Activities – The *Stauffer* Aftermath and Tax Treaties, in: Intertax 2007, 450 (453).

437 *BFH* vom 14.07.2004 – I R 94/02, DStR 2004, 1644 (1646); *Thömmes*, Gemeinnützigkeit und EG-Recht – Zur EG-Rechtswidirgkeit des § 5 Abs. 2 Nr. 3 KStG, in: Jahrbuch der Fachanwälte für Steuerrecht (JbFStR) 1999/2000, S. 123 (124).

438 *Schlussantrag des Generalanwalts Mengozzi* vom 14.10.2008 – C-318/07 („*Persche*"), Rn. 35 – zitiert nach juris.

2. *Anwendbare Grundfreiheiten im Zusammenhang mit der Tätigkeit gemeinnütziger Körperschaften*

a. *Niederlassungsfreiheit*

Die Niederlassungsfreiheit (Art. 43 EG = Art. 49 AEU) verbietet ungerechtfertigte Beschränkungen für die Aufnahme und Ausübung einer selbständigen Erwerbstätigkeit. Für gemeinnützige Körperschaften kann dies etwa dann relevant werden, wenn sie in einem anderen Mitgliedstaat eine Zweigniederlassung eröffnen und diese Zweigniederlassung erwerbswirtschaftlich tätig wird, also nicht ausschließlich karitative Zwecke verfolgt. Wenn die Körperschaft im ausländischen Mitgliedstaat aber keinen Sitz hat und auch nicht durch eine Zweigniederlassung repräsentiert ist, fehlt es an einer für die Niederlassungsfreiheit entscheidenden, festen Einrichtung im Tätigkeitsstaat.[439] Aus diesem Grund sah der EuGH in der „Stauffer"-Entscheidung zu Recht den Anwendungsbereich der Niederlassungsfreiheit für die italienische Stiftung ohne Sitz in Deutschland als nicht eröffnet an.[440]

b. *Kapitalverkehrsfreiheit*

Der freie Kapital- und Zahlungsverkehr ist in den Art. 56-60 EG = Art. 63-66 AEU geregelt und für einen einheitlichen Binnenmarkt von zentraler Bedeutung.[441]

Gemeinnützige Einrichtungen erzielen oft einen Großteil ihrer Erträge aus der Verwaltung eigenen Vermögens. Auch in der Rechtssache „Stauffer" war die italienische Stiftung in Deutschland vermögensverwaltend tätig, sie erwirtschaftete Erträge aus der Vermietung eines Geschäftshauses. Eine vermögensverwaltende Tätigkeit rechnet zur Nutzung von Kapital und unterfällt bei einem grenzüberschreitenden Bezug der Kapitalverkehrsfreiheit.[442] Wegen der Eröffnung des Anwendungsbereiches der Kapitalverkehrsfreiheit brauchte in der Rechtssache „Stauffer" keine Entscheidung der oben erläuterten Frage getroffen zu werden, wie sich eine gemeinnützige, karitative Betätigung zu einem im Rahmen der Niederlassungs- bzw. Dienstleistungsfreiheit notwendigen, erwerbswirtschaftlichen Bezug verhält. Auf die richtigerweise notwendige funktionale Betrachtung

---

439 *Schlussantrag der Generalanwältin Stix-Hackl* vom 15.12.2005 – C-386/04 („*Stauffer*"), Slg. 2006, I-8203, Rn. 55.

440 *EuGH* vom 14.09.2006 – C-386/04 („*Stauffer*"), Slg 2006, I-8203 = IStR 2006, 675 = DStR 2006, 1736, Rn. 19 f.

441 *Oppermann/Classen/Nettesheim*, Europarecht, § 31, Rn. 1.

442 *EuGH* vom 14.09.2006 – C-386/04 („*Stauffer*"), Slg 2006, I-8203 = IStR 2006, 675 = DStR 2006, 1736, Rn. 24; *Schlussantrag der Generalanwältin Stix-Hackl* vom 15.12.2005 – C-386/04 („*Stauffer*"), Slg. 2006, I-8203, Rn. 34, 41, 61; *Schäfers*, Die steuerrechtliche Behandlung gemeinnütziger Stiftungen in grenzüberschreitenden Fällen, S. 316.

und die Feststellung, dass die Vermietung gegen Entgelt erfolgte und die Stiftung insoweit mit anderen Wirtschaftsteilnehmern, nämlich anderen Vermietern, in Wettbewerb trat, kam es gar nicht an. Denn wie gezeigt, stellt sich im Rahmen der Kapitalverkehrsfreiheit die Frage eines erwerbswirtschaftlichen Bezuges nicht. Als objektbezogene Grundfreiheit ist die Kapitalverkehrsfreiheit unabhängig vom Vorliegen eines Erwerbszwecks anwendbar. Der persönliche Anwendungsbereich der Kapitalverkehrsfreiheit unterliegt nach Wortlaut und Systematik des EG-Vertrages nicht den Einschränkungen des Art. 48 Abs. 2 EG = Art. 54 Abs. 2 AEU.[443] Soweit gemeinnützige Körperschaften grenzüberschreitend tätig werden und in sachlicher Hinsicht der Anwendungsbereich der Kapitalverkehrsfreiheit eröffnet ist, etwa im Falle grenzüberschreitender Vermögensverwaltung durch das Halten von Beteiligungen, können sie sich auf die Kapitalverkehrsfreiheit berufen.

Es stellt sich aber die weitere Frage, ob auch für Spenden der Anwendungsbereich der Kapitalverkehrsfreiheit eröffnet ist. Anders als im gerade erläuterten Fall einer grenzüberschreitenden Einkünfteerzielung der gemeinnützigen Körperschaft leistet insoweit der Spender grenzüberschreitend. Aus seiner Perspektive muss daher „Kapitalverkehr" vorliegen.[444]

Gegen die Anwendbarkeit der Kapitalverkehrsfreiheit auf Spenden war vorgebracht worden, Kapitalverkehr im Sinne des Art. 56 EG = Art. 63 AEU erfasse nur grenzüberschreitende Finanzgeschäfte zu Anlage- oder Investitionszwecken, es bedürfe einer Anlage bzw. Investitionsabsicht, die bei einer gegenleistungsfreien, altruistischen Spende nicht gegeben sei.[445] Spenden beträfen zudem den ideellen Bereich gemeinnütziger Tätigkeit und nicht die wirtschaftliche Betätigung.[446] Die wohl herrschende Gegenauffassung, welche auch der EuGH vertritt, sieht Spenden als von der Kapitalverkehrsfreiheit umfasst an.[447] Zur Begründung

---

443 *Schlussantrag der Generalanwältin Stix-Hackl* vom 15.12.2005 – C-386/04 („*Stauffer*"), Slg. 2006, I-8203, Rn. 57 ff.

444 Auch für die Kapitalverkehrsfreiheit einzig auf die Perspektive der gemeinnützigen Körperschaft abstellend: *FG Münster* vom 28.10.2005 – 11 K 2505/05 E, EFG 2006, 357 (358).

445 *Eicker*, Grenzüberschreitende gemeinnützige Tätigkeit, S. 215.

446 *Heger*, Gemeinnützigkeit und Gemeinschaftsrecht, in: FR 2004, 1154 (1158).

447 *EuGH* vom 27.01.2009 – C-318/07 („*Persche*"), DStR 2009, 207 = IStR 2009, 171, Rn. 26; *Schlussantrag des Generalanwalts Mengozzi* vom 14.10.2008 – C-318/07 („*Persche*"), Rn. 32 – zitiert nach juris; *Helios/Schlotter*, Spendenabzug und EU-Recht, in: IStR 2006, 483 (486); *Ecker*, Taxation of Non-Profit-Organisations with Multinational Activities – The *Stauffer* Aftermath and Tax Treaties, in: Intertax 2007, 450 (457); *Hüttemann/Helios*, Abzugsfähigkeit von Direktspenden an gemeinnützige Einrichtungen im EU-Ausland, in: IStR 2008, 39 (41 f.); *von Hippel*, Fremdnützige Vermögenstransfers – ein Anwendungsfall der Kapitalverkehrsfreiheit?, in: EuZW 2005, 7 ff.; *Schäfers*, Ausschluss der Steuerbefreiung einer gemeinnützigen, beschränkt steuerpflichtigen ausländischen Stiftung gemeinschaftsrechtswidrig, Anmerkung zum

stützt sie sich primär auf die Nomenklatur im Anhang der Richtlinie 88/361/EWG des Rates vom 24.06.1988 zur Durchführung von Art. 67 EWG. Allerdings wurden die Regelungen zur Kapitalverkehrsfreiheit und insbesondere Art. 67, 69, 70 EWG durch den Vertrag von Amsterdam aufgehoben. Die heutigen Regelungen zur Kapitalverkehrsfreiheit in Art. 56 bis 60 EG = Art. 63 bis 66 AEU enthalten jedoch im Wesentlichen die Regelungen der früheren Normen und auch die wesentlichen Regelungen der Durchführungsrichtlinie. Obwohl die Richtlinie und ihr Anhang damit heute keine direkte Wirkung mehr entfalten, greift der EuGH für die Auslegung des Begriffs „Kapitalverkehr" in ständiger Rechtsprechung weiterhin auf die Nomenklatur zurück und erkennt der Nomenklatur Hinweischarakter für die Definition des Kapitalverkehrs zu.[448] Auch für die Frage, ob Spenden der Kapitalverkehrsfreiheit unterfallen, kann deshalb auf die Nomenklatur zurückgegriffen werden. Im Abschnitt XI, lit. „B" des Anhangs zur Durchführungsrichtlinie werden zwar nicht explizit „Spenden" wohl aber „Schenkungen und Stiftungen" als Kapitalverkehr aufgezählt. Spenden sind zivilrechtlich Schenkungen gem. § 516 Abs. 1 BGB.[449] Deshalb wird zu Recht geschlossen, dass grenzüberschreitende Finanzgeschäfte nicht ausschließlich Anlage- oder Investitionszwecke haben müssten, um als Kapitalverkehr nach Art. 56 EG = Art. 63 AEU zu gelten.[450]

Auch die Überschrift des Abschnitts XI des Anhangs zur Durchführungsrichtlinie – „Kapitalverkehr mit persönlichem Charakter" – steht dieser Auslegung nicht entgegen. Durch die Überschrift wird der Anwendungsbereich nicht auf Finanzgeschäfte zwischen natürlichen Personen begrenzt, schließlich ist die Kapitalverkehrsfreiheit eine Grundfreiheit mit objektivem Charakter. Dazu passt eine Einengung auf bestimmte Personen, die von bestimmten Transaktionen Gebrauch machen, nicht.[451]

Festzuhalten ist damit, dass die Kapitalverkehrsfreiheit als objektbezogene Grundfreiheit eine erhebliche Bedeutung für die Tätigkeit gemeinnütziger Körperschaften hat. Vom Anwendungsbereich der Kapitalverkehrsfreiheit sind ins-

---

EuGH-Urteil vom 14.09.2006 – C-386/04 („Stauffer"), in: ZEV 2006, 459; *Tiedtke/Möllmann*, Spendenabzug und Europarecht, in: IStR 2007, 837 (842).

448 *EuGH* vom 23.02.2006 – C-513/03 („*van Hilten – van der Heijden*"), Slg 2006, I-1957 = IStR 2006, 309 (310), Rn. 39; *EuGH* vom 11.09.2008 – C-11/07 („*Eckelkamp*"), IStR 2008, 697 (698), Rn. 38.

449 Die im Deutschen praktizierte sprachliche Unterscheidung zwischen „Spenden" und „Schenkungen" ist zudem in anderen (offiziellen) Sprachen der Gemeinschaft nicht zu finden – dazu *Tiedtke/Möllmann*, Spendenabzug und Europarecht, in: IStR 2007, 837 (841).

450 *EuGH* vom 27.01.2009 – C-318/07 („*Persche*"), DStR 2009, 207 = IStR 2009, 171, Rn. 31.

451 *Schlussantrag des Generalanwalts Mengozzi* vom 14.10.2008 – C-318/07 („*Persche*"), Rn. 33 ff. – zitiert nach juris.

besondere die grenzüberschreitende vermögensverwaltende Tätigkeit als auch grenzüberschreitend geleistete Spenden erfasst. Auf den mangelnden Erwerbszweck einer gemeinnützigen Körperschaft kommt es wegen des objektbezogenen Charakters der Kapitalverkehrsfreiheit nicht an.

c. Dienstleistungsfreiheit und Arbeitnehmerfreizügigkeit

Nach Art. 49 ff. EG = Art. 56 ff. AEU geschützte Dienstleistungen sind alle Leistungen, die in der Regel gegen Entgelt erbracht werden. Die Dienstleistungsfreiheit ergänzt die Niederlassungsfreiheit und die Freizügigkeit der Arbeitnehmer, weil durch sie grenzüberschreitende erwerbswirtschaftliche Tätigkeiten ohne Sitzverlegung gegen Beschränkungen geschützt werden.[452] Abgrenzungsmerkmal zur Arbeitnehmerfreizügigkeit ist die „selbständige“ Ausübung der Tätigkeit. Weder in der Entscheidung „Stauffer“ noch in der Entscheidung „Persche“ musste der EuGH das Verhältnis der Dienstleistungsfreiheit zur altruistischen Tätigkeit der gemeinnützigen Körperschaften näher untersuchen. Wie dargestellt, war jeweils der Anwendungsbereich der Kapitalverkehrsfreiheit eröffnet, sodass es auf die Anwendbarkeit der gem. Art. 50 Abs. 1 EG = Art. 57 Abs. 1 AEU subsidiären Dienstleistungsfreiheit nicht mehr ankam. Wie gezeigt, ergeben sich für die Sphären der Vermögensverwaltung, der Zweckbetriebe und der wirtschaftlichen Geschäftsbetriebe aus dem Verweis in Art. 55 EG = Art. 62 AEU auf die Einschränkung des notwendigen erwerbswirtschaftlichen Bezuges nach Art. 48 Abs. 2 EG = Art. 54 Abs. 2 AEU keine Einschränkungen der Anwendbarkeit der Dienstleistungsfreiheit auf die Tätigkeit gemeinnütziger Körperschaften.

In der Entscheidung „Jundt“ war nicht der Dienstleistungscharakter der Tätigkeit gemeinnütziger Körperschaften relevant. Vielmehr war der Bezug zur Gemeinnützigkeit deshalb gegeben, weil § 3 Nr. 26 EStG bestimmte nebenberufliche Tätigkeiten im Dienst oder im Auftrag von Körperschaften des öffentlichen Rechts bzw. im Dienst oder im Auftrag gemeinnütziger Körperschaften steuerlich privilegiert. Fraglich war, ob die steuerrechtliche Ausgestaltung der Privilegierung als pauschalierte Aufwandsentschädigung der Annahme einer „entgeltlichen Tätigkeit“ nach Art. 50 EG = Art. 57 AEU entgegenstand. Sollen nur Nachteile bzw. Kosten ausgeglichen werden, die mit der Tätigkeit typischerweise verbunden sind, ist jedenfalls eine Gewinnerzielungsabsicht sehr fraglich. Auf eine Gewinnerzielungsabsicht kommt es aber auch gar nicht an. Entscheidend ist die Entgeltlichkeit der Tätigkeit. Auch insoweit ist eine funktionale Betrachtungsweise aus Sicht des Dienstleistenden geboten und zu fragen, ob der im Dienst oder Auftrag einer gemeinnützigen Körperschaft Tätige als Akteur am Markt auftritt. Dann unter-

452 *Streinz*, Europarecht, Rn. 887.

scheidet sich die entgeltliche Tätigkeit für eine karitative Einrichtung oder eine staatlich finanzierte Einrichtung nicht von der Tätigkeit für eine gewinnorientierte Einrichtung, und der Anwendungsbereich der Grundfreiheit ist eröffnet. So lag es auch im Fall „Jundt" weil Herr Jundt entgeltlich als Dozent tätig war und insoweit als Marktakteur tätig wurde.[453]

Damit unterfallen grenzüberschreitende entgeltliche Tätigkeiten im Dienst oder im Auftrag einer gemeinnützigen Körperschaft ebenso dem Anwendungsbereich der Dienstleistungsfreiheit wie von der gemeinnützigen Körperschaft selbst ausgeübte grenzüberschreitende Dienstleistungen.

d. Zwischenergebnis: Anwendbare Grundfreiheiten

Gemeinnützige Körperschaften können sich in wirtschaftlich relevanten Bereichen (Vermögensverwaltung, wirtschaftlicher Geschäftsbetrieb, Zweckbetrieb) umfassend auf die Grundfreiheiten des Gemeinschaftsrechts berufen. Der Anwendungsbereich der Niederlassungsfreiheit ist dabei nur dann eröffnet, wenn eine feste Einrichtung in einem anderen Mitgliedstaat vorhanden ist, z.B. eine Zweigniederlassung eröffnet wird. Für den Bereich der grenzüberschreitenden Vermögensverwaltung ist regelmäßig der Anwendungsbereich der Kapitalverkehrsfreiheit eröffnet. Der altruistische Zweck einer gemeinnützigen Körperschaft und eine fehlende Gewinnerzielungsabsicht stehen der Anwendung der Kapitalverkehrsfreiheit nicht entgegen, denn die Kapitalverkehrsfreiheit ist eine objektbezogene Grundfreiheit. Aus diesem Grund ist der Anwendungsbereich der Kapitalverkehrsfreiheit auch für die mittelbare Steuervergünstigung des Spendenabzugs eröffnet. Für grenzüberschreitende Tätigkeiten im Dienst oder im Auftrag einer gemeinnützigen Körperschaft ergibt sich aus einer karitativen Zwecksetzung der Körperschaft keine Besonderheit für die Anwendbarkeit der Dienstleistungsfreiheit. Der im Dienst oder im Auftrag einer gemeinnützigen Körperschaft entgeltlich Tätige kann sich ebenso auf die Dienstleistungsfreiheit berufen wie die gemeinnützig tätige Körperschaft selbst.

II. Beschränkung der Grundfreiheiten – Vergleichbare Situation gebietsansässiger und gebietsfremder gemeinnütziger Körperschaften

Ist der Anwendungsbereich der Grundfreiheiten für die Tätigkeit gemeinnütziger Körperschaften eröffnet, ist im Weiteren die Frage einer Diskriminierung ausländischer Körperschaften bzw. einer Beschränkung der Grundfreiheiten im engeren Sinne zu untersuchen. Die sich in diesem Zusammenhang stellende Frage, ob ge-

453 *EuGH* vom 18.12.2007 – C-281/06 („*Jundt*"), Slg 2007, I-12231 = IStR 2008, 220, Rn. 32 ff.).

bietsfremde gemeinnützige Körperschaften durch solche nationalstaatlichen Regelungen diskriminierend behandelt werden, die Steuervergünstigungen für gemeinnützige Tätigkeiten nur gebietsansässigen Körperschaften vorbehalten, ist mit der Vorfrage verknüpft, ob sich inländische und ausländische gemeinnützige Körperschaften grundsätzlich in einer vergleichbaren Situation befinden. Insbesondere das beteiligte deutsche Finanzamt und die deutsche Regierung hatten im „Stauffer" – Verfahren geltend gemacht, die inländischen gemeinnützigen Körperschaften seien in das deutsche soziale Leben integriert und übernähmen Aufgaben, die andernfalls von der Gesellschaft bzw. dem Staat wahrgenommen werden müssten. Durch ihre Tätigkeit entlasteten die inländischen, unbeschränkt steuerpflichtigen Körperschaften den Staatshaushalt, was bei ausländischen, beschränkt steuerpflichtigen Körperschaften nicht der Fall sei, wenn diese (einzig) außerhalb Deutschlands gemeinnützig tätig seien.[454] Eine Staatsentlastung könnten ausländische, in Deutschland lediglich beschränkt steuerpflichtige Körperschaften, zudem deshalb nicht übernehmen, weil sie dem Gemeinnützigkeitsrecht ihres Heimatstaates mit divergierenden Wertvorstellungen und daraus folgenden, divergierenden gesetzlichen Voraussetzungen zur Anerkennung der Gemeinnützigkeit unterlägen.[455]

1. Dogmatische Verortung – Frage der Beschränkung

Nur wenn sich verschiedene juristische oder natürliche Personen in einer vergleichbaren Situation befinden, ist eine grundfreiheitlich relevante Diskriminierung überhaupt möglich. Ungleiches darf (und muss gegebenenfalls) unterschiedlich behandelt werden. Die Frage der Vergleichbarkeit zweier Steuerpflichtiger stellt sich damit bereits im Rahmen der Prüfung des Vorliegens einer Beschränkung, also auf der Ebene des Tatbestandes und nicht der Rechtfertigung. Der EuGH prüft die Frage der Vergleichbarkeit inländischer und ausländischer gemeinnütziger Körperschaften in den Entscheidungen „Stauffer"[456] und „Persche"[457] jedoch erst als möglichen Rechtfertigungsgrund. Zuvor stellt der Gerichtshof jeweils schon eine Beschränkung des Kapitalverkehrs fest. Das Vorgehen des EuGH in dogmatischer Hinsicht könnte nach *Reimer/Ribbrock* mit

---

454 *EuGH* vom 14.09.2006 – C-386/04 („*Stauffer*"), Slg 2006, I-8203 = IStR 2006, 675 = DStR 2006, 1736, Rn. 34.

455 *EuGH* vom 14.09.2006 – C-386/04 („*Stauffer*"), Slg 2006, I-8203 = IStR 2006, 675 = DStR 2006, 1736, Rn. 35.

456 *EuGH* vom 14.09.2006 – C-386/04 („*Stauffer*"), Slg 2006, I-8203 = IStR 2006, 675 = DStR 2006, 1736, Rn. 32 ff.

457 *EuGH* vom 27.01.2009 – C-318/07 („*Persche*"), DStR 2009, 207 = IStR 2009, 171, Rn. 42 ff; so auch schon *Schlussantrag des Generalanwalts Mengozzi* vom 14.10.2008 – C-318/07 („*Persche*"), Rn. 52 ff. – zitiert nach juris.

dem objektiven Charakter der Kapitalverkehrsfreiheit erklärt werden.[458] Tatsächlich genügt im Rahmen der Kapitalverkehrsfreiheit jede unmittelbare oder mittelbare, tatsächliche oder potentielle Beschränkung des Kapitalverkehrs für die Eröffnung des Tatbestandes.[459] Die Frage der Vergleichbarkeit zweier unterschiedlich behandelter Steuerpflichtiger stellt sich aber gleichwohl noch auf Tatbestandsebene, weil insoweit zwischen unterschiedslosen Regelungen und solchen Regelungen zu unterscheiden ist, die nach dem Wohnsitz oder dem Anlageort differenzieren. Folge der Unterscheidung sind unterschiedliche Rechtfertigungsmöglichkeiten. Im Sinne der hier vertretenen Ansicht geht auch Generalanwältin *Stix-Hackl* in ihren Schlussanträgen zur Rechtssache „Stauffer"[460] vor. Trotz Annahme einer (mittelbaren) Beschränkung der Kapitalverkehrsfreiheit stellt sie sich die Frage der Vergleichbarkeit noch im Punkt „Vorliegen einer willkürlichen Diskriminierung". Dass der EuGH die Frage der Vergleichbarkeit in den Entscheidungen „Stauffer" und „Persche" unabhängig vom objektiven Charakter der Kapitalverkehrsfreiheit dogmatisch in den Rechtfertigungsgründen angesiedelt hat, zeigt auch die „Schulgeld"-Entscheidung. Auch in dieser Entscheidung, die nicht zur Kapitalverkehrsfreiheit sondern zur Dienstleistungsfreiheit erging, prüft der EuGH die mangelnde Vergleichbarkeit der Zahlung von Schulgeld an inländische und ausländische Privatschulen erst bezüglich einer möglichen Rechtfertigung.[461] Der Prüfungsort der Vergleichbarkeit dürfte demnach weniger ein dogmatisches Prinzip offenbaren, als vielmehr Beleg einer gewissen dogmatischen Unstetigkeit der Entscheidungen des EuGH und seiner Generalanwälte sein.

2. *Bewertung der Prüfungskriterien des EuGH*

Ungeachtet der aufgezeigten Schwächen der dogmatischen Einordnung soll die Frage der Vergleichbarkeit inländischer und ausländischer gemeinnütziger Körperschaften hier inhaltlich beantwortet werden, um anschließend in einem weiteren Schritt zu untersuchen, ob dem Gerichtshof im Hinblick auf seine Ergebnisse in den Entscheidungen „Stauffer" und „Persche" zumindest materiell zugestimmt werden kann. Oben wurde gezeigt, dass sich unbeschränkt und beschränkt steuer-

---

458 *Reimer/Ribbrock*, Steuerbefreiung von inländischen Vermietungseinkünften einer ausländischen Stiftung, Anmerkung zum Urteil des EuGH vom 14.09.2006 – C-386/04 (*„Stauffer")*, in: IStR 2006, 679.

459 *Streinz*, Europarecht, Rn. 904.

460 *Schlussantrag der Generalanwältin Stix-Hackl* vom 15.12.2005 – C-386/04 („*Stauffer*"), Slg. 2006, I-8203, Rn. 88 ff.

461 *EuGH* vom 11.09.2007 – C-76/05 („*Schulgeld, Vorabentscheidungsverfahren*"), Slg 2007, I-6849 = IStR 2007, 703, Rn. 72 ff. – anders wiederum (Prüfung im Rahmen der Frage des Vorliegens einer Diskriminierung) *Schlussantrag der Generalanwältin Stix-Hackl* vom 21.09.2006 – C-76/05 („*Schulgeld, Vorabentscheidung*"), Slg. 2007, I-6849, Rn. 44 ff.

pflichtige natürliche Personen hinsichtlich der Einkünfteerzielung in einer vergleichbaren Situation befinden und objektiv erwerbssichernde Betriebsausgaben bzw. Werbungskosten im Quellenstaat zu berücksichtigen sind.[462] Die Frage der Vergleichbarkeit gebietsansässiger und gebietsfremder juristischer Personen ist normgeprägt zu beantworten, eine Vergleichbarkeit beruht auch auf den Grundsatzentscheidungen, die der nationale Gesetzgeber getroffen hat.[463] Allerdings ist der nationale Gesetzgeber bei seinen Grundsatzentscheidungen an das Gemeinschaftsrecht gebunden, das Ermessen muss daher im Rahmen des Gemeinschaftsrechts ausgeübt werden. Somit sind tatsächlich zwei Fragen zu beantworten. (1.) Befinden sich inländische und ausländische gemeinnützige Körperschaften unter Berücksichtigung der Vorgaben des nationalen Rechts in einer vergleichbaren Situation? (2.) Wenn nicht, beruht dies einzig auf einer nach dem Gemeinschaftsrecht verbotenen Differenzierung, z.B. nach dem Sitz der Körperschaft? Von diesen Prämissen geht auch der EuGH in den Entscheidungen „Stauffer"[464] und „Persche"[465] aus und konstatiert zu Recht, dass eine vergleichbare Situation dann vorliegt, wenn die ausländischen Körperschaften alle (objektiven) nationalen Voraussetzungen der Gemeinnützigkeit erfüllen. Das Kriterium der Ansässigkeit im Inland darf dabei als diskriminierendes Merkmal nicht berücksichtigt werden. Auch die hinter dem Erfordernis der Inlandsansässigkeit stehenden Wertungsentscheidungen des Gesetzgebers sind insoweit unbeachtlich. Der Staatsentlastungsgedanke mag das entscheidende Motiv des Gesetzgebers dafür gewesen sein, dass er die steuerlichen Vergünstigungen den unbeschränkt steuerpflichtigen Körperschaften, also jenen mit Sitz oder Geschäftsleitung im Inland, vorbehielt. Die gesetzestechnische Umsetzung im Wege der Typisierung „beschränkt steuerpflichtig" / „unbeschränkt steuerpflichtig" überschreitet aber den gemeinschaftsrechtlichen Ermessensspielraum, weil sie an die Ansässigkeit und damit an ein diskriminierendes Merkmal anknüpft.

Dieser Gedanke wird durch die Argumentation des EuGH in der „Schulgeld"-Entscheidung gestützt. Dort war von deutscher Seite argumentiert worden, dass inländische und ausländische Privatschulen nicht vergleichbar seien und der gesetzliche Ausschluss der steuerlichen Abziehbarkeit der Schulgeldzahlungen (§ 10 Abs. 1 Nr. 9 EStG) an ausländische Privatschulen schon deshalb keine Diskriminierung darstelle. Die mangelnde Vergleichbarkeit der Schulen ergäbe sich speziell daraus, dass ausländische Privatschulen nicht dem verfassungsrecht-

462 S. Zweiter Teil, C., III., 6., lit. b, S. 100 ff.

463 *Reimer/Ribbrock*, Gemeinnützigkeit auch für ausländische Körperschaften?, in: RIW 2005, 611 (614).

464 *EuGH* vom 14.09.2006 – C-386/04 („*Stauffer*"), Slg 2006, I-8203 = IStR 2006, 675 = DStR 2006, 1736, Rn. 40.

465 *EuGH* vom 27.01.2009 – C-318/07 („*Persche*"), DStR 2009, 207 = IStR 2009, 171, Rn. 49.

lichen Verbot der Sonderung der Schüler nach den Besitzverhältnissen der Eltern unterlägen (Art. 7 Abs. 4 GG).[466] Auch in der „Schulgeld“-Entscheidung akzeptiert der EuGH wie in der „Stauffer“-Entscheidung die typisierende gesetzestechnische Umsetzung nicht. Es müssten im Gesetz objektive Kriterien aufgestellt werden, die es ermöglichten, zu bestimmen, welche Arten des Schulgeldes abzugsfähig seien. Dazu könne z.B. auf eine begrenzte Höhe des Schulgeldes abgestellt werden, die garantiere, dass keine Sonderung der Schüler nach den Besitzverhältnissen der Eltern erfolge.[467] Die gesetzestechnische Typisierung nach der Ansässigkeit der Schule mit der Folge, dass Schulgeld für jede im Ausland ansässige Schule automatisch von der steuerlichen Vergünstigung ausgeschlossen ist, stellte also ebenfalls eine nicht mit dem Gemeinschaftsrecht zu vereinbarende Regelung dar. Der den Mitgliedstaaten hinsichtlich der Gestaltung des Schulsystems und der Erhebung der Steuern zustehende Ermessensspielraum wurde von Deutschland überschritten.

Festzuhalten bleibt, dass sich eine inländische und eine ausländische gemeinnützige Körperschaft in einer vergleichbaren Situation befinden, wenn die ausländische Körperschaft alle (objektiven) nationalen Voraussetzungen der Gemeinnützigkeit erfüllt. Die Vergleichbarkeit scheitert nicht bereits daran, dass hinter dem Gemeinnützigkeitsrecht der rechtfertigende Gedanke der Staatsentlastung steht. Die hinter einer gesetzlichen Regelung stehenden Wertungsentscheidungen müssen sich in Form objektiver, nicht diskriminierender Kriterien aus dem Gesetz selbst ergeben.

3. *Kritik an den Ergebnissen des EuGH*

Obwohl die Prüfungskriterien des EuGH überzeugen, kann den konkreten Ergebnissen zur Beurteilung der Frage der Vergleichbarkeit inländischer und ausländischer gemeinnütziger Körperschaften in den Entscheidungen „Stauffer“ und „Persche“ nicht zugestimmt werden. Das Verdikt der Vergleichbarkeit der beiden streitgegenständlichen Körperschaften mit inländischen Organisationen kann nicht überzeugen, weil der EuGH von falschen Voraussetzungen ausging. Die Annahme der Vergleichbarkeit beruhte in der Rechtssache „Stauffer“ darauf, dass der I. Senat des BFH in seiner Vorlage an den EuGH insinuiert hatte, dass die italienische Stiftung – bis auf die Ansässigkeit im Inland – alle Voraussetzungen der steuerlichen Gemeinnützigkeit nach dem nationalen Recht, den §§ 51-68 AO, erfüllte.

466 *EuGH* vom 11.09.2007 – C-76/05 („*Schulgeld, Vorabentscheidungsverfahren*“), Slg 2007, I-6849 = IStR 2007, 703, Rn. 72 f.; *Schlussantrag der Generalanwältin Stix-Hackl* vom 21.09.2006 – C-76/05 („*Schulgeld, Vorabentscheidung*“), Slg. 2007, I-6849, Rn. 41 ff.

467 *EuGH* vom 11.09.2007 – C-76/05 („*Schulgeld, Vorabentscheidungsverfahren*“), Slg 2007, I-6849 = IStR 2007, 703, Rn. 72 f.

Vor allem die Maßgabe der Auslandsoffenheit des deutschen Gemeinnützigkeitsrechts und die daraus folgende Vergleichbarkeit der ausländischen mit den inländischen gemeinnützigen Körperschaften war damit Geschäftsgrundlage der „Stauffer"-Entscheidung des EuGH.[468] Dass das deutsche Gemeinnützigkeitsrecht aber auch bereits in der bis zum 31.12.2008 geltenden Fassung einen Inlandsbezug enthielt und eine Förderung der Allgemeinheit eine Förderung deutscher Staatsangehöriger bzw. der deutschen Bevölkerung meinte, wurde oben bereits gezeigt.[469] Im Vorlagebeschluss zur Rechtssache „Persche" wies denn auch der XI. Senat des BFH zutreffend darauf hin, dass eine Inlandsanknüpfung hinsichtlich der Förderung der Allgemeinheit in der rechtswissenschaftlichen Diskussion in Deutschland umstritten ist.[470] Darüber setzte sich Generalanwalt *Mengozzi* in seinem Schlussantrag zur Rechtssache „Persche" mit der Erwägung hinweg, der BFH habe als vorlegendes Gericht die in der „Stauffer"-Entscheidung vertretene Auslegung des § 52 AO nicht entkräftet, insoweit genüge der erfolgte Hinweis auf die umstrittene Auslegung nicht.[471] Der EuGH selbst ging in der „Persche"-Entscheidung gar nicht auf den Hinweis des XI. Senats ein. Damit blieb in den Urteilen des EuGH völlig unbeachtet, dass weder die italienische „Stauffer"-Stiftung mit der Zielsetzung der Ausbildung und Erziehung junger schweizerischer Musiker, noch das von Herrn Persche unterstützte portugiesische Senioren- und Kinderheim eine hinreichend enge Verbindung zu Deutschland und seiner Bevölkerung aufwiesen. Allein deshalb waren in beiden Fällen die im Ausland als gemeinnützig anerkannten Körperschaften einer inländischen gemeinnützigen Körperschaft nicht vergleichbar, und schon allein deshalb vermögen die Entscheidungen des EuGH im Ergebnis nicht zu überzeugen.

Die mangelnde Vergleichbarkeit ergab sich aber nicht nur aus der fehlenden Inlandsanknüpfung der Tätigkeiten der „Stauffer"-Stiftung und des von Herrn Persche unterstützten Senioren- und Kinderheimes. Beide Körperschaften erfüllten gerade nicht alle weiteren inländischen Voraussetzungen steuerlicher Gemeinnützigkeit gemäß der §§ 51-68 AO. Im Fall „Persche" handelte es sich vermutlich schon um eine in Deutschland grundsätzlich nicht gemeinnützigkeitsfähige Personengesellschaft.[472] Das vorlegende FG Münster hatte insoweit aber keine weiteren

---

468 *Von Proff*, Gemeinnützigkeit nach den „Stauffer"-Urteilen des EuGH und des BFH, in: IStR 2007, 269 (271); von der europaoffenen Auslegung als „rotem Faden" der Argumentation des EuGH spricht *Jachmann*, Die Entscheidung des EuGH im Fall Stauffer – Nationale Gemeinnützigkeit in Europa, in: BB 2006, 2607 (2610).

469 S. Erster Teil, D., I., 1., lit. b., S. 44 ff.

470 *BFH* vom 09.05.2007 – XI R 56/05, BFHE 218, 125 = DStR 2007, 1295 (1297).

471 *Schlussantrag des Generalanwalts Mengozzi* vom 14.10.2008 – C-318/07 („*Persche*"), Rn. 67.

472 *Fischer*, Das EuGH-Urteil Persche zu Auslandsspenden – die Entstaatlichung des Steuerstaates geht weiter, in: FR 2009, 249 (251).

Feststellungen getroffen, weshalb der BFH nach der Entscheidung der Vorlagefrage durch den EuGH die Sache zur Sachverhaltsaufklärung zurückverwies.[473] Im Fall der „Stauffer"-Stiftung war (1.) das Erfordernis der satzungsmäßigen Vermögensbindung gemäß § 61 Abs. 1 AO nicht gewahrt[474] und (2.) die Erfüllung der Anforderungen an die tatsächliche Geschäftsführung gemäß § 63 AO nicht gesichert.[475] Über das Erfordernis der satzungsmäßigen Vermögensbindung für den Fall der Auflösung oder Aufhebung der Körperschaft oder bei Wegfall des bisherigen Zweckes (§ 61 Abs. 1 AO i.V.m. § 55 Abs. 1 Nr. 4 AO) rettete sich der BFH mit einer zweifelhaften Subsumtion. Er stellte die Behauptung auf, dass gemäß § 62 AO die satzungsmäßige Vermögensbindung auch dann entbehrlich sei, wenn die Stiftung von der italienischen Stiftungsaufsicht beaufsichtigt würde, obwohl der BFH selbst zugestand, dass der Gesetzgeber für die Ausnahme des § 62 AO die Stiftungsaufsicht durch die deutschen Bundesländer vor Augen gehabt haben dürfte.[476] Die Frage der Erfüllung der gesetzlichen Anforderungen an die tatsächliche Geschäftsführung (insbesondere die Frage der zeitnahen Mittelverwendung gemäß §§ 55 Abs. 1 Nr. 5, 58 Nr. 7 lit. a AO) ließ der BFH sogar offen und verwies die Sache nach der Entscheidung des EuGH zur weiteren Sachverhaltsaufklärung an das Finanzgericht zurück.[477] Der I. Senat des BFH hat damit selbst klargestellt, dass vor dem Hintergrund der tatrichterlichen Entscheidungen ungewiss war, ob die „Stauffer"-Stiftung den Anforderungen an die tatsächliche Geschäftsführung genügte.[478]

4. *Zwischenergebnis: Vergleichbarkeit inländischer und ausländischer gemeinnütziger Körperschaften*

Zur vergleichbaren Situation inländischer und ausländischer gemeinnütziger Körperschaften sind die Entscheidungen des EuGH in den Rechtssachen „Stauffer" und „Persche" nicht frei von einer dogmatischen Unstetigkeit. Auch im Ergebnis ist den Entscheidungen nicht vollumfänglich zuzustimmen. Weder die „Stauffer"-Stiftung noch das von Herrn Persche unterstützte Senioren- und Kinderheim sind inländischen gemeinnützigen Körperschaften vergleichbar. Das folgt auch, aber nicht nur, aus der mangelnden Inlandsanknüpfung der Tätigkeit der beiden Körperschaften. Abgesehen von den Ergebnissen im Einzelfall kann dem Gerichtshof

---

473 *BFH* vom 27.10.2009 – X R 46/05, BFH/NV 2009, 1633.

474 *BFH* vom 14.07.2004 – I R 94/02 = BStBl. II 2005, 721 = BFHE 206, 350 = DStR 2004, 1644 (1646).

475 *BFH* vom 14.07.2004 – I R 94/02 = BStBl. II 2005, 721 = BFHE 206, 350 = DStR 2004, 1644 (1646).

476 S. Erster Teil, D., III., S. 54.

477 *BFH* vom 20.12.2006 – I R 94/02 = IStR 2007, 217.

478 *BFH* vom 09.05.2007 – XI R 56/05, BFHE 218, 125 = DStR 2007, 1295.

im Kern jedoch zugestimmt werden. Eine inländische und eine ausländische gemeinnützige Körperschaft befinden sich in einer vergleichbaren Situation, wenn die ausländische Körperschaft alle (objektiven) nationalen Voraussetzungen der Gemeinnützigkeit erfüllt. Die Vergleichbarkeit scheitert nicht bereits daran, dass hinter den steuerlichen Vergünstigungen für gemeinnützige Körperschaften in Deutschland der rechtfertigende Gedanke der Staatsentlastung steht. Hinter einer Regelung stehende gesetzgeberische Wertungen können vom nationalen Gesetzgeber nicht in einer typisierenden, an die Ansässigkeit anknüpfenden Art und Weise im Gesetz verankert werden. Auch andere Merkmale, die charakteristisch für inländische oder für ausländische Körperschaften sind, taugen nicht zur Typisierung. Eine solche Abgrenzung stellte eine rechtfertigungsbedürftige Beschränkung der Grundfreiheiten dar. Die Merkmale und Wertungen müssen vielmehr in Form objektiver, nicht diskriminierender Kriterien im Gesetz selbst enthalten sein, sodass grundsätzlich auch nichtansässige Körperschaften die nationalen Voraussetzungen steuerlicher Gemeinnützigkeit erfüllen können.

III. Rechtfertigung einer Beschränkung

Befinden sich inländische und ausländische gemeinnützige Körperschaften grundsätzlich in einer vergleichbaren Situation und werden gleichwohl steuerlich ungleich behandelt, so stellt dies eine rechtfertigungsbedürftige Beeinträchtigung der Grundfreiheiten dar. Ob tatsächlich eine Verletzung der Grundfreiheiten vorliegt oder ob die Beschränkung gerechtfertigt werden kann, ist im Folgenden zu klären.

1. Kohärenz

In der Literatur wurde im Vorfeld der Entscheidung des EuGH zur Rechtssache „Stauffer“ kontrovers diskutiert, ob die staatsentlastende und staatssubstituierende Funktion der gemeinnützigen Körperschaften eine Rechtfertigung grundfreiheitlicher Beschränkungen darstellen kann, obwohl die bis zum 31.12.2008 geltende Regelung des § 5 Abs. 2 Nr. 2 KStG a.F. mit dem Merkmal der beschränkten Steuerpflicht indirekt an die Ansässigkeit der Körperschaften anknüpfte.[479] Nach *Jachmann* bestehe eine relevante Kohärenz zwischen der Steuerbefreiung des § 5 Abs. 1 Nr. 9 KStG und dem gemeinwohldienlichen Handeln als Steuersubstitut.

---

479 Als kohärente Ausgestaltung wurde die Norm angesehen von *Jachmann*, Die Europarechtswidrigkeit des § 5 Abs. 2 Nr. 2 KStG, in: BB 2003, 990 (992). Eine Rechtfertigung unter dem Gesichtspunkt der Kohärenz lehnte *Kube* ausdrücklich ab, bejahte aber eine Rechtfertigung wegen der Funktion des Gemeinnutzausgleichs: *Kube*, IStR 2005, 469 (473), auch *Isensee* geht von einer Rechtfertigung wegen der Funktion der Gemeinnützigkeit aus: *Isensee*, Gemeinnützigkeit und Europäisches Gemeinschaftsrecht, in: DStJG 26 (2003), S. 93 (111 ff.).

Da gemeinwohlbezogenes Handeln einen strukturellen Inlandsbezug der Tätigkeit voraussetze, bestehe ein Zusammenhang zwischen der Übernahme der Gemeinwohlverantwortung durch inländische Körperschaften und der Entlastung von der Verpflichtung zur Steuerzahlung für ebenjene Körperschaften. Die wohl überwiegende Gegenmeinung lehnte eine Rechtfertigung unter dem Gesichtspunkt der Kohärenz jedoch ab.[480] *Helios*[481] bemühte dafür die überkommene, zu enge Kohärenzformel des EuGH und konstatierte, dass zwischen der Gewährung der Steuerbefreiung für die inländischen gemeinnützigen Körperschaften und der Besteuerung der Gewinne der ausländischen Körperschaften schon deshalb kein unmittelbarer Zusammenhang bestehe, weil es sich um zwei getrennte Besteuerungen von verschiedenen Steuerpflichtigen handele. Dem ist zu widersprechen. Selbst wenn man entgegen der hier vertretenen Ansicht an der engen Auslegung des im Rahmen der Kohärenz notwendigen „unmittelbaren Zusammenhangs" festhalten und eine steuerliche Be- und Entlastung desselben Steuerpflichtigen fordern wollte[482], kann *Helios'* Ergebnis nicht überzeugen. Mit *Helios'* Ansatz, einen Ausgleich zwischen der Entlastung der Inländer und der Belastung der Ausländer zu suchen, hätte auch im Fall „Bachmann"[483], dem „Musterfall der Kohärenz" kein unmittelbarer Zusammenhang bestanden. Denn auch in „Bachmann" stand die Gewährung der Abzugsfähigkeit der Beiträge an inländische Versicherer in keinem unmittelbaren Zusammenhang mit der Nicht-

---

480 *Thömmes*, Gemeinnützigkeit und EG-Recht – Zur EG-Rechtswidirgkeit des § 5 Abs. 2 Nr. 3 KStG, in: Jahrbuch der Fachanwälte für Steuerrecht (JbFStR) 1999/2000, S. 123 (125); *Helios*, Das deutsche Gemeinnützigkeitsrecht innerhalb der Schranken des Europarechts, in: BB 2002, 1893 (1897); *Hufeld*, Deutsches Steuerrecht und europäische Gemeinnützigkeit, in: FS-Mußgnug, S. 255 (263 ff.); *Eicker*, Erfordern die EG-Grundfreiheiten eine Änderung des deutschen Gemeinnützigkeitsrechts?, in: ZErb 2005, 147 (156); *Hüttemann*, Gemeinnützigkeits- und Spendenrecht, § 1, Rn. 133; *Becker*, Vergleich der Aufgabenverteilung zwischen öffentlichem und privatem Bereich – Spendenrecht im Spiegel der Staats- und Verfassungsrechtsentwicklung, in: Spenden- und Gemeinnützigkeitsrecht in Europa, S. 637 (649 f.); *Hüttemann/Helios*, Zum grenzüberschreitenden Spendenabzug in Europa nach dem EuGH-Urteil vom 27.1.2009, Persche, in: DB 2009, 701 (704); *Ecker*, Taxation of Non-Profit-Organisations with Multinational Activities – The *Stauffer* Aftermath and Tax Treaties, in: Intertax 2007, 450 (454) verneint zwar eine Rechtfertigung für *Stauffer* und *Persche*, sieht jedoch die Möglichkeit einer Rechtfertigung, wenn die Steuervorteile auf die Fälle der Zweckverwirklichung im Inland begrenzt werden.

481 *Helios*, Das deutsche Gemeinnützigkeitsrecht innerhalb der Schranken des Europarechts, in: BB 2002, 1893 (1897); mit dem Erfordernis desselben Steuerpflichtigen argumentiert auch *Becker*, Vergleich der Aufgabenverteilung zwischen öffentlichem und privatem Bereich – Spendenrecht im Spiegel der Staats- und Verfassungsrechtsentwicklung, in: Spenden- und Gemeinnützigkeitsrecht in Europa, S. 637 (649 f.).

482 Zum hier vertretenen Ansatz einer übergreifenden Kohärenzbetrachtung s. Zweiter Teil, C., III., 6., lit. a., bb., S. 97 ff.

483 *EuGH* vom 28.01.1992 – C-204/90 („*Bachmann*"), Slg 1992, I-249 = EuZW 1992, 215 = RIW 1992, 334.

abzugsfähigkeit der Beiträge an ausländische Versicherer. Darauf stützte sich der Kohärenzansatz des EuGH auch nicht. Vielmehr sah der Gerichtshof die Nichtabzugsfähigkeit der Beiträge an ausländische Versicherer deshalb als gerechtfertigt an, weil die Abzugsfähigkeit der Beiträge an inländische Versicherer (steuerliche Begünstigung) an die Besteuerung der späteren Bezüge aus den Versicherungen gekoppelt war (steuerliche Belastung). Übertragen auf die Steuerbegünstigung für inländische gemeinnützige Körperschaften bedeutet dies, dass man den ausländischen gemeinnützigen Körperschaften den steuerlichen Vorteil vorenthalten darf, wenn dem steuerlichen Vorteil der inländischen Körperschaften eine kohärente steuerliche Belastung gegenübersteht, die ausländische gemeinnützige Körperschaften nicht trifft. Und genau an dieser Stelle setzt der Gedanke der Staatsentlastung an. Die steuerlichen Begünstigungen des Gemeinnützigkeitsrechts sollen der Nachteilsausgleich der gemeinnützigen Körperschaften für die mit der Aufgabenwahrnehmung verbundene Kostenlast sein. Indem die gemeinnützigen Körperschaften freiwillig zum gemeinen Wohl tätig werden, substituieren sie eine Steuerzahlung.

Ausgehend von diesem Gedanken drängt sich jedoch die Frage auf, warum nicht auch ausländische gemeinnützige Körperschaften einen steuerlichen Nachteilsausgleich erfahren sollen, wenn sie tatsächlich im Inland staatsentlastend tätig werden und sich nach dem oben Gesagten in einer den inländischen Körperschaften vergleichbaren Situation befinden. Eine Anknüpfung an die Ansässigkeit als subjektive Typisierung[484] erscheint danach jedenfalls nicht zwingend. Dies war auch für Generalanwältin *Stix-Hackl* in ihrem Schlussantrag in der Rechtssache „Stauffer“ entscheidend. Legte man eine weite Auslegung des Kohärenzbegriffes zugrunde, könne unter dem Gesichtspunkt des Lastenausgleichs eine differenzierende steuerliche Regelung nur dann als kohärent erscheinen, wenn die bevorzugte Behandlung an den Inlandsbezug der Tätigkeit und nicht an die Inlandsansässigkeit der Körperschaft anknüpfe.[485] Insoweit kann *Stix-Hackl* zugestimmt werden. Widerspruch fordert allerdings ihre alternative, enge Interpretation des Kohärenzbegriffes, und das nicht nur wegen des Ansatzes, sondern ebenso wegen der verfehlten Subsumtion. Nach *Stix-Hackl* sei für den Fall, dass man einen steuerlichen Vor- und Nachteil desselben Steuerpflichtigen forderte, jedenfalls keine Begünstigung erkennbar, die den Nachteil der ausländischen Körperschaften ausgleiche.[486] Damit verdreht *Stix-Hackl* das Kompensationsverhältnis. Denn entscheidend ist doch die Frage, ob den ausländischen Körperschaf-

484 *Jachmann*, Die Europarechtswidrigkeit des § 5 Abs. 2 Nr. 2 KStG, in: BB 2003, 990 (992).

485 *Schlussantrag der Generalanwältin Stix-Hackl* vom 15.12.2005 – C-386/04 („*Stauffer*“), Slg. 2006, I-8203, Rn. 106.

486 *Schlussantrag der Generalanwältin Stix-Hackl* vom 15.12.2005 – C-386/04 („*Stauffer*“), Slg. 2006, I-8203, Rn. 105.

ten die steuerliche Begünstigung vorenthalten werden kann, weil die nationale Regelung, die den steuerlichen Vorteil auf Inländer begrenzt, dadurch gerechtfertigt ist, dass sie einen nur Inländer treffenden steuerlichen Nachteil mit dem nur Inländern vorbehaltenen steuerlichen Vorteil kompensiert. Es kommt auf den zu kompensierenden steuerlichen Nachteil des Inländers und nicht auf einen möglichen anderweitigen steuerlichen Vorteil des Ausländers an. Bezugspunkt der Gleichheitsprüfung ist der Inlandssachverhalt.[487]

Genau von dieser Seite nähert sich auch der EuGH in der Rechtssache „Stauffer" dem Kompensationsverhältnis. Er fragt zu Recht, welchen Nachteil die unbeschränkt steuerpflichtigen, inländischen Körperschaften haben, der durch die bevorzugte Behandlung, die Steuerbefreiung, ausgeglichen wird. Eine steuerliche Belastung, die mit der Steuerbefreiung in unmittelbarem Zusammenhang steht, vermag der EuGH jedoch nicht zu erkennen.[488]

Der EuGH führt weiter aus, dass es legitim erscheine, die Steuervorteile denjenigen Körperschaften vorzubehalten, die die politischen Ziele des Mitgliedstaates verfolgten, jedoch setze das deutsche Recht mit § 52 AO nach den Angaben des vorlegenden Gerichts gerade keinen Inlandsbezug der gemeinnützigen Tätigkeit voraus.[489] Damit werden zwei Dinge deutlich. Zum Ersten zeigt diese Aussage des EuGH in den Rechtfertigungserwägungen erneut, dass der vom I. Senats des BFH verneinte Inlandsbezug des deutschen Gemeinnützigkeitsrechts als fragwürdige Prämisse[490] tatsächlich Geschäftsgrundlage[491] der „Stauffer"-Entscheidung des EuGH geworden ist. Zum Zweiten bleibt offen, ob der EuGH zum Rechtfertigungsgrund der Kohärenz anders entschieden hätte, wenn in der Vorlagefrage die durchgängige Inlandsanknüpfung des deutschen Gemeinnützigkeitsrechts nach der auch hier befürworteten Auffassung betont worden wäre.

Das muss allerdings bezweifelt werden. Der EuGH ist zwar vom Erfordernis desselben Steuerpflichtigen zugunsten einer übergreifenden Kohärenzbetrachtung abgerückt.[492] Gleichwohl verlangt der EuGH für die Annahme eines „unmittelbaren Zusammenhangs" zwischen steuerlichem Vorteil und steuerlichem Nachteil,

---

487 S. Zweiter Teil, C., III., 5., S. 94 f.

488 *EuGH* vom 14.09.2006 – C-386/04 („*Stauffer*"), Slg 2006, I-8203 = IStR 2006, 675 = DStR 2006, 1736, Rn. 56.

489 *EuGH* vom 14.09.2006 – C-386/04 („*Stauffer*"), Slg 2006, I-8203 = IStR 2006, 675 = DStR 2006, 1736, Rn. 57.

490 *Fischer*, Unorthodoxe Überlegungen zur Verfassungsarchitektur Europas am Beispiel des Falles „Stauffer" in: FR 2007, 361 (364).

491 *Von Proff*, Gemeinnützigkeit nach den „Stauffer"-Urteilen des EuGH und des BFH, in: IStR 2007, 269 (271).

492 S. Zweiter Teil, C., III., 6., lit. a., bb., S. 97 ff.

dass Vorteil und Nachteil jeweils messbar sind und sich nicht lediglich abstrakt aus einer umfassenderen, makroökonomisch ansetzenden Gesamtschau ergeben.

Deshalb hielt der EuGH im Fall „Vestergaard“[493] die Beschränkung der Abzugsfähigkeit von Fortbildungskosten auf Fortbildungen im Inland für nicht kohärent. Der Zusammenhang zwischen dem staatlichen Einnahmeverlust durch die Abzugsfähigkeit der Kosten einer Fortbildung im Inland und dem aus einer Inlandsfortbildung entstehenden, volkswirtschaftlichen Ertrag, der sich auch in erhöhten Steuereinnahmen niederschlägt, reichte dem Gerichtshof nicht aus. Es fehle im Hinblick auf den Steuerpflichtigen, der sich im Inland fortbildet, an irgendeiner kompensierenden Besteuerung.[494] Der Gerichtshof erwartet also einen messbaren Ausgleich auf Seiten des Steuerpflichtigen, nicht des Staates. Auch Generalanwalt *Saggio* hatte in seinem Schlussantrag in der Rechtssache „Vestergaard“ bereits gefordert, dass sich das Kompensationsverhältnis konkretisieren müsse zwischen den an den Steuerpflichtigen durch den Steuerabzug zurückfließenden Beträgen und den Beträgen, die der Staat durch eine anderweitige Besteuerung (konkret) einnimmt.[495]

In die gleiche Richtung gehen die Kohärenzerwägungen des Gerichtshofes in der Entscheidung „Laboratoires Fournier“[496], nach der eine steuerliche Förderung von Forschungsausgaben nicht auf Forschungstätigkeiten im Inland begrenzt werden darf. Der EuGH lehnte einen rechtfertigenden unmittelbaren Zusammenhang im Sinne der Kohärenz ab, obwohl auch hier in volkswirtschaftlicher Hinsicht eine Beziehung herzustellen gewesen wäre. Dem steuerlichen Vorteil durch die Abzugsfähigkeit der im Inland erbrachten Forschungsleistungen standen nämlich die steuerlichen Abzüge der Forschungsunternehmen entgegen, die ihre Erträge, die sie durch ihre im Inland erbrachten Forschungstätigkeiten erwirtschafteten, in Frankreich hätten versteuern müssen. Zudem wären weitere Steuern und Abgaben durch die Unterhaltung von Arbeitsplätzen im Inland entstanden. Für den französischen Staat lag also durchaus ein Kompensationsverhältnis vor, nicht jedoch für die Unternehmen als Auftraggeber der Forschungsdienstleistungen. Darauf kam es dem Gerichtshof aber auch in „Laboratoires Fournier“ entscheidend an. Er betonte, ebenso wie bereits Generalanwalt *Jacobs*,

---

493 *EuGH* vom 28.10.1999 – C-55/98 („*Vestergaard“*), Slg 1999, I-7641 = IStR 1999, 694.

494 *EuGH* vom 28.10.1999 – C-55/98 („*Vestergaard“*), Slg 1999, I-7641 = IStR 1999, 694, Rn. 24.

495 *Schlussantrag des Generalanwalts Saggio* vom 10.06.1999 – C-55/98 („*Vestergaard*“), Slg. 1999, I-7641, Rn. 38.

496 *EuGH* vom 10.03.2005 – C-39/04 („*Laboratoires Fournier*“), Slg 2005, I-2057 = IStR 2005, 312.

dass dem steuerlichen Vorteil durch die Abzugsfähigkeit der Forschungsaufwendungen kein steuerlicher Nachteil gegenüberstand.[497]

Schließlich gehen auch die Erwägungen des Generalanwalts *Maduro*[498] und des *EuGH*[499] in der Rechtssache „Jundt" in die aufgezeigte Richtung. Kernaussage der Entscheidung zur Rechtssache „Jundt" ist, dass eine steuerliche Vergünstigung für eine nebenberufliche Lehrkraft im Dienst einer öffentlichen Körperschaft nicht davon abhängig gemacht werden darf, dass im Dienst oder Auftrag einer inländischen Körperschaft gelehrt wird. Von deutscher Seite war vorgetragen worden, dass der deutsche Staat auch einen Nutzen aus der Steuervergünstigung des Lehrbeauftragten ziehe, weil er den Lehr- und Forschungsauftrag der Universitäten zu einem günstigeren Preis sicherstellen könne.[500] Dieser Zusammenhang zwischen einer Steuervergünstigung für den Einzelnen und dem Vorteil für den Staat reichte dem EuGH aber auch in diesem Fall nicht für die rechtfertigende Annahme einer kohärenten Regelung.[501]

Festzuhalten bleibt damit, dass grundfreiheitlich beschränkende Regelungen nicht deshalb mit dem Argument einer „kohärenten Regelung" gerechtfertigt werden können, weil die Steuervergünstigungen der gemeinnützigen Körperschaften einen (notwendigen) Ausgleich für die staatsentlastende und staatssubstituierende Tätigkeit der Körperschaften darstellen. Das ist auch dann nicht möglich, wenn die nationalen Regelungen an einen Inlandsbezug der gemeinnützigen Tätigkeit anknüpfen. Der Kohärenzbegriff erlaubt es nach der Rechtsprechung des EuGH nicht, volkswirtschaftliche Zusammenhänge einer subjektiv typisierenden Regelung zugrunde zu legen.

2. *Funktion und Wesen des Gemeinnutzausgleichs*

Unabhängig vom Gesichtspunkt der Kohärenz wurde in der Literatur wegen der Funktion und des Wesens des Gemeinnutzausgleichs eine Begrenzung der Steuervergünstigungen auf inländische gemeinnützige Körperschaften als gerechtfertigt

---

497 *EuGH* vom 10.03.2005 – C-39/04 („*Laboratoires Fournier*"), Slg 2005, I-2057 = IStR 2005, 312, Rn. 21; *Schlussantrag des Generalanwalts Jacobs* vom 09.12.2004 – C-39/04 („*Laboratoires Fournier*"), Slg. 2005, I-2057, Rn. 27.

498 *Schlussantrag des Generalanwaltes Maduro* vom 10.10.2007 – C-281/06 („*Jundt*"), Slg. 2007, I-12231.

499 *EuGH* vom 18.12.2007 – C-281/06 („*Jundt*"), Slg 2007, I-12231 = IStR 2008, 220

500 *EuGH* vom 18.12.2007 – C-281/06 („*Jundt*"), Slg 2007, I-12231 = IStR 2008, 220, Rn. 66.

501 *EuGH* vom 18.12.2007 – C-281/06 („*Jundt*"), Slg 2007, I-12231 = IStR 2008, 220, Rn. 69 f.; so auch schon *Schlussantrag des Generalanwaltes Maduro* vom 10.10.2007 – C-281/06 („*Jundt*"), Slg. 2007, I-12231, Rn. 23.

angesehen. Nach *Isensee*[502] sei die Wahrung des nationalen Gemeinnützigkeitsrechts ein gemeinschaftskonformes, legitimes Allgemeininteresse. Die Steuervorteile nur den Körperschaften vorzubehalten, die das Zentrum ihres Wirkens im Lande hätten, sei sachgerecht. In die gleiche Richtung argumentierte *Kube*[503] und nahm an, die Regelung des § 5 Abs. 2 Nr. 2 KStG a.F. sei wegen der Funktion des Gemeinnutzausgleichs gerechtfertigt. Die steuerliche Freistellung allein inländischer Körperschaften sei eine zur Erreichung des legislativen Ziels der Förderung im Inland oder vom Inland ausstrahlender Gemeinnützigkeit dienliche, subjektbezogene Typisierung. So wie die vom Staat definierten Gemeinwohlaufgaben diskriminierungsfrei seien, könne der typisierende Nachteilsausgleich nicht diskriminierend sein.

Oben wurde hinsichtlich der Frage, ob sich inländische und ausländische gemeinnützige Körperschaften in einer vergleichbaren Situation befinden, gezeigt, dass eine nationale Regelung, die an ein diskriminierendes Merkmal wie die Ansässigkeit einer Körperschaft anknüpft, nicht gegen die Vergleichbarkeit inländischer und ausländischer Körperschaften sprechen kann und insoweit im Rahmen der Vergleichbarkeitsbetrachtung außer Acht zu bleiben hat.[504] Damit ist es nicht zu vereinbaren, aus der Funktion des steuerlichen Gemeinnutzausgleichs eine Rechtfertigung für eine Begrenzung von Steuervorteilen auf inländische Körperschaften herzuleiten. Denn eine ausländische gemeinnützige Körperschaft befindet sich in einer vergleichbaren Situation, wenn sie alle nationalen Anforderungen steuerlicher Gemeinnützigkeit erfüllt. Insbesondere muss ihre Tätigkeit einen strukturellen Inlandsbezug aufweisen und zu einer Förderung der (inländischen) Allgemeinheit führen. Liegen diese Voraussetzungen vor, sind die Aufwendungen und Nachteile, die durch die Tätigkeit im Rahmen der staatlich definierten Ziele erlitten werden, zwingend steuerlich auszugleichen. Auch die ausländische Körperschaft wird in diesem Fall zugunsten des deutschen Staates entlastend und substituierend tätig. Der Funktion des Gemeinnutzausgleichs – Herstellung materieller Belastungsgleichheit nach dem Leistungsfähigkeitsprinzip – kann mit einer subjektiven Typisierung dann nicht Rechnung getragen werden, jedenfalls ist die Typisierung nicht notwendig. Auch Funktion und Wesen des Gemeinnützigkeitsrechts können somit eine ungleiche Behandlung nichtansässiger gemeinnütziger Körperschaften nicht rechtfertigen.

---

502 *Isensee*, Gemeinnützigkeit und Europäisches Gemeinschaftsrecht, in: DStJG 26 (2003), S. 93 (111 ff.).

503 *Kube,* Die Zukunft des Gemeinnützigkeitsrechts in der europäischen Marktordnung, in: IStR 2005, 469 (473).

504 S. Zweiter Teil, D., II., 4., S. 121 f.

3. *Notwendigkeit wirksamer steuerlicher Kontrollen*

Zur Rechtfertigung von Beschränkungen wegen der Notwendigkeit steuerlicher Kontrollen sollen zunächst getrennt nach der Besteuerung der gemeinnützigen Körperschaft und des Spenders die Ansichten in Rechtsprechung und Literatur dargestellt werden, bevor dazu kritisch Stellung genommen wird.

a. *Besteuerung der gemeinnützigen Körperschaft*

Ob die Notwendigkeit der Wirksamkeit der steuerlichen Kontrolle und der Steueraufsicht ein hinreichender Rechtfertigungsgrund für eine Begrenzung gemeinnützigkeitssteuerlicher Regelungen auf im Inland ansässige Körperschaften darstellen kann, wurde in der Literatur bereits vor der Entscheidung des EuGH in der Rechtssache „Stauffer" kontrovers diskutiert. Nach *Isensee*[505] reiche die zwischenstaatliche Amthilfe für die Finanzverwaltung nicht aus, um alle rechterheblichen Fakten zur Beurteilung der Erfüllung der gemeinnützigkeitsrechtlichen Kriterien zu ermitteln und zu überprüfen. *Jachmann/Meier-Behringer*[506] und *Heger*[507] betonten, dass es bei der Prüfung der Voraussetzungen einer Steuerbefreiung nach § 5 Abs. 1 Nr. 9 KStG um mehr gehe als die von der Amtshilfe-Richtlinie gedeckte und bezweckte Abfrage oder Aufklärung einzelner Tatsachen. Dies gelte vor allem mit Blick auf die Vorschriften zur tatsächlichen Geschäftsführung und zur Mittelverwendung. Hier könne ein Amtshilfe-Ersuchen teilweise auch deshalb wenig Aussicht auf Erfolg haben, weil entsprechende Anforderungen an gemeinnützige Körperschaften in anderen Ländern schlicht nicht gestellt würden. *Fischer*[508] hob die verfassungsrechtliche Dimension der Frage hervor. Ohne die Möglichkeit einer Prüfung vor Ort würde auf eine wirksame Steueraufsicht und damit auf eine den Anforderungen des Gleichheitssatzes und des Rechtsstaatsgebotes entsprechende Verifikation von steuerlichen Sachverhalten verzichtet, was zu einem strukturellen Vollzugsdefizit und damit zu einer verfassungswidrigen Steuerverwaltung führe. Die Begrenzung der steuerlichen Vorteile auf inländische gemeinnützige Körperschaften sei deshalb wegen der Notwendigkeit der Wirksamkeit steuerlicher Kontrolle gerechtfertigt.[509] Die Gegenansicht lehnte eine Recht-

505 *Isensee*, Gemeinnützigkeit und Europäisches Gemeinschaftsrecht, in: DStJG 26 (2003), S. 93 (112).

506 *Jachmann/Meier-Behringer*, Gemeinnützigkeit in Europa: Steuer- und europarechtliche Rahmenbedingungen, in: BB 2006, 1823 (1829).

507 *Heger*, Gemeinnützigkeit und Gemeinschaftsrecht, in: FR 2004, 1154 (1157).

508 *Fischer*, Europa macht mobil – bleibt der Verfassungsstaat auf der Strecke?, in: FR 2005, 457 (467).

509 *Isensee*, Gemeinnützigkeit und Europäisches Gemeinschaftsrecht, in: DStJG 26 (2003), S. 93 (112); *Heger*, Gemeinnützigkeit und Gemeinschaftsrecht, in: FR 2004, 1154 (1157); *Jachmann/Meier-Behringer*, Gemeinnützigkeit in Europa: Steuer- und europarechtliche Rahmenbedingun-

fertigung der Beschränkung ab.[510] Die Möglichkeiten der Finanzverwaltung, nach der Amtshilfe-Richtlinie vorzugehen, reichten aus und die betroffene ausländische Körperschaft könne gegebenenfalls alle erforderlichen Nachweise selbst erbringen. Ein ausnahmsloser Ausschluss ausländischer Körperschaften von den steuerlichen Vergünstigungen sei deshalb – so auch die bisherige Rechtsprechung des EUGH[511] in ähnlichen Konstellationen – nicht erforderlich. Die Beschränkung der Grundfreiheiten in Form des typisierenden Ausschlusses aller ausländischen Körperschaften von der Steuerbefreiung sei somit nicht verhältnismäßig.

Generalanwältin *Stix-Hackl*[512] begnügte sich in ihrem Schlussantrag zur Rechtssache „Stauffer" mit einem pauschalen Hinweis auf die Möglichkeiten des Informationsaustausches nach der Amtshilfe–Richtlinie und der Feststellung, dass der BFH als vorlegendes Gericht keine Zweifel an der Gemeinnützigkeit der „Stauffer"-Stiftung geäußert habe und deshalb offenbar davon ausgehe, dass die Prüfungsmöglichkeiten der deutschen Finanzbehörden ausreichend seien. Einer eigenen Stellungnahme in der Sache ist die Generalanwältin damit ausgewichen. Der EuGH[513] folgte in seiner Entscheidung in der Rechtssache „Stauffer" seiner bisherigen Rechtsprechung, wonach eine nationale Regelung es einem nichtansässigen Steuerpflichtigen nicht unmöglich machen dürfe, Nachweise dafür zu erbringen, dass er die inländischen Voraussetzungen erfüllt. Schwierigkeiten der steuerlichen Kontrolle seien auch im Fall gemeinnütziger Körperschaften bloße verwaltungstechnische Nachteile. Der EuGH führte aus, dass durch die Pflicht

---

gen, in: BB 2006, 1823 (1829); *Fischer*, Europa macht mobil – bleibt der Verfassungsstaat auf der Strecke?, in: FR 2005, 457 (467).

510 *Thömmes*, Gemeinnützigkeit und EG-Recht – Zur EG-Rechtswidirgkeit des § 5 Abs. 2 Nr. 3 KStG, in: Jahrbuch der Fachanwälte für Steuerrecht (JbFStR) 1999/2000, S. 123 (125); *Helios*, Das deutsche Gemeinnützigkeitsrecht innerhalb der Schranken des Europarechts, in: BB 2002, 1893 (1897); *Eicker*, Erfordern die EG-Grundfreiheiten eine Änderung ds deutschen Gemeinnützigkeitsrechts?, in: ZErb 2005, 147 (157); später dem EuGH zustimmend: *Ecker*, Taxation of Non-Profit-Organisations with Multinational Activities – The *Stauffer* Aftermath and Tax Treaties, in: Intertax 2007, 450 (457 f.); *Becker*, Vergleich der Aufgabenverteilung zwischen öffentlichem und privatem Bereich – Spendenrecht im Spiegel der Staats- und Verfassungsrechtsentwicklung, in: Spenden- und Gemeinnützigkeitsrecht in Europa, S. 637 (650).

511 *EuGH* vom 28.10.1999 – C-55/98 („*Vestergaard*"), Slg 1999, I-7641 = IStR 1999, 694, Rn. 23 ff; *EuGH* vom 10.03.2005 – C-39/04 („*Laboratoires Fournier*"), Slg 2005, I-2057 = IStR 2005, 312, Rn. 25.

512 *Schlussantrag der Generalanwältin Stix-Hackl* vom 15.12.2005 – C-386/04 („*Stauffer*"), Slg. 2006, I-8203, Rn. 113. Die Generalanwältin führte zudem aus, dass Steuerkontrolle und Steueraufsicht in Fällen wie dem „Stauffer" – Fall keine Versagung der Steuerbefreiung rechtfertigten, wenn wegen der Ausführungen des vorlegenden Gerichts keine Zweifel an der Erfüllung der nationalen gemeinnützigkeitsrechtlichen Kriterien bestehe.

513 *EuGH* vom 14.09.2006 – C-386/04 („*Stauffer*"), Slg 2006, I-8203 = IStR 2006, 675 = DStR 2006, 1736, Rn. 48 ff.

zur Vorlage stichhaltiger Belege auch der Steuerpflichtige zur Mitwirkung angehalten werden könne und „darüber hinaus“ die Auskunftserteilung nach der Amtshilfe-Richtlinie in Betracht käme. Dadurch sei es der Verwaltung und den Gerichten möglich, das Vorliegen der Voraussetzungen steuerlicher Gemeinnützigkeit nach den nationalen Vorschriften zu prüfen. Die tatsächliche Geschäftsführung könne durch die Vorlage des Jahresabschlusses und eines Tätigkeitsberichts kontrolliert werden.

b. Spendenrecht

Trotz der Entscheidung des EuGH in der Rechtssache „Stauffer“ wurde der Rechtfertigungsgrund der Notwendigkeit wirksamer Steueraufsicht in der wissenschaftlichen Diskussion zur Entscheidung „Persche“ erneut vorgetragen. Zu Recht wurden dabei die grundlegenden Unterschiede zum Fall „Stauffer“ betont. Zu bedenken ist zunächst der Umstand, dass Herr Persche einen steuerlichen Abzug für eine Spende an eine Einrichtung begehrte, die keinerlei steuerliche Verbindung zu seinem Ansässigkeitsstaat hatte. Im Gegensatz zur „Stauffer“-Stiftung war das portugiesische Senioren- und Kinderheim mangels inländischer Einkünfte in Deutschland nicht beschränkt steuerpflichtig. Weiterhin betrifft die Abzugsfähigkeit von Spenden, mehr noch als die Besteuerung gemeinnütziger Körperschaften, eine Vielzahl von Fällen, sodass von einem Massenphänomen ausgegangen werden muss und auch die daraus resultierenden administrativen Herausforderungen zu berücksichtigen sind. Befürwortet man eine Abzugsfähigkeit grenzüberschreitender Spenden, müsste sich die inländische Finanzverwaltung auch im Fall einer Kleinstspende an eine ausländische gemeinnützige Einrichtung mit der Frage beschäftigen, ob diese Einrichtung die Anforderungen der §§ 51-68 AO erfüllt. Dass der zur Überprüfung der Angaben des Spenders notwendige Aufwand der Verwaltung, verglichen mit der steuerlichen Relevanz für den Steuerpflichtigen, unverhältnismäßig hoch sein kann, liegt nahe.

Vor dem Hintergrund dieser Erwägungen kam der BFH[514], wie auch im Ergebnis schon das FG Münster[515], zu dem Schluss, dass die Begrenzung der Abzugsfähigkeit von Zuwendungen zu gemeinnützigen Zwecken auf inländische Zahlungsempfänger durch die Notwendigkeit der Steuerkontrolle und Steueraufsicht gerechtfertigt sei. Der BFH führte aus, Steuerehrlichkeit müsse durch Kontrollmöglichkeiten abgestützt werden. Das Verifikationsprinzip habe wegen des Grundsatzes der gleichmäßigen Besteuerung gemäß Art. 3 Abs. 1 GG Verfassungsrang, weshalb sich die Finanzverwaltung nicht auf die Angaben des Steuerpflichti-

---

514 *BFH* vom 09.05.2007 – XI R 56/05, BFHE 218, 125 = DStR 2007, 1295.

515 *FG Münster* vom 28.10.2005 – 11 K 2505/05 E, EFG 2005, 357.

gen beschränken könne. Die Vorlage schriftlicher Unterlagen ermögliche nicht in allen Fällen die verfassungsrechtlich gebotene Überprüfung der tatsächlichen Verhältnisse. Der Verifizierung vorgelegter Unterlagen durch eine Außenprüfung bedürfe es insbesondere, um die Existenz und die Identität der Mittelempfänger einer gemeinnützigen Körperschaft zu überprüfen. Im Fall einer ausländischen gemeinnützigen Einrichtung fehle es an der Möglichkeit einer Außenprüfung nach § 193 AO. Die Möglichkeiten nach der Amtshilfe-Richtlinie könnten dieses Verfahrensinstrument nicht ersetzen.

Neben den unzureichenden Verifikationsmöglichkeiten spreche – so der BFH weiter – auch der Grundsatz der Verhältnismäßigkeit dafür, dass die Beschränkung der steuerlichen Abzugsfähigkeit auf Spenden an inländische gemeinnützige Körperschaften wegen der Notwendigkeit wirksamer steuerlicher Kontrolle gerechtfertigt ist. Denn die Finanzverwaltung und die Finanzgerichte müssten sonst anlässlich jeder Kleinstspende an eine Einrichtung, die mit Deutschland steuerlich nicht verbunden ist, notwendigerweise eine aufwendige Einzelfallprüfung der Gemeinnützigkeitsvoraussetzungen vornehmen. Der Nutzen stünde dann außer Verhältnis zu den aufgewendeten Ressourcen. Wegen der Unverhältnismäßigkeit könne zudem von den um Auskunft ersuchten Mitgliedstaaten die Zusammenarbeit nach der Amtshilfe-Richtlinie verweigert werden.

Auch in der Literatur wurde von *Tiedtke/Möllmann*[516] darauf hingewiesen, dass die Amtshilfe-Richtlinie zahlreiche Ausnahmefälle vorsehe, in denen eine Zusammenarbeit verweigert werden könne. Im Gemeinnützigkeits- und Spendenrecht gäbe es ferner – so *Neumann*[517] – eine sorgfältig aufeinander abgestimmte Steueraufsicht, die bestimmte Anforderungen dem Spender auferlegt und auf der anderen Seite die Empfänger der Spenden in besonderer Weise in die Pflicht nimmt. Das sorgfältig aufeinander abgestimmte System werde durch die Zulassung der Abzugsfähigkeit von Zuwendungen an ausländische gemeinnützige Körperschaften durchbrochen. Der Erlass des Freistellungsbescheides und die darauf aufbauende Berechtigung zur Ausstellung eines Zuwendungsnachweises spiegelten die abgestuften Prüfungsmöglichkeiten wider, die zudem durch die Haftung des Ausstellers der Zuwendungsbescheinigung nach § 10b Abs. 4 EStG abgesichert werde. Bei einem im Ausland ansässigen Zuwendungsempfänger laufe die Haftung dagegen leer.[518] Trotz der Beitreibungs-Richtlinie[519] sei die für den Erlass eines ermes-

516 *Tiedtke/Möllmann*, Spendenabzug und Europarecht, in: IStR 2007, 837 (843).

517 *Neumann*, Verbesserungen für das bürgerschaftliche Engagement; Spendenabzug nach Stauffer, in: FR 2008, 745 (748).

518 *Tiedtke/Möllmann*, Spendenabzug und Europarecht, in: IStR 2007, 837 (843).

519 Richtlinie des Rates vom 15. März 1976 über die gegenseitige Unterstützung bei der Beitreibung von Forderungen im Zusammenhang mit Maßnahmen, die Bestandteil des Finanzierungssystems des Europäischen Ausrichtungs- und Garantiefonds für die Landwirtschaft sind, sowie

sensfehlerfreien Haftungsbescheides notwendige Sachverhaltsaufklärung bei gemeinnützigen Einrichtungen im Ausland nicht darstellbar.[520] Es bleibe nur der Zugriff auf den Spender nach § 90 Abs. 2 AO. Der Spender werde in der Regel aber daran scheitern, den Nachweis für eine Fülle von Einzelaspekten zu erbringen, die außerhalb seines Verantwortungsbereiches liegen, wie beispielsweise die zweckgerechte Mittelverwendung.[521]

Diese Argumente vermochten den EuGH[522] und die Vertreter der Gegenansicht im Schrifttum[523] nicht zu überzeugen. *Hüttemann/Helios*[524] wiesen darauf hin, dass die Notwendigkeit wirksamer Steueraufsicht die Beschränkung nicht rechtfertige, weil das Argument der fehlenden Administrierbarkeit gemeinnütziger Tätigkeit im Ausland widersprüchlich sei. Es gebe keine wesentlichen Unterschiede hinsichtlich der Administrierbarkeit der Mittelverwendung im Ausland durch inländische Körperschaften und der gänzlichen Betätigung im Ausland. Die Mittelverwendung im Ausland sei de lege lata möglich durch die inländische Körperschaft selbst (§ 57 Abs. 1 AO), durch die Zwischenschaltung ausländischer Hilfspersonen (§ 57 Abs. 1 S. 2 AO) oder durch eine Mittelweiterleitung ins Ausland (§ 58 Nr. 1 AO). Die Finanzverwaltung löse die Probleme durch die erhöhten Mitwirkungspflichten der inländischen Körperschaft gemäß § 90 Abs. 2 AO und könne bei gebietsfremden Körperschaften ebenso vorgehen.

Generalanwalt *Mengozzi*[525] bezog sich in seinem Schlussantrag zur Rechtssache „Persche" neben dem Hinweis auf die Erwägungen des Gerichtshofes in der „Stauffer"-Entscheidung ebenfalls darauf, dass dem Zuwendenden als Steuerpflichtigem die Möglichkeit gegeben werden könne, selbst den Nachweis zu führen, dass die Körperschaft mit Sitz im Ausland die inländischen Vorausset-

---

der Abschöpfungen, Zölle und der Mehrwertsteuer, 76/308/EWG, ABl. L 73 vom 19.3.1976; auf sämtliche Forderungen im Bereich der Einkommensteuer ausgeweitet durch Richtlinie 2001/44/EG vom 15.06.2001, ABl. L 175 vom 28.6.2001, S. 17 und neu gefasst durch die Richtlinie 2008/55/EG des Rates vom 26. Mai 2008 über die gegenseitige Unterstützung bei der Beitreibung von Forderungen in Bezug auf bestimmte Abgaben, Zölle, Steuern und sonstige Maßnahmen, ABl. L 150 S. 28.

520 *Tiedtke/Möllmann*, Spendenabzug und Europarecht, in: IStR 2007, 837 (843).

521 *Neumann*, Verbesserungen für das bürgerschaftliche Engagement; Spendenabzug nach Stauffer, in: FR 2008, 745 (748); *Tiedtke/Möllmann*, Spendenabzug und Europarecht, in: IStR 2007, 837 (843).

522 *EuGH* vom 27.01.2009 – C-318/07 („*Persche*"), DStR 2009, 207 = IStR 2009, 171, Rn. 53 ff.

523 *Hüttemann/Helios*, Abzugsfähigkeit von Direktspenden an gemeinnützige Einrichtungen im EU-Ausland, in: IStR 2008, 39 (42); *Ecker*, Taxation of Non-Profit-Organisations with Multinational Activities – The *Stauffer* Aftermath and Tax Treaties, in: Intertax 2007, 450 (457 f.).

524 *Hüttemann/Helios*, Abzugsfähigkeit von Direktspenden an gemeinnützige Einrichtungen im EU-Ausland, in: IStR 2008, 39 (42).

525 *Schlussantrag des Generalanwalts Mengozzi* vom 14.10.2008 – C-318/07 („*Persche*"), Rn. 86 – zitiert nach juris.

zungen steuerlicher Gemeinnützigkeit erfüllt. Eine typisierende Versagung der Abzugsfähigkeit sei deshalb nicht notwendig und damit unverhältnismäßig. Dieser Argumentation schloss sich der EuGH[526] an. Die Steuerbehörden könnten vom Steuerpflichtigen die Vorlage stichhaltiger Belege verlangen, mit denen der Steuerpflichtige die Erfüllung der nationalen Gemeinnützigkeitsvoraussetzungen durch die ausländische gemeinnützige Körperschaft nachweisen müsse. Da der Steuerpflichtige den Nachweis nur mit Hilfe der ausländischen Körperschaft führen könne, müsse diese Körperschaft selbst entscheiden, ob sie es hinsichtlich ihres damit verbundenen Verwaltungsaufwandes für zweckmäßig erachtet, Spender in anderen Mitgliedstaaten mit den notwendigen Informationen und Unterlagen zu versorgen.[527]

Sei es danach schon wegen der Möglichkeit des Rückgriffes auf den Steuerpflichtigen nicht notwendig, den Steuerabzug für Zuwendungen an ausländische Körperschaften von vornherein auszuschließen, könnten die Steuerbehörden „darüber hinaus" nach der Amtshilfe-Richtlinie von den Behörden in einem anderen Mitgliedstaat alle Auskünfte erhalten, die sie für notwendig erachten. Dazu zählten auch Auskünfte zum Empfänger der Zuwendungen, wenn diese Zuwendungen im Zusammenhang mit der Besteuerung des Zuwendenden von Bedeutung sind. Die Amtshilfe-Richtlinie verlange dabei nicht, dass schon immer dann, wenn die Angaben des Steuerpflichtigen nicht ausreichten, verpflichtend eine Auskunft eingeholt werden müsse. Schließlich spreche die fehlende Möglichkeit der Außenprüfung ausländischer gemeinnütziger Körperschaften nicht dafür, eine Rechtfertigung anzunehmen. Eine Außenprüfung sei auch bei inländischen gemeinnützigen Körperschaften nicht zwingend und im Allgemeinen reiche eine Prüfung der Angaben der Auskünfte der gemeinnützigen Einrichtungen aus.[528]

c. *Stellungnahme*

Zu Recht werden in der Diskussion um die Rechtfertigung wegen der Notwendigkeit wirksamer steuerlicher Kontrollen die tatsächlichen Möglichkeiten und Schwierigkeiten der Administrierung grenzüberschreitender gemeinnütziger Tätigkeit herausgestellt. Es kristallisieren sich trotz der Unterschiede zwischen dem Gemeinnützigkeits- und dem Spendenrecht zwei entscheidende Punkte heraus, zu denen Stellung zu nehmen ist. Zum Ersten sind die Bedeutung und die Möglichkeiten der Wahrung des Verifikationsprinzips ausschlaggebend. Zum Zweiten gilt es, die Bedeutung des Verhältnismäßigkeitsprinzips bei der Abzugsfähigkeit von

526 *EuGH* vom 27.01.2009 – C-318/07 („*Persche*"), DStR 2009, 207 = IStR 2009, 171, Rn. 53 ff.
527 *EuGH* vom 27.01.2009 – C-318/07 („*Persche*"), DStR 2009, 207 = IStR 2009, 171, Rn. 59.
528 *EuGH* vom 27.01.2009 – C-318/07 („*Persche*"), DStR 2009, 207 = IStR 2009, 171, Rn. 67.

Zuwendungen an ausländische gemeinnützige Körperschaften zu analysieren und zu bewerten.

aa. Verifikationsprinzip

Hinsichtlich des Verifikationsprinzips stellt sich zunächst die Frage, in welchem Maße sich die der Finanzverwaltung und den Finanzgerichten zur Verfügung stehenden Aufklärungsmöglichkeiten bei Auslandssachverhalten von den Möglichkeiten bei Inlandssachverhalten unterscheiden. Ob trotz der bestehenden Unterschiede die verfassungsrechtlichen Anforderungen an eine gleichmäßige Besteuerung gewahrt sind, ist eine Wertungsfrage, die im Lichte des Gemeinschaftsrechts zu beantworten ist. Mit anderen Worten ist unter Berücksichtigung der verfassungsrechtlichen Vorgaben einerseits und des Verhältnisses des nationalen Rechts zum Gemeinschaftsrecht andererseits die Frage zu beantworten, ob bei gemeinnütziger Betätigung Gebietsansässiger und Gebietsfremder Verifizierungsdifferenzen in einem Ausmaß bestehen, das eine typisierende Ungleichbehandlung rechtfertigt. Um es vorwegzunehmen: die Frage ist zu verneinen.

(1) Verfassungsrechtliche Bedeutung des Verifikationsprinzips

Die Argumentation[529] zum verfassungsrechtlichen Gebot der Verifikation steuerlicher Sachverhalte und der Unmöglichkeit einer verfassungsgemäßen Administration grenzüberschreitender gemeinnütziger Tätigkeiten knüpft zunächst zu Recht an die Entscheidungen des Bundesverfassungsgerichtes zur Zinssteuer[530] und zur Besteuerung von Spekulationsgewinnen[531] an. Danach muss eine materielle Belastungsnorm aus Gründen der Gesetzmäßigkeit und der Gleichmäßigkeit der Verwaltung (Art. 20 Abs. 3 und Art. 3 Abs. 1 GG) derart ausgestaltet sein, dass sie verfahrensrechtlich durchsetzbar ist und sich nicht bereits aus der Ausgestaltung der materiellen Norm ein strukturelles Vollzugsdefizit ergibt. Die materielle Norm und ihr Vollzug stehen in einer Wechselbeziehung, einer verfassungsrechtlich gebotenen Reziprozität, denn die vollzugssichere Norm muss wiederum so angelegt sein, dass sie unter den Bedingungen eines Massenverfahrens und unter Berücksichtigung der begrenzten Ressourcen der Finanzverwaltung vollzogen

529 *Fischer*, Europa macht mobil – bleibt der Verfassungsstaat auf der Strecke?, in: FR 2005, 457 (467; *ders.*, Unorthodoxe Überlegungen zur Verfassungsarchitektur Europas am Beispiel des Falles „Stauffer“ in: FR 2007, 361 (366); *ders.*, Überlegungen zur Fortentwicklung des steuerlichen Gemeinnützigkeitsrechts, in: FR 2008, 752 (760); *ders.*, Das EuGH-Urteil Persche zu Auslandsspenden – die Entstaatlichung des Steuerstaates geht weiter, in: FR 2009, 249 (254 f.).

530 *BVerfG* vom 27.06.1991 – 2 BvR 1493/89, BVerfGE 84, 239 = NJW 1991, 2129.

531 *BVerfG* vom 09.03.2004 – 2 BvL 17/02, BVerfGE 110, 94 = NJW 2004, 1022.

werden kann.[532] Da einerseits der Grundsatz der Amtsermittlung (§ 88 AO) gilt, der Steuerpflichtige gegenüber der Finanzverwaltung aber einen erheblichen Informationsvorsprung hinsichtlich der Besteuerungstatbestände besitzt, sieht das Gesetz zahlreiche Mitwirkungspflichten des Steuerpflichtigen vor (§§ 90-93 AO). So treffen den Steuerpflichtigen umfangreiche Erklärungspflichten. Dieses Deklarationsprinzip muss durch Verifizierungsmöglichkeiten der Verwaltung ergänzt werden, um strukturelle Vollzugsdefizite zu vermeiden.

Zur strukturellen Vollzugssicherung in einem Massenverfahren bedarf die Finanzverwaltung wirksamer Instrumente. Neben der Selbsterklärungspflicht des Steuerpflichtigen und der Befugnis zu gezielten Einzelermittlungen sind die klassischen Instrumente zur gleichmäßigen Erhebung der Steuern die Außenprüfung, die Nachschau und die Steuerfahndung.[533] Alle repressiven Instrumente knüpfen an das Gewaltmonopol des Staates an, der als Steuerstaat die Verwirklichung seiner Steueransprüche sichern können muss. Die Steuerverwaltung als Ausübung staatlicher Gewalt ist aber auf das Territorium der Bundesrepublik, das völkerrechtliche Staatsgebiet, begrenzt.[534] Jegliche Ausübung hoheitlicher Gewalt endet an der Staatsgrenze. Eine Nachschau, eine Außenprüfung oder eine Steuerfahndung darf deshalb nach völkerrechtlichem Gewohnheitsrecht im Ausland nicht durchgeführt werden, selbst dann nicht, wenn der Steuerpflichtige zustimmt.[535] Etwas anderes gilt ausnahmsweise nur dann, wenn der betroffene ausländische Staat sein Einverständnis erklärt, was aber regelmäßig nicht erfolgen wird.[536]

(2) Kein Spezifikum des Gemeinnützigkeitsrechts

Verkürzte Prüfungsmöglichkeiten für Auslandssachverhalte sind deshalb kein Sonderproblem des Gemeinnützigkeitsrechts. Mit dem Grundsatz der formellen Territorialität[537] einerseits und dem Welteinkommensprinzip andererseits ist dem nationalen Steuerrecht ein Spannungsverhältnis bereits in die Wiege gelegt, das durch die Grundfreiheiten des Gemeinschaftsrechts jedoch zusätzlich aufgeladen wird. Wenn die Steuerverwaltung an der Staatsgrenze endet, der Besteuerungsanspruch aber (unter Vernachlässigung zwischenstaatlicher Vereinbarungen) grund-

---

532 *Seer*, Der Vollzug von Steuergesetzen unter den Bedingungen einer Massenverwaltung, in: DStjG 31 (2008), S. 7 (8 f.).

533 *Rüsken*, Außenprüfung, Nachschau und Steuerfahndung im Rechtsstaat, in: DStJG 31 (2008), S. 243 (244).

534 *Seer*, in: Tipke/Kruse, § 117 AO, Rn. 2; *Söhn*, in: Hübschmann/Hepp/Spitaler, § 117 AO, Rn. 3; *Zöllner*, in: Pahlke/Koenig, § 117, Rn. 1.

535 *Zöllner*, in: Pahlke/Koenig, § 117, Rn. 1.

536 *BFH* vom 19.12.1996 – V R 130/92, BStBl. II 1998, 279 = IStR 1997, 267.

537 *Seer*, in: Tipke/Kruse, § 117 AO, Rn. 2; *Söhn*, in: Hübschmann/Hepp/Spitaler, § 117 AO, Rn. 3; *Zöllner*, in: Pahlke/Koenig, § 117, Rn. 1.

sätzlich auf die gesamten weltweiten Einkünfte gerichtet ist, geht damit zwingend eine gewisse Disparität der Prüfungsdichten einher. Dieser Divergenz von Verwaltungsauftrag und Verwaltungskönnen[538] wird durch verschiedene gesetzliche Regelungen zum Besteuerungsverfahren Rechnung getragen. Namentlich sind dies die speziellen Anforderungen an den Steuerpflichtigen bei Auslandssachverhalten. § 90 Abs. 2 AO weist dem Steuerpflichtigen mit der Sachverhaltsaufklärungs-, Beweismittelbeschaffungs- und Beweismittelvorsorgepflicht erhöhte Mitwirkungspflichten bei Auslandssachverhalten zu, § 123 AO verpflichtet zur Bestellung eines Empfangsbevollmächtigten im Inland, nach § 160 AO müssen Gläubiger und Zahlungsempfänger im Rahmen geschäftlicher Beziehungen benannt werden.[539] Diese Vorschriften sind ihrerseits gemeinschaftsrechtskonform[540] und führen zu einer sphärenorientierten Verteilung des Beweisrisikos, weichen jedoch nicht vom Grundsatz der Amtsermittlung ab.[541] Eine Verletzung der gesteigerten Mitwirkungspflichten ist frei zu würdigen und führt im Rahmen einer Schätzung nach § 162 Abs. 2 S. 1 AO zur Reduktion des Beweismaßes.[542] Damit werden nach dem Willen des Gesetzgebers die Fragen der Sachverhaltsaufklärung in Auslandsfällen vor allem zu Fragen der Beweiswürdigung.

(3) *Tatsächliche Überprüfungsdifferenzen bei gemeinnütziger Betätigung im In- und Ausland*

Warum sollen die aufgezeigten Möglichkeiten im Falle gemeinnütziger Betätigung im Ausland ansässiger Körperschaften nicht ausreichen? Ein zentrales Argument ist die Unmöglichkeit einer Außenprüfung „vor Ort" bei im Ausland

---

538 *Seer*, in: Tipke/Kruse, § 117, Rn. 4.

539 *Crezelius*, Steuerrechtliche Verfahrensfragen bei grenzüberschreitenden Sachverhalten, in: IStR 2002, 433 (436) m.w.N.

540 So die h.M.: *Crezelius*, Steuerrechtliche Verfahrensfragen bei grenzüberschreitenden Sachverhalten, in: IStR 2002, 433 (438); *Seer*, in: Tipke/Kruse, § 90, Rn. 30; *Hruschka*, Feststellungslast und Mitwirkungspflicht bei Auslandsbetriebsstätten, in: IStR 2002, 753 (757); *Cordewener*, Europäische Grundfreiheiten und nationales Steuerrecht, S. 540; *Uterhark*, in: Schwarz, § 90, Rn. 17; *Englisch*, Europarechtliche Einflüsse auf den Untersuchungsgrundsatz im Steuerverfahren, in: IStR 2009, 37 (41); a.A. *Thesling*, Steuerliches Verfahrensrecht und Europarecht, in: DStR 1997, 848 (856 f.); *Schnitger*, Die erweiterte Mitwirkungspflicht und ihre gemeinschaftsrechtlichen Grenzen, in: BB 2002, 332 (336); zweifelnd: *Söhn*, in: Hübschmann/Hepp/Spitaler, § 90 AO, Rn. 147 f.; *Korts/Korts*, Ermittlungsmöglichkeiten deutscher Finanzbehörden bei Auslandssachverhalten, in: IStR 2006, 869 (872); Dass auch der EuGH mittlerweile erweiterte Mitwirkungspflichten in Auslandsfällen akzeptiert, zeigen die Entscheidungen vom 22.12.2008 – C-282/07 („*Truck* Center"), IStR 2009, 135, Rn. 48 und die Erwägungen im Fall „*Persche*" vom 27.01.2009 – C-318/07 („*Persche*"), DStR 2009, 207 = IStR 2009, 171, Rn. 60.

541 *BFH* vom 06.11.1987 – III R 241/83, BStBl. II 1988, 438 = BFHE 151, 416.

542 *Seer*, in: Tipke/Kruse, § 90, Rn. 20.

ansässigen Steuerpflichtigen.[543] Eine Außenprüfung ist jedoch auch bei diesen Körperschaften möglich. Sie kann nämlich „in den Amtsräumen“ erfolgen, wie § 200 Abs. 2 S. 1 AO zeigt.[544] Dort heißt es:

> „Die ... Unterlagen hat der Steuerpflichtige in seinen Geschäftsräumen oder, soweit ein zur Durchführung der Außenprüfung geeigneter Geschäftsraum nicht vorhanden ist, in seinen Wohnräumen oder an Amtsstelle vorzulegen.“

Die Anordnung einer Außenprüfung „an Amtsstelle“ setzt sich dabei nicht in Widerspruch zu § 193 Abs. 2 Nr. 2 AO, wonach eine Außenprüfung zulässig ist, wenn

> „eine Prüfung an Amtsstelle nach Art und Umfang des zu prüfenden Sachverhalts nicht zweckmäßig ist“.

Denn die „Prüfung an Amtsstelle“ nach § 193 Abs. 2 Nr. 2 AO meint eine Prüfung durch den Veranlagungsbeamten im Wege gezielter Einzelermittlungen. Dagegen ist eine Außenprüfung ein formelles Verfahren zur umfassenden Ermittlung der steuerlichen Verhältnisse und wird von der Betriebsprüfung des Finanzamtes durchgeführt.[545] Im Gegensatz zu gezielten Einzelermittlungen des Veranlagungsbeamten ist eine Außenprüfung immer dann zweckmäßig, wenn zu erwarten ist, dass eine größere Anzahl von Lebensvorgängen mit einem größeren Zeitaufwand zu prüfen ist.[546]

Einer Außenprüfung ausländischer gemeinnütziger Körperschaften, die lediglich Spenden aus dem Inland einnehmen und keine weitere steuerliche Verbindung zum Inland aufweisen, steht auch nicht entgegen, dass eine Außenprüfung nach § 193 Abs. 1, 2 AO nur bei „Steuerpflichtigen“ nicht aber bei „Dritten“ möglich ist. Denn ausländische Zuwendungsempfänger ohne inländische Einkünfte, wie das Kinder- und Seniorenheim im Fall „Persche“ können gleichwohl „Steuerpflichtige“ sein. Nach § 33 Abs. 1 AO rechnet zu den Steuerpflichtigen, „wer für eine Steuer haftet“. Da de lege lata alle im Gemeinschaftsgebiet ansässigen gemeinnützigen Körperschaften als Empfänger steuerbegünstigter Zuwendungen in Betracht kommen, können diese auch „Steuerpflichtige“ sein.[547] Voraussetzung ist, dass den Spendern wie in Inlandsfällen ein Vertrauensschutz gewährt wird und die Empfänger im Gegenzug ebenso dem Haftungsregime der §§ 10b Abs. 4 S. 2 EStG, 9 Abs. 3 S. 2 KStG und 9 Nr. 5 S. 7 GewStG unterfallen. Dann haften sie

543 *Fischer*, Unorthodoxe Überlegungen zur Verfassungsarchitektur Europas am Beispiel des Falles „Stauffer“ in: FR 2007, 361 (367).

544 *BFH* vom 26.07.2007 – VI R 68/04, BStBl. II 2009, 338 = IStR 2007, 749.

545 *BFH* vom 26.07.2007 – VI R 68/04, BStBl. II 2009, 338 = IStR 2007, 749.

546 *BFH* vom 18.10.1994 – IX R 128/92, BStBl. II 1995, 291 = BFHE 176, 298.

547 Siehe dazu „Gesetz zur Umsetzung steuerlicher EU-Vorgaben sowie zur Änderung steuerlicher Vorschriften“ vom 7.4.2010, BGBl. I 2010, 386 – siehe dazu Dritter Teil, B., II., S. 202 ff.

„für die entgangene Steuer“ wegen einer unrichtig ausgestellten Zuwendungsbestätigung und einer Veranlassung der zweckwidrigen Mittelverwendung. In der Folge wären sie „Steuerpflichtige“ gemäß § 33 AO.

Eine Außenprüfung „an Amtsstelle“ wird hinsichtlich ihrer Ergiebigkeit auch regelmäßig den Vergleich mit Prüfungen „vor Ort“ nicht scheuen müssen. Bei inländischen Körperschaften, bei denen die Prüfung in den Räumen der Körperschaft erfolgt, wird der Prüfer überwiegend auf Unterlagen und Aufzeichnungen der gemeinnützigen Körperschaft zurückgreifen.[548] Dazu werden Aufträge, Rechnungen, Kontoauszüge und die Buchführung in Augenschein genommen. Die tatsächliche Existenz eines Mittelempfängers – die der BFH wohl gern überprüft sähe[549] – lässt sich bei inländischen Körperschaften „vor Ort“ ebenso gut bzw. ebenso schlecht verifizieren wie bei einer Außenprüfung „an Amtsstelle“. Denn Mittelempfänger werden auch in den Räumen der inländischen Körperschaft nicht für Fragen der Betriebsprüfer persönlich bereitstehen. Das heißt, die Prüfung ist auch in inländischen Fällen regelmäßig auf die Sichtung von Unterlagen zu abgeschlossenen oder laufenden Projekten und damit im Zusammenhang stehende Einnahmen und Ausgaben beschränkt. Um die tatsächliche Existenz ausländischer Personen oder Körperschaften sicherzustellen, können bei einer Prüfung „an Amtsstelle“ Belege deutscher Konsulate, ausländischer Behörden oder auch der Kirche geeignete Nachweise sein.

(4) Möglichkeiten zur Auskunftserlangung

Zudem ist stets die Möglichkeit der Steuerbehörden zur Erlangung von Auskünften nach der Amtshilfe-Richtlinie oder einem DBA zu erwägen. Dieser Hinweis geht in der Sache im Fall gemeinnütziger Körperschaften nicht fehl, trotz aller bekannten und bereits benannten Unzulänglichkeiten[550] der Zusammenarbeit nach der Amtshilfe-Richtlinie. Sofern eine Steuerbefreiung durch die gemeinnützige Körperschaft oder die Abzugsfähigkeit einer Spende geltend gemacht wird, sind die Verhältnisse der Empfängerkörperschaft für die Besteuerung der Körperschaft selbst bzw. des Spenders notwendige Auskünfte gemäß Art. 1 Abs. 1 und Art. 2 Abs. 1 der Amtshilfe-Richtlinie. Der um Auskunft ersuchte Mitgliedstaat ist deshalb zur Erteilung von Auskünften auf Ersuchen nach Art. 2 Abs. 1 Amtshilfe-Richtlinie verpflichtet und „soll“ auch Spontanauskünfte nach Art. 4 der Amtshilfe-Richtlinie erteilen.

---

548 *Reiffs*, Außenprüfung bei gemeinnützigen Vereinen, StBp 1991, 205 (208 ff.).

549 *BFH* vom 09.05.2007 – XI R 56/05, BFHE 218, 125 = DStR 2007, 1295.

550 S. Zweiter Teil, C., III., 6., lit. b., S. 100 ff.

(5) Möglichkeit einer Beweislastentscheidung

Zuletzt besteht auch vor dem Hintergrund der Grundfreiheiten die Möglichkeit, in Zweifelsfällen die Steuervergünstigung zu versagen. Nur wenn alle Voraussetzungen nachweislich vorliegen, muss die Steuervergünstigung gewährt werden. Die Würdigung nicht ermittelbarer, unklar gebliebener Tatsachen kann zu nachteiligen Schlüssen für den Steuerpflichtigen und sogar zu einer Umkehr der Beweislast führen.[551] Damit ist es in erster Linie Sache des Spenders bzw. der gemeinnützigen Körperschaft selbst, wenn der Nachweis des Vorliegens der Voraussetzungen steuerlicher Gemeinnützigkeit nicht geführt werden kann, mithin der Anspruch auf die begehrte Steuervergünstigung nicht belegt werden kann.[552] Auch der EuGH erkennt zu Recht an, dass vom Steuerpflichtigen die Erbringung der erforderlichen Nachweise verlangt und in letzter Konsequenz die steuerliche Vergünstigung bei Nichtvorlage der Nachweise verweigert werden kann.[553]

Damit ist als Zwischenergebnis festzuhalten, dass die deutsche Finanzverwaltung den Angaben der ausländischen gemeinnützigen Körperschaft oder des inländischen Spenders nicht gleichsam hilflos ausgeliefert ist. Die Prüfungsmöglichkeiten sind insgesamt gegenüber den Möglichkeiten bei im Inland ansässigen Körperschaften nicht erheblich eingeschränkt. Den Steuerpflichtigen treffen beachtliche Mitwirkungspflichten. Anhand freier Würdigung der vorliegenden Nachweise kann auch nach Beweislastgrundsätzen über die Gewährung der Steuervergünstigung entschieden werden. Zudem kann Amtshilfe nach der Amtshilfe-Richtlinie oder einem zwischenstaatlichen Abkommen in Anspruch genommen werden. Wie die Pflichten zwischen den Finanzbehörden, dem Spender und der ausländischen Körperschaft genau zu verteilen sind und welche Rolle das Gemeinschaftsrecht und die Amtshilfe-Richtlinie bei der Beweiswürdigung und der Frage der Zulässigkeit einer Beweislastentscheidung spielen, wird im späteren Verlauf der Arbeit noch detaillierter zu klären sein.

(6) Abwägung ist mit Blick auf Gesamtheit der Mitgliedstaaten vorzunehmen

Notwendig ist nun eine Abwägung und Wertung, ob die eingeschränkten Prüfungsmöglichkeiten unter der Prämisse der Notwendigkeit der steuerlichen Kon-

551 *BFH* vom 06.06.2006 – XI B 162/05, BFH/NV 2006, 1785.

552 *Tipke*, in: Tipke/Kruse, vor § 51 AO, Rn. 6; *Lahme*, Spendenabzugsverfahren & Anerkennungsverfahren gemeinnütziger Körperschaften, S. 18.

553 *EuGH* vom 14.09.2006 – C-386/04 („*Stauffer*“), Slg 2006, I-8203 = IStR 2006, 675 = DStR 2006, 1736, Rn. 49; *EuGH* vom 17.01.2008 – C-256/06 („*Jäger*“), Slg 2008, I-123 = IStR 2008, 144, Rn. 54; *EuGH* vom 27.01.2009 – C-318/07 („*Persche*“), DStR 2009, 207 = IStR 2009, 171, Rn. 54, 69.

trolle eine Beschränkung der Grundfreiheiten rechtfertigen. Diese Abwägung sollte mit Blick auf die Gesamtheit der Mitgliedstaaten vorgenommen werden. Deshalb ist zu beachten, dass der Verfassungsrang des Gebotes der gleichmäßigen Besteuerung ein spezifisch deutsches Problem ist, das sich so wohl nicht in allen Mitgliedstaaten stellt.[554] Geht man weiterhin davon aus, dass das europäische Recht dem nationalen Recht grundsätzlich vorgeht, vermögen die weniger bedeutenden Probleme bei der Steuerkontrolle eine Beschränkung der Grundfreiheiten nicht zu rechtfertigen. Denn es verbleiben hinreichende Möglichkeiten für den Mitgliedstaat, zu verhindern, dass zu Unrecht steuerliche Vergünstigungen wegen Gemeinnützigkeit in Anspruch genommen werden.

Aber auch, wenn man den Verfassungsrang der Gleichmäßigkeit der Besteuerung und der Gesetzmäßigkeit der Besteuerung in die Überlegungen einbezieht, kann im Ergebnis nichts anderes gelten. Denn so wie gegebenenfalls die Freiheitsgrundrechte des Grundgesetzes zusammen mit den Prinzipien der Gleichmäßigkeit und der Gesetzmäßigkeit der Besteuerung ein „Abwägungdreieck“ bilden und ein verhältnismäßiger Ausgleich zu schaffen ist[555], muss auch mit den Grundfreiheiten des Gemeinschaftsrechts eine Abwägung im Wege einer praktischen Konkordanz erfolgen. Keines der Rechtsgüter darf auf Kosten der anderen einseitig realisiert werden. Im Ergebnis muss deshalb die Zulässigkeit einer typisierenden Beschränkung verneint werden, weil die mit der steuerlichen Kontrolle verbundenen Schwierigkeiten nicht erheblich von denen abweichen, die sich bei der gemeinnützigen Betätigung gebietsansässiger Körperschaften stellen. Die Gleichmäßigkeit der Besteuerung kann mit den verfügbaren Instrumenten sichergestellt werden. Eine typisierende Beschränkung rechtfertigt das Verifikationsprinzip danach nicht.

bb. Verfahrensökonomie und Verhältnismäßigkeit

Als zweites wesentliches Argument zur Rechtfertigung wegen der Notwendigkeit wirksamer steuerlicher Kontrollen wird angeführt, dass es unverhältnismäßig sei, wenn die Finanzbehörden bzw. die Finanzgerichte wegen einer Kleinstspende die steuerlichen Verhältnisse einer ausländischen Körperschaft aufklären müssten, obwohl die ausländische Körperschaft keinerlei steuerliche Verbindung nach Deutschland aufweist.[556]

---

554 *Staringer*, Steuervollzug bei grenzüberschreitenden Sachverhalten, in: DStjG 31 (2008), S. 135 (164).

555 *Seer*, in: Tipke/Kruse, vor § 85, Rn. 1.

556 *BFH* vom 09.05.2007 – XI R 56/05, BFHE 218, 125 = DStR 2007, 1295; *Fischer*, Das EuGH-Urteil Persche zu Auslandsspenden – die Entstaatlichung des Steuerstaates geht weiter, in: FR 2009, 249 (255); *Tiedtke/Möllmann*, Spendenabzug und Europarecht, in: IStR 2007, 837 (843).

Der BFH hat mit diesen Ausführungen im Vorlagebeschluss in der Rechtssache „Persche“ dem Grundsatz der Verhältnismäßigkeit in der Tat eine neue Facette hinzugefügt.[557] Denn das Gebot der Verhältnismäßigkeit wurde ursprünglich entwickelt für die Beurteilung der Rechtmäßigkeit staatlicher Maßnahmen, die in Freiheitsrechte der Bürger eingreifen.[558] Zwischen staatlichen Organen der Bundesrepublik und im Verhältnis des Bundes zu den Ländern ist das Verhältnismäßigkeitsprinzip nicht anwendbar.[559] Die Kodifizierung des Grundsatzes der Verhältnismäßigkeit im Gemeinschaftsrecht in Art. 5 Abs. 3 EG bzw. Art. 5 Abs. 4 EU nimmt „Maßnahmen der Gemeinschaft“ bzw. „Maßnahmen der Union“ zum Ausgangspunkt, weshalb in der Literatur zutreffend davon ausgegangen wird, dass der Grundsatz der Verhältnismäßigkeit bei Eingriffen durch die Gemeinschaftsorgane in Rechte der Bürger zu beachten ist.[560] Schon vor der Kodifizierung war zudem anerkannt, dass das Verhältnismäßigkeitsprinzip durch die Mitgliedstaaten als Schranke beim Vollzug von Gemeinschaftsrecht und bei der Beschränkung von Grundfreiheiten zu beachten ist.[561] Wegen Art. 5 Abs. 3 EG bzw. Art. 5 Abs. 4 EU ist das Prinzip aber auch im Verhältnis der Union zu den Mitgliedstaaten anwendbar. Zusammenfassend unterliegen alle denkbaren Eingriffsverhältnisse in den Beziehungen zwischen der Union und ihren Organen, den Nationalstaaten und den Bürgern der Einschränkung durch das Verhältnismäßigkeitsprinzip. Der BFH impliziert nun, dass sich ein Mitgliedstaat auch dann auf den Grundsatz der Verhältnismäßigkeit soll berufen können, wenn die Nichtbeibehaltung einer Beschränkung einer Grundfreiheit einen unangemessenen Aufwand für sein Verwaltungshandeln nach sich zöge. Anders gewendet soll die Verwirklichung der Grundfreiheiten nur gewährt werden müssen, wenn sie für den Mitgliedstaat nicht unverhältnismäßig aufwändig ist.

Ähnlich wie der BFH argumentierte Generalanwältin *Kokott* im Schlussantrag zur Rechtssache „Truck Center“.[562] Streitpunkt der Rechtssache „Truck Center“ war jedoch die Form der Steuererhebung und nicht die Begrenzung einer Steuerbefreiung. Die Frage war, ob unterschiedliche Modalitäten der Steuererhebung, nämlich ein Quellensteuerabzug einerseits und eine (nachträgliche) Veranlagung andererseits, eine Beschränkung der Grundfreiheiten darstellen können. Es sei – so

557 *Staringer*, Steuervollzug bei grenzüberschreitenden Sachverhalten, in: DStjG 31 (2008), S. 135 (149).

558 *Degenhart*, Staatsorganisationsrecht, Rn. 398.

559 *BVerfG* vom 22.05.1990 – 2 BvG 1/88, BVerfGE 81, 310 (338).

560 *Calliess*, in: Calliess/Ruffert, Art. 5 EGV, Rn. 52; *Lienbacher*, in: Schwarze, Art. 5 EGV, Rn. 41.

561 *Streinz*, Europarecht, § 3, Rn. 167.

562 *Schlussantrag der Generalanwältin Kokott* vom 18.09.2008 – C-282/07 („*Truck Center*“), Rn. 46 – zitiert nach juris.

Generalanwältin *Kokott* – zu beachten, dass sich der Mitgliedstaat beim Verzicht auf den Quellenabzug wahrscheinlich einem wesentlich höheren Aufwand für die Steuerverwaltung ausgesetzt sieht. Besonders bei einmaligen oder geringen Steuerforderungen stünde dieser zusätzliche Aufwand außer Verhältnis zu der administrativen Belastung durch den Steuerabzug an der Quelle. Eine verhältnismäßige Ausgestaltung des Verfahrens der Steuererhebung erfordere eine komplexe Beurteilung, die der nationale Gesetzgeber vornehmen müsse. Die Entscheidung, ob im Quellensteuerabzug für ausländische Steuerpflichtige eine Beschränkung liegt, soll also vom Aufwand des Mitgliedstaates bei Anwendung des üblichen Besteuerungsverfahrens abhängen. Der EuGH ging auf diese Argumente *Kokotts* nicht näher ein, sah im Ergebnis aber mangels vergleichbarer Situationen der beschränkt/unbeschränkt Steuerpflichtigen ebenfalls keine Beschränkung der Grundfreiheiten.[563]

Die Ratio, Nationalstaaten könnten im Rahmen ihrer Gesetzgebung beim derzeitigen Stand der europäischen Integration auch Effizienzgesichtspunkte berücksichtigen und damit einhergehende Beeinträchtigungen der Grundfreiheiten seien gerechtfertigt, mag eine gewisse Berechtigung haben, wenn es um die Entscheidung über System und Verfahren von Steuererhebungen geht. Denn die direkten Steuern sind nicht harmonisiert und die Mitgliedstaaten tragen selbst die Verantwortung für ihre Finanzierung und bedürfen dazu effektiver Steuererhebungsmethoden. Ob dabei der dogmatische Ansatz über den Grundsatz der Verhältnismäßigkeit überzeugt, ist zweifelhaft. Jedenfalls wenn es nicht um die Effizienz der Steuererhebung, sondern um die Gewährung von Steuerbefreiungen geht, kann der Ansatz generell nicht überzeugen. Denn tatsächlich geht es der Sache nach darum, ob die Beschränkung der Grundfreiheiten durch die Begrenzung der Abzugsfähigkeit von Zuwendungen an inländische Körperschaften mit der Notwendigkeit der Wirksamkeit der steuerlichen Kontrolle gerechtfertigt werden kann. Entweder ist es möglich oder nicht, die Voraussetzungen steuerlicher Gemeinnützigkeit auch bei ausländischen Körperschaften hinreichend zu überprüfen. Ein Zusammenhang mit der Höhe der Spende, der steuerlichen Auswirkung beim Spender und dem Verwaltungsaufwand besteht dabei nicht. Wie der betroffene Mitgliedstaat sein Verwaltungsverfahren organisiert, regelt er nach dem Grundsatz der institutionellen und verfahrensrechtlichen Autonomie der Mitgliedstaaten[564] selbst. Es muss einem Mitgliedstaat dann aber verwehrt sein, sich auf die konkrete Ausgestaltung seines Verfahrens als Rechtfertigung einer Beschränkung

563 *EuGH* vom 22.12.2008 – C-282/07 („*Truck Center*"), IStR 2009, 135, Rn. 41 ff.

564 Begriff nach *Rengeling*, Europäisches Gemeinschaftsrecht und nationaler Rechtsschutz – unter besonderer Berücksichtigung der Rechtsprechung des Europäischen Gerichtshofs und deutscher Gerichte, in: GS-Sasse, S. 197 (198 ff.)

zu berufen, wenn Alternativen ohne weiteres realisierbar sind. Sofern es möglich ist, ein effizientes Verfahren zu installieren, das ohne grundfreiheitliche Beschränkungen auskommt, muss diesem System der Verzug gewährt werden. Dass eine solche Alternative darin besteht, alle gebietsfremden Körperschaften in das System der gestuften Prüfung der Abzugsvoraussetzungen einzubeziehen, wird noch eingehender zu zeigen sein.[565] Der EuGH ist auf die Argumentation des BFH in der Entscheidung „Persche" gar nicht näher eingegangen und stellte – im Ergebnis zutreffend – lediglich fest, dass „verwaltungstechnische Nachteile" nicht ausreichten, um eine Beschränkung mit Verweis auf die Notwendigkeit steuerlicher Kontrolle zu rechtfertigen.[566]

Ein weiteres, rechtsfolgenorientiertes Argument spricht gegen eine Rechtfertigung aus Gründen der Verhältnismäßigkeit. Selbst wenn man nämlich die Höhe der Spende und den anfallenden Verwaltungsaufwand in die Beantwortung der Frage der Abzugsfähigkeit einbezieht, könnte deswegen möglicherweise gar nicht die komplette Versagung der Abzugsfähigkeit von Direktspenden ins Ausland gerechtfertigt werden. Denn eine komplette Versagung der Abzugsfähigkeit wäre nicht notwendig. Denkbar wäre nämlich auch die Einführung einer Bagatellgrenze, was bedeutete, dass die Abzugsfähigkeit von Kleinst- oder Kleinspenden insgesamt versagt werden könnte bzw. müsste. Nur größere Spenden wären dann noch abzugsfähig. Es dürfte dabei aber nicht danach unterschieden werden, ob die Spende einer inländischen oder einer ausländischen Organisation zukommt. Exemplarisch kann insoweit auf die Ausführungen des EuGH in der Schulgeld – Entscheidung[567] verwiesen werden, auf die der deutsche Gesetzgeber mit der Einführung einer (unterschiedslosen) Obergrenze für abzugsfähige Schulgeldzahlungen (§ 10 Abs. 1 Nr. 9 EStG) reagiert hat.[568] Übertragen auf das Gemeinnützigkeitsrecht stellt eine unterschiedslose Untergrenze ein milderes Mittel dar als ein generelles Abzugsverbot für Auslandsspenden.[569] Angesichts der weiten Verbreitung von Kleinst- und Kleinspenden auf dem Spendenmarkt wäre die

---

565 S. Dritter Teil, B., II., S. 202 ff.

566 *EuGH* vom 27.01.2009 – C-318/07 („*Persche*"), DStR 2009, 207 = IStR 2009, 171, Rn. 55.

567 *EuGH* vom 11.09.2007 – C-318/05 („*Schulgeld, Vertragsverletzungsvefahren*"), Slg 2007, I-6957 = DStRE 2007, 1300, *EuGH* vom 11.09.2007 – C-76/05 („*Schulgeld, Vorabentscheidungsverfahren*"), Slg 2007, I-6849 = IStR 2007, 703.

568 Dazu *Schaffhausen/ Plenker*, Neuregelung des Sonderausgabenabzugs von Schuldgeldzahlungen, in: DStR 2009, 1123.

569 Genau den anderen Weg schlägt *Englisch* vor, der für eine größere Gestaltungsfreiheit der Mitgliedstaaten jedenfalls bei Kleinstbeträgen plädiert und damit in der Sache den Ansatz des BFH weiter verfolgt: *Englisch*, Europarechtliche Einflüsse auf den Untersuchungsgrundsatz im Steuerverfahren, in: IStR 2009, 37 (41).

Einführung einer Bagatellgrenze jedoch für die Entwicklung der gemeinnützigen Betätigung ein äußerst kontraproduktiver und nicht wünschenswerter Ansatz.

cc. Zwischenergebnis

Eine Rechtfertigung wegen der Notwendigkeit wirksamer steuerlicher Kontrollen kommt nicht in Betracht.

4. Sonstige Rechtfertigungsgründe

In der wissenschaftlichen Diskussion spielten weitere mögliche Rechtfertigungsgründe berechtigterweise keine große Rolle. Allein der Vollständigkeit halber sei deshalb hier darauf hingewiesen, dass der EuGH in den Entscheidungen „Stauffer" und „Persche" auch die Einschlägigkeit anderer vorgebrachter Rechtfertigungsgründe verneint hat. Die Verfolgung kultureller Zwecke als in Art. 151 EG = Art. 167 AEU verankertes Ziel der Union vermag die Verwehrung der steuerlichen Vorteile für ausländische gemeinnützige Körperschaften nicht zu rechtfertigen, weil aus der steuerlichen Befreiungsregelung des § 5 Abs. 1 Nr. 9 KStG nicht hervorgeht, dass die Regelung (ausschließlich) auf die Verfolgung und Förderung kultureller Zwecke gerichtet ist.[570] Eine Verringerung der Steuereinnahmen stellt keinen vom Gerichtshof anerkannten Grund des Allgemeininteresses dar, sie vermag Beschränkungen der Grundfreiheiten nicht zu rechtfertigen.[571] Dagegen kann die Gefährdung der Besteuerungsgrundlage als Rechtfertigungsgrund zwar genügen, dies jedoch nur, wenn es den Nationalstaat überfordern würde, alle Zahlungen, also sowohl diejenigen an inländische als auch diejenigen an ausländische Körperschaften, vollständig steuerlich zu berücksichtigen, und eine Beschränkung deshalb erforderlich wäre.[572] Jedenfalls an der Erforderlichkeit fehlt es. Die Einführung einer Höchstgrenze abziehbarer Zuwendungen bzw. eine betragsmäßige Begrenzung der Steuerfreiheit für die gemeinnützigen Körperschaften wären mildere Mittel. Der vollständige Ausschluss ausländischer gemeinnütziger Körperschaften von allen steuerlichen Vorzügen lässt sich mit dem Überforderungsargument somit nicht rechtfertigen. Zum Rechtfertigungsgrund der Kriminalitätsbekämpfung zieht der EuGH zu Recht in Zweifel, ob der Ausschluss ausländischer Körperschaften von steuerlichen Begünstigungen ein probates Mittel

---

570 *EuGH* vom 11.09.2007 – C-76/05 („*Schulgeld, Vorabentscheidungsverfahren*"), Slg 2007, I-6849 = IStR 2007, 703, Rn. 78 ff.

571 *EuGH* vom 14.09.2006 – C-386/04 („*Stauffer*"), Slg 2006, I-8203 = IStR 2006, 675 = DStR 2006, 1736, Rn. 59.

572 *EuGH* vom 11.09.2007 – C-318/05 („*Schulgeld, Vertragsverletzungsverfahren*"), Slg 2007, I-6957 = DStRE 2007, 1300, Rn.

ist.[573] Die Sorge, dass kriminelle Vereinigungen gemeinnützige Körperschaften als Vehikel für organisierte Steuerhinterziehung oder Geldwäsche nutzen, ist zwar nicht nur eine theoretische, wie ein aktueller Bericht der OECD[574] zeigt, jedoch bedarf es zur Bekämpfung solcher Formen der Kriminalität anderer Mittel als des typisierenden Ausschlusses nichtansässiger Körperschaften von den steuerlichen Vergünstigungen im Inland. Zudem dürften gerade international operierende Kriminelle ohne Weiteres über die Mittel und Ressourcen verfügen, sich an nationale Vorschriften und Begrenzungen anzupassen und beispielsweise im Inland eine Mittelbeschaffungskörperschaft (§ 58 Nr. 1 AO) zu gründen.

5. *Zusammenfassung – Keine Rechtfertigung der Benachteiligung ausländischer Körperschaften*

Festzuhalten bleibt damit, dass grundfreiheitlich beschränkende Regelungen für Steuervergünstigungen gemeinnütziger Körperschaften, wie § 5 Abs. 2 Nr. 2 KStG in der bis zum 31.12.2008 geltenden Fassung, unter keinem Gesichtspunkt gerechtfertigt werden können. Dass die Steuervergünstigungen für gemeinnützige Körperschaften einen (notwendigen) Ausgleich für die staatsentlastende und staatssubstituierende Tätigkeit der Körperschaften darstellen, rechtfertigt keine nach der Ansässigkeit der Körperschaften typisierende Verwehrung der steuerlichen Vorteile. Das ist auch dann nicht möglich, wenn die nationalen Regelungen an einen Inlandsbezug der gemeinnützigen Tätigkeit anknüpfen. Insbesondere erlaubt es der Kohärenzbegriff nicht, lediglich indirekte, makroökonomische Zusammenhänge einer subjektiv typisierenden Regelung zugrunde zu legen.

Auch die Notwendigkeit der Wirksamkeit steuerlicher Kontrollen rechtfertigt keinen absoluten Ausschluss im Gemeinschaftsgebiet ansässiger gemeinnütziger Körperschaften von den steuerlichen Vergünstigungen im Inland. Die erhöhten Mitwirkungspflichten des Steuerpflichtigen bei Auslandssachverhalten reichen zwar allein nicht aus, um eine Art. 3 Abs. 1 GG genügende, gleichheitsgerechte Verifizierung der notwendigen Voraussetzungen sicherzustellen. In einer Zusammenschau mit den Möglichkeiten der zwischenstaatlichen Auskunftserlangung sind sie aber ein hinreichendes Mittel. Zudem sind Beweislastentscheidungen nicht ausgeschlossen. Welche Konsequenzen daraus im Einzelnen für die steuerlichen Verwaltungsverfahren in Deutschland folgen, wird noch genauer zu untersuchen sein.

---

573 *EuGH* vom 14.09.2006 – C-386/04 („*Stauffer*“), Slg 2006, I-8203 = IStR 2006, 675 = DStR 2006, 1736, Rn. 61.

574 „Report on Abuse of Charities for Money-Laundering and Tax Evasion“ vom 24.02.2009, *http://www.oecd.org/dataoecd/30/20/42232037.pdf* (Stand: 30.11.2009).

IV. Zwischenfazit zur Bedeutung der Grundfreiheiten für das Gemeinnützigkeits- und Zuwendungsrecht im Speziellen

Mit den Entscheidungen „Stauffer“ „Jundt“ und „Persche“ hat der EuGH erste Grundsätze für das Verhältnis der Grundfreiheiten zum Gemeinnützigkeitssteuerrecht der Mitgliedstaaten aufgestellt. Diese verdienen im Ergebnis Zustimmung, auch wenn den Entscheidungen „Stauffer“ und „Persche“ zu Unrecht eine fehlende Inlandsanknüpfung des deutschen Rechts zugrunde gelegt wurde. Unabhängig von einem erwerbswirtschaftlichen Bezug sind die Grundfreiheiten auf die Betätigung gemeinnütziger Körperschaften umfassend anwendbar.[575] Der nationale Gesetzgeber hat zu beachten, dass sich inländische und ausländische Körperschaften grundsätzlich in einer vergleichbaren Situation befinden, wenn die ausländischen Körperschaften die inländischen Voraussetzungen steuerlicher Gemeinnützigkeit erfüllen. Diskriminierende Merkmale wie die Ansässigkeit haben dabei außer Acht zu bleiben.[576] Hinsichtlich der Förderzwecke können die Mitgliedstaaten entscheiden, welche Zwecke steuerlich begünstigt werden. Inwieweit der nationale Gesetzgeber bei der Bestimmung der förderungswürdigen Zwecke wiederum an das Gemeinschaftsrecht gebunden ist, wird noch detaillierter zu erarbeiten sein. Subjektiv typisierende Beschränkungen für ausländische gemeinnützige Körperschaften können nicht gerechtfertigt werden.[577] Auch wenn man richtigerweise eine Inlandsanknüpfung des deutschen Rechts und ein erweitertes Verständnis des Kohärenzbegriffes zugrunde legt, kommt gleichwohl eine Rechtfertigung als kohärente Regelung nicht in Betracht.[578] Auch die Wahrung der Wirksamkeit steuerlicher Kontrollen vermag bei Würdigung der bestehenden Verifikationsmöglichkeiten und unter dem Aspekt der notwendigen Effizienz steuerlicher Kontrollen subjektiv typisierende Regelungen nicht zu rechtfertigen. Dies gilt gleichermaßen für die Besteuerung der gemeinnützigen Körperschaft selbst wie auch für die steuerliche Berücksichtigung von Zuwendungen an diese. Es ist Aufgabe des nationalen Gesetzgebers, das Verwaltungsverfahren an die Berücksichtigung der Tätigkeit ausländischer gemeinnütziger Körperschaften anzupassen und effizente Strukturen zu schaffen.[579]

575 S. Zweiter Teil, D., I., 2., lit. d., S. 115.

576 S. Zweiter Teil, D., II., 4., S. 121 f.

577 S. Zweiter Teil, D., III., 5., S. 146 f.

578 S. Zweiter Teil, D., III., 1., S. 122 ff.

579 S. Zweiter Teil, D., III., 3., lit. c., cc., S. 145.

E. Bedeutung der Beihilferegelungen für das Gemeinnützigkeits- und Zuwendungsrecht

Neben den Grundfreiheiten spielen die Beihilferegelungen nach den Art. 87 ff. EG = Art. 107 ff. AEU eine entscheidende Rolle für die Wahrung des Wettbewerbs und die Verhinderung von Handelsbeeinträchtigungen zwischen den Mitgliedstaaten. Bei der Gestaltung eines nationalen Gemeinnützigkeitsrechts, das vor den Anforderungen des europäischen Rechts bestehen soll, müssen deshalb auch die Beihilferegelungen in den Blick genommen werden.

In Art. 87 Abs. 1 EG = Art. 107 Abs. 1 AEU ist ein allgemeines Verbot staatlicher Beihilfen enthalten. Im Gegensatz zu den Grundfreiheiten[580] kommt dem Verbot jedoch keine unmittelbare Wirkung zu, weil es nach Art. 88 EG = Art. 108 AEU allein der Europäischen Kommission obliegt, die Unvereinbarkeit staatlicher Beihilfen mit dem Gemeinsamen Markt festzustellen und insbesondere über mögliche Rechtfertigungen nach Art. 87 Abs. 2 EG = Art. 107 Abs. 2 AEU und Art. 87 Abs. 3 EG = Art. 107 Abs. 3 AEU zu entscheiden. Dabei steht der Kommission ein weites Ermessen zu, dessen Ausübung – so der EuGH – wirtschaftliche und soziale Wertungen voraussetzt, die in einem Gemeinschaftskontext vorzunehmen sind.[581] Die Kommission muss den Sinn und Zweck des Beihilferechts beachten, nämlich im Wege praktischer Konkordanz einen Ausgleich der legitimen Interessen der Mitgliedstaaten, der Beihilfeempfänger und der wirtschaftlichen Konkurrenten herbeizuführen.[582] Der Gerichtshof selbst kann die Ermessensentscheidung der Kommission nur in eingeschränktem Maße überprüfen. Er darf die Beurteilung durch die Kommission nicht durch seine eigene Beurteilung ersetzen, sondern muss sich darauf beschränken, zu prüfen, ob diese Beurteilung offensichtlich irrig oder ermessensmissbräuchlich ist.[583]

Anders als im Falle der Verletzung einer Grundfreiheit kann aus diesen Gründen keine nationale Behörde und kein nationales Gericht die Unvereinbarkeit einer staatlichen Maßnahme mit den Beihilferegelungen feststellen. Gemünzt auf die steuerlichen Vergünstigungen für gemeinnützige Körperschaften folgt daraus, dass weder ein Finanzamt noch ein Finanzgericht oder der Bundesfinanzhof die Gewährung bzw. Anerkennung einer steuerlichen Vergünstigung mit Verweis auf die Art. 87 ff. EG = Art. 107 ff. AEU verweigern dürften.[584] Dies gilt

---

580 S. Zweiter Teil, C., III., 1., S. 91 f.

581 *EuGH* vom 15.12.2005 – C-66/02 („*Italien/Kommission*"), Slg 2005, I-10901, Rn. 135; *EuGH* vom 12.12.2002 – C-456/00 („*Frankreich/Kommission*"), Slg 2002, I-11949, Rn. 41.

582 *Bär-Bouyssière*, in: Schwarze, Art. 87 EGV, Rn. 2.

583 *EuGH* vom 15.12.2005 – C-66/02 („*Italien/Kommission*"), Slg 2005, I-10901, Rn. 135; *EuGH* vom 12.12.2002 – C-456/00 („*Frankreich/Kommission*"), Slg 2002, I-11949, Rn. 41.

584 *Hüttemann*, Gemeinnützigkeits- und Spendenrecht, § 1, Rn. 121.

sogar unter dem Gesichtspunkt des Durchführungsverbotes nach Art. 88 Abs. 3 S. 3 EG = Art. 108 Abs. 3 S. 3 AEU wegen fehlender Notifizierung einer Beihilfe. Danach darf ein Mitgliedstaat nach Unterrichtung der Kommission eine Maßnahme bis zur Entscheidung der Kommission nicht durchführen. Eine gleichwohl gewährte Beihilfe ist grundsätzlich ebenso gemeinschaftsrechtswidrig wie eine Beihilfe, die gar nicht angezeigt wurde.[585] Für sogenannte „Altbeihilfen“ gilt das Durchführungsverbot des Art. 88 Abs. 3 S. 3 EG = Art. 108 Abs. 3 S. 3 AEU und die aus einem Verstoß folgende Gemeinschaftsrechtswidrigkeit jedoch nicht.[586] Dies trifft auf die steuerlichen Vergünstigungen für gemeinnützige Körperschaften zu. Sie sind älter als der EG-Vertrag und galten bereits bei dessen Inkrafttreten. Ein Verfahren nach den Art. 87 ff. EG = Art. 107 ff. AEU kann deshalb einzig von der Kommission eingeleitet werden. Dies erfolgt gegebenenfalls auf die Beschwerde eines (vermeintlich benachteiligten) Wettbewerbers.[587] Bei der folgenden Untersuchung ist deshalb ein besonderes Augenmerk auf die Haltung der Kommission zu richten, weil es entscheidend auf ihre Sichtweise und ihre Ermessensausübung ankommt. Wie zu zeigen sein wird, ist die Frage der Einordnung der steuerlichen Vorteile gemeinnütziger Körperschaften als Beihilfe und vor allem auch die Frage einer möglichen Rechtfertigung noch mit vielen Fragezeichen versehen. Nach hier vertretener Auffassung besteht aber – wie zu zeigen sein wird – für den deutschen Gesetzgeber hinsichtlich der Beihilferegelungen kein akuter Handlungsbedarf.

I. Steuervorteile gemeinnütziger Körperschaften als Beihilfe

Nach Art. 87 Abs. 1 EG = Art. 107 Abs. 1 AEU begünstigen Beihilfen nur bestimmte Unternehmen, sind staatliche Mittel oder stammen aus staatlichen Mitteln und verfälschen den Wettbewerb oder beeinträchtigen den Handel zwischen Mitgliedstaaten.

1. Funktionaler Unternehmensbegriff

Ein Unternehmen im Sinne des Wettbewerbsrechts ist nach dem EuGH jede eine wirtschaftliche Tätigkeit ausübende Einheit, unabhängig von ihrer Rechtsform

585 *Cremer*, in: Calliess/Ruffert, Art. 88 EGV, Rn. 12.

586 *Hüttemann*, Steuervergünstigungen wegen Gemeinnützigkeit und europäisches Beihilfenverbot, in: DB 2006, 914 (920 f.).

587 Exemplarisch dazu: Beschwerde eines deutschen Hoteliers gegen die Förderung einer Familienferieneinrichtung der AWO, Verfahrensverlauf aufgearbeitet vom Beschwerdeführer unter *www.tourismuspolitik.info* (Stand: 03.12.2009), speziell zu diesem Fall auch *Fischer* „Marktliberalismus versus Europäisches Sozialmodell“ in: FR 2009, 929.

und der Art der Finanzierung.[588] Die Tätigkeit muss auch von einem privaten Anbieter mit der Absicht der Gewinnerzielung ausgeführt werden können. Bestimmte Tätigkeiten gemeinnütziger Körperschaften wurden vom EuGH schon als unternehmerische Tätigkeit angesehen.[589] Für die Beantwortung der Frage, ob alle Tätigkeiten gemeinnütziger Körperschaften unternehmerische Relevanz haben, bedarf es einer Differenzierung. Da die steuerlichen Vorteile den gemeinnützigen Körperschaften bei der Einnahmeerzielung gewährt werden, ist es sachgerecht, bei der Beantwortung nach den Sphären der Finanzierung (Ideeller Bereich, Vermögensverwaltung, Wirtschaftlicher Geschäftsbetrieb, Zweckbetrieb) zu unterscheiden.

a. *Ideeller Bereich*

Zum ideellen Bereich gehören Spenden, Zustiftungen, Erbschaften, Vermächtnisse, öffentliche Zuschüsse aber auch Mitgliedsbeiträge. Diese Zuflüsse sind steuerbefreit. Die Befreiung wirkt nur deklaratorisch, weil es, wie oben gezeigt, jedenfalls an der Einkünfteerzielungsabsicht fehlt.[590] Für die EU-wettbewerbsrechtlich gebotene, funktionale Betrachtung ist dies aber nicht ausschlaggebend. Hier kommt es in der Tat darauf an, ob eine Gegenleistung geboten wird, die auch andere Anbieter mit der Absicht der Gewinnerzielung offerieren.[591] Bei Mitgliedsbeiträgen ist dies durchaus denkbar, nämlich dann, wenn mitgliedernützige Leistungen im Gegenzug angeboten werden. So kommt beispielsweise bei Sportvereinen eine unternehmerische Tätigkeit trotz ausschließlicher Finanzierung über die ideelle Sphäre in Betracht.[592]

b. *Vermögensverwaltung*

Für den Bereich der Vermögensverwaltung ist nach der Rechtsprechung des EuGH zu unterscheiden, wie mit den gehaltenen Vermögenswerten verfahren wird. Das folgt aus der Entscheidung des EuGH für den Fall einer italienischen Bankstiftung.[593]

---

588 *EuGH* vom 12.09.2000 – C-180/98-184/98 („*Pavlov*"), Slg 2000, I-6451, Rn. 74.

589 *EuGH* vom 17.06.1997 – C-70/95 („*Sodemare*"), Slg 1997, I-3395; *EuGH* vom 25.10.2001 – C-475/99 („*Ambulanz Glöckner*"), Slg 2001, I-8089 = EuZW 2002, 25; *EuGH* vom 10.01.2006 – C-222/04 („*Cassa di Risparmio di Firenze*"), Slg 2006, I-289 = EuZW 2006, 306.

590 S. Erster Teil, E., I., 1., lit. a., S. 62.

591 *Helios*, EG-beihilfenrechtliche Vereinbarkeit von gemeinnützigkeitsabhängigen Steuervergünstigungen, in: EWS 2006, 108 (111).

592 *Helios*, EG-beihilfenrechtliche Vereinbarkeit von gemeinnützigkeitsabhängigen Steuervergünstigungen, in: EWS 2006, 108 (111); *Hüttemann*, Gemeinnützigkeits- und Spendenrecht, § 1, Rn. 113.

593 *EuGH* vom 10.01.2006 – C-222/04 („*Cassa di Risparmio di Firenze*"), Slg 2006, I-289 = EuZW 2006, 306.

Hintergrund war eine von der Bankstiftung begehrte Quellensteuerbefreiung auf die Gewinne, die ihr aus der Beteiligung an einer (erwerbswirtschaftlich tätigen) Bank zugeflossen waren. Die Befreiung setzte nach der italienischen Regelung voraus, dass die Gewinne juristischen Personen des öffentlichen Rechts oder von der Körperschaftsteuer befreiten Stiftungen zuflossen, die ausschließlich Zwecke der Wohltätigkeit, Bildung und Erziehung sowie von Wissenschaft und Forschung verfolgten. Die italienische Finanzverwaltung war der Auffassung, dass die Stiftung durch die Verwaltung der Beteiligung an der (gewerblich tätigen) Bank selbst gewerblich tätig sei und deshalb die vom Gesetz verlangte, ausschließlich gemeinnützige Zweckverfolgung nicht vorlag. Die Fragen des vorlegenden Gerichts bezogen sich auf die Unternehmensqualität der gemeinnützig tätigen Bankstiftung und der daraus folgenden, möglichen Anwendbarkeit der europäischen Wettbewerbsregelungen. Außerdem wollte das vorlegende Gericht wissen, ob in der möglichen Quellensteuerbefreiung eine staatliche Beihilfe gem. Art. 87 ff. EG = Art. 107 ff. AEU zu sehen sei und daraus eine grundfreiheitsrelevante Diskriminierung anderer Unternehmen folge. Die Vorlage war möglich, weil die streitgegenständlichen italienischen Regelungen – im Gegensatz zu den steuerlichen Vergünstigungen für gemeinnützige Körperschaften im deutschen Recht – keine Altbeihilfen darstellten.[594]

Im Falle einer Beteiligung an einer Kapitalgesellschaft liegt – so der EuGH in ständiger Rechtsprechung – selbst bei einer Kontrollbeteiligung eine unternehmerische Tätigkeit nicht schon dann vor, wenn lediglich die Rechte ausgeübt werden, die mit der Eigenschaft als Aktionär oder Mitglied verbunden sind, und gegebenenfalls Dividenden bezogen werden, die bloße Früchte der Beteiligung sind.[595] Wird dagegen die mit einer Beteiligung verbundene Kontrolle tatsächlich durch unmittelbare oder mittelbare Einflussnahme auf die Verwaltung der Gesellschaft ausgeübt, strahlt die wirtschaftliche Tätigkeit der Gesellschaft auf die gemeinnützige Körperschaft als Anteilseigner aus.[596] Insoweit legt der EuGH für die Frage der Beihilfequalität von Steuervorteilen für gemeinnützige Körperschaften zunächst die selben Kriterien an, die er auch im Umsatzsteuerrecht der Frage zugrunde legt, ob das bloße Innehaben finanzieller Beteiligungen an anderen Unternehmen eine wirtschaftliche Tätigkeit im Sinne der Sechsten Mehrwertsteuerrichtlinie darstellt.[597]

---

594 *Hüttemann*, Steuervergünstigungen wegen Gemeinnützigkeit und europäisches Beihilfenverbot, in: DB 2006, 914 (920).

595 *EuGH* vom 10.01.2006 – C-222/04 („*Cassa di Risparmio di Firenze*“), Slg 2006, I-289 = EuZW 2006, 306, Rn. 111; *EuGH* vom 14.11.2000 – C-142/99 („*Floridienne, Berginvest*“), Slg 2000, I-9567 = IStR 2001, 15, Rn. 17.

596 *EuGH* vom 10.01.2006 – C-222/04 („*Cassa di Risparmio di Firenze*“), Slg 2006, I-289 = EuZW 2006, 306, Rn. 112.

597 *EuGH* vom 14.11.2000 – C-142/99 („*Floridienne, Berginvest*“), Slg 2000, I-9567 = IStR 2001, 15, Rn. 17.

Entscheidend ist nun, wann eine unmittelbare oder mittelbare Einflussnahme auf die Verwaltung der beherrschten Gesellschaft vorliegt. Im Umsatzsteuerrecht hält der EuGH die Erbringung von Dienstleistungen im Bereich der Verwaltung, Buchführung und Informatik für die kontrollierten Gesellschaften für schädlich, weil Umsätze aus solchen Tätigkeiten steuerbare Umsätze nach der Mehrwertsteuerrichtlinie darstellen.[598] Dem folgte die Kommission im Fall der italienischen Bankstiftung auch für das Gemeinnützigkeitssteuerrecht. Da die Stiftung für die kontrollierte Bank keine Güter veräußere oder Dienstleistungen erbringe, führe das bloße Halten der Beteiligung auf Seiten der Stiftung nicht zu einer wirtschaftlichen Tätigkeit und damit nicht zu einer Einstufung als Unternehmen im Sinne der Art. 87 ff. EG = Art. 107 ff. AEU.[599] Der EuGH rekurrierte dagegen nicht auf die umsatzsteuerlichen Kriterien. Es müsse verhindert werden, dass durch künstliche Aufspaltungen steuerliche Vorteile gemeinnütziger Körperschaften an kontrollierte (wirtschaftlich tätige) Gesellschaften durchgereicht werden.[600] Denkbar wäre dies etwa durch einen (teilweisen) Ausschüttungsverzicht und daraus folgende Finanzierungsvorteile. Es müsse deshalb – so der EuGH weiter – anhand der konkreten Aufgaben der Stiftung als Beteiligungsgesellschaft und gegebenenfalls anhand institutioneller und funktioneller Verbindungen geprüft werden, ob die mit der Beteiligung verbundene Tätigkeit der Stiftung über eine bloße Kapitalanlage eines Investors hinausgeht. Das ist der Fall, wenn sie beispielsweise die Möglichkeit hat, (erweiterte) Kontrollaufgaben wahrzunehmen oder auch Impulse für die wirtschaftliche Tätigkeit der Bank zu geben und finanzielle Unterstützung zu leisten. Der EuGH schlägt damit eine striktere Linie als die Kommission ein. Seine Auffassung erlaubt eine umfassende Abwägung aller Umstände, die zu begrüßen ist. Sie entspricht dem, was im deutschen Recht zur Frage der Abgrenzung steuerfreier Vermögensverwaltung und steuerpflichtiger Betätigung in einem wirtschaftlichen Geschäftsbetrieb hinsichtlich einer Beteiligung der gemeinnützigen Körperschaft an einer wirtschaftlich tätigen Gesellschaft gilt.[601] Zur praktischen Wirksamkeit bedarf es keiner schematischen Abgrenzung, sondern einer umfassenden, an Sinn und Zweck der Vorschriften orientierten Abwägung aller Umstände, vor allem der Würdigung institutioneller und funktioneller Verknüpfungen. Je nach Ergebnis der Abwägung kann eine vermögensverwaltende Tätigkeit zu einer Einstufung als Unternehmen im Sinne der Art. 87 ff. EG =

598 *EuGH* vom 14.11.2000 – C-142/99 („*Floridienne, Berginvest*“), Slg 2000, I-9567 = IStR 2001, 15, Rn. 19.

599 Entscheidung der Kommission vom 22.08.2002 über die steuerlichen Maßnahmen für Bankenstiftungen, die Italien durchgeführt hat (2003/146/EG), ABl. 2003 L 55/56.

600 *EuGH* vom 10.01.2006 – C-222/04 („*Cassa di Risparmio di Firenze*“), Slg 2006, I-289 = EuZW 2006, 306, Rn. 114.

601 S. Erster Teil, D., IV., 3., S. 56 ff.

Art. 107 ff. AEU führen. Ist dies der Fall, läge allerdings auch nach deutschem Recht bereits ein steuerpflichtiger wirtschaftlicher Geschäftsbetrieb vor und die Steuerbefreiung entfiele insoweit.

c. *Wirtschaftliche Geschäftsbetriebe*

Wirtschaftliche Geschäftsbetriebe erfüllen die Anforderungen an ein Unternehmen im beihilferechtlichen Sinn. Zu beachten ist jedoch, dass sie nach deutschem Recht der partiellen Steuerpflicht unterliegen, insoweit Betätigungen der gemeinnützigen Körperschaft also von steuerlichen Vergünstigungen gar nicht erfasst sind. Ein Mitteltransfer aus anderen Sphären ist nach § 55 Abs. 1 Nr. AO nicht zulässig.[602] Eine Vergünstigung erfahren nur Betätigungen unterhalb der Freigrenze des § 64 Abs. 3 AO. Bei diesen Steuervergünstigungen dürfte es sich aber um beihilferechtlich zulässige „De-minimis"-Beihilfen[603] von weniger als 100.000 Euro über einen Zeitraum von drei Jahren handeln.[604]

d. *Zweckbetriebe*

Als im Ganzen problematischer Bereich verbleibt damit einzig die Sphäre der Zweckbetriebe. Diese stellen grundsätzlich wirtschaftliche Geschäftsbetriebe und damit Unternehmen im beihilferechtlichen Sinn dar. Die Betätigung ist wegen der unmittelbaren Verwirklichung der förderungswürdigen Zwecke umfassend steuerlich begünstigt, mit Ausnahme der Steuerbefreiungen für sportliche Veranstaltungen eines Sportvereins nach § 67a AO. Diese Vergünstigung ist allerdings auf Einnahmen von bis zu 35.000 Euro im Jahr begrenzt[605] und stellt damit eine „De-minimis"-Beihilfe dar.

e. *Zwischenergebnis*

Ausgehend von Sphären der Finanzierung einer gemeinnützigen Körperschaft kristallisiert sich einzig die Sphäre der Zweckbetriebe als tatsächlich problematischer Bereich heraus. Im ideellen Bereich wirkt die Steuerbefreiung lediglich deklaratorisch, auch alle anderen Steuerpflichtigen ohne Einkünfteerzielungsabsicht sind nicht steuerpflichtig. Vermögensverwaltung stellt nach der insoweit Zustim-

---

602 AEAO zu § 55 Nr. 4.

603 Verordnung (EG) Nr. 69/2001 der Kommission vom 12.01.2001 („*De-minimis"-Beihilfen*), Abl. 2001 L 10/30.

604 *Helios*, Steuerliche Gemeinnützigkeit und EG-Beihilfenrecht, S. 191 f.; *Hüttemann*, Steuervergünstigungen wegen Gemeinnützigkeit und europäisches Beihilfenverbot, in: DB 2006, 914 (919).

605 S. Erster Teil, D., IV., 3., S. 56 ff.

mung verdienenden Rechtsprechung des EuGH dann keine unternehmerische Tätigkeit dar, wenn lediglich die Rechte ausgeübt werden, die mit der Eigenschaft als Aktionär oder Mitglied verbunden sind, und gegebenenfalls Dividenden bezogen werden, die bloße Früchte der Beteiligung sind. Zur Abgrenzung, wann eine schädliche Einwirkung auf die Verwaltung der Gesellschaft vorliegt, kann auf die Grundsätze des deutschen Rechts zur Frage der Abgrenzung steuerfreier Vermögensverwaltung und steuerpflichtiger Betätigung in einem wirtschaftlichen Geschäftsbetrieb hinsichtlich einer Beteiligung der gemeinnützigen Körperschaft an einer wirtschaftlich tätigen Gesellschaft zurückgegriffen werden. Dadurch wird ein Gleichklang erreicht, der bei Verlassen der Sphäre der steuerfreien und beihilferechtlich nicht relevanten Vermögensverwaltung zum Eintritt in die steuerlich nicht begünstigte Sphäre eines wirtschaftlichen Geschäftsbetriebes führt. Diese ist ihrerseits aber genau wegen der Steuerpflicht der Betätigung ebenfalls beihilferechtlich unproblematisch.

Vergleicht man dieses Zwischenergebnis mit der Anwendbarkeit der Grundfreiheiten auf die Betätigung gemeinnütziger Körperschaften, fallen Unterschiede auf. Am augenfälligsten werden diese für die Sphäre der Vermögensverwaltung. Die Betätigung unterfällt, wie gezeigt, dem Anwendungsbereich der Grundfreiheiten, vor allem der Kapitalverkehrsfreiheit, erfüllt aber nicht den beihilferechtlich relevanten Tatbestand eines funktionellen Unternehmensbegriffes. Dies stellt keinen Widerspruch dar. Denn hinsichtlich der Kapitalverkehrsfreiheit ist deren objektiver Charakter entscheidend, so dass es auf eine unternehmerische Qualität der Betätigung der Körperschaft gar nicht ankommt. Das Beihilferecht zielt aber auf die Verhinderung von Wettbewerbsverzerrungen ab, weshalb hier entscheidend sein muss, inwieweit durch das Halten von Beteiligungen tatsächlich eine unternehmerische Tätigkeit ausgeübt wird. Entscheidend ist somit die unterschiedliche Wertung und Zielsetzung hinter den Grundfreiheiten einerseits und dem Beihilferecht andererseits.

2. *Begünstigung*

Weitere Voraussetzung für den Tatbestand einer „Beihilfe“ nach Art. 87 Abs. 1 EG = Art. 107 Abs. 1 AEU ist das Vorliegen einer Begünstigung des Unternehmens. Eine beihilferechtliche Begünstigung erfasst dabei nicht nur positive Leistungen, sondern auch Maßnahmen, die Belastungen vermindern, die ein Unternehmen normalerweise zu tragen hat, wobei an dieser Stelle Gründe und Ziele der Gewährung außer Acht zu bleiben haben.[606] Steuer- und Abgabenerleichterungen rechnen danach zu den finanziellen Vorteilen.[607] Zu bedenken ist zwar, dass die

606 *EuGH* vom 23.03.2006 – C-237/04 („*Enirisorce/Sotacarbo*“), Slg 2006, I-2843, Rn. 42.
607 Entscheidung der Kommission vom 05.03.2003 – 2003/590/EG („*CDC*“), Abl. 2003 L 199/28.

Steuerbefreiungen für den hier einzig relevanten Bereich der Zweckbetriebe keine Gewährung eines finanziellen Vorteils darstellen, sondern, auch nach hier vertretener Auffassung[608], bloßer Nachteilsausgleich zur Gewährleistung leistungsfähigkeitsgerechter Besteuerung sind.[609] Diese Überlegungen sind aber, in Ansehung von Art. 87 Abs. 2 EG = Art. 107 Abs. 2 AEU und Art. 87 Abs. 3 EG = Art. 107 Abs. 3 AEU, den Rechtfertigungsgründen und nicht der Frage der Tatbestandsmäßigkeit zuzuordnen.

3. Staatliche Finanzierung

Die steuerliche Begünstigung muss als Zuwendung unmittelbar oder mittelbar aus staatlichen Mitteln gewährt werden und dem Staat zuzurechnen sein.[610] Dies ist bei einem Verzicht auf Steuereinnahmen der Fall.[611] Nicht eindeutig kann die Frage beantwortet werden, ob Spenden, deren Verwendung auch in Zweckbetrieben zulässig ist, zumindest mittelbar aus staatlichen Quellen stammen und mithin beihilferechtlich relevant sind. Spenden an gemeinnützige Körperschaften werden zunächst aus privaten Mitteln geleistet. Die steuerliche Begünstigung des Spenders kommt der gemeinnützigen Körperschaft allenfalls indirekt zugute, indem der Spender einen Teil seiner Aufwendungen aufgrund der steuerlichen Absetzbarkeit erstattet bekommt. Teilweise wird deshalb davon ausgegangen, dass jedenfalls in Höhe der Steuermindereinnahmen eine teilweise Umqualifizierung der privaten Mittel in staatliche Mittel erfolgt.[612] Dieser Teil sei dem Staat auch zurechenbar, weil der Staat direkt darüber entscheide, wer zum steuerbegünstigten Spendenempfang berechtigt ist.[613] Die Gegenansicht geht davon aus, dass die steuerliche Abzugsfähigkeit auf Seiten des Spenders an der privaten Herkunft der Mittel selbst nichts ändere und lediglich zur Leistung einer Spende anreizen könne.[614] Zu bedenken ist, dass die Entscheidung, ob und an wen gespendet wird, vom Spender und nicht vom Staat getroffen wird, was gegen die Annahme eines Zurechnungs-

608 S. Erster Teil, C., II., S. 40 ff.

609 *Kube*, Die Zukunft des Gemeinnützigkeitsrechts in der europäischen Marktordnung, in: IStR 2005, 469 (475); *Kirchhof*, Gemeinnützigkeit – Erfüllung staatsähnlicher Aufgaben durch selbstlose Einkommensverwendung, in: DStJG 26 (2003), S. 1 (5).

610 *Bär-Bouyssière*, in: Schwarze, Art. 87 EGV, Rn. 38.

611 *Hüttemann*, Gemeinnützigkeits- und Spendenrecht, § 1, Rn. 117.

612 *Helios*, Steuerliche Gemeinnützigkeit und EG-Beihilfenrecht, S. 164 ff.; *Benicke*, in: Schauhoff, Handbuch der Gemeinnützigkeit, § 23, Rn. 83; *Hüttemann*, Gemeinnützigkeits- und Spendenrecht, § 1, Rn. 117.

613 *Benicke*, in: Schauhoff, Handbuch der Gemeinnützigkeit, § 23, Rn. 83.

614 *Kube*, Die Zukunft des Gemeinnützigkeitsrechts in der europäischen Marktordnung, in: IStR 2005, 469 (475).

zusammenhanges spricht.[615] Entscheidend wird es letztlich auf die Sicht der Kommission ankommen, wobei schon an dieser Stelle darauf hinzuweisen ist, dass die beihilferelevanten Vergünstigungen des Gemeinnützigkeits- und Spendenrechts, wie noch zu zeigen sein wird, jedenfalls gerechtfertigt sind.

4. *Selektivität der Maßnahme*

Die Beihilfemaßnahme muss selektiv wirken, ein einzelnes Unternehmen oder eine nach bestimmten Kriterien umschriebene Gruppe von Unternehmen, das können insbesondere Unternehmen eines bestimmten Produktionszweiges sein, müssen begünstigt werden.[616] Vereinzelt wird das deutsche Gemeinnützigkeitsrecht unter Verneinung der Selektivität insgesamt als beihilferechtlich abgesichert angesehen.[617] Nicht einzelne Unternehmen oder Produktionszweige, sondern weite Tätigkeitsfelder würden gefördert, weil der Zweck der Betätigung der Körperschaft über die Förderung entscheide. Der EuGH sah jedoch, wie bereits zuvor schon die wohl überwiegende Ansicht in der Literatur[618], in der Entscheidung zur italienischen Bankstiftung eine selektive Förderung durch die italienischen Regeln des Gemeinnützigkeitsrechts als gegeben an, weil die steuerliche Förderung auf der Absicht des nationalen Gesetzgebers beruhe, im sozialen Bereich als verdienstvoll angesehene Einrichtungen finanziell zu begünstigen.[619] Dem kann jedenfalls hinsichtlich der in den §§ 66-68 AO aufgezählten Zweckbetriebe uneingeschränkt zugestimmt werden. Denn insoweit werden explizit bestimmte Wirtschaftszweige gefördert. Das betrifft nach § 66 AO Betriebe der Wohlfahrtspflege, nach § 67 AO Krankenhäuser, nach § 67a AO sportliche Veranstaltungen eines Sportvereins und nach § 68 AO etwa Alten- und Pflegeheime, Erholungsheime, Kindergärten, Studentenheime oder Behindertenwerkstätten. Damit liegt hinsichtlich der Zweckbetriebe nach §§ 66-68 AO auch eine selektive Maßnahme vor.

---

615 *Kirchhof*, Gemeinnützigkeit – Erfüllung staatsähnlicher Aufgaben durch selbstlose Einkommensverwendung, in: DStJG 26 (2003), S. 1 (5).

616 *EuGH* vom 15.12.2005 – C-148/04 („*Unicredito Italiano*“), Slg 2005, I-11137 = EuZW 2006, 209, Rn. 44 f.

617 *Leisner-Egensperger*, in: Hübschmann/Hepp/Spitaler, vor §§ 51-68 AO, Rn. 84.

618 *Helios*, EG-beihilfenrechtliche Vereinbarkeit von gemeinnützigkeitsabhängigen Steuervergünstigungen, in: EWS 2006, 108 (116); *Benicke*, in: Schauhoff, Handbuch der Gemeinnützigkeit, § 23, Rn. 81.

619 *EuGH* vom 10.01.2006 – C-222/04 („*Cassa di Risparmio di Firenze*“), Slg 2006, I-289 = EuZW 2006, 306, Rn. 137.

5. *Wettbewerbsverfälschung und Beeinträchtigung des Handels zwischen Mitgliedstaaten*

Eine Wettbewerbsverfälschung setzt voraus, dass sich die Stellung des Begünstigten auf dem sachlich, zeitlich und räumlich relevanten Markt zulasten potentieller Konkurrenten verbessert.[620] Teilweise wird angenommen, eine Wettbewerbsverfälschung sei jeder Beihilfengewährung immanent oder sei „im Zweifel anzunehmen".[621] Legt man den Fokus nach den bisherigen Ergebnissen auf die Zweckbetriebe, so kann eine Wettbewerbsverfälschung jedenfalls für die in den §§ 66-68 AO genannten Betriebe gegeben sein, weil auch nichtaltruistisch und rein gewinnorientiert handelnde Anbieter Krankenhäuser, Altenheime oder Kindergärten betreiben. Geben die gemeinnützigen Körperschaften ihren Steuervorteil in den Markt weiter, zum Beispiel über die Preisgestaltung, liegt eine Wettbewerbsbeeinträchtigung vor.[622] Bei den gesetzlich nicht speziell geregelten Zweckbetrieben nach § 65 AO entschärft dagegen die Wettbewerbsklausel des § 65 Nr. 3 AO die Problematik, da danach der Zweckbetrieb zu nicht begünstigten Betrieben derselben oder ähnlicher Art nicht mehr als „unvermeidbar" in Wettbewerb treten darf.[623]

Eine Beeinträchtigung des Handels zwischen den Mitgliedstaaten liegt vor, wenn sich der Gütermarkt und/oder der Dienstleistungsmarkt ohne die Beihilfe anders entwickeln würden, d.h. wenn die Stellung des Begünstigten auf wenigstens einem dieser Märkte gegenüber Anbietern aus anderen Mitgliedstaaten gestärkt wird.[624] Das kann bei Zweckbetrieben nicht ausgeschlossen werden. Denn vor allem Krankhaus-, Altenheim- und Pflegeheimanbieter agieren heutzutage europaweit, wie schon die Rechtsprechung zeigt.[625]

6. *Altmark-Trans-Kriterien des EuGH*

Sind danach die Voraussetzungen des Art. 87 Abs. 1 EG = Art. 107 AEU jedenfalls für die Zweckbetriebe der §§ 66-68 AO erfüllt, liegt eine Beihilfe tatbestandlich gleichwohl nicht vor, wenn die Kriterien des Altmark-Trans-Urteils des EuGH[626] erfüllt sind. Staatliche Mittel stellen danach keine Beihilfe dar, wenn

---

620 *Cremer*, in: Calliess/Ruffert, Art. 87 EGV, Rn. 21.

621 *Cremer*, in: Calliess/Ruffert, Art. 87 EGV, Rn. 21 m.w.N.

622 *Hüttemann*, Wirtschaftliche Betätigung und steuerliche Gemeinnützigkeit, S. 148 ff.; *Helios*, Steuerliche Gemeinnützigkeit und EG-Beihilfenrecht, S. 180 ff.

623 *Hüttemann*, Gemeinnützigkeits- und Spendenrecht, § 1, Rn. 118.

624 *Bär-Bouyssière*, in: Schwarze, Art. 87 EGV, Rn. 49.

625 *EuGH* vom 17.06.1997 – C-70/95 („*Sodemare*"), Slg 1997, I-3395; *EuGH* vom 25.10.2001 – C-475/99 („*Ambulanz Glöckner*"), Slg 2001, I-8089 = EuZW 2002, 25.

626 *EuGH* vom 24.07.2003 – C-280/00 („*Altmark-Trans*"), Slg 2003, I-7747 = NJW 2003, 2515.

sie Ausgleich für die Erbringung von Dienstleistungen von allgemeinem wirtschaftlichem Interesse sind. Im Einzelnen müssen vier Voraussetzungen kumulativ vorliegen, die der EuGH, offensichtlich unter Orientierung an Art. 86 Abs. 2 EG = Art. 106 Abs. 2 AEU, am Fall der Subventionierung des öffentlichen Nahverkehrs entwickelt hat.[627] Erstens muss das begünstigte Unternehmen mit der Erfüllung gemeinwirtschaftlicher, klar definierter Verpflichtungen betraut sein. Zweitens ist der zu gewährende Nachteilsausgleich zuvor objektiv und transparent zu ermitteln. Der Ausgleich darf drittens nicht zu einer Überkompensation führen, darf also nicht über das hinausgehen, was erforderlich ist, um die Kosten der Erfüllung der Aufgabe unter Berücksichtigung der dabei erzielten Einnahmen und eines angemessenen Gewinns zu decken. Schließlich muss viertens die Wahl des Unternehmens, das mit der Erfüllung der Verpflichtungen betraut werden soll, im Rahmen eines Vergabeverfahrens erfolgen oder die Höhe des erforderlichen Ausgleichs ist auf der Grundlage einer Analyse der Kosten zu bestimmen, die ein durchschnittliches, gut geführtes Unternehmen hätte, wobei die dabei zu erzielenden Einnahmen und ein angemessener Gewinn zu berücksichtigen sind.

Zu Unrecht wird bereits hinsichtlich des ersten Kriteriums bezweifelt, ob man wegen der Verwirklichung der in der AO genannten, gemeinnützigen Zwecke tatsächlich von einer „Betrauung" der gemeinnützigen Körperschaften mit einer Verpflichtung ausgehen könne.[628] Es handele sich um freiwillige Aufgabenwahrnehmung, der kein bindender Akt mit einem Verpflichtungselement vorausgehe. Zudem fehle es für eine wirksame Betrauung an der Durchsetzbarkeit der Aufgabenwahrnehmung. Bei einer Verletzung der gemeinnützigkeitsrechtlichen Voraussetzungen könne nicht mit rechtlichem Zwang sichergestellt werden, dass Pflichten eingehalten würden.[629] Die Kommission verfolgt einen weniger restriktiven Ansatz. Sie sieht beispielsweise in der freiwilligen Übernahme von Aufgaben der Familienförderung eine hinreichende Betrauung.[630] Es genüge, wenn eine in einem Gesetz sehr allgemein gehaltene Aufgabe erfüllt werde. Die notwendige Konkretisierung könne sich auch aus Auswahlkatalogen der Verwaltung ergeben.

---

627 *EuGH* vom 24.07.2003 – C-280/00 („*Altmark-Trans*"), Slg 2003, I-7747 = NJW 2003, 2515, Rn. 87 ff.

628 So *Helios*, EG-beihilfenrechtliche Vereinbarkeit von gemeinnützigkeitsabhängigen Steuervergünstigungen, in: EWS 2006, 108 (115 f.); *Hüttemann*, Gemeinnützigkeits- und Spendenrecht, § 1, Rn. 116; a.A. *Kube,* Die Zukunft des Gemeinnützigkeitsrechts in der europäischen Marktordnung, in: IStR 2005, 469 (475).

629 *Helios*, EG-beihilfenrechtliche Vereinbarkeit von gemeinnützigkeitsabhängigen Steuervergünstigungen, in: EWS 2006, 108 (116).

630 Antwort der Kommission auf die Beschwerde eines deutschen Hoteliers gegen die Förderung einer Familienferieneinrichtung der AWO, veröffentlicht vom Beschwerdeführer unter *www.tourismuspolitik.info* (Stand: 05.12.2009).

Dem folgend genügt es, dass die gemeinnützigen Körperschaften freiwillig durch autonome Entscheidung bestimmen, welche förderungswürdigen Zwecke sie verwirklichen möchten. Die Konkretisierung der Anforderungen kann man speziell hinsichtlich der förderungswürdigen Zweckbetriebe als im Anwendungserlass zur AO ausreichend konkretisiert ansehen. Ob die Erfüllung der Aufgabe durch Zwang sichergestellt werden kann, ist zudem nicht entscheidend. Da die Nichteinhaltung der gesetzlichen Voraussetzungen den Verlust der Steuervergünstigungen zur Folge hat[631], ist durch faktischen Zwang sichergestellt, dass nur die Unternehmen begünstigt werden, welche die Aufgabe tatsächlich wahrnehmen, also „freiwillig“ mit ihr betraut sind.

Ebenso ist die Erfüllung des dritten Altmark-Trans – Kriteriums, nämlich die Verhinderung einer Überkompensation, unzweifelhaft. Die Zweckbetriebe unterliegen wie alle übrigen gemeinnützigen Körperschaften den Mittelverwendungsvorschriften des § 55 AO. Dadurch ist sichergestellt, dass die (steuerlich geförderten) Mittel für die förderungswürdigen Zwecke verwendet werden, also genau in Höhe der erhaltenen Begünstigung die öffentliche Aufgabe wahrgenommen wird.

Weniger eindeutig kann die Erfüllung der beiden übrigen Kriterien beurteilt werden. Der zu gewährende Nachteilsausgleich wird bei gemeinnützigen Körperschaften und somit auch im Fall der Zweckbetriebe nicht im Voraus objektiv und transparent ermittelt. Wie hoch die Förderung tatsächlich sein wird, kann wegen der Ungewissheit der Höhe der (steuerfreien) Gewinne und der Ungewissheit der Höhe der (steuerbegünstigten) Spenden nicht bestimmt werden.[632] Auch findet kein Vergabeverfahren oder eine Analyse der Kosten eines durchschnittlichen, gut geführten Unternehmens statt.

Zu bedenken ist jedoch, dass die „Altmark-Trans“-Kriterien vom EuGH am konkreten Fall des Defizitausgleiches für den öffentlichen Personennahverkehr entwickelt wurden, also am Fall einer direkten Subvention.[633] Diese Situation unterscheidet sich zum Einen hinsichtlich der technischen Ausgestaltung des gewährten Ausgleichs grundlegend von der steuerlichen Begünstigung von Zweckbetrieben. Zum Anderen bedingt die Vergabe einer zu bedienenden Strecke im Nahverkehr an einen Anbieter und die Bezuschussung des Betriebs der Linie notwendigerweise den Ausschluss aller übrigen Anbieter von dieser Strecke und der gewährten Bezuschussung. Darauf zielen die Kriterien der Kalkulation des notwendigen Ausgleichs und der Kostenanalyse eines gut geführten Unternehmens aber ab. Es soll

631 *Bott*, in: Schauhoff, Handbuch der Gemeinnützigkeit, § 9, Rn. 5.

632 *Hüttemann*, Steuervergünstigungen wegen Gemeinnützigkeit und europäisches Beihilfenverbot, in: DB 2006, 914 (920).

633 *EuGH* vom 24.07.2003 – C-280/00 („*Altmark-Trans*“), Slg 2003, I-7747 = NJW 2003, 2515, Rn. 88.

verhindert werden, dass beispielsweise aufgrund der ausschließlichen Bewerbung schlecht geführter Unternehmen ungerechtfertigt hohe Zuschüsse gewährt werden.

Diese dargestellten speziellen Probleme stellen sich bei der steuerlichen Begünstigung gemeinnütziger Körperschaften nicht, weshalb die am öffentlichen Nahverkehr erprobten „Altmark-Trans"-Kriterien auf sie nicht direkt passen.[634] Hier bestehen für alle Wettbewerber durch die unterschiedslose Geltung der Voraussetzungen steuerlicher Gemeinnützigkeit nach den §§ 51-68 AO die gleichen Möglichkeiten der Inanspruchnahme der Förderung. Der Grundgedanke, dass keine Beihilfe vorliegt, wenn für die Wahrnehmung privatisierter Gemeinwohlaufgaben lediglich ein Nachteilsausgleich gewährt wird[635], muss deshalb in einem weiteren Kontext verstanden werden. Letztlich kann die Art der technischen Ausgestaltung nicht darüber entscheiden, ob ein Nachteilsausgleich eine Beihilfe darstellt oder nicht. Orientiert am Sinn und Zweck der Beihilferegelungen, nämlich dem Schutz bzw. der Ermöglichung des Wettbewerbs durch Interessenausgleich zwischen Mitgliedstaaten, Beihilfeempfängern und wirtschaftlichen Konkurrenten[636], ist die Vorab-Kalkulation bei steuerlichen Vergünstigungen für gemeinnützige Zweckbetriebe entbehrlich. Die Mittelverwendungsvorschriften verhindern einen zweckentfremdeten, nicht den Gemeinwohlaufgaben dienenden Mitteleinsatz. Insbesondere müssen Überschüsse wieder dem Zweckbetrieb zugeführt und für den zu fördernden Zweck eingesetzt werden. Eine Quersubventionierung wirtschaftlicher Geschäftsbetriebe ist ausgeschlossen.[637] Zudem werden, anders als im Falle der Bezuschussung des Linienverkehrs im öffentlichen Personennahverkehr, durch die steuerlichen Zuschüsse keine Konkurrenten von der Förderung ausgeschlossen, wenn sie dieselben Bedingungen erfüllen, nämlich die gemeinnützigkeitsrechtlichen Anforderungen der §§ 51-68 AO. Der Wettbewerb wird damit gewahrt und darauf kommt es entscheidend an.

7. *Entscheidung der Kommission vom 28.11.2005 („Monti"-Paket)*

Gestützt auf Art. 86 Abs. 3 EG (Art. 106 Abs. 3 AEU) hat die Kommission mit Entscheidung vom 28.11.2005 zur Anwendung von Art. 86 Abs. 2 EG (Art. 106 AEU) auf Ausgleichszahlungen an Erbringer von Dienstleistungen von allgemeinem

634 *Fischer*, Marktliberalismus versus Europäisches Sozialmodell, in: FR 2009, 929 (933).

635 *EuGH* vom 07.02.1985 – 240/83 („*ADBHU*"), Rn. 18 – zitiert nach juris; *EuGH* vom 22.11.2001 – C-53/00 („*Ferring*"), Slg 2001, I-9067 = EuZW 2002, 48, Rn. 27.

636 *Bär-Bouyssière*, in: Schwarze, Art. 87 EGV, Rn. 2.

637 *Hüttemann*, Steuervergünstigungen wegen Gemeinnützigkeit und europäisches Beihilfenverbot, in: DB 2006, 914 (920).

wirtschaftlichem Interesse Stellung genommen.[638] Art. 86 Abs. 2 EG = Art. 106 Abs. 2 AEU sieht für Unternehmen eine Ausnahme von der Geltung der Wettbewerbsregelungen vor, wenn vier Kriterien erfüllt sind. Erstens muss das Unternehmen mit einer bestimmten Aufgabe staatlich betraut sein. Der Auftrag muss sich zweitens auf eine Dienstleistung von allgemeinem wirtschaftlichem Interesse beziehen. Drittens muss die Ausnahme von der Geltung der Wettbewerbsregelungen erforderlich und dem Zweck angemessen sein und darf viertens die Entwicklung des Handelsverkehrs nicht in einem dem Gemeinschaftsinteresse zuwiderlaufenden Ausmaß beeinträchtigen.

Die Voraussetzungen überschneiden sich offensichtlich mit den „Altmark-Trans"-Kriterien des EuGH und stellen in gewisser Weise sicher auch eine Fortentwicklung dar.[639] Deshalb kann zur Betrauung der Unternehmen mit einer öffentlichen Aufgabe und hinsichtlich des Erforderlichkeitskriteriums auf die obigen Ausführungen[640] verwiesen werden. Bei den in den §§ 66-68 AO geregelten und Theatern ist die Erbringung einer Dienstleistung von allgemeinem wirtschaftlichem Interesse nicht zweifelhaft. Die von der Kommission benannte allgemeine Obergrenze von jährlichen Ausgleichszahlungen von 30 Mio. Euro (die zudem für Krankenhäuser und Wohnungswirtschaftsunternehmen nicht gilt) wird in praxi für die steuerlichen Vergünstigungen der meisten Zweckbetriebe gemeinnütziger Körperschaften ausreichend sein.

8. Zwischenergebnis

Die Tatbestandsvoraussetzungen einer Beihilfe nach Art. 87 Abs. 1 EG = Art. 107 Abs. 1 AEU liegen nur bei den gesetzlich speziell geregelten Zweckbetrieben nach den §§ 66 –68 AO vor, weil für diese die Wettbewerbsklausel des § 65 Nr. 3 AO nicht gilt. Davon abgesehen, dass die Steuervergünstigungen für viele Zweckbetriebe, vor allem die sportlichen Veranstaltungen eines Sportvereines nach § 67a AO, lediglich eine „De-minimis"-Beihilfe darstellen, dürften nach Sinn und Zweck der Wettbewerbsregelungen und entsprechend ihrer Ratio jedenfalls die „Altmark-Trans"-Kriterien des EuGH gegen die Annahme einer Beihilfe sprechen. Auch die Anforderungen des Monti-Paketes der Kommission dürften nach dieser Überlegung von den genannten Zweckbetrieben erfüllt werden.

---

638 Entscheidung der Kommission vom 28.11.2005 über die Anwendung von Artikel 86 Abs. 2 EGV auf staatliche Beihilfen, die bestimmten mit der Erbringung von Dienstleistungen von allgemeinem wirtschaftlichem Interesse betrauten Unternehmen als Ausgleich gewährt werden (2005/842/EG), ABl. 2005 L 312/67.

639 *Fischer*, Marktliberalismus versus Europäisches Sozialmodell, in: FR 2009, 929 (931).

640 S. Zweiter Teil, E., I., 6., S. 157 ff.

II. Rechtfertigung

Selbst wenn man die steuerlichen Vergünstigungen für gemeinnützige Körperschaften als Beihilfe ansehen wollte, wären diese jedenfalls gerechtfertigt.

Nach Art. 87 Abs. 3 i.V.m. Art. 88 EG = Art. 107 Abs. 3 i.V.m. Art. 108 AEU kommt der Kommission ein Ermessen dahingehend zu, Beihilfen unter bestimmten Gesichtspunkten als mit dem Gemeinsamen Markt vereinbar, als gerechtfertigt, anzusehen. Dazu rechnet nach Art. 87 Abs. 3 lit. b EG = Art. 107 Abs. 3 lit. b AEU die Förderung wichtiger Vorhaben von gemeinsamem europäischem Interesse. In der Tat ist das Gemeinnützigkeitsrecht in seinem Kern als ein solches Vorhaben anzusehen, weil nahezu alle europäischen Steuerrechtsordnungen für den gemeinnützigen Kernbereich Steuerbefreiungen oder ähnliches vorsehen.[641] Neben beispielsweise der Wohlfahrtspflege als Teil des Kernbereiches der Gemeinnützigkeit zählen zum gemeinsamen europäischen Interesse aber auch Energieeinsparung und Umweltschutz (§ 52 Abs. 2 S. 1 Nr. 8 AO) oder die Forschung und Entwicklung (§ 52 Abs. 2 S. 1 Nr. 1 AO).[642]

Zur Förderung der Kultur und der Erhaltung des kulturellen Erbes lässt Art. 87 Abs. 3 lit. d EG = Art. 107 Abs. 3 lit. d AEU den Mitgliedstaaten einen weiten Auslegungsspielraum.[643] Hierunter fallen deshalb die im deutschen Recht vorgesehenen Vergünstigungen für die Förderung von Kunst und Kultur (§ 52 Abs. 2 S. 1 Nr. 5 AO), Denkmalschutz (§ 52 Abs. 2 S. 1 Nr. 6 AO) und traditionelles Brauchtum (§ 52 Abs. 2 S. 1 Nr. 23 AO).[644]

III. Zwischenfazit zur Bedeutung der Beihilferegelungen für das Gemeinnützigkeits- und Zuwendungsrecht

Zur Zeit besteht mit Blick auf die Beihilferegelungen der Art. 87 ff. EG = Art. 107 ff. AEU kein akuter Handlungsbedarf für den deutschen Gesetzgeber zur Änderung des Gemeinnützigkeits- und Spendenrechts. Nach hier vertretener Auffassung erfüllen die Steuervergünstigungen für gemeinnützige Körperschaften aus verschiedenen Gründen schon nicht den Tatbestand einer Beihilfe. Jedenfalls sind die Vergünstigungen nach Art. 87 Abs. 3 EG = Art. 107 Abs. 3 AEU gerechtfertigt. Da es sich bei den Vergünstigungen um Altbeihilfen handelt, die bereits vor 1958 in Kraft waren, besteht keine Notifikationspflicht, weshalb

641 *Hüttemann*, Gemeinnützigkeits- und Spendenrecht, § 1, Rn. 120.

642 *Bär-Bouyssière*, in: Schwarze, Art. 87 EGV, Rn. 72, 74; *Cremer*, in: Calliess/Ruffert, Art. 87 EGV, Rn. 44; *Leisner-Egensperger*, in: Hübschmann/Hepp/Spitaler, vor §§ 51-68 AO, Rn. 85.

643 *Bär-Bouyssière*, in: Schwarze, Art. 87 EGV, Rn. 103.

644 *Leisner-Egensperger*, in: Hübschmann/Hepp/Spitaler, vor §§ 51-68 AO, Rn. 85.

allein die Kommission tätig werden kann und von Seiten der Finanzämter oder Finanzgerichte für gemeinnützige Körperschaften keine Gemeinschaftswidrigkeit der Steuervorteile festgestellt werden kann.[645]

F. Zwischenergebnis zu den europarechtlichen Vorgaben für das Gemeinnützigkeits- und Zuwendungsrecht

Die Grundfreiheiten sind uneingeschränkt auf das Gemeinnützigkeits- und Spendenrecht anwendbar; es existiert insoweit keine Bereichsausnahme. Für die Betätigung gemeinnütziger Körperschaften ist vor allem die Kapitalverkehrsfreiheit bedeutsam, weil von ihr sowohl die Erzielung von Erträgen aus der Verwaltung von Vermögen durch die gemeinnützige Körperschaft als auch Zuwendungen an die Körperschaft erfasst sind. Ein materiell-rechtlicher Ausschluss gebietsfremder Körperschaften von den steuerlichen Privilegierungen wegen Gemeinnützigkeit stellt eine grundfreiheitliche Beschränkung dar, die insbesondere weder unter einem erweiteren Kohärenzbegriff noch unter dem Gesichtspunkt der Notwendigkeit steuerlicher Kontrolle zu rechtfertigen ist.

Das Beihilferecht ist dagegen tatbestandlich schon nur relevant für Zweckbetriebe, im Übrigen erfüllt gemeinnützige Betätigung regelmäßig nicht den Tatbestand des Art. 87 Abs. 1 EG = Art. 107 Abs. 1 AEU. Die Altmark-Trans-Kriterien des EuGH sind nach Sinn und Zweck des Beihilferechts auf die steuerlichen Vergünstigungen für gemeinnützige Körperschaften übertragbar und anwendbar. Selbst wenn man davon ausginge, dass die steuerlichen Vergünstigungen für gemeinnützige Körperschaften tatbestandliche Beihilfen darstellten, wären sie jedenfalls gerechtfertigt.

Dass die Grundfreiheiten im Gegensatz zum Beihilferecht tatbestandlich in einem umfassenden Sinne auf eine gemeinnützige Betätigung anwendbar sind, stellt keinen Widerspruch dar, sondern resultiert aus der unterschiedlichen Wirk- und Zielrichtung der Grundfreiheiten und der Beihilferegelungen. Zielen die Grundfreiheiten primär auf die Beseitigung von Hemmnissen des Personen- und Wirtschaftsverkehrs ab, sollen die Beihilferegelungen an erster Stelle einen fairen Wettbewerb ermöglichen und sichern. Darauf ist das deutsche Gemeinnützigkeitsrecht aber schon nach seinen nationalen Vorgaben ausgerichtet.

Im weiteren Verlauf ist deshalb primär die künftige Vereinbarkeit des Gemeinnützigkeits- und Spendenrechts mit den Grundfreiheiten in den Blick zu nehmen.

---

645 *Hüttemann*, Gemeinnützigkeits- und Spendenrecht, § 1, Rn. 121.

Dritter Teil: Perspektiven eines europarechtskonformen Gemeinnützigkeits- und Zuwendungsrechts

Subjektiv typisierende Regelungen für die Anerkennung steuerlich begünstigter Gemeinnützigkeit sind nicht mit den Grundfreiheiten zu vereinbaren und können insbesondere nicht als kohärente Maßnahme oder als Notwendigkeit zur Wahrung der Wirksamkeit steuerlicher Kontrollen gerechtfertigt werden. Angesichts der subjektiv typisierenden Regelung des § 5 Abs. 2 Nr. 2 KStG a.F. bestand deshalb schon nach der „Stauffer"-Entscheidung des EuGH Handlungsbedarf für den deutschen Gesetzgeber. Mit dem Ziel, das Gemeinnützigkeitsrecht europarechtlich abzusichern[646], wurde mit dem Jahressteuergesetz 2009 durch Änderung des § 5 Abs. 2 Nr. 2 KStG die Körperschaftsteuerbefreiung wegen Gemeinnützigkeit nach § 5 Abs. 1 Nr. 9 KStG auch ausländischen, beschränkt steuerpflichtigen Körperschaften zugänglich gemacht. Das deutsche Gemeinnützigkeitsrecht wurde damit für im Ausland ansässige Körperschaften grundsätzlich geöffnet. Gleichzeitig hat der Gesetzgeber aber mit dem Jahressteuergesetzes 2009 einen Inlandsbezug in § 51 AO verankert und damit die gesetzlichen Voraussetzungen steuerlicher Gemeinnützigkeit insgesamt verengt. Diese Maßnahme zielte ersichtlich darauf ab, die Berücksichtigungsfähigkeit gemeinnütziger Betätigung im Ausland einzuschränken und mögliche steuerliche Ausfälle in Folge der notwendigen Öffnung des § 5 Abs. 2 Nr. 2 KStG zu verhindern. Im weiteren Verlauf der Arbeit soll anhand der bisher erarbeiteten Vorgaben des nationalen Rechts einerseits und des europäischen Rechts andererseits untersucht werden, ob die gesetzliche Neuregelung hinsichtlich des Gemeinnützigkeitsrechts in materieller Hinsicht ausreicht und das Gemeinnützigkeitsrecht de lege lata mit dem Gemeinschaftsrecht vereinbar ist (A.). Sodann soll aufgezeigt werden, welche weiteren gesetzlichen Anpassungen des Zuwendungsrechts noch notwendig sind und an welcher Stelle und in welcher Art und Weise diese vollzogen werden könnten (B.). Offene Fragen des Verfahrensrechts folgen im Anschluss (C.).

646 BR-Drucks. vom 19.09.2008 – 545/08, S. 77.

A. Materielle Fragen des Gemeinnützigkeitsrechts – zugleich Analyse und Kritik der Änderungen durch das Jahressteuergesetz 2009

Die bereits erfolgten Änderungen des Gemeinnützigkeits- und Spendenrechts durch das Jahressteuergesetz 2009 in den § 5 Abs. 2 Nr. 2 KStG und § 51 AO sollen im Folgenden hinsichtlich der verwendeten, unbestimmten Rechtsbegriffe ausgelegt werden und ihre Vereinbarkeit mit dem Gemeinschaftsrecht soll untersucht werden. Begonnen werden soll dabei mit § 5 Abs. 2 Nr. 2 KStG. Anschließend folgt die Neufassung des § 51 AO, in dessen neuen Absatz 2 ein expliziter Inlandsbezug eingefügt wurde. Dieser wirft die vorab abstrakt zu klärende Frage auf, welchen Beschränkungen die Mitgliedstaaten bei der Festlegung der nach nationalem Recht gemeinnützigen, förderungswürdigen Zwecke unterliegen.

I. Öffnung des § 5 Abs. 2 Nr. 2 KStG

Nach der bis zum 31.12.2008 geltenden Fassung des § 5 Abs. 2 Nr. 2 KStG waren alle Körperschaftsteuerbefreiungen nach § 5 Abs. 1 KStG, also auch jene für gemeinnützige Körperschaften nach § 5 Abs. 1 Nr. 9 KStG, beschränkt steuerpflichtigen ausländischen Körperschaften verwehrt. Da, wie gezeigt, die beschränkte Steuerpflicht an den Sitz der Körperschaft anknüpfte, handelte es sich hinsichtlich der gemeinnützigen Körperschaften in vergleichbarer Situation um eine subjektiv typisierende Regelung, die mit den Grundfreiheiten nicht zu vereinbaren war. Der Gesetzgeber war deshalb wegen des Anwendungsvorranges des Gemeinschaftsrechts nach Art. 10 EG (Art. 4 Abs. 3 EU) zur Bereinigung verpflichtet.[647] Er stand vor der Wahl, die Steuervergünstigungen zu streichen und beispielsweise durch Zuschüsse aus Steuermitteln zu ersetzen oder die Steuervergünstigungen auch für ausländische Körperschaften zu öffnen. Der Gesetzgeber entschied sich für letzteres und somit dafür, durch die neue Regelung in § 5 Abs. 2 Nr. 2 KStG ausländische Körperschaften den inländischen Körperschaften gleichzustellen, wenn diese alle inländischen gemeinnützigkeitsrechtlichen Anforderungen erfüllen.[648] Die Steuerbefreiungen nach § 5 Abs. 1 Nr. 9 KStG können nach § 5 Abs. 2 Nr. 2 KStG n.F. jetzt auch solche beschränkt steuerpflichtigen ausländischen Körperschaften in Anspruch nehmen, die neben den Voraussetzungen des § 5 Abs. 1 Nr. 9 KStG die folgenden, kumulativen Voraussetzungen erfüllen:

---

647 *EuGH* vom 25.07.1991 – C-58/90, Slg 1991, I-4193, Rn. 13; *Gosch*, Kurze, aber grundlegende Nachlese zur Nachlese von Meilicke zu den Schulgeld-Urteilen des EuGH, in: DStR 2007, 1895 (1897); *Rust*, Rechtsfolgen EG-rechtswidriger Normen, in: IStR 2009, 382 (383).

648 Regierungsentwurf zum Jahressteuergesetz 2009 (JStG 2009), BT-Drucks. 16/10189, S. 69.

- Gesellschaft im Sinne des Art. 48 EGV oder Art. 34 EWG
- gegründet nach den Rechtsvorschriften eines EU-Staates oder eines EWR-Staates
- Sitz oder Geschäftsleitung innerhalb eines EU-Staates oder eines EWR-Staates
- mit dem Staat, in dem sich Sitz und/oder Geschäftsleitung befinden, muss ein Amtshilfeabkommen bestehen.

Mit diesen engen Voraussetzungen hat sich der Finanzausschuss des Bundestages gegen den ursprünglichen Regierungsentwurf durchgesetzt, in dem noch vorgesehen war, dass die Ausnahme von der Steuerbefreiung schlicht für solche beschränkt steuerpflichtigen Körperschaften nicht gelten sollte, die Steuerpflichtige im Sinne des § 5 Abs. 1 Nr. 9 KStG sind.[649] Mit den engen, zusätzlichen Voraussetzungen sollte das „Stauffer"-Urteil zielgenauer umgesetzt werden[650], was auf der von der Bundesregierung propagierten Linie einer „eins zu eins"-Umsetzung europäischen Rechts[651] liegt. Zweifelhaft ist aber, ob diese engen Voraussetzungen den Vorgaben des europäischen Rechts und den Vorgaben des „Stauffer"-Urteils tatsächlich genügen. Die Anknüpfung an Art. 48 EG = Art. 54 AEU erscheint unpassend.[652] Zudem könnte das Kriterium der Gründung der Gesellschaft in einem EU/EWR-Staat zu eng gewählt sein und für das Erfordernis eines Amtshilfeabkommens könnte es an einer europarechtlichen Grundlage fehlen.[653]

1. Anknüpfung an Art. 48 EG bzw. Art. 34 EWG (Art. 54 AEU)

Die Bezugnahme auf „Gesellschaften im Sinne des Art. 48 EGV bzw. Art. 34 EWR" (Art. 54 AEU) ist gemeinschaftsrechtlich nicht überzeugend.[654] Art. 48 EG und Art. 34 EWR (Art. 54 AEU) grenzen über das Merkmal des fehlenden Erwerbszwecks zunächst grundfreiheitlich berechtigte Gesellschaften ab, was im Bereich der Non-Profit-Organisationen wenig passend erscheint.[655] Entscheidend ist aber, dass die Anknüpfung an Gesellschaften im Sinne der Art. 48 EG bzw.

649 Regierungsentwurf zum Jahressteuergesetz 2009 (JStG 2009), BT-Drucks. 16/10189, S. 19.

650 Bericht des Finanzausschusses zum Regierungsentwurf zum Jahressteuergesetz 2009, BT-Drucks. 16/11108, S. 33.

651 Regierungserklärung von Bundeskanzlerin Merkel vor dem 16. Deutschen Bundestag am 30.11.2005 – *http://www.bundesregierung.de/nn_774/Content/DE/Bulletin/2001__2005/2005/11/2005-11-30-regierungserklaerung-von-bundeskanzlerin-dr-angela-merkel-vor-dem-deutschen-bundestag-.html* (Stand: 15.12.2009).

652 *Runte*, Sonderausgabenabzug für Auslandsspenden, in: RIW 2009, 461 (462 f.).

653 *Von Proff*, Grenzüberschreitende Gemeinnützigkeit nach dem Persche-Urteil des EuGH, in: IStR 2009, 371 (375).

654 *Runte*, Sonderausgabenabzug für Auslandsspenden, in: RIW 2009, 461 (462 f.).

655 *Runte*, Sonderausgabenabzug für Auslandsspenden, in: RIW 2009, 461 (462 f.).

34 EWR (Art. 54 AEU) zu eng gewählt wurde und gemeinschaftsrechtlich nicht ausreicht, weshalb § 5 Abs. 2 Nr. 2 KStG auch in seiner durch das Jahressteuergesetz 2009 geänderten Fassung mit dem Gemeinschaftsrecht nicht zu vereinbaren ist. Der in Art. 48 EG bzw. Art. 34 EWR (Art. 54 AEU) enthaltene Gesellschaftsbegriff ist nämlich auf „sonstige juristische Personen" des öffentlichen und privaten Rechts beschränkt. Nach dem Wortlaut sind damit insbesondere ausländische funktionale Entsprechungen von nicht rechtsfähigen Stiftungen von der Möglichkeit der Steuerbefreiung ausgeschlossen.

§ 1 Abs. 1 KStG und insbesondere dessen Nr. 5 hat nach dem Wortlaut eine größere Reichweite als Art. 48 EG = Art. 54 AEU. Nach § 1 Abs. 1 KStG sind auch „Vermögensmassen" körperschaftssteuerpflichtig, wozu nach § 1 Abs. 1 Nr. 5 auch nichtrechtsfähige Vereine, Anstalten, Stiftungen und andere Zweckvermögen des privaten Rechts zählen. Dadurch werden ausländische gemeinnützige Körperschaften in umfassender Weise als Steuersubjekte des KStG angesehen. Wegen des Bezuges auf Art. 48 EG = Art. 54 AEU haben jedoch diejenigen Vermögensmassen keinen Zugang zur Steuerbefreiung des § 5 Abs. 1 Nr. 9 KStG, die in rechtlicher Weise nicht verselbständigt sind, die also ein Äquivalent der nichtrechtsfähigen Stiftung nach deutschem Recht darstellen. Solche Vermögensmassen fallen nicht unter Art. 48 EG bzw. Art. 34 EWR ((Art. 54 AEU). Von diesen Verweisnormen erfasst sind nur rechtlich verselbständigte Akteure, die keine natürlichen Personen sind. Das trifft auf juristische Personen zu, aber auch auf Personengesellschaften, die von ihren Mitgliedern verselbständigt sind.[656] Der deutsche Gesetzgeber hat sich beim Verweis auf Art. 48 EG bzw. Art. 34 EWR scheinbar davon leiten lassen, „zielgenau"[657] nur solchen Körperschaften den Zugang zur Steuerbefreiung wegen Gemeinnützigkeit zu eröffnen, auf welche die Grundfreiheiten Anwendung finden. Insoweit schienen als Anknüpfungspunkt die Art. 48 EG und Art. 34 EWR (Art. 54 AEU) geeignet. Übersehen wurde dabei allerdings, dass für die vermögensverwaltende Tätigkeit gemeinnütziger Körperschaften regelmäßig der Anwendungsbereich der objektbezogenen Kapitalverkehrsfreiheit eröffnet ist.[658] Es kommt daher gerade nicht darauf an, dass eine „Gesellschaft" im Sinne des Art. 48 EG bzw. Art. 34 EWR (Art. 54 AEU) die Einkünfte erzielt. Erfasst von der Kapitalverkehrsfreiheit sind auch Erträge eines Stiftungsvermögens, die weder dem Stifter noch dem Stiftungsträger bzw. deren ausländischen Äquivalenten steuerlich zugerechnet werden können. Der Verweis auf Art. 48 EG bzw. Art. 34 EWR in § 5 Abs. 2 Nr. 2 KStG erfasst solche Einkünfte nicht und ist deshalb europarechtlich nur ungenügend ausgestaltet.

---

656 *Bröhmer*, in: Calliess/Ruffert, Art. 48 EGV, Rn. 2; *Jung*, in: Schwarze, Art. 48 EGV, Rn. 2 ff.; *Randelzhofer/Forsthoff*, in: Grabitz/Hilf, Das Recht der Europäischen Union, Art. 48, Rn. 7.

657 Bericht des Finanzausschusses, BT-Drucks. 16/11108, S. 33.

658 S. Zweiter Teil, D., I., 2., lit. b., S. 111 ff.

2. Gründung und Sitz oder Geschäftsleitung in einem EU/EWR-Staat

Auch die Verknüpfung der Gewährung der Steuerbefreiung nach § 5 Abs. 1 Nr. 9 KStG mit der Voraussetzung einer „Gründung der Gesellschaft nach den Rechtsvorschriften eines EU/EWR-Staates" könnte zu eng gewählt sein. Denn zumindest ist der Fall nicht erfasst, dass eine Gesellschaft außerhalb des EU/EWR-Raumes gegründet wird und im weiteren Verlauf unter Beibehaltung der Rechtsfähigkeit ihren Satzungssitz oder ihre Geschäftsleitung in einen EU/EWR-Staat verlegt.[659] Das ist jedoch auch nicht notwendig. Eine die Rechtsfähigkeit erhaltende Sitzverlegung knüpft gesellschaftsrechtlich an die sogenannte Gründungstheorie[660] an, wonach eine Gesellschaft auch nach einer Sitzverlegung kollisionsrechtlich weiterhin nach dem Recht des Gründungsstaates und nicht nach dem Recht des Sitzstaates zu beurteilen ist. Gilt die ausländische Körperschaft deshalb nach dem insoweit maßgeblichen nationalen Recht des aufnehmenden Staates (weiterhin) als rechtsfähig, so kann sich diese Körperschaft zwar auf die Kapitalverkehrsfreiheit nach Art. 56 EG = Art. 63 AEU berufen. Dies ändert jedoch nichts an ihrer Gründung in einem Drittstaat. Darauf kommt es aber entscheidend an. Denn solche Beschränkungen der Kapitalverkehrsfreiheit von Körperschaften aus Drittstaaten, die bereits am 31.12.1993 galten, bleiben nach Art. 57 Abs. 1 EG = Art. 64 Abs. 1 AEU auch weiterhin zulässig Das trifft auf die Beschränkungen für ausländische Körperschaften hinsichtlich steuerrechtlicher Gemeinnützigkeit in Deutschland zu. Es handelt sich um eine Altregelung. Es bestand und besteht somit keine Pflicht für den Gesetzgeber, Körperschaften aus Drittstaaten in die Steuerbegünstigungen einzubeziehen, auch nicht solche Körperschaften aus Drittstaaten, die ihren Sitz in das EU/EWR-Gebiet verlegen. Begünstigt werden müssen deshalb nur im EU/EWR-Gebiet gegründete Körperschaften, die im EU/EWR-Gebiet ansässig sind. Insoweit sind die Voraussetzungen des neuen § 5 Abs. 2 Nr. 2 KStG nicht zu eng. Sie sind mit der Freiheit des Kapitalverkehrs zu vereinbaren.[661]

3. Bestehendes Amtshilfeabkommen

Das weitere Kriterium des § 5 Abs. 2 Nr. 2 KStG n.F., dass mit dem Staat, in dem sich Sitz und/oder Geschäftsleitung der ausländischen „Gesellschaft" befinden, ein „Amtshilfeabkommen" bestehen muss, ist gemeinschaftsrechtlich zu-

---

659 *Von Proff*, Grenzüberschreitende Gemeinnützigkeit nach dem Persche-Urteil des EuGH, in: IStR 2009, 371 (375).

660 *BGH* vom 27. 10. 2008 – II ZR 158/06, NJW 2009, 289 (290 f.).

661 A.A. *von Proff*, Grenzüberschreitende Gemeinnützigkeit nach dem Persche-Urteil des EuGH, in: IStR 2009, 371 (375).

mindest zur Zeit unbedenklich.[662] Eine andere Frage ist, ob das Erfordernis besonders geschickt gewählt wurde.

Zunächst ist der verwendete Begriff des „Amtshilfeabkommens" ungenau und deshalb fragwürdig. Grenzüberschreitende Amtshilfe meint grenzüberschreitenden Auskunftsaustausch, meint, dass eine Behörde eines Staates einer Behörde eines anderen Staates Hilfe zur Erfüllung ihrer Verwaltungsaufgaben leistet.[663] Rechtsgrundlagen der Amtshilfe finden sich in gemeinschaftsrechtlichen Rechtsakten[664], in multilateralen[665] und bilateralen[666] Abkommen und in unilateralen Vorschriften[667]. Geht man von diesen Kategorien der Rechtsgrundlagen aus, bedarf es nach § 5 Abs. 2 Nr. 2 KStG n.F. eines multilateralen oder bilateralen „Abkommens" mit dem Ansässigkeitsstaat der Körperschaft. Nach der unscharfen Bezeichnung wäre es aber irrelevant, ob Amtshilfe wegen einer „kleinen" Auskunftsklausel[668] in einem Doppelbesteuerungsabkommen gewährt wird oder ob aufgrund eines mit dem Ansässigkeitsstaat geschlossenen speziellen Vertrages über die Amts- und Rechtshilfe in Steuersachen[669] geholfen wird.

Neben der unklaren Formulierung ist erheblich, dass sich im Gemeinschaftsrecht keine Stütze für das Erfordernis eines bestehenden Abkommens findet. Ganz im Gegenteil spricht die Existenz der gemeinschaftsrechtlichen Amtshilfe-Richtlinie eher dafür, dass kein zusätzliches Abkommen zur Bedingung der Anerkennung der Gemeinnützigkeit gemacht werden darf. Denn der Auskunftsverkehr nach den multilateralen und bilateralen Abkommen wird von der Amtshilfe-Richtlinie, der ein Anwendungsvorrang zukommt, überlagert.[670] Auch der EuGH hat

---

662 So i.E. auch *von Proff*, Grenzüberschreitende Gemeinnützigkeit nach dem Persche-Urteil des EuGH, in: IStR 2009, 371 (375).

663 *Seer*, in: Tipke/Kruse, § 117 AO, Rn. 5; *Söhn*, in: Hübschmann/Hepp/Spitaler, § 117 AO, Rn. 14.

664 Z.B. Art. 2-4 Amtshilfe–Richtlinie, Art. 4 Beitreibungs–Richtlinie, Art. 9 Zinsertragsteuer-Richtlinie.

665 Z.B. Art. 5-7 der Konvention zur gegenseitigen Amtshilfe in Steuersachen des Europarats/der OECD vom 25.01.1988, SEV Nr. 127.

666 Z.B. Art. 22 DBA Deutschland/Frankreich, zuletzt geändert durch Zusatzprotokoll vom 21.12.2001, BGBl. II 2003, 2372.

667 Z.B. § 117 AO.

668 Auskünfte im Rahmen einer „kleinen" Auskunftsklausel sind auf Auskünfte zur Durchführung des Doppelbesteuerungsabkommens und auf Auskünfte zu Steuern begrenzt, die vom Abkommen geregelt werden. Von einer „großen" Auskunftsklausel sind alle Auskünfte zur Durchführung des nationalen Steuerrechts der Abkommensparteien erfasst, ggf. begrenzt auf die vom Abkommen geregelten Steuern, dazu *Seer*, in: Tipke/Kruse, § 117 AO, Rn. 19.

669 Solche Verträge hat die Bundesrepublik mit Belgien, Dänemark, Finnland, Frankreich, Italien, Jersey, Luxemburg, Niederlande, Norwegen, Österreich und Schweden geschlossen – Mitteilung des BMF zum Stand der Doppelbesteuerungsabkommen am 01.01.2010, IV B 2-S 1301/07/10017-01, BStBl. I 2010, 355.

670 *Seer*, in: Tipke/Kruse, § 117 AO, Rn. 33.

in der Rechtssache „Stauffer“ für die Steuerbefreiung gemeinnütziger Körperschaft gerade betont, dass alle notwendigen Nachweise von der steuerpflichtigen ausländischen Körperschaft selbst verlangt werden könnten[671] und nur „darüber hinaus“[672] auch ein Vorgehen des Mitgliedstaates nach der Amtshilfe-Richtlinie in Betracht komme. Davon zu unterscheidende Auskunftsmöglichkeiten der Mitgliedstaaten nach einem multilateralen oder bilateralen Abkommen wurden dagegen nicht thematisiert. Dessen bedarf es im Falle eines EU-Mitgliedstaates richtigerweise nicht. Die Amtshilfe-Richtlinie regelt, dass sich die Finanzbehörden der Mitgliedstaaten der Union nach Maßgabe der Richtlinie Amtshilfe leisten. Die danach verfügbare Hilfe ist zusammen mit den notwendigen Angaben und Nachweisen der gemeinnützigen Körperschaft bzw. eines Spenders ausreichend zur Nachprüfung und Beurteilung der Erfüllung der nationalen Voraussetzungen des Gemeinnützigkeitsrechts.

Gleichwohl ist das Tatbestandsmerkmal jedenfalls derzeit gemeinschaftsrechtlich unbedenklich. Denn mit allen derzeitigen Mitgliedstaaten besteht zumindest ein Doppelbesteuerungsabkommen für die Einkommen- und Körperschaftsteuer, die jeweils eine Klausel zum Informationsaustausch enthalten. Mit einigen Mitgliedstaaten bestehen sogar zusätzlich spezielle Verträge über die Amts- und Rechtshilfe in Steuersachen.[673] Insofern ist kein Fall denkbar, in dem das Tatbestandsmerkmal des „bestehenden Amtshilfeabkommens“ zu einer Verweigerung der Steuerbefreiung führen könnte, obwohl der Ansässigkeitsstaat der Körperschaft Mitglied der Europäischen Union ist. Zu Problemen führt die Regelung freilich dann, wenn entweder ein bestehendes Abkommen mit einem anderen Mitgliedstaat ersatzlos gekündigt wird oder wenn ein neuer Mitgliedstaat in die Union aufgenommen wird, mit dem kein Abkommen besteht. Beide denkbaren Fälle sind jedoch eher theoretischer Natur. Denn Doppelbesteuerungsabkommen haben zum Einen regelmäßig dauerhaften Bestand und eine ersatzlose Kündigung ist wenig wahrscheinlich.[674] Zum Anderen bestehen mit den beiden potentiellen neuen Mitgliedstaaten der Union, Mazedonien und Kroatien, bereits Doppelbesteuerungsabkommen mit Klauseln zum Informationsaustausch.[675]

---

671 *EuGH* vom 14.09.2006 – C-386/04 („*Stauffer*“), Slg 2006, I-8203 = IStR 2006, 675 = DStR 2006, 1736, Rn. 49.

672 *EuGH* vom 14.09.2006 – C-386/04 („*Stauffer*“), Slg 2006, I-8203 = IStR 2006, 675 = DStR 2006, 1736, Rn. 50.

673 S. Fn. 669.

674 Kündigungen ziehen in der Regel den Abschluss eines neuen, revidierten Abkommens nach sich, z.B. „DBA Rumänien 1973“ gültig vom 01.01.1972 bis zum 21.12.2003 (BStBl. I 1975, 641), jetzt „DBA Rumänien 2004, gültig seit 01.01.2004 (BStBl. I 2004, 273).

675 Das bestehende Doppelbesteuerungsabkommen mit der Türkei wurde dagegen mit Wirkung zum 01.01.2011 gekündigt (BStBl. I 2010, 355). Einerseits ist jedoch mit dem Abschluss eines neuen Abkommens zu rechnen (Fn. 676). Andererseits ist völlig offen, ob die Türkei tatsächlich jemals als Mitgliedstaat in die Europäische Union aufgenommen wird.

Eine praktische Bedeutung kommt dem Erfordernis eines bestehenden „Amtshilfeabkommens“ damit hinsichtlich der EU-Staaten nicht zu. Das gilt auch für die EWR-Staaten Norwegen, Liechtenstein und Island, die nicht Mitglieder der Europäischen Union sind. Mit Norwegen besteht ein Abkommen über Rechts- und Amtshilfe in Steuersachen und mit Island ein Doppelbesteuerungsabkommen mit Auskunftsklausel. Mit Liechtenstein wurde am 02.09.2009 ein entsprechendes Abkommen unterzeichnet, das nach Ratifizierung rückwirkend ab dem 01.01.2010 gelten soll.[676]

Somit läuft das Merkmal des „bestehenden Amtshilfeabkommens“ praktisch leer. Mit allen EU/EWR-Staaten, in denen eine beschränkt steuerpflichtige Körperschaft nach § 5 Abs. 2 Nr. 2 KStG n.F. Sitz und/oder Geschäftsleitung haben könnte, besteht ein entsprechendes Abkommen. Gemeinschaftsrechtlich ist das Merkmal deshalb jedenfalls zur Zeit unbedenklich, obwohl wegen der Anwendbarkeit der Amtshilfe-Richtlinie die Existenz eines Abkommen nicht gefordert werden darf. Das Merkmal führt damit zu einer potentiellen Gefahr für die Vereinbarkeit der Norm mit dem Gemeinschaftsrecht für die unwahrscheinlichen Fälle, dass ein mit einem EU-Mitgliedstaat bestehendes Abkommen ersatzlos gekündigt wird oder dass ein neuer Mitgliedstaat aufgenommen wird, mit dem kein Abkommen besteht. Das Merkmal der Notwendigkeit eines „Amtshilfeabkommens“ sollte aus Gründen der Rechtsicherheit geändert werden.

4. *Zwischenergebnis: § 5 Abs. 2 Nr. 2 KStG n.F. mit Gemeinschaftsrecht nicht vereinbar*

Damit ist die Neufassung des § 5 Abs. 2 Nr. 2 KStG nur in einer Hinsicht nicht mit europäischem Recht zu vereinbaren, nämlich soweit auf Gesellschaften im Sinne von Art. 48 EG bzw. Art. 34 EWR (Art. 54 AEU) abgestellt wird.[677]

5. *Eigener Vorschlag zur Neufassung des § 5 Abs. 2 Nr. 2 KStG*

Auf die einschränkenden Erfordernisse des § 5 Abs. 2 Nr. 2 KStG n.F. sollte aus den dargelegten Gründen weitestgehend verzichtet werden. Es bietet sich an, lediglich zu regeln, dass von den Steuerbefreiungen nach § 5 Abs. 1 KStG nicht ausgenommen sind:

---

676 Mitteilung des BMF zum Stand der Doppelbesteuerungsabkommen am 01.01.2010, IV B 2-S 1301/07/10017-01, BStBl. I 2010, 355.

677 A.A. und die Norm insgesamt für gemeinschaftsrechtskonform haltend: *Haase*, Internationales und Europäisches Steuerrecht, Rn. 843.

„Steuerpflichtige im Sinne des § 5 Abs. 1 Nr. 9 KStG, die ihren Sitz und/oder ihre Geschäftsleitung in einem EU/EWR-Mitgliedstaat haben, wenn der Ansässigkeitsstaat Amtshilfe nach der Amtshilfe-Richtlinie oder einem völkerrechtlichen Abkommen leistet".

II. Souveräne mitgliedstaatliche Bestimmung der steuerbegünstigten Förderzwecke und Grenzen mitgliedstaatlichen Ermessens

Bevor die Neuregelung des § 51 AO genauer untersucht wird, bedarf es mit Blick auf den neu eingefügten strukturellen Inlandsbezug in § 51 Abs. 2 AO n.F. einer abstrakten Klärung der Frage, wie weit das mitgliedstaatliche Ermessen bei der Bestimmung der förderungswürdigen Zwecke reicht. Ermittelt wurde, dass eine Unterscheidung der steuerlichen Förderungswürdigkeit anhand einer subjektiven Typisierung nach der Ansässigkeit der Förderkörperschaft nicht mit dem Gemeinschaftsrecht zu vereinbaren ist. Hinsichtlich der Frage „Wer fördert?" steht den Mitgliedstaaten somit kein Auswahlermessen für oder wider eine steuerliche Begünstigung zu. Anders ist dies hinsichtlich der Frage „Was wird gefördert?". Zu Recht führte der EuGH zu den Rechtssachen „Stauffer" und „Persche" aus, es sei dem nationalen Recht vorbehalten, welche Interessen im Rahmen des Gemeinnützigkeitsrechts für anerkennenswert gehalten werden.[678] Das entspricht mit Blick auf die fehlende Kompetenz der Union für das Gemeinnützigkeitsrecht[679] dem derzeitigen Stand der europäischen Integration. Einen gemeinsamen europäischen Gedanken der Gemeinnützigkeit und ein daraus folgendes Herkunftslandprinzip gibt es (noch) nicht.[680] Auch aus der Tatsache, dass einigen europäischen Rechtsordnungen ein auslandsoffenes Verständnis der Gemeinnützigkeit zugrunde liegt, folgt nicht zwingend, dass es eine Rechtspflicht gäbe, nationales Gemeinnützigkeitsrecht für eine extensive Interpretation zu öffnen.[681] Die Mitgliedstaaten

---

678 *EuGH* vom 14.09.2006 – C-386/04 („*Stauffer*"), Slg 2006, I-8203 = IStR 2006, 675 = DStR 2006, 1736, Rn. 39; *EuGH* vom 27.01.2009 – C-318/07 („*Persche*"), DStR 2009, 207 = IStR 2009, 171, Rn. 48; so auch schon *Schlussantrag der Generalanwältin Stix-Hackl* vom 15.12.2005 – C-386/04 („*Stauffer*"), Slg. 2006, I-8203, Rn. 94 – so auch schon *Jachmann/Meier-Behringer*, Gemeinnützigkeit in Europa: Steuer- und europarechtliche Rahmenbedingungen, in: BB 2006, 1823 (1827); *Hufeld*, Deutsches Steuerrecht und europäische Gemeinnützigkeit, in: FS-Mußgnug, S. 255 (265).

679 S. Zweiter Teil, C., II., S. 88 ff.

680 *EuGH* vom 14.09.2006 – C-386/04 („*Stauffer*"), Slg 2006, I-8203 = IStR 2006, 675 = DStR 2006, 1736, Rn. 39; *EuGH* vom 27.01.2009 – C-318/07 („*Persche*"), DStR 2009, 207 = IStR 2009, 171, Rn. 48; a.A. *Reimer/Ribbrock*, Gemeinnützigkeit auch für ausländische Körperschaften?, in: RIW 2005, 611 (615).

681 In diese Richtung aber wohl *Jochum*, Gemeinnützigkeit in Europa: National oder europäisch gedacht?, in: FS-Rengeling, S. 545 (559 ff.), die das deutsche Gemeinnützigkeitsrecht den entsprechenden Regelungen in 8 der derzeit 27 Mitgliedstaaten gegenüberstellt. Aus der Tatsache, dass dem jeweiligen nationalen Recht in 7 der untersuchten Staaten ein auslandsoffenes Ver-

rechtlich bindende Pflichten können sich nur aus dem europäischen Primärrecht ergeben und nicht aus unterschiedlichen nationalen Ausgestaltungen nichtharmonisierter Rechtsbereiche. Deshalb kann die Anerkennung der Gemeinnützigkeit nach dem Gemeinschaftsrecht auch an einen hinreichend deutlichen Inlandsbezug geknüpft werden.[682] Dabei müssen die Mitgliedstaaten das ihnen insoweit zustehende Ermessen im Einklang mit dem Gemeinschaftsrecht ausüben.[683] Konkret ist deshalb zu klären, ob die „Bestimmung der zu fördernden Zwecke" hinsichtlich der Frage „Was wird gefördert?" nur auf die sachliche Benennung des Umfangs förderungswürdiger Zwecke begrenzt ist. Das hieße, dass der Gesetzgeber lediglich auswählen könnte, ob er beispielsweise den Sport im Allgemeinen oder nur den Pferdesport im Speziellen als förderungswürdig ansieht. In Betracht kommt aber auch, dass generell oder bei bestimmten Förderzwecken eine Differenzierung anhand des Ortes der gemeinnützigen Tätigkeit erlaubt ist, also zwischen dem Erhalt von Baudenkmälern in Deutschland und dem Erhalt von Baudenkmälern in Italien differenziert werden darf. Auch hinsichtlich der Frage „Wer wird gefördert?" kommt eine Unterscheidung nach der Nationalität und/oder der Ansässigkeit unmittelbarer Destinatäre in Betracht.

Zu bedenken ist dabei vorab, dass bestimmte Sachmaterien rein tatsächlich gar nicht in sinnvoller Weise auf eine Betätigung im Inland begrenzt werden können. Gemeint sind Materien, die nur außerhalb des jeweiligen Staatsgebietes förderbar sind oder bei denen eine Fördermaßnahme begriffsnotwendig nicht an einer Staatsgrenze enden kann, weil ihr ein grenzüberschreitendes Element innewohnt. Zu nennen ist z.B. die Entwicklungshilfe, die sinnvoll nur vor Ort, in Entwicklungsländern, geleistet werden kann. So umfasst die „Förderung der Entwicklungszusammenarbeit" nach § 52 Abs. 2 S. 1 Nr. 15 AO Unterstützung, die sowohl den Entwicklungsländern selbst als auch der dortigen Bevölkerung gewährt wird.[684]

Andere im Katalog des § 52 Abs. 2 AO enthaltene Förderzwecke scheinen ebenfalls auf eine Verwirklichung im Ausland zugeschnitten zu sein. So tragen

---

ständnis zugrunde liegt, zieht sie den Schluss, dass „aus der Perspektive eines Europäers" dafür zu plädieren sei, die nationalen Rechtsordnungen zu öffnen.

682 *Schlussantrag der Generalanwältin Stix-Hackl* vom 15.12.2005 – C-386/04 („*Stauffer*"), Slg. 2006, I-8203, Rn. 96; a.A. und ausdrücklich gegen die Möglichkeit einer „nationalen Ausrichtung" *Reimer/Ribbrock*, Gemeinnützigkeit auch für ausländische Körperschaften?, in: RIW 2005, 611 (615); skeptisch *Thömmes/Nakhai*, Aktuelle EG-rechtliche Entwicklungen auf dem Gemeinnützigkeitssektor, in: IStR 2006, 164 (167).

683 *EuGH* vom 14.09.2006 – C-386/04 („*Stauffer*"), Slg 2006, I-8203 = IStR 2006, 675 = DStR 2006, 1736, Rn. 39; *Schlussantrag des Generalanwalts Mengozzi* vom 14.10.2008 – C-318/07 („*Persche*"), Rn. 62 – zitiert nach juris; *EuGH* vom 27.01.2009 – C-318/07 („*Persche*"), DStR 2009, 207 = IStR 2009, 171, Rn. 48 – in diesem Sinne auch schon *EuGH* vom 18.12.2007 – C-281/06 („*Jundt*"), Slg 2007, I-12231 = IStR 2008, 220, Rn. 86 ff.

684 *Koenig*, in Pahlke/Koenig, § 52, Rn. 52.

beispielsweise die „Förderung internationaler Gesinnung“ bzw. des „Völkerverständigungsgedankens“ nach § 52 Abs. 2 S. 1 Nr. 13 AO in ihrem Kern eine internationale Ausrichtung in sich.[685] Dies gilt auch für die Hilfe für Verfolgte und Flüchtlinge (§ 52 Abs. 2 S. 1 Nr. 10 AO).[686] Diese Zwecke können jedoch auch im Inland verfolgt werden, wenn auch zuzugeben ist, dass eine Betätigung im Ausland vielfach wirkungsvoller oder wünschenswerter wäre. So sind im Inland stattfindende Seminare oder Vorträge für inländische und ausländische Staatsangehörige für die Förderung der Völkerverständigung denkbar. Ebenso könnte Flüchtlingshilfe durch vorübergehende Unterbringung von Flüchtlingen im Inland erfolgen. Eine zwangsweise Betätigung im Ausland folgt somit aus diesen Sachmaterien nicht.

1. Unterscheidung nach dem Ort gemeinnütziger Tätigkeit

Aus den speziellen Zielen der europäischen Politik, die im EG- bzw. AEU-Vertrag verankert sind, kann ein erstes Kriterium entnommen werden, wann die Mitgliedstaaten ihren Ermessensspielraum überschreiten. Eine nach dem Ort der gemeinnützigen Tätigkeit unterscheidende Regelung, die Betätigungen im Ausland gegenüber Betätigungen im Inland steuerlich benachteiligt, ist dann nicht zulässig, wenn die Unterscheidung gegen spezifische Ziele der Union verstößt.[687] Solche ergeben sich aus den Art. 23-181 EG bzw. Art. 26-197 AEU. Die Förderung von Wissenschaft und technologischer Entwicklung (Art. 163 EG = Art. 179 AEU) und die Förderung der Mobilität von Lernenden und Lehrenden (Art. 149 EG = Art. 165 AEU) sind bereits Gegenstand von EuGH – Entscheidungen zu nationalen Steuervergünstigungen gewesen. Die Begründungen der Entscheidungen können auf das Gemeinnützigkeits- und Spendenrecht, speziell das Ermessen bei Festlegung der förderungswürdigen Zwecke, übertragen werden. Offen ist, welche Normqualität den in den Verträgen verankerten Zielen zukommt. Weiterhin ist zu klären, welche weiteren Ziele, neben den vom EuGH bereits identifizierten, das Ermessen der Mitgliedstaaten begrenzen.

---

685 *Lissner*, Das Gemeinnützigkeits- und Spendenrecht unter dem Einfluss der europäischen Grundfreiheiten, S. 262.

686 *Lissner*, Das Gemeinnützigkeits- und Spendenrecht unter dem Einfluss der europäischen Grundfreiheiten, S. 263.

687 *Hüttemann/Helios*, Gemeinnützige Zweckverfolgung im Ausland nach der „Stauffer“-Entscheidung des EuGH, in: DB 2006, 2481 (2490); *Ecker*, Taxation of Non-Profit-Organisations with Multinational Activities – The *Stauffer* Aftermath and Tax Treaties, in: Intertax 2007, 450 (455 f.); *Lissner*, Das Gemeinnützigkeits- und Spendenrecht unter dem Einfluss der europäischen Grundfreiheiten, S. 264 ff.; *Geserich*, Die Abzugsfähigkeit von Spenden in andere EU-Staaten – Zugleich eine Anmerkung zum EuGH-Urteil vom 27.01.2009, C-318/07, Persche, DStR 2009, 207, in: DStR 2009, 1173 (1176).

a. Normqualität der in den Verträgen verankerten Ziele

Die in den Verträgen verankerten Ziele der Gemeinschaft sind zunächst an die Gemeinschaft selbst addressiert. Sie können als Beleg dafür angesehen werden, dass die Mitgliedstaaten das Tätigkeitsfeld der Gemeinschaft um der Rechtsklarheit willen eingrenzen wollen.[688] Insoweit kommt den Zielen aus der Perspektive der Gemeinschaft eine andere Normqualität zu als den Harmonisierungskompetenzen. Das kann aber nicht bedeuten, dass die Mitgliedstaaten bei der Ausübung solcher Kompetenzen, die ihnen nach den europäischen Verträgen verbleiben, an diese Ziele nicht gebunden wären. Es stellte ein nicht hinzunehmendes gemeinschaftsschädliches Verhalten im Sinne eines „venire contra factum proprium" dar, wenn die Mitgliedstaaten ihnen verbliebene Kompetenzen entgegen den vereinbarten Zielen ausüben könnten. Man kann insoweit eine Parallele zum Gesellschaftsrecht ziehen. Haben sich die Mitgliedstaaten durch ihren Eintritt in die Gemeinschaft gebunden, müssen sie fortan von jeglichem gemeinschaftsschädlichen Verhalten absehen. Daraus kann nicht auf eine universelle Pflicht der Mitgliedstaaten zur Förderung der Gemeinschaftsziele geschlossen werden. Aber dort, wo die Mitgliedstaaten eigene Abwägungsentscheidungen zu treffen haben, wie bei der Ausübung ihnen verbliebener Kompetenzen, müssen sie den Gemeinschaftszielen Rechnung tragen und können ihre Kompetenzen jedenfalls nicht im Gegensatz zu den vereinbarten Zielen ausüben. Insoweit entfalten die Gemeinschaftsziele eine Bindungswirkung für die Mitgliedstaaten.

b. Förderung von Wissenschaft und Forschung

Die Bedeutung des speziellen Unionsziels der Förderung von Forschung und technologischer Entwicklung war in der Rechtssache „Laboratoires Fournier„[689] von Bedeutung. Steuervergünstigungen wurden nach der streitigen französischen Regelung nur für Forschungsausgaben gewährt, die durch in Frankreich ausgeführte Forschungstätigkeiten entstanden waren. Die Regelungen unterschieden danach, an welchem Ort die Forschungstätigkeiten durchgeführt worden waren. Nur solche Unternehmen konnten für ihre Forschungsausgaben eine Steuervergünstigung erlangen, bei denen der Ort der Forschungstätigkeit, also der Ort der erbrachten Dienstleistung, im Inland lag. Damit stand die Regelung im direkten Widerspruch zum Unionsziel der Förderung von Wissenschaft und Forschung nach den Art. 163 ff. EG = Art. 179 ff. AEU. Denn nach Art. 163 Abs. 1 EG

---

688 *Lenaerts*, Education in European Community Law after „Maastricht", CMLR 1994,7 (40). *Simm*, in: Schwarze, Art. 150 EGV, Rn. 16.

689 *EuGH* vom 10.03.2005 – C-39/04 („*Laboratoires Fournier*"), Slg 2005, I-2057 = IStR 2005, 312.

hatte die Gemeinschaft zum Ziel, die wissenschaftlichen und technologischen Grundlagen der Industrie der Gemeinschaft zu stärken und die Entwicklung ihrer internationalen Wettbewerbsfähigkeit voran zu bringen. Nach dem Vertrag von Lissabon heißt es nun in Art. 179 Abs. 1 AEU, dass nicht nur die Industrie der Gemeinschaft sondern die Union selbst und ihre Wettbewerbsfähigkeit gestärkt werden sollen durch einen europäischen Raum der Forschung. Dazu soll die Mobilität der Forscher gefördert werden (Art. 164 lit. d EG = Art. 180 lit. d AEU) und die Möglichkeiten des Binnenmarktes sollen für die Unternehmen durch die Beseitigung der dieser Zusammenarbeit entgegenstehenden rechtlichen und steuerlichen Hindernisse nutzbar gemacht werden (Art. 163 Abs. 2 EG = Art. 179 Abs. 2 AEU). Wegen der Unvereinbarkeit mit diesem Ziel der Gemeinschaft sah der EuGH die französische Regelung zu Recht als nicht gerechtfertigten Verstoß gegen die Dienstleistungsfreiheit nach Art. 49 EG (Art. 56 AEU) an.[690]

c. *Förderung der Mobilität von Lernenden und Lehrenden*

Auch in der Rechtssache „Jundt"[691] war ein gemeinsames Ziel der europäischen Politik entscheidend. Danach darf die Steuerbefreiung eines Dozentenhonorars nicht davon abhängen, in welchem Mitgliedstaat die Lehrtätigkeit erbracht wird. Denn in Art. 149 Abs. 2 EG = Art. 165 Abs. 2 AEU ist als Ziel der Union die „Förderung der Mobilität von Lernenden und Lehrenden" angeführt.[692] Würde man den Ort der Lehrtätigkeit zum Kriterium für die Gewährung einer Steuervergünstigung machen, so würde dies die Mobilität der Lehrenden behindern, die Begrenzung würde sie von einer der Dienstleistungsfreiheit unterfallenden Tätigkeit in einem anderen Mitgliedstaat abhalten.

Für die Festlegung förderungswürdiger Zwecke kann man aus den Entscheidungen „Laboratoires Fournier" und „Jundt" entnehmen, dass bei einem Bezug der Förderzwecke zur Forschung und technologischen Entwicklung und zur Mobilität von Lehrenden und Lernenden keine Unterscheidung nach dem Ort der förderungswürdigen Tätigkeit erfolgen darf. Soll also etwa die Förderung der Volksbildung durch die Erhöhung der Fremdsprachenkompetenz förderungswürdiger Zweck sein, so ergibt sich aus Art. 149 Abs. 2 EG = Art. 165 Abs. 2 AEU, dass die Förderungswürdigkeit der Körperschaft nicht davon abhängig sein darf, wo die Sprachkurse oder andere Maßnahmen durchgeführt werden. Soll die Meeresforschung gefördert werden, darf die Förderungswürdigkeit meeresbiologischer Expeditionen nicht davon abhängen, ob diese im nordfriesischen Wattenmeer oder an der französischen Atlantikküste erfolgen.

---

690 *EuGH* vom 10.03.2005 – C-39/04 („*Laboratoires Fournier*"), Slg 2005, I-2057 = IStR 2005, 312.

691 *EuGH* vom 18.12.2007 – C-281/06 („*Jundt*"), Slg 2007, I-12231 = IStR 2008, 220.

692 *EuGH* vom 18.12.2007 – C-281/06 („*Jundt*"), Slg 2007, I-12231 = IStR 2008, 220, Rn. 60.

d. Umweltschutz

Auch der Umweltschutz nach Art. 174 EG = Art. 191 AEU ist ein Ziel der Union, das die Mitgliedstaaten bei ihrer Ermessensausübung zu beachten haben.[693] Der Umweltschutz ist rechtsverbindliches Ziel der Union.[694] Schutz der Umwelt meint, dass mittels geeigneter Maßnahmen bestehende Belastungen für die natürliche und die vom Menschen geschaffene Umwelt, also auch für Tiere, Flora, Fauna, Boden, Wasser, Luft, Klima[695] reduziert und zukünftige Belastungen vermieden werden.[696]

Schon die Formulierung in Art. 191 AEU „Die Umweltpolitik der Union trägt ... bei ..." lässt erkennen, dass neben der Union auch die Mitgliedstaaten selbst Verantwortung für die Verwirklichung des Ziels tragen.[697] Der Titel XX des AEU-Vertrages (Umwelt) zählt damit zu den zwischen Union und Mitgliedstaaten geteilten Zuständigkeiten (Art. 5 EU). Haben sich die Mitgliedstaaten selbst als Adressat des Ziels „Umweltschutz" verpflichtet, spricht dies dafür, dass sie bei der Ausübung ihnen zustehenden Ermessens an dieses Ziel gebunden sind. Dass für den Umweltschutz grenzüberschreitende Ansätze vielversprechender sind als allein regionales Handeln, liegt auf der Hand. Sinn und Zweck der Norm sprechen also gegen die Möglichkeit einer Begrenzung förderungswürdiger Umweltschutztätigkeit auf inländische Betätigungen.

Weiterhin spricht auch das Ursprungsprinzip gegen die Möglichkeit einer Inlandsbeschränkung förderungswürdiger Umweltschutzbetätigungen. Das Ursprungsprinzip ist neben dem Prinzip des hohen Schutzniveaus, dem Prinzip der regionalen Differenzierung, dem Vorsorge- und Vorbeugeprinzip und dem Verursacherprinzip nach Art. 174 Abs. 2 EG = Art. 191 Abs. 2 AEU ein tragendes Prinzip der europäischen Umweltpolitik.[698] Danach sollen Umweltbeeinträchtigungen vorrangig an der Quelle bekämpft werden.[699] Entschließt sich ein Mitgliedstaat, Maßnahmen des Umweltschutzes von gemeinnützigen Körperschaften steuerlich zu begünstigen, widerspricht es dem Ursprungsprinzip, wenn der Mitgliedstaat nur solche Handlungen begünstigt, die auf seinem Staatsgebiet

693 *Geserich*, Die Abzugsfähigkeit von Spenden in andere EU-Staaten – Zugleich eine Anmerkung zum EuGH-Urteil vom 27.01.2009, C-318/07, Persche, DStR 2009, 207, in: DStR 2009, 1173 (1176); *Lissner*, Das Gemeinnützigkeits- und Spendenrecht unter dem Einfluss der europäischen Grundfreiheiten, S. 279.

694 *Calliess*, in: Calliess/Ruffert, Art. 174 EGV, Rn. 42.

695 *Nettesheim*, in: Grabitz/Hilf, Das Recht der Europäischen Union, Art. 174, Rn. 2 f.

696 *Calliess*, in: Calliess/Ruffert, Art. 174 EGV, Rn. 8.

697 *Käller*, in: Schwarze, Art. 174 EGV, Rn. 4.

698 *Calliess*, in: Calliess/Ruffert, Art. 174 EGV, Rn. 31.

699 *Calliess*, in: Calliess/Ruffert, Art. 174 EGV, Rn. 30; *Käller*, in: Schwarze, Art. 174 EGV, Rn. 32 f.; *Epiney*, Umweltrecht in der Europäischen Union, S. 105 f.

verwirklicht werden. Eine solche Begrenzung würde nämlich beispielsweise dazu führen, dass eine Umweltschutzorganisation nur dann den Status der Gemeinnützigkeit erlangen könnte, wenn sie sich für eine Klärung des Elbwasers in Dresden engagierte, ihr der steuerbegünstigte Status aber verwehrt bliebe, wenn sie sich einige Kilometer flussaufwärts im tschechischen Ústi nad Labem für die Verringerung schädlicher Einleitungen engagierte. Das Beispiel zeigt, dass eine Begrenzung von förderungswürdigen Umweltschutzmaßnahmen auf im Inland verwirklichte Maßnahmen dem Ursprungsprinzip widerspricht und das Unionsziel des Umweltschutzes nach Art. 174 EG = Art. 191 AEU deshalb ein weiteres Ziel ist, das die Mitgliedstaaten bei der Ausübung ihres Ermessens bei der Festlegung der förderungswürdigen Zwecke zu beachten haben.[700]

e. *Unproblematische Politikfelder: Sozialpolitik, Kultur, Gesundheitswesen*

Abgesehen von den im EG-Vertrag bzw. im AEU-Vertrag genannten Politikbereichen, die gar keinen Bezug zu gemeinnütziger Tätigkeit haben (z.B. „Transeuropäische Netze“ nach Art. 154-156 EG = Art. 170-172 AEU oder „Industrie“ nach Art. 157 EG = Art. 173 AEU), dürften auch jene Politikfelder unproblematischer Natur sein, in denen nach den Verträgen jegliche Harmonisierungsmaßnahmen ausgeschlossen sein sollen und die keine spezifischen Ziele gemeinschaftsweiter Zusammenarbeit oder europäischer Koordinierung benennen. Das sind namentlich die Sozialpolitik nach Art. 136 ff. EG = Art. 151 ff. AEU mit Ausnahme der allgemeinen und beruflichen Bildung und Jugend (Art. 149 EG = Art. 165 AEU), die Kultur nach Art. 151 EG = Art. 167 AEU und das Gesundheitswesen nach Art. 152 EG = 168 AEU.[701] Für die genannten Politikfelder ist es erklärtes Ziel der Union, lediglich unterstützend und ergänzend tätig zu werden und den Mitgliedstaaten weite eigene Gestaltungsspielräume zu belassen. Die Formulierung der Art. 136, 151 und 152 EG (Art. 151, 167, 168 AEU) ist im Vergleich zu den Art. 149 Abs. 2 und 163 Abs. 2 EG (Art. 165 Abs. 2 und 179 Abs. 2 AEU) deutlich zurückhaltender. Explizit grenzüberschreitende Ansätze finden sich etwa in Art 136 EG = Art. 151 AEU nicht. Für die Kulturpolitik nach Art. 151 EG = Art. 167 AEU wird in den Absätzen 1 und 2 für eine Förderung der Zusammenarbeit zwischen den Mitgliedstaaten nur auf eine Tätigkeit der

---

700 So i.E. auch *Lissner*, Das Gemeinnützigkeits- und Spendenrecht unter dem Einfluss der europäischen Grundfreiheiten, S. 273 ff.

701 Für Kultur wie hier: *Lissner*, Das Gemeinnützigkeits- und Spendenrecht unter dem Einfluss der europäischen Grundfreiheiten, S. 267 ff.; für Kultur und Gesundheitswesen ohne nähere Begründung a.A. *Geserich*, Die Abzugsfähigkeit von Spenden in andere EU-Staaten – Zugleich eine Anmerkung zum EuGH-Urteil vom 27.01.2009, C-318/07, Persche, DStR 2009, 207, in: DStR 2009, 1173 (1176).

Gemeinschaft bzw. der Union und nicht auf ein Verhalten der Mitgliedstaaten abgestellt. Diese sollen lediglich nach Absatz 3 die Zusammenarbeit mit dritten Ländern und internationalen Organisationen fördern. Zudem wird mit der Wahrung der nationalen und regionalen Vielfalt der Mitgliedstaaten gerade ein föderales Element der Union besonders betont. Dies hat zur Folge, dass den Mitgliedstaaten auf den genannten Politikfeldern ein weites Ermessen zukommt und auf diesen Politikfeldern keine speziellen Ziele der Union gegen eine Verknüpfung der Förderungswürdigkeit gemeinnütziger Tätigkeit mit einer Betätigung im Inland sprechen. Danach können die Mitgliedstaaten die Förderung der Wohlfahrtspflege als Teil der Sozialpolitik, die Förderung des Gesundheitswesens oder der Kultur auf Tätigkeiten begrenzen, die auf ihrem Territorium wirken.

Vergleicht man dieses Ergebnis mit den Förderzwecken des Katalogs des § 52 Abs. 2 AO, so kann die Möglichkeit der Inlandsbeschränkung förderungswürdiger Tätigkeiten genutzt werden für

- die Förderung des öffentlichen Gesundheitswesens und der öffentlichen Gesundheitspflege (§ 52 Abs. 2 S. 1 Nr. 3 AO)
- die Förderung der Jugend- und Altenhilfe (§ 52 Abs. 2 S. 1 Nr. 4 AO)
- die Förderung von Kunst und Kultur (§ 52 Abs. 2 S. 1 Nr. 5 AO) und
- die Förderung des Wohlfahrtswesens (§ 52 Abs. 2 S. 1 Nr. 9 AO).

Im Weiteren ist eine Inlandsbeschränkung erst recht möglich für alle anderen die Allgemeinheit fördernden Zwecke des § 52 Abs. 2 AO, die sich in den Politikfeldern des EG- bzw. AEU-Vertrages gar nicht wiederfinden, wie z.B.

- die Förderung der Religion (§ 52 Abs. 2 S. 1 Nr. 2 AO)
- die Förderung des Denkmalschutzes und der Denkmalpflege (§ 52 Abs. 2 S. 1 Nr. 6 AO)
- die Förderung des Sports (§ 52 Abs. 2 S. 1 Nr. 21 AO) oder
- die Förderung der Heimatpflege und der Heimatkunde (§ 52 Abs. 2 S. 1 Nr. 22 AO).[702]

f. Weitergehende Einschränkungen durch die Grundfreiheiten und das allgemeine Diskriminierungsverbot

Außer aus spezifischen Zielen der Union können sich weitere Einschränkungen für die Festlegung der förderungswürdigen Zwecke aber auch daraus ergeben, dass das Gemeinschaftsrecht diskriminierenden Unterscheidungen entgegen steht. Soweit die nationalstaatliche Festlegung der förderungswürdigen Zwecke Betäti-

---

702 S. insoweit auch *Lissner*, Das Gemeinnützigkeits- und Spendenrecht unter dem Einfluss der europäischen Grundfreiheiten, S. 282 ff.

gungen erfasst, bei denen der Ausschluss einer Verwirklichung im Ausland diskriminierende Wirkung hätte, ist deshalb auch insoweit das Ermessen der Mitgliedstaaten begrenzt.[703] Eine diskriminierende Wirkung wird vor allem dann in Betracht kommen, wenn der förderungswürdige Zweck die Erbringung einer Leistung an natürliche Peronen beeinhaltet. Zutreffend ist deshalb das Beispiel von *Hüttemann/Helios*, wonach die Förderungswürdigkeit der Jugendhilfe nicht davon abhängen darf, ob deutschen Jugendlichen durch eine Maßnahme im Inland oder im Ausland geholfen wird.[704]

Zur Begründung dieses Ergebnisses kann man die Grundfreiheiten und das allgemeine Diskriminierungsverbot heranziehen. Denn mit der gemeinnützigen Betätigung selbst kann die Inanspruchnahme oder Erbringung einer entgeltlichen Leistung verbunden sein, die in den Anwendungsbereich der Grundfreiheiten fällt. Greift man das genannte Beispiel auf und nimmt an, dass eine gemeinnützige Einrichtung bedürftige Familien, Jugendliche, Alte oder Suchtkranke unterstützt, indem sie ihnen eine Kur oder einen Erholungsurlaub gewährt, und greift sie dafür auf externe Anbieter zurück, dann unterfällt die Inanspruchnahme dieser Leistungen der passiven Dienstleistungsfreiheit. Die Förderungswürdigkeit und damit die steuerliche Begünstigung der Betätigung dürfte in diesem Fall nicht von einer Erbringung der Dienstleistung im Inland abhängig gemacht werden.[705] Denn es ist kein sachlicher Grund erkennbar, warum ein Aufenthalt an der deutschen Nordseeküste förderungswürdig sein soll, ein Aufenthalt an der niederländischen dagegen nicht. Da beide Maßnahmen zur Erreichung des gesetzlichen Ziels gleichermaßen geeignet sind, dürfen keine unterschiedlichen steuerlichen Folgen an ihre Verwirklichung geknüpft werden. So sieht es auch der EuGH:

Grundfreiheitlich nicht zu rechtfertigende Unterscheidungen inländischer und ausländischer Orte der Erbringung einer Dienstleistung lagen beispielsweise der Rechtssache „Vestergaard“[706] und den „Schulgeld“-Entscheidungen[707] zugrunde.

---

703 So auch *Hüttemann/Helios*, Gemeinnützige Zweckverfolgung im Ausland nach der „Stauffer“-Entscheidung des EuGH, in: DB 2006, 2481 (2490); *Lissner*, Das Gemeinnützigkeits- und Spendenrecht unter dem Einfluss der europäischen Grundfreiheiten, S. 282 f.

704 *Hüttemann/Helios*, Gemeinnützige Zweckverfolgung im Ausland nach der „Stauffer“-Entscheidung des EuGH, in: DB 2006, 2481 (2490); zustimmend auch *Lissner*, Das Gemeinnützigkeits- und Spendenrecht unter dem Einfluss der europäischen Grundfreiheiten, S. 282 f.

705 I.E. ebenso für die Jugendhilfe: *Hüttemann/Helios*, Gemeinnützige Zweckverfolgung im Ausland nach der „Stauffer“-Entscheidung des EuGH, in: DB 2006, 2481 (2489); *Lissner*, Das Gemeinnützigkeits- und Spendenrecht unter dem Einfluss der europäischen Grundfreiheiten, S. 282 f., der auf eine „willkürliche“ Unterscheidung abhebt.

706 *EuGH* vom 28.10.1999 – C-55/98 („*Vestergaard*“), Slg 1999, I-7641 = IStR 1999, 694.

„Vestergaard“ betraf die steuerliche Abzugsfähigkeit von Fortbildungsveranstaltungen. Die dänische Rechtsprechung folgte entsprechenden Verwaltungsanweisungen und vermutete bei einer Fortbildungsveranstaltung an einem üblichen Urlaubsort im Ausland, sofern sich die Ortswahl nicht fachlich rechtfertigen ließ, dass die Reise in so erheblichem Umfang Urlaubszwecken diente, dass die Teilnahmekosten nicht als berufliche Aufwendungen abzugsfähig waren. Für Fortbildungsveranstaltungen an üblichen Urlaubsorten in Dänemark galt die Vermutung nicht. Somit erfolgte eine nach dem Ort der Fortbildungsdienstleistung differenzierende Handhabung, die der EuGH zu Recht als eine gegen die Dienstleistungsfreiheit nach Art. 49 EG (Art. 56 AEU) verstoßende, nicht zu rechtfertigende Ungleichbehandlung ansah. Der Steuerpflichtige müsse selbst entscheiden können, wo er sich fortbildet, also wo er die Dienstleistung in Anspruch nimmt. Es gäbe keinen sachlichen Grund, warum eine Fortbildung in einem inländischen Urlaubsort gegenüber einer Fortbildung in einem Urlaubsort in einem anderen Mitgliedstaat steuerlich differenziert zu behandeln sein soll. Beachtenswert ist zudem, dass es ausreichte, dass der zu entscheidende Fall nach der Vermutungsvorgabe der dänischen Verwaltungsanweisung und der dänischen Rechtsprechung differenzierend zu handhaben war und der EuGH insoweit nicht auf die auslandsoffen formulierte, gesetzliche Regelung abstellte. Die „Schulgeld“-Entscheidungen betrafen steuerliche Vergünstigungen in Deutschland, die in Abhängigkeit davon gewährt wurden, an welchem Ort eine Unterrichtsdienstleistung[708] erbracht wurde. Nach § 10 Abs. 1 Nr. 9 EStG, in der für die Streitjahre 1998 und 1999 geltenden Fassung, konnten Schulgeldzahlungen an private Schulen, vereinfacht ausgedrückt[709], nur dann als Sonderausgaben berücksichtigt werden, wenn es

707 *EuGH* vom 11.09.2007 – C-318/05 (*„Schulgeld, Vertragsverletzungsvefahren“*), Slg 2007, I-6957 = DStRE 2007, 1300; *EuGH* vom 11.09.2007 – C-76/05 (*„Schulgeld, Vorabentscheidungsverfahren“*), Slg 2007, I-6849 = IStR 2007, 703.

708 Der EuGH geht davon aus, dass die Erteilung von Unterricht an Privatschulen als entgeltliche Dienstleistung anzusehen ist. Im Gegensatz zu Unterricht in Einrichtungen, die zu einem staatlichen Bildungssystem gehörten und ganz oder überwiegend aus öffentlichen Mitteln finanziert würden, stelle Unterricht an privaten Bildungseinrichtungen, die im Wesentlichen aus privaten Mitteln finanziert würden, eine Dienstleistung gem. Art. 50 EG = Art. 57 AEU dar, da das von diesen Einrichtungen verfolgte Ziel darin bestehe, eine Leistung gegen Entgelt anzubieten (*EuGH* vom 11.09.2007 – C-76/05 (*„Schulgeld, Vorabentscheidungsverfahren“*), Slg 2007, I-6849 = IStR 2007, 703, Rn. 39 f.).

709 Da § 10 Abs. 1Nr. 9 EStG in der für die Streitjahre 1998 und 1999 geltenden Fassung auf staatlich genehmigte oder nach Landesrecht erlaubte Ersatzschulen und auf nach Landesrecht anerkannte allgemeinbildende Ergänzungsschulen Bezug nahm, wäre das Schulgeld auch abzugsfähig gewesen, wenn es für den Besuch einer von der ständigen Konferenz der Kultusminister anerkannten „Deutschen Schule“ im Ausland oder den Besuch einer entsprechend anerkannten „Europäischen Schule“ im Ausland gezahlt worden wäre.

sich um eine inländische Schule, also eine private Schule in Deutschland handelte. Der Sonderausgabenabzug war bei Zahlungen für den Schulbesuch im Ausland grundsätzlich nicht möglich. Für die Differenzierung nach dem Ort der erbrachten Dienstleistung, also dem Ort der Schule, gab es keinen sachlichen Grund, insbesondere konnte eine Verringerung des Steueraufkommens diese nicht rechtfertigen.

Nichts anderes kann gelten, wenn die gemeinnützige Köperschaft nicht auf externe Dienstleister zurückgreift, sondern beispielsweise das Erholungsheim selbst betreibt. Denn dieses wird regelmäßig als Zweckbetrieb geführt werden, in dem durch die Körperschaft entgeltliche Leistungen erbracht werden. Im rein karitativen Bereich könnte in dogmatischer Hinsicht auf das allgemeine Diskriminierungsverbot des Art. 12 EG = Art. 18 AEU zurückgegriffen werden.

Festzuhalten ist damit, dass Unterscheidungen nach dem Ort der förderungswürdigen Tätigkeit nicht möglich sind, wenn eine Unterscheidung mit speziellen Zielen des Primärrechts kollidieren oder diskriminierend wirken würde.

2. *Differenzierung nach Nationalität oder Ansässigkeit der Destinatäre*

Neben Einschränkungen bezüglich des Ortes der Tätigkeit kann ein Bezug der Förderzwecke zum Inland auch dadurch hergestellt werden, dass bei einer unmittelbaren Förderung von Personen zur Voraussetzung der Förderungswürdigkeit gemacht wird, dass die unmittelbaren Empfänger der Leistungen, die Destinatäre, Staatsangehörige des steuerlich begünstigenden Mitgliedstaates oder jedenfalls dort ansässig sind.

Teilweise wird eine Verknüpfung von Fördermaßnahmen mit der Bedingung, dass diese Inländern zugute kommen muss, generell für eine indirekte Diskriminierung gehalten, weil dadurch ausländische gemeinnützige Organisationen in den meisten Fällen de facto von der steuerlichen Vergünstigung ausgeschlossen wären.[710] Eine solche indirekte Diskriminierung sei nicht im Sinne des Gemeinschaftsrechts.

Richtigerweise wird man aber wohl auch bei der rechtlichen Beurteilung einer Begrenzung der Förderung auf Inländer um eine Differenzierung nicht umhinkommen.[711] Denn verwirft man diese Art und Weise der Einschränkung der Förderzwecke gänzlich, verbliebe den Mitgliedstaaten ein zu geringer Ermessensspielraum bei der Festlegung der förderungswürdigen Zwecke. Denn der politische Wunsch, einen Bezug der zu fördernden Zwecke zum Inland und damit zu den

710 *Daurer*, Die Rs. Persche: Spenden auf dem Prüfstand des Gemeinschaftsrechts, in: SWI 2009, 385 (392).

711 So i.E. auch *Lissner*, Das Gemeinnützigkeits- und Spendenrecht unter dem Einfluss der europäischen Grundfreiheiten, S. 282 ff., der im Katalog des § 52 Abs. 2 AO unter anderem „Zwecke mit erweitertem Inlandsbezug“ und „Zwecke mit strengem Inlandsbezug“ identifiziert.

politischen Zielen des Mitgliedstaates herzustellen, ist legitim.[712] Dann muss den Mitgliedstaaten aber auch die Möglichkeit verbleiben, die entscheidenden Stellschrauben zu nutzen. Bei der Definition eines Sachzweckes („Was wird gefördert?“) ist dabei neben dem Ort der Verwirklichung des Sachzweckes („Wo wird der Zweck verwirklicht?“) nur noch die Frage („Wer profitiert direkt davon?“) einer Gestaltung zugänglich. Andere Möglichkeiten gibt es nicht. Meint man es deshalb ernst mit dem Ermessen der Mitgliedstaaten hinsichtlich der Definition der förderungswürdigen Zwecke, muss der Grundsatz lauten, dass die Mitgliedstaaten selbst festlegen können, ob gemeinnützig nur sein kann, was Inländern nützt. Dafür spricht auch, dass einen Mitgliedstaat keine direkte Finanzierungsverantwortung für Staatsangehörige anderer Mitgliedstaaten trifft. So wenig, wie Staatsangehörigen anderer Mitgliedstaaten der uneingeschränkte Zugang zu steuerfinanzierten Sozialleistungen gewährt werden muss, so wenig müssen sie als potentielle Destinatäre gemeinnütziger Betätigung anerkannt und durch Steuervergünstigungen gefördert werden. Ausnahmen müssen wiederum dann gelten, wenn eine Festlegung mit spezifischen Unionszielen kollidiert oder zu einer Diskriminierung führt. Insoweit kann auf die obigen Ausführungen zur Differenzierung nach dem Ort der Tätigkeit verwiesen werden.[713] Greift man das bereits benannte Ziel der Zusammenarbeit bei Forschung und technologischer Entwicklung und den Abbau damit zusammenhängender steuerlicher Hindernisse aus Art. 163 Abs. 2 EG = Art. 179 Abs. 2 AEU wieder auf, heißt das, dass eine steuerliche Begünstigung wegen der „Förderung von Wissenschaft und Forschung“ (§ 52 Abs. 2 S. 1 Nr. 1 AO) nicht davon abhängig gemacht werden darf, dass z.B. Stipendien ausschließlich an inländische Nachwuchsforscher vergeben werden. Denn dies stellte ein steuerliches Hindernis für die europaweite Zusammenarbeit im Bereich Forschung und Entwicklung dar.

Anders dürfte es sich allerdings beim Unionsziel der Mobilität der Lehrenden und Lernenden nach Art. 149 Abs. 2 EG = Art. 165 Abs. 2 AEU verhalten. Die Förderung der Mobilität aller Lehrenden und Lernenden ist das Ziel, dass nach dem Wortlaut des Art. 149 Abs. 2 EG = Art. 165 Abs. 2 AEU von der Gemeinschaft bzw. der Union zu verwirklichen ist. Damit ist es dem Mitgliedstaat verboten, solche Maßnahmen zu ergreifen, die Inländer oder Ausländer in ihrer Mobilität behindern und damit das Wirken der Union zu konterkarieren. Das Unionsziel kann den Mitgliedstaat jedoch nicht zur Förderung der Mobilität aller Lehrenden und Lernenden verpflichten. Insoweit kann sich der Mitgliedstaat auf inländische Lernende und Lehrende und deren Mobilität beschränken und muss die Förderung nicht gleichermaßen auch Angehördigen anderer Mitgliedstaaten

712 EuGH vom 14.09.2006 – C-386/04 („*Stauffer*“), Slg 2006, I-8203 = IStR 2006, 675 = DStR 2006, 1736, Rn. 57.

713 S. Dritter Teil, A., II., 1., S. 175 ff.

zukommen lassen. Für ausländische Staatsangehörige trifft den Mitgliedstaat keine Finanzierungsverantwortung, entsprechend ist er bei der Festlegung dessen, was er als förderungswürdig ansieht, insoweit nicht gebunden.

Für die oben bereits identifizierten Politikfelder ohne Berührung spezifisch zu beachtender Unionsziele (Soziales, Kultur, Gesundheitswesen) und für Sachmaterien, die von den Politikfeldern des EG-Vertrages bzw. des AEUV nicht tangiert werden, gilt das erst recht. Auch in diesen Bereichen ist das Ermessen des Mitgliedstaates insoweit nicht gebunden und der Status der steuerlich begünstigten Gemeinnützigkeit kann davon abhängig gemacht werden, dass die Fördermaßnahmen eigenen Staatsangehörigen oder im Inland Ansässigen zugute kommen.

3. *Zwischenergebnis zur Begrenzung des Ermessens der Mitgliedstaaten bei der Festlegung förderungswürdiger Zwecke*

Bei der Auswahl der förderungswürdigen Sachzwecke sind die Mitgliedstaaten grundsätzlich frei. Es können auch Inlandsverknüpfungen durch die Vorgabe des Ortes der begünstigten Tätigkeit oder die Vorgabe der Nationalität oder Ansässigkeit der Destinatäre erfolgen. Einschränkungen ergeben sich aus den spezifischen Unionszielen der Förderung von Forschung und technologischer Entwicklung, der Mobilität der Lehrenden und Lernenden und des Umweltschutzes. Soweit diese Politkfelder betroffen sind, ist eine Verknüpfung der Förderungswürdigkeit mit einem Inlandsbezug nicht möglich. Im Gegensatz dazu ergeben sich für Förderzwecke aus den Politikfeldern der Sozialpolitik, der Kultur und des Gesundheitswesens ebenso keine vergleichbaren Einschränkungen, wie für Förderzwecke, die keinem der genannten Politikfelder zuzuordnen sind. Neben den spezifischen Zielen der Union muss beachtet werden, dass die Ermessensausübung nicht diskriminierend erfolgen darf.

III. Struktureller Inlandsbezug in § 51 Abs. 2 AO n.F.

Unter Nutzung der Ergebnisse zur abstrakten Bestimmung der Reichweite des mitgliedschaftlichen Ermessens bei der Festlegung der Förderzwecke soll nun untersucht werden, ob die Neufassung des § 51 Abs. 2 AO durch das Jahressteuergesetz 2009 den ermittelten Ergebnissen entspricht und ob insbesondere die Ermessensausübung des deutschen Gesetzgebers innerhalb der Schranken des europäischen Rechts erfolgte.

Die Formulierung des § 51 Abs. 2 AO n.F.[714] lautet:

> „*Werden die steuerbegünstigten Zwecke im Ausland verwirklicht, setzt die Steuervergünstigung voraus, dass natürliche Personen, die ihren Wohnsitz oder ihren gewöhnlichen Aufenthalt im Geltungsbereich dieses Gesetzes haben, gefördert werden oder die Tätigkeit der Körperschaft neben der Verwirklichung der steuerbegünstigten Zwecke auch zum Ansehen der Bundesrepublik Deutschland im Ausland beitragen kann.*“

Soweit ersichtlich, wird die gesetzliche Neuregelung im Schrifttum ausnahmslos für europarechtswidrig[715] erachtet oder stößt jedenfalls auf europarechtliche Bedenken.[716] Mit der Neuregelung wird die Zweckverwirklichung nicht für bestimmte Sachmaterien auf inländische Sachverhalte begrenzt. Eine Zweckverfolgung ist grundsätzlich weiterhin hinsichtlich aller gemeinnützigen Zwecke im Inland und im Ausland steuerbegünstigt möglich. Aber für die Betätigung im Ausland werden gegenüber der Betätigung im Inland neue, zusätzliche Anforderungen eingefügt. Dabei unterscheidet der Gesetzestext nicht zwischen im Inland und im Ausland ansässigen Körperschaften. Es müssen entweder Personen mit Wohnsitz oder gewöhnlichem Aufenthalt in Deutschland Destinatäre der Maßnahmen sein oder die Tätigkeit muss zum Ansehen der Bundesrepublik Deutschland im Ausland beitragen können.

---

714 Neue Fassung in Kraft ab 01.01.2009 durch Art. 10 Nr. 4 i.V.m. Art. 39 Abs. 8 des Jahressteuergesetzes 2009 vom 28.11.2008, *BR-Drucks*. 896/08, S. 65, 100.

715 *Hüttemann*, Die steuerliche Förderung gemeinnütziger Tätigkeiten im Ausland – eine Frage des „Ansehens“ in: DB 2008, 1061 (1062); *Geserich*, Die Abzugsfähigkeit von Spenden in andere EU-Staaten – Zugleich eine Anmerkung zum EuGH-Urteil vom 27.01.2009, C-318/07, Persche, DStR 2009, 207, in: DStR 2009, 1173 (1176); *Thömmes*, Sonderausgabenabzug für Spenden an gemeinnützige Einrichtungen im Ausland, in: IWB 2009/4, Fach 11a, 1227 (1233); *von Proff*, Grenzüberschreitende Gemeinnützigkeit nach dem Persche-Urteil des EuGH, in: IStR 2009, 371 (375); *Demuth*, Spenden an ausländische Körperschaften und JStG 2009, in: BeSt 2009, 14; *Korn/Strahl*, Beratungsrelevante Aspekte zum JStG 2009 und zu weiteren steuerlichen Änderungsgesetzen, in: KÖSDI 2009/2, 16358 (16385); *Lissner*, Das Gemeinnützigkeits- und Spendenrecht unter dem Einfluss der europäischen Grundfreiheiten, S. 256 f.; *Musil*, Reformbedarf bei der wirtschaftlichen Betätigung gemeinnütziger Körperschaften, in: DStR 2009, 2453 (2456).

716 *Weitemeyer*, Der strukturelle Inlandsbezug in § 51 AO im Jahressteuergesetz 2009, in: BLS Non Profit Law News, Nr. 4/2008, 5 (7); *Förster*, Kapitalverkehrsfreiheit: Abzugsfähigkeit von Spenden innerhalb der EU, in: BFH-PR 2009, 125 (126); *Jost*, in: Dötsch/Jost/Pung/Witt, KStG, § 5 Abs. 1 Nr. 9, Rn. 6/8; *Fischer*, Das EuGH-Urteil Persche zu Auslandsspenden – die Entstaatlichung des Steuerstaates geht weiter, in: FR 2009, 249 (257); *Hidien/Möllenbeck*, Spenden an gemeinnützige Institutionen in EU-Mitgliedstaaten sind steuerlich abzugsfähig, in: PISTB 2009, 124 (126); *Thonemann/Kanders*, Brennpunkte der Stiftungsbesteuerung: Aktuelle Fragestellungen aus der Beratungspraxis, in: StC 2009, 15 (18); *Lehr*, Spenden an ausländische Organisationen abzugsfähig, in: NWB 2009, 432 (433); *Runte*, Sonderausgabenabzug für Auslandsspenden, in: RIW 2009, 461 (465); *Richter/Gollan*, Entscheidung des EuGH in der Rechtssache Persche – Spenden an EU-ausländische gemeinnützige Organisationen, in: npoR 2009, 19 (20).

1. Ansehen der Bundesrepublik Deutschland

Das Merkmal des Beitrags zum „Ansehen der Bundesrepublik Deutschland“ ist ein wohl kaum subsumtionsfähiges, justiziables Tatbestandsmerkmal.[717] Es ist jedoch nicht völlig neu, sondern wurde bereits in der „Geheimschutzordnung des Deutschen Bundestages„[718], den Geheimschutzordnungen einiger Landtage[719] und in der „Verordnung über die Übertragung der Führung des Unternehmensregisters und die Einreichung von Dokumenten beim Betreiber des elektronischen Bundesanzeigers„[720] verwendet.[721] In diesen Gesetzen geht es jedoch nicht um einen Ansehensbeitrag, sondern um eine Gefährdung des „Ansehens der Bundesrepublik“. Mit Hinweis auf eine mögliche Gefährdung wird das „Ansehen der Bundesrepublik Deutschland“ auch im Zusammenhang mit Reisepassbeschränkungen, Reisepassentziehungen oder Meldeauflagen nach § 7 Abs. 2 i.V.m. Abs. 1 Nr. 1 PassG als Fallgruppe von der Rechtsprechung bemüht.[722] All dies hilft jedoch bei der Bestimmung der Merkmale eines „Beitrages“ zum „Ansehen der Bundesrepublik“ nicht, denn durch das Abstellen auf eine „Gefährdung“ ist in allen bisher bekannten Fällen nur bedeutsam, was dem Ansehen schaden, also negativ auf es einwirken könnte.

Die Gesetzesbegründung des Finanzausschusses, dessen Gesetzesfassung schließlich von Bundestag und Bundesrat beschlossenen wurde, hilft über die mangelnde Justiziabilität jedenfalls für im Inland ansässige Körperschaften ausdrücklich hinweg.[723] Der Tätigkeit einer im Inland ansässigen Körperschaft komme eine Indizwirkung für einen Beitrag zum Ansehen der Bundesrepublik

717 Statt vieler: *Hüttemann*, Die steuerliche Förderung gemeinnütziger Tätigkeiten im Ausland – eine Frage des „Ansehens“ in: DB 2008, 1061 (1062).

718 § 2 Abs. 4 der Geheimschutzordnung des Deutschen Bundestages (Anlage 3 der Geschäftsordnung des Deutschen Bundestages) regelt die Voraussetzungen des Geheimhaltungsgrades „VS-VERTRAULICH“.

719 § 5 LTGO Bayern, § 5 LTGO Berlin, § 3 LTGO Brandenburg, § 3 LTGO Mecklenburg-Vorpommern, § 3 LTGO Rheinland-Pfalz, § 7 GSO LT Sachsen-Anhalt, § 3 GehSchO Schleswig-Holstein, § 3 LTGO Thüringen.

720 § 3 Abs. 2 S. 2 Nr. 1 der Verordnung über die Übertragung der Führung des Unternehmensregisters und die Einreichung von Dokumenten beim Betreiber des elektronischen Bundesanzeigers zählt beispielhaft auf, dass das Auftragsverhältnis mit der privatrechtlichen Bundesanzeiger Verlagsgesellschaft mbH gekündigt werden kann, wenn das Verhalten der Gesellschaft geeignet ist, das Ansehen der Bundesrepublik Deutschland zu schädigen.

721 *Heintzen*, Steuerliche Anreize für gemeinwohlorientiertes Engagement Privater, in: FR 2008, 737 (743).

722 S. z.B. *BVerwG* vom 25.07.2007 – 6 C 39/06, BVerwGE 129, 142 = NVwZ 2007, 1439; *OVG Bremen* vom 02.09.2008 – 1 A 161/06, NordOeR 2009, 42.

723 Bericht des Finanzausschusses zum Regierungsentwurf zum Jahressteuergesetz 2009, BT-Drucks. 16/11108, S. 56, so beschlossen von Bundestag und Bundesrat, BR-Drucks. 896/08, S. 65, 100.

Deutschland zu. Allein die personelle, finanzielle, planerische, schöpferische oder anderweitige Beteiligung der in Deutschland ansässigen Organisationen genüge für die Indizwirkung. Es ist davon auszugehen, dass sich die Finanzämter bei der Prüfung der gemeinnützigkeitsrechtlichen Voraussetzungen ohne weiteres auf diese Indizwirkung stützen werden. An der bisherigen Rechtslage ändert sich daher für inländische Körperschaften sowohl bei Betätigung im Inland als auch im Ausland nichts. Denn das zusätzliche Merkmal des Ansehensbeitrages erfüllen wegen der Indizwirkung alle im Inland ansässigen Körperschaften. Auch für im Inland tätige ausländische Körperschaften kommt es auf einen Beitrag zum Ansehen der Bundesrepublik nicht an, weil sie insoweit ihre Zwecke nicht „im Ausland" verwirklichen. Im Umkehrschluss kann festgehalten werden, dass die neuen, zusätzlichen Voraussetzungen nur für die Zweckverwirklichung im Ausland durch im Ausland ansässige Körperschaften relevant sind.

Unabhängig von der Bedeutung dieses Befundes für die europarechtliche Zulässigkeit der Neuregelung verengt sich die Frage der Auslegung des Begriffs des „Ansehensbeitrages" folglich darauf, wann eine Betätigung einer im Ausland ansässigen Körperschaft, die im Ausland erfolgt, zum Ansehen der Bundesrepublik Deutschland beitragen kann.

Greift man auf die für die Indizwirkung verwendeten Kriterien zurück, könnte ein Ansehensbeitrag daraus folgen, dass bei der Tätigkeit im Ausland (auch) aus Deutschland stammendes Personal, Geld oder Know-how eingesetzt wird. Entscheidend müsste dann sein, wie öffentlichkeitswirksam die Tätigkeit geschehen muss. Denn Hilfsprojekte, von denen niemand etwas erfährt, können nicht zum Ansehen der Bundesrepublik beitragen. Verlangte man, dass der ausländische Staat selbst, weite oder gar überwiegende Teile der Bevölkerung das Projekt und die deutsche Beteiligung wahrnehmen, führte dies dazu, dass nur entsprechend große Projekte gemeinnützigkeitsfähig wären. Das widerspricht allerdings dem Grundsatz des Gemeinnützigkeitsrechts, wonach durch die Aktivierung bürgerschaftlichen Engagements die Einschätzung, durch welche Projekte der Förderzweck verwirklicht werden soll, gerade in private und nicht in staatliche Hände gelegt wird. Begnügte man sich andererseits damit, dass Teile der Bevölkerung oder gar nur die unmittelbar mit dem Projekt in Berührung kommenden Menschen die deutsche Beteiligung erkennen, hat das zusätzliche Merkmal letztlich keine Bedeutung mehr, denn dieser Effekt kommt jedem Projekt zu.[724] Im Ergebnis wird man richtigerweise, wie in allen anderen Fällen, in denen das Ansehen der Bundesrepublik Deutschland Eingang in gesetzliche Tatbestände oder Rechtsprechungsfallgruppen gefunden hat, darauf zurückgreifen müssen, negativ abzugrenzen. Einen Beitrag zum Ansehen der Bundesrepublik Deutschland „kann" da-

724 *Koenig*, in: Pahlke/Koenig, § 51, Rn. 22.

nach jede Maßnahme leisten, die dem Ansehen jedenfalls nicht schadet, es nicht gefährdet oder bei der ein Beitrag zum Ansehen der Bundesrepublik jedenfalls nicht evident ausgeschlossen[725] ist.

Kritik ist schließlich auch deshalb am Erfordernis des „Ansehensbeitrages" zu üben, weil das „Ansehen der Bundesrepublik Deutschland" im Zusammenhang mit dem Gemeinnützigkeits- und Spendenrecht ein sachfremdes, systemwidriges Merkmal darstellt. Gemeinnützige Betätigung zielt auch als Nebenzweck nicht auf eine Ansehensmehrung der Bundesrepublik ab. Grundsätze gemeinnütziger Betätigung sind gerade die Staatsferne und das private Engagement. Dieses private Engagement wird von staatlicher Seite stimuliert und gefördert, aber nicht um des staatlichen Ansehens wegen. Auch die steuerliche Berücksichtigung erfolgt nicht quasi als Gegenleistung für eine Ansehenssteigerung sondern aus Gründen austeilender Gerechtigkeit.[726] Fordert man für eine Betätigung im Ausland einen Ansehensbeitrag, widerspricht das diesen Grundsätzen. Eine innere Rechtfertigung des Merkmals ergibt sich auch nicht daraus, dass der Staat selbst mit direkten Zuwendungen beispielsweise humanitäre Hilfe in Katastrophenfällen im Ausland leistet oder durch staatliche Entwicklungshilfe ärmere Länder fördert. Denn auch diese Maßnahmen erfolgen nicht im Hinblick auf das Ansehen der Bundesrepublik in der Welt, sondern aus humanitären Gründen und aus Gründen globaler Struktur- und Friedenspolitik.[727]

2. *Vereinbarkeit der Neuregelung mit europäischem Recht*

a. *Indirekte subjektive Typisierung*

Legt man den obigen Befund, dass das zusätzliche Merkmal des Beitrags zum Ansehen der Bundesrepublik nur bei der Tätigkeit ausländischer Körperschaften Bedeutung erlangt, einer europarechtlichen Bewertung der Norm zugrunde, wird deutlich, dass gebietsfremde Körperschaften und gebietsansässige Körperschaften unterschiedlich behandelt werden. Denn die Indizwirkung soll „ohne besonderen Nachweis"[728] nur für im Inland ansässige Körperschaften gelten. Somit erfolgt eine subjektive Typisierung. Diese wirkt sich gleich in zweifacher Hinsicht beschränkend auf die Betätigung gebietsfremder Körperschaften aus. Zum Einen unterliegt ihre Tätigkeit restriktiveren inhaltlichen Kriterien und zum Anderen werden sie mit einem aufwendigeren Verwaltungsverfahren konfrontiert.

---

725 So auch *Tipke*, in: Tipke/Kruse, § 51 AO, Rn. 9.

726 S. Erster Teil, C., S. 39 ff.

727 Aufgabenbeschreibung des Bundesministeriums für wirtschaftliche Zusammenarbeit und Entwicklung, *http://www.bmz.de/de/ministerium/index.html* (Stand: 11.01.2010).

728 BT-Drucks. 16/11108 vom 27.11.2008, S. 56.

Dass die Indizwirkung nicht als Tatbestandsmerkmal im Gesetz erscheint, spielt dabei keine Rolle. Denn wegen der Erwähnung in der Gesetzesbegründung wird die Indizwirkung mit Sicherheit Eingang in die Verwaltungspraxis erfahren. Wie die Ausführungen in der Entscheidung „Vestergaard“[729] zeigen, stellt auch der EuGH zu Recht nicht nur auf die gesetzliche Regelung, sondern auf die tatsächliche Handhabung durch die Mitgliedstaaten ab. Danach genügt schon eine (widerlegbare) Vermutung in der Verwaltungspraxis als grundfreiheitliche Beschränkung, wenn dadurch Inlands- und Auslandssachverhalte einer unterschiedlichen Behandlung zugeführt werden.[730] Der neutral formulierte Gesetzestext ist somit nicht entscheidend.

Da im Falle der Ansehensförderung nicht direkt auf die Ansässigkeit der ausländischen Körperschaften im Ausland abgestellt wird, sondern mit der Indizwirkung auf ein anderes, mit der Ansässigkeit verbundenes Merkmal, handelt es sich um eine indirekte bzw. versteckte[731] Diskriminierung.[732] Diese indirekte subjektive Typisierung kann aus den oben dargelegten Gründen nicht gerechtfertigt werden, insbesondere auch nicht, wie ebenfalls bereits dargestellt, unter Zugrundelegung eines erweiterten Kohärenzgedankens.[733] Zwar ist die Herstellung eines Bezuges der förderungswürdigen Zwecke zum Inland ein legitimes Interesse der Mitgliedstaaten.[734] Der Bezug darf jedoch nicht, wie hier, in subjektiv typisierender Weise hergestellt werden. Für indirekte subjektive Typisierungen kann nichts anderes gelten wie für direkte subjektive Typisierungen.

b. *Nichtberücksichtung der spezifischen Ziele der Union*

Zudem spricht gegen die europarechtliche Zulässigkeit des neuen § 51 Abs. 2 AO, dass die Grenzen des mitgliedschaftlichen Ermessens auch in anderer Hinsicht überschritten wurden. Oben wurde gezeigt, dass die spezifischen Unionsziele der Förderung von Forschung und technologischer Entwicklung, der Mobilität der Lehrenden und Lernenden und des Umweltschutzes bei der Ermessensausübung zu berücksichtigen sind. Haben die förderungswürdigen Zwecke einen Bezug zu diesen Zielen, widerspricht eine Inlandsbeschränkung europäischem Recht. Des-

729 *EuGH* vom 28.10.1999 – C-55/98 („*Vestergaard*“), Slg 1999, I-7641 = IStR 1999, 694, Rn. 21.

730 So auch *Terra/Wattel*, European Tax Law, S. 107.

731 Zum verworrenen EuGH-Konzept der „versteckten“ „verdeckten“ „indirekten“ „verschleierten“ Diskriminierungen *Cordewener*, Europäische Grundfreiheiten und nationales Steuerrecht, S. 118.

732 *Thömmes*, Sonderausgabenabzug für Spenden an gemeinnützige Einrichtungen im Ausland, in: IWB 2009/4, Fach 11a, 1227 (1233); *von Proff*, Grenzüberschreitende Gemeinnützigkeit nach dem Persche-Urteil des EuGH, in: IStR 2009, 371 (377).

733 S. Zweiter Teil, D., III., 1., S. 122 ff.

734 *EuGH* vom 14.09.2006 – C-386/04 („*Stauffer*“), Slg 2006, I-8203 = DStR 2006, 1736 = IStR 2006, 675, Rn. 57.

halb darf im Fall der Gemeinnützigkeit wegen der Förderung von Wissenschaft und Forschung nach § 52 Abs. 2 S. 1 Nr. 1 AO nicht zwischen Betätigungen im Inland und Ausland unterschieden werden. Gleiches gilt wegen Art. 149 Abs. 2 EG = Art. 165 Abs. 2 AEU für die Förderung der Erziehung, Volks- und Berufsbildung einschließlich der Studentenhilfe nach § 52 Abs. 2 S. 1 Nr. 7 AO und wegen Art. 174 EG = Art. 191 AEU hinsichtlich der Förderung des Umweltschutzes nach § 52 Abs. 2 S. 1 Nr. 8 AO. Für diese Zwecke ist damit keine Unterscheidung nach Betätigungen im Inland und im Ausland möglich. Genau dies erfolgt aber durch die neuen zusätzlichen Merkmale des § 51 Abs. 2 AO n.F. für Betätigungen im Ausland, weshalb die Norm auch insoweit europäischem Recht widerspricht.

3. Präzisierung des strukturellen Inlandsbezuges mit Kriterien des Haushaltsrechts nach Fischer

Ausgehend von den Auslegungsschwierigkeiten zum unbestimmten Begriff des „Beitrages zum Ansehen der Bundesrepublik Deutschland“ schlägt *Fischer* vor, hinsichtlich der Zweckverwirklichung im Ausland auf Begriffe des Haushaltsrechts zurückzugreifen und darauf abzustellen, ob der Bund oder ein Land an den entsprechenden Förderzwecken ein „erhebliches Interesse“ haben.[735] Die von *Fischer* dem § 14 HGrG entnommene Formulierung betrifft dort allerdings nicht die Verwendung von Mitteln im Ausland. Vielmehr geht es um Mittel, die als „Zuwendungen“ zu bestimmten Zwecken vergeben und dabei der staatlichen Verwaltung entzogen werden. Dazu rechnen z.B. Zuschüsse an politische Stiftungen. Der Rückgriff auf das Haushaltsrecht ist aber insofern konsequent, als es dem Gesetzgeber ausweislich der Gesetzesbegründung zum Jahressteuergesetz 2009 in der Tat darum geht, die Steuerbefreiung der gemeinnützigen Körperschaften und die damit korrespondierende steuerliche Berücksichtigungen von Spenden nur dann zu ermöglichen, wenn die geförderten Tätigkeiten einen Bezug zu Deutschland besitzen.[736] Dieser Bezug bildet die Rechtfertigung für die Übernahme einer Finanzierungsverantwortung.

Zunächst muss aber schon bezweifelt werden, ob der Begriff des „erheblichen Interesses“ auch tatsächlich justiziabler ist als der des „Beitrages zum Ansehen der Bundesrepublik Deutschland“.[737] Zwar ließe etwa die Verwendung von Etatmitteln eines Bundes- oder Landesministeriums für vergleichbare Projekte als Indiz einen Rückschluss auf ein entsprechendes „Interesse“ zu. So könnte die

735 *Fischer*, Überlegungen zur Fortentwicklung des steuerlichen Gemeinnützigkeitsrechts, in: FR 2008, 752 (758).

736 BT-Drucks. 16/11108, S. 57.

737 A.A. *Fischer*, Überlegungen zur Fortentwicklung des steuerlichen Gemeinnützigkeitsrechts, in: FR 2008, 752 (758).

Verwendung von Haushaltsmitteln für die Entwicklungszusammenarbeit durch das Bundesministerium für wirtschaftliche Zusammenarbeit und Entwicklung Indiz für ein „erhebliches Interesse des Bundes“ auch an privat initiierten Entwicklungshilfeprojekten in Afrika sein. Andererseits dürfte aus den gleichen Gründen aber auch eine Förderung des Ansehens der Bundesrepublik mit den Projekten einhergehen, jedenfalls bestünde kein Anlass, von einem negativem Einfluss auf das Ansehen auszugehen. Ähnlich wie mit dem aufgezeigten Indiz der „Bereitstellung von Haushaltsmitteln“ dürfte es sich wohl auch mit anderen Indizien verhalten. Sie dürften bei beiden Begriffen zu identischen Ergebnissen führen. Anders als über Indizien wird man sich aber auch dem Begriff des „erheblichen Interesses“ nicht nähern können.

Materielles Argument gegen die Verwendung des Begiffes des „erheblichen Interesses“ ist aber, dass dieser nicht erschöpfend genug ist. Ein Interesse des Bundes und/oder eines Landes ist zwar ein sicheres Zeichen für einen Bezug zum Inland. Ein solcher Bezug kann sich aber auch aus anderen Tatsachen ergeben. Gerade die Staatsferne privaten gemeinnützigen Engagements spricht deshalb dafür, dass es nicht nur auf ein Interesse des Staates ankommen kann. Engagieren sich etwa deutsche Bürger im Ausland für den Umweltschutz und einen nachhaltigen Umgang mit den natürlichen Ressourcen, so kann das gegebenfalls den Interessen des Bundes sogar zuwider laufen, wenn dadurch die diplomatischen Verhältnisse zu dem anderen Staat belastet werden.

Auf ein „Interesse“ des Staates sollte deshalb nicht abgestellt werden.

4. *Eigener Vorschlag zur alternativen Regelung eines Inlandsbezuges*

Mit der Regelung in § 51 AO wurde der Inlandsbezug „vor die Klammer“[738] gezogen. Er gilt damit auch für die Förderung mildtätiger und kirchlicher Zwecke gemäß §§ 53, 54 AO. Der Referentenentwurf des Jahressteuergesetzes 2009 hatte mit einer Anfügung von zwei Sätzen an § 52 Abs. 1 AO noch einen anderen Regelungsort für den Inlandsbezug vorgesehen.[739] Geplant war eine an natürliche Personen mit Wohnsitz oder gewöhnlichem Aufenthalt im Inland anknüpfende Definition der Allgemeinheit, zu der es bei der Verankerung in § 51 Abs. 2 AO im Ergebnis nicht mehr kam.

Tatsächlich ist ein Inlandsbezug, soweit politisch erwünscht, an anderer Stelle im Gesetz sachgerechter zu verorten als in § 51 AO. Die oben dargestellten Anforderungen an die Ausübung des mitgliedstaatlichen Ermessens bei der Festlegung der förderungswürdigen Zwecke gebieten es, die Inlandsanknüpfung nur

738 Regierungsentwurf zum Jahressteuergesetz 2009 (JStG 2009), BT-Drucks. 16/10189, S. 80.

739 Dazu *Hüttemann*, Die steuerliche Förderung gemeinnütziger Tätigkeiten im Ausland – eine Frage des „Ansehens“ in: DB 2008, 1061.

auf bestimmte gemeinnützige Zwecke im engeren Sinne zu begrenzen und einen Inlandsbezug separat für einzelne Zwecke des Kataloges des § 52 Abs. 2 AO vorzunehmen. Das ist notwendig, weil sonst die unterschiedlichen europarechtlichen Anforderungen an die einzelnen Sachzwecke nicht berücksichtigt werden können. Für Förderzwecke aus bestimmten Politikfeldern (Forschung und Entwicklung, Mobilität der Lehrenden und Lernenden, Umweltschutz) ist eine Inlandsverknüpfung wegen der entgegenstehenden Ziele des Gemeinschaftsrechts nicht möglich. Schon dies gebietet eine Differenzierung bei der Implementierung eines Inlandsbezuges. Dagegen greifen auch Befürchtungen möglicher Abgrenzungsschwierigkeiten letztlich nicht durch.[740] Zudem muss sich aus der Satzung der Körperschaft der zu fördernde Zweck zweifelsfrei ergeben, weswegen es einer Festlegung von Seiten der Körperschaft bedarf. Ob die tatsächliche Betätigung dem in der Satzung festgelegten Zweck entspricht oder schwerpunktmäßig andere Zwecke verfolgt werden, ist eine Frage der Kontrolle der tatsächlichen Geschäftsführung, die sich bei jeder Körperschaft stellt. Zu dokumentieren und nachzuweisen, dass die Verfolgung des universellen Zweckes tatsächlich den Schwerpunkt der Betätigung bildet, liegt im Interesse der Körperschaft. Zudem wird in den wohl überwiegenden Fällen auch ein Inlandsbezug vorliegen, sodass eine Abgrenzung obsolet ist und lediglich in wenigen Einzelfällen tatsächlich Abgrenzungsschwierigkeiten auftauchen werden.

Weiterhin spricht für eine Berücksichtigung der Inlandsanknüpfung bei den einzelnen Förderzwecken des § 52 AO, dass damit die Verfolgung mildtätiger und kirchlicher Zwecke (§§ 53, 54 AO) vom Inlandsbezug ausgenommen wird. Das ist sachgerecht, weil Mildtätigkeit nicht vor Grenzen Halt machen sollte und speziell bei der Verwirklichung kirchlicher Zwecke auch die Freiheit der Religionsausübung gemäß Art. 4 Abs. 2 GG zu beachten ist. Die „Entfaltung und Wirksamkeit in der Welt" durch tätige Nächstenliebe ist aber beispielsweise nach dem Selbstverständnis der Katholischen und Evangelischen Kirche Teil ihrer religiösen und diakonischen Aufgabe.[741]

Außerdem wird mit einer Regelung in § 52 AO erreicht, dass im Gegensatz zu einer Regelung in § 51 AO auch der Tatsache Rechnung getragen werden kann, dass bestimmte förderungswürdige Zwecke des Katalogs des § 52 Abs. 2 AO generell oder jedenfalls wirkungsvoller im Ausland verwirklicht werden können und für diese Zwecke zusätzliche Voraussetzungen eher kontraproduktiv sind.[742] Da das Grundgesetz einer Verfolgung aus politischen, rassischen oder religiösen

740 A.A. *Geserich*, Die Abzugsfähigkeit von Spenden in andere EU-Staaten – Zugleich eine Anmerkung zum EuGH-Urteil vom 27.01.2009, C-318/07, Persche, DStR 2009, 207, in: DStR 2009, 1173 (1177).

741 *BVerfG* vom 16.10.1968 – 1 BvR 241/66, BVerfGE 24, 236 (248); dazu auch *Fischer*, Überlegungen zur Fortentwicklung des steuerlichen Gemeinnützigkeitsrechts, in: FR 2008, 752 (756).

742 S. Dritter Teil, A., II., S. 173 ff.

Gründen entgegensteht, wird eine Hilfe für Verfolgte (§ 52 Abs. 2 S. 1 Nr. 10 AO) wohl nur in Einzelfällen im Inland und hauptsächlich im Ausland erfolgen. Entwicklungszusammenarbeit bzw. nach der früheren Wortwahl „Entwicklungshilfe“[743] gemäß § 52 Abs. 2 S. 1 Nr. 15 AO wird, wie oben gezeigt, in den Entwicklungsländern und nicht im Inland geleistet.[744] Auch die Förderung des Völkerverständigungsgedankens nach § 52 Abs. 2 S. 1 Nr. 13 AO ist ein Förderzweck, der im Ausland mindestens ebenso gut wie im Inland zu verwirklichen ist.

Berücksichtigt man die spezifischen Ziele der Union und die originär im Ausland zu verwirklichenden Zwecke, bietet es sich für eine Verknüpfung der übrigen Ziele des Kataloges des § 52 Abs. 2 AO mit einem Bezug zum Inland an, dem § 52 Abs. 2 AO folgenden Satz 4 anzufügen:

> *Mit Ausnahme der Nr. 1, 7, 10, 13, 15 und des Umweltschutzes nach Nr. 8 muss die Verwirklichung der förderungswürdigen Zwecke im Geltungsbereich dieses Gesetzes erfolgen oder die Tätigkeit muss einen nicht unerheblichen Bezug zur Bundesrepublik Deutschland haben, der sich insbesondere daraus ergeben kann, dass Staatsangehörige der Bundesrepublik Deutschland oder Personen gefördert werden, die ihren Wohnsitz oder ihren gewöhnlichen Aufenthaltsort in der Bundesrepublik Deutschland haben.*

Durch die vorgeschlagene Regelung könnten die förderungswürdigen Zwecke nach § 52 Abs. 2 S. 1 Nr. 1, 7, 10, 13, 15 AO ebenso wie der Umweltschutz nach Nr. 8 und mildtätige und kirchliche Zwecke nach den §§ 53, 54 AO ohne weitere Voraussetzungen auch im Ausland verfolgt werden. Für die übrigen Zwecke des § 52 Abs. 2 S. 1 AO ergibt sich bei der Zweckverwirklichung im Ausland das zusätzliche Erfordernis, dass ein „Bezug“ zum Inland bestehen muss. Dabei unterscheidet die Regelung nicht zwischen der Zweckverfolgung durch inländische oder ausländische Körperschaften, es erfolgt keine subjektive Typisierung. Die offene Formulierung durch die Wortwahl „Bezug zur Bundesrepublik Deutschland“ und die Aufzählung eines Regelbeispieles wurde bewusst gewählt, um vielen denkbaren Fallgruppen gerecht zu werden und andererseits tatsächlich nur solche Betätigungen in die steuerliche Gemeinnützigkeit einzubeziehen, die innerhalb Deutschlands wirken oder vom Inland ausgehen.[745] Deshalb wurde auch das Regelbeispiel der „Förderung von Staatsangehörigen der Bundesrepublik Deutschland oder von Personen, die ihren Wohnsitz oder ihren gewöhnlichen Aufenthaltsort in der Bundesrepublik Deutschland haben“ bewusst gewählt. Es trägt zur Justiziabilität der Norm bei und verhindert Diskriminierungen bei der Erbringung grenzüberschreitender Leistungen für Gebietsansässige. Die Verwirklichung des

---

743 *Leisner-Egensperger*, in: Hübschmann/Hepp/Spitaler, § 52 AO, Rn. 174.

744 S. Dritter Teil, A., II., S. 173 ff.

745 *Kube*, Die Zukunft des Gemeinnützigkeitsrechts in der europäischen Marktordnung, in: IStR 2005, 469 (473); *Fischer*, Überlegungen zur Fortentwicklung des steuerlichen Gemeinnützigkeitsrechts, in: FR 2008, 752 (758).

Regelbeispiels lässt einen sicheren Schluss auf eine Wirkung der Tätigkeit im Inland zu. Es steht zudem nicht im Widerspruch zur hier vertretenen Auslegung des Begriffes der Allgemeinheit nach § 52 Abs. 1 S. 1 AO.[746] Vielmehr soll es der Klarstellung dienen, nachdem vor allem auch die Rechtsprechung des BFH zur Förderung der Allgemeinheit gemäß § 52 Abs. 1 S. 1 AO im Gegensatz zur hier vertretenen Ansicht steht.[747]

IV. § 51 Abs. 3 AO n.F. – Ausschluss extremistischer Zielsetzungen

Dem § 51 AO wurde mit dem Jahressteuergesetz 2009 noch ein dritter Absatz hinzugefügt:

> *Eine Steuervergünstigung setzt zudem voraus, dass die Körperschaft nach ihrer Satzung und bei ihrer tatsächlichen Geschäftsführung keine Bestrebungen im Sinne des § 4 des Bundesverfassungsschutzgesetzes fördert und dem Gedanken der Völkerverständigung nicht zuwiderhandelt. Bei Körperschaften, die im Verfassungsschutzbericht des Bundes oder eines Landes als extremistische Organisation aufgeführt sind, ist widerlegbar davon auszugehen, dass die Voraussetzungen des Satzes 1 nicht erfüllt sind. Die Finanzbehörde teilt Tatsachen, die den Verdacht von Bestrebungen im Sinne des § 4 des Bundesverfassungsschutzgesetzes oder des Zuwiderhandelns gegen den Gedanken der Völkerverständigung begründen, der Verfassungsschutzbehörde mit.*

Bereits vor der Einführung des § 51 Abs. 3 AO war unbestritten, dass sich die Betätigung einer gemeinnützigen Körperschaft im Rahmen der verfassungsrechtlichen Ordnung halten muss[748] und Tätigkeiten, die gegen die Rechtsordnung verstoßen, nicht zu einer Förderung der Allgemeinheit führen können.[749] Wenn die Förderung des demokratischen Staatswesens nach § 52 Abs. 2 S. 1 Nr. 24 AO gemeinnützig ist, kann nicht gemeinnützig sein, was gegen die verfassungsgemäße Ordnung gerichtet ist oder gar auf ihre Beseitigung abzielt.[750] Zudem sind nach Art. 9 Abs. 2 GG Vereinigungen verboten, die sich gegen die verfassungsgemäße Ordnung oder gegen den Gedanken der Völkerverständigung wenden.[751] Insofern hat die neue Regelung überwiegend deklaratorischen Charakter und kodifiziert lediglich die bisherige Rechtslage.[752] Die Gesetzesbegründung zählt

---

746 S. Erster Teil, D., I., 1., lit. b., S. 44 ff.

747 *BFH* vom 20.12.2006 – I R 94/02 = IStR 2007, 217 (218).

748 *BFH* vom 13.12.1978 – I R 39/78, BStBl. II 1979, 482 = BFHE 127, 330; AEAO zu § 52 Nr. 16.

749 *BFH* vom 29.10.1997 – I R 13/97, BStBl. II 1998, 9 = BFHE 184, 226.

750 *Tipke,* in: Tipke/Kruse, § 51 AO, Rn. 12.

751 *Leisner-Egensperger*, Verfassungsrecht der steuerlichen Gemeinnützigkeit, in: FS-Isensee, S. 895 (901); *Jost*, in: Dötsch/Jost/Pung/Witt, KStG, § 5 Abs. 1 Nr. 9, Rn. 6/28.

752 BT-Drucks. 16/10189, S. 79 und 16/11108, S. 55; *Weitemeyer*, Jahressteuergesetz 2009 Änderungen des Gemeinnützigkeitsrechts geplant, in: Stiftung&Sponsoring 3/2008, S. 24; *Jost*, in: Dötsch/Jost/Pung/Witt, KStG, § 5 Abs. 1 Nr. 9, Rn. 6/27.

zudem beispielhaft „ausländerextremistische Spendensammelvereine" als gegen den Gedanken der Völkerverständigung verstoßende Vereinigungen auf.[753] Dabei bleibt unklar, ob sich ein „ausländerextremistischer Spendensammelverein" in extremer Weise gegen Ausländer richtet oder sich ein solcher Verein gerade aus extremistischen Ausländern zusammensetzt. Da die Nennung im Zusammenhang mit dem Verstoß gegen den Gedanken der Völkerverständigung erfolgt, liegt Ersteres wohl näher.

Konstitutiv wirkt die neue Regelung hinsichtlich der in ihr enthaltenen, widerlegbaren Vermutung, dass eine Aufführung einer Körperschaft im Verfassungsschutzbericht des Bundes oder eines Landes als „extremistische Organisation" dazu führt, dass die Voraussetzungen des § 51 Abs. 3 S. 1 AO nicht vorliegen, die Vereinigung also verfassungsfeindliche oder gegen die Völkerverständigung gerichtete Bestrebungen verfolgt. Dadurch ist es im Falle einer Nennung in einem Verfassungsschutzbericht an der Körperschaft, zu beweisen, dass sie weder nach ihrer Satzung noch durch ihre konkrete Tätigkeit entsprechende Bestrebungen verfolgt. Das führt zu einer insoweit begrüßenswerten Verfahrensvereinfachung[754], konfrontiert die Finanzämter aber andererseits mit der Notwendigkeit, sich neben der inhaltlichen Beschäftigung mit dem Bundesverfassungsschutzgesetz gegebenenfalls auch mit den entsprechenden Verfassungsschutzberichten auseinander zu setzen.

Zuletzt verpflichtet der neue Absatz 3 die Finanzbehörden, ihnen bekannt gewordene Tatsachen zu Bestrebungen gegen die demokratische Grundordnung oder gegen den Völkerverständigungsgedanken den Verfassungsschutzbehörden zu melden. Die Kodifizierung der Mitteilungspflicht war mit Blick auf das Steuergeheimnis und das Erfordernis einer ausdrücklichen gesetzlichen Ausnahme (§ 30 Abs. 4 Nr. 2 AO) notwendig.

V. § 60 Abs. 1 AO n.F. – Verbindlichkeit der Festlegungen der Mustersatzung

Mit dem Jahressteuergesetz 2009 hat der Gesetzgeber die bislang von der Finanzverwaltung nur unverbindlich[755] angebotene Mustersatzung für gemeinnützige Körperschaften als verbindliche Anlage dem Gesetz hinzugefügt.[756] Nach § 60 Abs. 1 S. 2 AO n.F. muss die Satzung der gemeinnützigen Körperschaft *„die in*

753 BT-Drucks. 16/10189, S. 79 und 16/11108, S. 55.

754 *Jost*, in: Dötsch/Jost/Pung/Witt, KStG, § 5 Abs. 1 Nr. 9, Rn. 6/31.

755 Nr. 2 AEAO zu § 60 a.F.

756 § 60 Abs. 1 S. 2 AO n.F. eingefügt durch Art. 10 Nr. 5 des JStG 2009 vom 19.12.2008, BGBl. I 2008, 2794; gemäß § 1 f Abs. 2 EGAO in der Fassung des JStG 2009 (Art. 39 Abs. 8) gelten die Änderungen für nach dem 31.12.2008 gegründete Körperschaften und für Satzungsänderungen bestehender Körperschaften, die nach dem 31.12.2008 wirksam werden.

der Anlage 1 bezeichneten Festlegungen enthalten". Fraglich ist, ob dieses Erfordernis mit dem Gemeinschaftsrecht zu vereinbaren ist, was dann nicht der Fall wäre, wenn die Norm zwingend so auszulegen ist, dass die Mustersatzung „wörtlich" übernommen werden muss.[757] Denn eine Pflicht zur wörtlichen Übernahme schlösse gebietsfremde gemeinnützige Körperschaften in indirekt typisierender Weise von den Steuervergünstigungen aus, da im Ausland ansässige Körperschaften ihre Satzung regelmäßig nicht in deutscher Sprache abfassen.[758]

Schon der Wortlaut des § 60 Abs. 1 S. 2 AO n.F „Festlegungen enthalten" spricht jedoch gegen die Notwendigkeit einer wörtlichen Übernahme der Mustersatzung.[759] Die Verwendung des Wortes „*Festlegungen*" statt „*Formulierungen*" oder „*Bestimmungen*" weist darauf hin, dass es lediglich der Übernahme des materiellen Regelungsgehalts der Mustersatzung bedarf. Wäre eine wörtliche Übernahme gewollt gewesen, hätte dem außerdem auch dadurch Ausdruck verliehen werden können, dass etwa formuliert worden wäre, dass „*die in der Anlage enthaltene Mustersatzung verwendet werden muss*". Dergestalt regelt § 2 Abs. 1a S. 2 GmbHG in der Fassung des MoMiG[760] die Verwendung des gesetzlichen Musterprotokolls für die Gründung einer GmbH im vereinfachten Verfahren eindeutig. § 2 Abs. 1a S. 2 GmbHG ist eine nur wenige Wochen ältere Vorschrift als § 60 Abs. 1 S. 2 AO n.F., so dass es nahe gelegen hätte, die Formulierung erneut zu verwenden, wenn eine wörtliche Übernahme gewollt gewesen wäre.[761]

Auch Sinn und Zweck des § 60 AO sprechen gegen das Erfordernis der wörtlichen Übernahme der Mustersatzung. Die Norm regelt die formelle Satzungsmäßigkeit und bestimmt, dass diese durch Buchnachweis belegt werden muss. Alle gesetzlichen Anforderungen müssen sich jedenfalls im Wege der Auslegung aus der gesamten Satzung ergeben.[762] Die gesetzlich verankerte Mustersatzung ist jedoch erkennbar ein ergänzungsbedürftiger, nicht vollständiger Satzungstext. Übernähme man die vom Gesetz vorgesehenen Teile wortwörtlich, könnte man sie gleichwohl durch weitere anzufügende Satzungsbestimmungen entwerten oder gar konterkarieren. Die Mustersatzung wird dem Sinn und Zweck des Gesetzes dagegen umfassend gerecht, wenn sie nur in materieller Hinsicht regelt, was aus steuerrechtlicher Sicht Mindestinhalt der Satzung sein muss.

757 *BFH* vom 23.07.2009 – V R 20/08, DStR 2009, 2047 (2049).

758 *Hüttemann/Helios*, Zum grenzüberschreitenden Spendenabzug in Europa nach dem EuGH-Urteil vom 27.1.2009, Persche, in: DB 2009, 701 (705).

759 So auch *Ullrich*, Praxisfragen der gesetzlichen Mustersatzung für gemeinnützige Körperschaften, in: DStR 2009, 2471.

760 Gesetz zur Modernisierung des GmbH-Rechts und zur Bekämpfung von Missbräuchen vom 23.10.2008, BGBl. I 2008, 2026.

761 So auch *Winheller/Klein*, Spendenabzug für Zuwendungen ins EU-Ausland, DStZ 2009, 193 (196).

762 *Tipke*, in: Tipke/Kruse, § 60 AO, Rn. 3; *Jost*, in: Dötsch/Jost/Pung/Witt, KStG, § 5 Abs. 1 Nr. 9, Rn. 197.

Gegen dieses Auslegungsergebnis spricht auch die Gesetzeshistorie nicht. Nach der Gesetzesbegründung sollen „zukünftige Auslegungsschwierigkeiten" vermieden werden.[763] Hintergrund der Einbeziehung der Mustersatzung in die AO war die Vorlageentscheidung des BFH in der Rechtssache „Stauffer". Der BFH war davon ausgegangen, dass es bei der satzungsmäßigen Formulierung zur Zweckverwirklichung der Verwendung der Begriffe „ausschließlich" und „unmittelbar" nicht bedurfte, weil sich aus keiner Stelle der Satzung der „Stauffer"-Stiftung Gegenteiliges ergebe.[764] Dem widersprach die Finanzverwaltung[765] und führte aus, für „Ausschließlichkeit" genüge es nicht, dass kein nicht gemeinnütziger Zweck in der Satzung genannt wird. Für „Unmittelbarkeit" genüge es nicht, dass ein klarer Hinweis auf eine nur mittelbar beabsichtigte Förderung fehle. Das heißt, allein aus dem Fehlen negativer Indikatoren soll nicht auf die tatsächliche Verpflichtung der Körperschaft zur „Ausschließlichkeit" und „Unmittelbarkeit" geschlossen werden können. Dieses Erfordernis sollte durch die Kodifizierung der Mustersatzung verdeutlicht werden und eine „Bindung" der Körperschaften an die Mustersatzung bewirken.[766] Dazu bedarf es aber keiner wörtlichen sondern lediglich der inhaltlichen Übernahme der Formulierungen der Mustersatzung.

Zuletzt spricht eine gemeinschaftrechtskonforme Auslegung des § 60 Abs. 1 S. 2 AO dagegen, dass eine „wörtliche" Übernahme der Mustersatzung notwendig ist. Das gesamte nationale Recht ist gemeinschaftsrechtskonform auszulegen[767] und einer gemeinschaftsrechtskonformen Auslegung muss unter mehreren Auslegungsmöglichkeiten der Vorzug gegeben werden. „Wörtliche" Übernahme hieße Übernahme in deutscher Sprache, denn eine in einer anderen Sprache verfasste Satzung kann zwar inhaltlich übereinstimmen, eine „wörtliche" Übereinstimmung liegt dann aber nicht vor. § 60 Abs. 1 S. 2 AO differenziert nicht zwischen Gebietsfremden und Gebietsansässigen. Wenn von gebietsfremden und gebietsansässigen Körperschaften jedoch unterschiedslos eine Satzung in deutscher Sprache verlangt würde, führte dies zu einer indirekten Diskriminierung der gebietsfremden Körperschaften. Die den Grundfreiheiten unterfallende grenzüberschreitende gemeinnützige Tätigkeit gebietsfremder Körperschaften würde durch ein explizites Spracherfordernis beschränkt, denn Satzungen werden normalerweise in der Sprache des Ansässigkeitsstaates erstellt und die Satzungen Gebietsfremder genügten damit regelmäßig nicht den deutschen Anforderungen. Zudem wäre eine grenzüberschreitende Tätigkeit sogar per se ausgeschlossen, wenn Ansässigkeits- und Tätigkeitsstaat einander widersprechende Spracherfordernisse

763 BT-Drucks. 16/11108 vom 27.11.2008, S. 57.

764 *BFH* vom 14.07.2004 – I R 94/02 = BStBl. II 2005, 721 = BFHE 206, 350 = DStR 2004, 1644.

765 *BMF*-Schreiben vom 20.09.2005 – IV C 4 – S 0181 – 9/05, BStBl. I 2005, 902 = ZEV 2005, 523.

766 BR-Drucks. 545/08 vom 19.09.2008, S. 82.

767 *Ruffert*, in: Calliess/Ruffert, Art. 249 EGV, Rn. 113 f.

aufstellten. Eine Körperschaft hat nur eine Satzung und könnte divergierenden Spracherfordernissen nicht genügen. In der Folge bestünde für die Körperschaft keine Möglichkeit, im anderen Staat zu den gleichen Bedingungen tätig zu werden wie die dort ansässigen gemeinnützigen Körperschaften. Die Beschränkung ist nicht erforderlich und deshalb nicht zu rechtfertigen, weil sie einerseits diskriminierenden Charakter hat und weil andererseits ein milderes, gleich wirksames Mittel ersichtlich ist. Ebenso wirksam zur Erreichung des gesetzgeberischen Ziels – der Vermeidung von Auslegungsschwierigkeiten und damit der Ermöglichung wirksamer steuerlicher Kontrollen – ist es, wenn die Satzung gebietsfremder Körperschaften in einer anderen Sprache verfasst sein kann und die Vorlage einer Übersetzung gefordert wird.[768] Aus der Übersetzung kann sich zweifelsfrei die Erfüllung der gemeinnützigkeitsrechtlichen Bestimmungen ergeben.

Nach alledem ist § 60 Abs. 1 S. 2 AO n.F. so auszulegen, dass die Mustersatzung nicht wörtlich zu übernehmen ist.[769] Die Norm ist nach dieser Auslegung auch mit dem Gemeinschaftsrecht zu vereinbaren.

VI. Zwischenergebnis und Fazit zu den gesetzlichen Neuregelungen des Gemeinnützigkeitsrechts durch das Jahressteuergesetz 2009

Mit dem Jahressteuergesetz 2009 hat der Gesetzgeber einen ersten Schritt zur Anpassung des nationalen Gemeinnützigkeitsrechts an die Anforderungen des europäischen Rechts unternommen. Das gesetzgeberische Ziel der europarechtlichen Absicherung des Gemeinnützigkeitsrechts[770] ist dabei noch nicht erreicht worden.

Die erfolgte Öffnung des § 5 Abs. 2 Nr. 2 KStG ist zu eng geraten. Weil nur Gesellschaften im Sinne von Art. 48 EG bzw. Art. 34 EWR (Art. 54 AEU) erfasst sind, sind nicht alle von gemeinnützig Tätigen genutzten Organisationsformen abgedeckt, insbesondere nicht die den nichtrechtsfähigen deutschen Stiftungen vergleichbaren ausländischen Organisationen.

---

768 *Ullrich*, Praxisfragen der gesetzlichen Mustersatzung für gemeinnützige Körperschaften, in: DStR 2009, 2471 (2472).

769 So i.E. auch: *Hüttemann/Helios*, Zum grenzüberschreitenden Spendenabzug in Europa nach dem EuGH-Urteil vom 27.1.2009, Persche, in: DB 2009, 701 (705); *Bayer/Hoffmann*, Erste gemeinnützige Unternehmergesellschaft (haftungsbeschränkt), in: GmbHR 2009, R102 (R103); *Ullrich*, Praxisfragen der gesetzlichen Mustersatzung für gemeinnützige Körperschaften, in: DStR 2009, 2471 (2473); *Winheller/Klein*, Spendenabzug für Zuwendungen ins EU-Ausland, DStZ 2009, 193 (196); a.A. und jedenfalls für die ausdrückliche Verwendung der Begriffe „ausschließlich" und „unmittelbar" *BFH* vom 23.07.2009 – V R 20/08, DStR 2009, 2047 (2049); *von Wedelstädt*, Wichtige Änderungen der Abgabenordnung durch das Jahressteuergesetz 2009 und das Steuerbürokratieabbaugesetz, in: DB 2009, 84 (85).

770 BR-Drucks. 545/08 vom 19.09.2008, S. 77.

Die Einfügung eines Inlandsbezuges in § 51 Abs. 2 AO n.F. ist misslungen, weil trotz des neutral formulierten Gesetzestextes nach der Gesetzesbegründung eine indirekte Diskriminierung im Ausland ansässiger gemeinnütziger Körperschaften erfolgt. Bei einer Betätigung im Ausland erfüllen nach der Gesetzesbegründung alle im Inland tätigen gemeinnützigen Körperschaften aufgrund einer Indizwirkung das in § 51 Abs. 2 AO neu eingefügte Merkmal des „Beitrages zum Ansehen der Bundesrepublik Deutschland". Für im Ausland ansässige Körperschaften gilt die Indizwirkung nicht, weshalb im Ergebnis an die steuerliche Begünstigung ihrer Betätigung strengere Anforderungen gestellt werden als an die Betätigung inländischer gemeinnütziger Körperschaften. Diese indirekte subjektive Typisierung ist nicht zu rechtfertigen, sie ist mit den Anforderungen des Gemeinschaftsrechts nicht zu vereinbaren.

Zudem wurde bei der Implementierung des Inlandsbezuges nicht hinreichend beachtet, dass das Ermessen der Mitgliedstaaten bei der Festlegung der förderungswürdigen Zwecke wiederum im Einklang mit dem Gemeinschaftsrecht erfolgen muss. Die Unionsziele der Förderung von Forschung und technologischer Entwicklung, der Förderung der Mobilität von Lehrenden und Lernenden und des Umweltschutzes mussten zwingend derart berücksichtigt werden, dass hinsichtlich der steuerlichen Förderung entsprechender gemeinnütziger Tätigkeiten nicht zwischen der Betätigung im Inland und der Betätigung im Ausland unterschieden werden darf.

Unter weiterer Berücksichtigung der Besonderheit anderer Förderzwecke des § 52 Abs. 2 AO, die vorrangig bzw. originär nur im Ausland verwirklicht werden können, wird deshalb vorgeschlagen, einen Inlandsbezug nur hinsichtlich einzelner Förderzwecke des Kataloges des § 52 Abs. 2 AO einzuführen. Dies sollte durch die Anfügung eines Satzes 4 an § 52 Abs. 2 AO geschehen. Von einer weiteren Verwendung des nicht justiziablen und zudem sachfremden Merkmals des „Beitrags zum Ansehen der Bundesrepublik Deutschland" sollte abgesehen werden. Stattdessen bietet sich das Erfordernis eines „Bezuges zur Bundesrepublik Deutschland" an. Dieser Begriff sollte durch die Aufzählung eines Regelbeispiels erste Konturen erfahren.

Der neue § 51 Abs. 3 AO hat überwiegend deklaratorischen Charakter und kodifiziert die schon bisher geltende Rechtslage, nach der gegen die verfassungsgemäße Ordnung bzw. gegen den Gedanken der Völkerverständigung gerichtete Körperschaften nicht gemeinnützig sein können. Zu befürworten ist die eingefügte Verwaltungsvereinfachung, nach der bei der Nennung einer Körperschaft in einem Verfassungsschutzbericht als „extremistische Körperschaft" vermutet wird, dass die Organisation gegen die verfassungsgemäße Ordnung bzw. gegen den Gedanken der Völkerverständigung gerichtet ist.

§ 60 Abs. 1 S. 2 AO n.F. ist insbesondere nach seinem Wortlaut und im Lichte des Gemeinschaftsrechts so auszulegen, dass die Mustersatzung nicht wörtlich, sondern hinsichtlich ihrer materiellen Regelungen übernommen werden muss.

B. Materielle Fragen des Zuwendungsrechts

I. Abziehbarkeit von Zuwendungen nach dem Jahressteuergesetz 2009

Der Gesetzgeber hat mit dem Jahressteuergesetz 2009 die steuerliche Behandlung gemeinnütziger Betätigung insoweit neu geregelt, als die steuerlichen Verhältnisse gemeinnütziger Körperschaften selbst betroffen sind. Oben wurde gezeigt, dass an die Gemeinnützigkeit einer Körperschaft jedoch auch vielfältige indirekte steuerliche Vergünstigungen anknüpfen, also Vergünstigungen, die anderen Steuerpflichtigen aufgrund der gemeinnützigen Betätigung der Körperschaft gewährt werden.[771] Dazu rechnet die steuerliche Berücksichtigung von Zuwendungen bei demjenigen, der an die gemeinnützige Körperschaft spendet oder seinen Mitgliedsbeitrag leistet. Hier besteht noch gesetzgeberischer Handlungsbedarf. Denn nach der bis zum 31.12.2008 geltenden Rechtslage im Bereich der Zuwendungen waren – wie oben gezeigt – nur Direktzuwendungen an im Inland ansässige Körperschaften steuerlich berücksichtigungsfähig.[772] Direktzuwendungen an gebietsfremde Körperschaften waren bis zum 31.12.2008 wegen der subjektiven Typisierung nach § 5 Abs.2 Nr. 2 KStG a.F. auch dann nicht anzuerkennen, wenn die Empfängerkörperschaft alle Voraussetzungen des nationalen Gemeinnützigkeitsrechts erfüllte. Das stellte einen nicht zu rechtfertigenden Verstoß gegen die Freiheit des Kapitalverkehrs nach Art. 56 EG = Art. 63 AEU dar.[773] Mit der Änderung des § 5 Abs. 2 Nr. 2 KStG durch das Jahressteuergesetz 2009 wurde die Steuerbefreiung nach § 5 Abs. 1 Nr. 9 KStG bestimmten im EU/EWR-Raum ansässigen Körperschaften zugänglich.[774] Dadurch, dass in den Einzelsteuergesetzen, namentlich in den §§ 10b Abs. 1 und Abs. 1a EStG, 9 Abs. 1 Nr. 2 KStG, 8 Nr. 9 und 9 Nr. 5 GewStG jeweils auf Zuwendungen „an eine nach § 5 Abs. 1 Nr. 9 KStG steuerbefreite Körperschaft, Personenvereinigung oder Vermögensmasse“ verwiesen wird, sind nunmehr auch Zuwendungen an die von § 5 Abs. 2 Nr. 2 KStG n.F. erfassten Körperschaften abziehbar. Voraussetzung ist freilich, dass die Empfängerkörperschaft alle nationalen gemeinnützigkeitsrechtlichen Voraussetzungen erfüllt.

Gleichwohl war das Zuwendungs- bzw. Spendenrecht in seiner Fassung nach dem Jahressteuergesetz 2009 in mehrfacher Hinsicht noch nicht mit dem Gemeinschaftsrecht zu vereinbaren. Zum Ersten waren durch die Technik der Verweise der Einzelsteuergesetze auf die Steuerbefreiung nach § 5 Abs. 1 Nr. 9 EStG nur Zuwendungen an solche im Ausland ansässigen Körperschaften erfasst, die in

771 S. Erster Teil, E., II., S. 69 ff.

772 S. Erster Teil, E., II., 1., lit c., S. 71 f.

773 S. Zweiter Teil, D., III., 5., S. 146 f.

774 S. Dritter Teil, A., I., S. 166 ff.

Deutschland beschränkt steuerpflichtig sind, also über inländische Einkünfte verfügen. Auch für Zuwendungen an Körperschaften ohne inländische Einkünfte, aber mit Sitz und/oder Geschäftsleitung im Gemeinschaftsgebiet gilt jedoch die Freiheit des Kapitalverkehrs nach Art. 56 EG = Art. 63 AEU. Die Kapitalverkehrsfreiheit ist nicht von inländischen Einkünften und einer daraus folgenden beschränkten Steuerpflicht im Inland abhängig, sodass auch Zuwendungen an Körperschaften ohne Steuerpflicht im Inland die gleiche steuerliche Behandlung erfahren müssen wie Zuwendungen an unbeschränkt oder beschränkt steuerpflichtige Körperschaften.[775]

Zum Zweiten waren Zuwendungen an solche ausländischen Vermögensmassen nicht abziehbar, die von den zu engen Anforderungen des § 5 Abs. 2 Nr. 2 KStG n.F. zu Unrecht nicht erfasst werden.[776] Das sind insbesondere ausländische Entsprechungen deutscher nichtrechtsfähiger Stiftungen.[777] Die Freiheit des Kapitalverkehrs nach Art. 56 EG = Art. 63 AEU gilt aber auch für Zuwendungen an solche Vermögensmassen, wenn sie im Gemeinschaftsgebiet ansässig sind.

Nicht einbezogen werden mussten und müssen Zuwendungen an Körperschaften in Drittstaaten, auch wenn diese Körperschaften die Voraussetzungen steuerlicher Gemeinnützigkeit erfüllen.[778] Denn oben wurde gezeigt, dass die Beschränkung der Kapitalverkehrsfreiheit im Gemeinnützigkeits- und Spendenrecht durch § 5 Abs. 2 Nr. 2 KStG a.F. eine Altregelung ist, die nach Art. 57 Abs. 1 EG = Art. 64 Abs. 1 AEU nicht auf Drittstaaten ausgeweitet werden muss.

II. Abziehbarkeit von Zuwendungen de lege lata

Mit dem Gesetz zur Umsetzung steuerlicher EU-Vorgaben sowie zur Änderung steuerlicher Vorschriften[779], das auf einem Vorschlag der Bundesregierung vom 16.12.2009 beruht, reagierte der deutsche Gesetzgeber im April 2010 unter anderem auf die Entscheidung des EuGH im Fall „Persche“. Nach dem Gesetz, das am 9.4.2010 in Kraft trat[780], werden die Regelungen der §§ 10b Abs. 1 und

---

775 *Hüttemann/Helios*, Zum grenzüberschreitenden Spendenabzug in Europa nach dem EuGH-Urteil vom 27.1.2009, Persche, in: DB 2009, 701 (705).

776 S. Dritter Teil, A., I., 4., S. 172.

777 S. Dritter Teil, A., I., 1., S. 167 f.

778 A.A. *Thömmes*, Sonderausgabenabzug für Spenden an gemeinnützige Einrichtungen im Ausland, in: IWB 2009/4, Fach 11a, 1227 (1231).

779 Gesetzentwurf der Bundesregierung s. BT-Drucks. vom 25.01.2010 – 17/506. Der Bundestag beschloss am 05.03.2010 die im wesentlichen unveränderten Fassung der Empfehlung des Finanzausschusses (BT-Drucks. 03.03.2010 – 17/923). Der Bundesrat stimmte dem Gesetz am 26.03.2010 zu (BR-Drucks. vom 26.03.2010 – 107/10).

780 Das gilt für die im Gesetz enthaltenen Regelungen, soweit sie für das Zuwendungsrecht relevant sind – Art. 12 Abs. 1 des Gesetzes, BGBl. I 2010, 386.

Abs. 4 EStG, 9 Abs. 1 Nr. 2 und Abs. 3 KStG und 9 Nr. 5 GewStG zum Zuwendungsabzug jeweils gleichlautend geändert, als sie zukünftig unter anderem auch Zuwendungen berücksichtigen

> *„an eine nach § 5 Absatz 1 Nummer 9 des Körperschaftsteuergesetzes steuerbefreite Körperschaft, Personenvereinigung oder Vermögensmasse oder ...*
> *an eine Körperschaft, Personenvereinigung oder Vermögensmasse, die in einem Mitgliedstaat der Europäischen Union oder in einem Staat belegen ist, auf den das Abkommen über den Europäischen Wirtschaftsraum (EWR-Abkommen) Anwendung findet, und die nach § 5 Absatz 1 Nummer 9 des Körperschaftsteuergesetzes in Verbindung mit § 5 Absatz 2 Nummer 2 zweiter Halbsatz des Körperschaftsteuergesetzes steuerbefreit wäre, wenn sie inländische Einkünfte erzielen würde*".

Für nicht im Inland ansässige Zuwendungsempfänger wird außerdem Voraussetzung sein, dass durch den Ansässigkeitsstaat

> *„Amtshilfe und Unterstützung bei der Beitreibung geleistet werden*".

Es wird sodann näher konkretisiert, dass „Amtshilfe" den Auskunftsaustausch nach der Amtshilfe-Richtlinie und „Beitreibung" die gegenseitige Unterstützung bei der Beitreibung von Forderungen nach der Beitreibungs-Richtlinie meine.

Durch das Gesetz werden zunächst zu Recht auch gebietsfremde, im Inland nicht steuerpflichtige Körperschaften in den Kreis der Empfänger steuerbegünstigter Zuwendungen eingeschlossen.

Die zusätzlich verwendeten Kriterien für im Ausland ansässige gemeinnützige Körperschaften, nämlich die Notwendigkeit der Leistung von Amtshilfe und Unterstützung bei der Beitreibung sind im Ergebnis gemeinschaftsrechtlich unbedenklich (dazu sogleich 1.). Zu bemängeln ist jedoch, dass die zusätzlichen Kriterien nicht in vollem Umfang auf die bereits erfolgten Änderungen durch das Jahressteuergesetz 2009 abgestimmt wurden (2.). Schließlich bestehen die zu § 5 Abs. 2 Nr. 2 KStG in der Fassung des Jahressteuergesetzes 2009 aufgezeigten Unzulänglichkeiten fort, weshalb durch den gesetzlichen Rückgriff auf § 5 Abs. 2 Nr. 2 KStG n.F. auch nach Umsetzung des derzeit vorliegenden Gesetzesentwurfs Zuwendungen an bestimmte Körperschaften bzw. Vermögensmassen nicht abziehbar wären (3.). Dass verfahrensrechtliche Fragen mit dem Gesetzentwurf gar nicht aufgegriffen wurden, wird später noch eingehender zu erörtern sein.[781]

1. Leistung von Amtshilfe und Unterstützung bei der Beitreibung

Dass der Ansässigkeitsstaat Amtshilfe nach der Amtshilfe-Richtlinie gewährt, versetzt die nationalen Behörden gegebenenfalls erst in die Lage, die notwendigen Informationen zu erlangen, um das Vorliegen der gemeinnützigkeitsrechtlichen

781 S. Dritter Teil, C., S. 208 ff.

Voraussetzungen hinsichtlich der Empfängerkörperschaft zu prüfen. In Zweifelsfällen sichert nur eine Zusammenschau der Angaben des Leistenden und der Empfängerkörperschaft und der Auskünfte der ausländischen Behörden eine hinreichend sichere Beurteilung der Verhältnisse der Empfängerkörperschaft.[782] Die Möglichkeit der Verifizierung gemeinnützigkeitsrechtlicher Sachverhalte mit Hilfe der Amtshilfe-Richtlinie war auch für den EuGH in den Rechtssachen „Stauffer"[783] und „Persche"[784] erkennbar ein erhebliches Begründungselement.

Die Notwendigkeit der Unterstützung bei der Beitreibung rechtfertigt sich aus dem Erfordernis der Haftung der Empfängerkörperschaft und der für sie handelnden Personen nach §§ 10b Abs. 4 S. 2 EStG, 9 Abs. 3 S. 2 KStG und 9 Nr. 5 S. 7 GewStG für unrichtig ausgestellte Zuwendungsbestätigungen bzw. die zweckwidrige Verwendung der Zuwendungen.

Zur Wahrung der tatsächlichen Realisierung einer staatlichen Forderung bedarf es wegen des Grundsatzes der formellen Territorialität bei im Ausland ansässigen Schuldnern der Vollstreckungshilfe durch die Behörden des Ansässigkeitsstaates. Erfolgt keine Hilfe bei der Beitreibung, ist die Forderung letztlich nicht zwangsweise realisierbar. Im Ergebnis liefe in diesem Fall die Haftung im Ausland ansässiger Zuwendungsempfänger und für sie handelnder Personen leer. Die Haftung für unrichtig ausgestellte Zuwendungsbestätigungen bzw. für die Veranlassung der zweckwidrigen Mittelverwendung korrespondiert jedoch mit dem Vertrauensschutz für den Zuwendenden nach §§ 10b Abs. 4 S. 1 EStG, 9 Abs. 3 S. 1 KStG, 9 Nr. 5 S. 6 GewStG. Dem Zuwendenden kann die Unrichtigkeit der Zuwendungsbestätigung oder die zweckwidrige Mittelverwendung grundsätzlich nicht entgegengehalten werden.[785] Dieser Vertrauensschutz ist nur gerechtfertigt, weil dem Staat auf der anderen Seite die Empfängerkörperschaft und die für sie handelnden Personen als potentielle Haftungsschuldner für unrechtmäßig gewährte Steuervergünstigungen zur Verfügung stehen. Der Vertrauensschutz wird unterschiedslos für Zuwendungen an gebietsansässige und an gebietsfremde Körperschaften gewährt. Im Sinne einer folgerichtigen Regelung muss dann auch die Haftung für unrichtige Zuwendungsbestätigungen und eine zweckwidrige Mittelverwendung gebietsansässige und gebietsfremde Körperschaften und die für sie handelnden Personen unterschiedslos treffen. Das ist nur gewährleistet, wenn

---

782 S. Zweiter Teil, D., III., 3., lit. c., S. 134 ff.

783 *EuGH* vom 14.09.2006 – C-386/04 („*Stauffer*"), Slg 2006, I-8203 = DStR 2006, 1736 = IStR 2006, 675, Rn. 50.

784 *EuGH* vom 27.01.2009 – C-318/07, („*Persche*"), DStR 2009, 207 = IStR 2009, 171, Rn. 61.

785 Ausnahmsweise darf der Steuerpflichtige nach den genannten Normen auf die Richtigkeit der Zuwendungsbestätigung nicht vertrauen, wenn er die Bestätigung durch unlautere Mittel oder falsche Angaben erwirkt hat oder wenn ihm die Unrichtigkeit der Bestätigung bekannt oder infolge grober Fahrlässigkeit nicht bekannt war.

Hilfe bei der Beitreibung gewährleistet ist. Es handelt sich somit bei der geplanten Regelung um eine kohärente Norm im Sinne der dargestellten, übergreifenden Kohärenzbetrachtung.[786] Danach ist es nicht notwendig, dass der steuerliche Vorteil (Vertrauensschutz für die geleistete Zuwendung) und der steuerliche Nachteil (Haftung für zu Unrecht gewährte Steuervergünstigungen) denselben Steuerpflichtigen treffen. Es schadet daher nicht, dass der Zuwendende vom Vertrauensschutz profitiert und die Empfängerkörperschaft und die für sie handelnden Personen mit der Haftung beschwert sind. Die Bestimmungen sind damit kohärent ausgestaltet und insbesondere nicht diskriminierend.

Voraussetzung nach dem neuen Gesetz ist die „Leistung" der Amtshilfe und der Beitreibungsunterstützung. Richtlinien sind als verbindliches[787] Sekundärrecht in allen Mitgliedstaaten umzusetzen. Im Falle der Amtshilfe-Richtlinie ist dies zwischenzeitlich wohl auch geschehen.[788] Im Falle des Beitritts neuer Staaten gilt das gesamte Primär- und Sekundärrecht der Union mit dem Beitritt auch in den neuen Mitgliedstaaten.[789] Es bedarf aber einer innerstaatlichen Umsetzung der Richtlinien in den neuen Mitgliedstaaten.

Fraglich ist, wie das Tatbestandsmerkmal der „Leistung" auszulegen ist. Genügt es, dass die Richtlinien im entsprechenden Mitgliedstaat in nationales Recht umgesetzt wurden (formeller Ansatz) oder muss auch eine tatsächliche Zusammenarbeit erfolgen (materieller Ansatz)?

Gegen den materiellen Ansatz spricht, dass in der Praxis schwer zu ermitteln sein wird, wann ein Mitgliedstaat tatsächlich keine Unterstützung leistet. Genügt schon ein fehlgeschlagener Einzelfall? Oder bedarf es einer Mehrzahl erfolgloser Unterstützungsbegehren? Wenn ja, wie vieler? Dagegen ist leicht und eindeutig ermittelbar, ob, im Sinne des formellen Ansatzes, der andere Mitgliedstaat die Richtlinien umgesetzt hat oder nicht.

Zudem spricht die gebotene gemeinschaftsrechtskonforme Auslegung nationalen Rechts gegen den materiellen Auslegungsansatz. Auch die Grundfreiheiten wirken auf die Auslegung nationalen Rechts ein.[790] Die Inanspruchnahme der Kapitalverkehrsfreiheit darf demnach nicht mehr als notwendig behindert bzw. beschränkt werden. Hat ein anderer Mitgliedstaat die Amtshilfe- und die Beitreibungs-Richtlinie in sein nationales Recht inkorporiert, gewährt tatsächlich aber keine Unterstützung, ist es dem Unterstützung begehrenden Mitgliedstaat zu-

786 S. Zweiter Teil, C., III., 6., lit. a., bb., S. 97 ff.

787 *Biervert*, in: Schwarze, Art. 249 EGV, Rn. 24.

788 *Seer*, in: Tipke/Kruse, § 117 AO, Rn. 34.

789 *Herrnfeld*, in: Schwarze, Art 49 EUV, Rn. 11.

790 *Schön*, Gemeinschaftskonforme Auslegung und Fortbildung des nationalen Steuerrechts – unter Einschluss des Vorlageverfahrens nach Art. 177 EGV, in: DStJG 19 (1996), S. 167 (180); *Pahlke*, in: Pahlke/Koenig, § 2, Rn. 35.

mutbar, ein entsprechendes Vertragsverletzungsverfahren nach Art. 227 EG = Art. 259 AEU gegen den anderen Mitgliedstaat anzustrengen, anstatt die Abzugsfähigkeit aller Zuwendungen an gemeinnützige Körperschaften mit Sitz und/oder Geschäftsleitung in dem anderen Mitgliedstaat gänzlich zu verwehren. Nur so wird zudem auf lange Sicht eine tatsächliche gegenseitige Unterstützung zu gewährleisten sein.

Das Tatbestandsmerkmal der „Leistung" von Amtshilfe und Unterstützung bei der Beitreibung ist also in einem formellen Sinn so auszulegen, dass es genügt, dass der andere Mitgliedstaat die Amtshilfe-Richtlinie und die Beitreibungs-Richtlinie in nationales Recht umgesetzt hat.

2. *Abstimmung mit den Änderungen durch das Jahressteuergesetz 2009*

Zu bemängeln ist die unzureichende Abstimmung der neuen Regelungen auf die seit dem 01.01.2009 geltende Rechtslage nach dem Jahressteuergesetz 2009. Nach § 5 Abs. 2 Nr. 2 KStG n.F. können auch gebietsfremde, im Inland beschränkt steuerpflichtige Körperschaften die gemeinnützigkeitsrechtlichen Voraussetzungen erfüllen, wenn u.a. mit ihrem Ansässigkeitsstaat ein „Amtshilfeabkommen" besteht.[791] Die Neuregelung der §§ 10b Abs. 1 und Abs. 4 EStG, 9 Abs. 1 Nr. 2 und Abs. 3 KStG und 9 Nr. 5 GewStG macht für nicht im Inland ansässige Körperschaften die „Leistung von Amtshilfe" durch den Ansässigkeitsstaat zur weiteren Voraussetzung der Abziehbarkeit der Zuwendungen an die Körperschaft. Resultat ist, dass das Merkmal der Notwendigkeit der Gewährung von Amtshilfe doppelt gesetzlich verankert wird. Es knüpft außerdem einmal (§ 5 Abs. 2 Nr. 2 KStG n.F.) an ein bestehendes „Amtshilfeabkommen" und einmal (Neuregelung der §§ 10b Abs. 1 und Abs. 4 EStG, 9 Abs. 1 Nr. 2 und Abs. 3 KStG und 9 Nr. 5 GewStG) an die „Amtshilfe-Richtlinie" an. Das folgt daraus, dass im neuen Gesetz für die Empfängerkörperschaft auf eine tatsächliche oder fiktive Steuerbefreiung nach § 5 Abs. 1 Nr. 9 KStG i.V.m. § 5 Abs. 2 Nr. 2 KStG zurückgegriffen wird und das Merkmal des „Amtshilfeabkommens" nach § 5 Abs. 2 Nr. 2 KStG n.F. deshalb bereits Voraussetzung für den Zuwendungsabzug ist. Beide Voraussetzungen sind aufeinander abzustimmen. Es bietet sich an, wie oben vorgeschlagen[792], in § 5 Abs. 2 Nr. 2 KStG das Erfordernis der „*Leistung von Amtshilfe nach der Amtshilfe-Richtlinie oder einem völkerrechtlichen Abkommen*" zu regeln und in den neu zu fassenden Zuwendungsabzugsbestimmungen der §§ 10b Abs. 1 und Abs. 4 EStG, 9 Abs. 1 Nr. 2 und Abs. 3 KStG und 9 Nr. 5 GewStG auf eine Wiederholung zu verzichten. In den Bestimmungen zum Zu-

791 Dazu im Einzelnen Dritter Teil, A., I., 3., S. 169 ff.

792 S. Dritter Teil, A., I., 5., S. 172.

wendungsabzug genügte dann als weiteres Erfordernis die Leistung von Unterstützung bei der Beitreibung.

3. Nicht erfasste Zuwendungen

Weiterhin ist zu bemängeln, dass sich wegen des verwendeten Bezuges auf § 5 Abs. 1 Nr. 9 KStG i.V.m. § 5 Abs. 2 Nr. 2 KStG in den neuen Zuwendungsregelungen die oben beschriebenen Mängel des § 5 Abs. 2 Nr. 2 KStG[793] auch auf das Zuwendungsrecht auswirken würden. An ausländische Entsprechungen nicht rechtsfähiger Stiftungen kann auch nach Inkraftterten des Gesetzes zur Umsetzung steuerlicher EU-Vorgaben sowie zur Änderung steuerlicher Vorschriften keine steuerbegünstigte Zuwendung geleistet werden. Diese Regelung des Zuwendungsrechts ist mit dem Gemeinschaftsrecht nicht zu vereinbaren.

III. Indirekte steuerrechtliche Folgen gemeinnütziger Betätigung außerhalb des Zuwendungsrechts

Neben der steuerlichen Begünstigung von Zuwendungen knüpfen weitere indirekte steuerliche Folgen an die Gemeinnützigkeit einer Körperschaft an, also Vergünstigungen, die anderen Steuerpflichtigen aufgrund der gemeinnützigen Betätigung der Körperschaft gewährt werden.[794] Dazu rechnen Vergütungen für nebenberufliche Tätigkeiten im Dienst oder Auftrag einer gemeinnützigen Körperschaft nach § 3 Nr. 26, 26a EStG und der steuerfreie Bezug von Stipendien von gemeinnützigen Körperschaften nach § 3 Nr. 44 EStG. Oben wurde gezeigt, dass diese Vergünstigungen wegen des Wortlautes der Normen und wegen der gebotenen gemeinschaftsrechtskonformen Auslegung nicht auf Tätigkeiten für bzw. Stipendien von inländischen gemeinnützigen Körperschaften beschränkt sind. Insoweit besteht deshalb für § 3 Nr. 26, 26a EStG und § 3 Nr. 44 EStG kein Änderungsbedarf.

IV. Zwischenergebnis und Fazit zum Zuwendungsrecht

Das Gesetz zur Umsetzung steuerlicher EU-Vorgaben sowie zur Änderung steuerlicher Vorschriften löst einige der offenen Probleme des Zuwendungsrechts. Zu Recht werden zukünftig auch Zuwendungen an solche gebietsfremden gemeinnützigen Körperschaften steuerlich berücksichtigt, die im Inland nicht steuerpflichtig sind. Die zusätzlichen Erfordernisse der Leistung von Amtshilfe und der Unter-

---

793 S. Dritter Teil, A., I., 4., S. 172.

794 S. Erster Teil, E., II., S. 69 ff.

stützung bei der Beitreibung durch den Ansässigkeitsstaat der Körperschaft begegnen keinen gemeinschaftsrechtlichen Bedenken. Von einer „Leistung" der Amtshilfe bzw. Unterstützung bei der Beitreibung ist schon dann auszugehen, wenn der Ansässigkeitsstaat die Amtshilfe-Richtlinie bzw. die Beitreibungs-Richtlinie in nationales Recht umgesetzt hat.

Die Änderungen im Zuwendungsrecht hätten jedoch passgenauer auf die bereits mit dem Jahressteuergesetz 2009 eingefügten Erfordernisse für die Steuerbefreiung gebietsfremder Körperschaften abgestimmt werden müssen. Es bietet sich an, das zukünftig doppelt geregelte Erfordernis der Leistung von Amtshilfe nur in § 5 Abs. 2 Nr. 2 KStG zu erfassen und dabei, wie oben bereits vorgeschlagen[795], auf die Leistung von *„Amtshilfe nach der Amtshilfe-Richtlinie oder einem völkerrechtlichen Abkommen"* abzustellen. In den Normen zum Zuwendungsabzug (§§ 10b Abs. 1 und Abs. 4 EStG, 9 Abs. 1 Nr. 2 und Abs. 3 KStG und 9 Nr. 5 GewStG) ist wegen des Verweises auf § 5 Abs. 2 Nr. 2 KStG kein weiteres Erfordernis der Leistung von Amtshilfe notwendig.

Das Gesetzgebungsverfahren sollte dann zudem genutzt werden, um § 5 Abs. 2 Nr. 2 KStG und § 51 Abs. 2 AO in der oben vorgeschlagenen Art und Weise zu ändern und damit dem Gemeinschaftsrecht anzupassen.[796]

C. Verfahrensrechtliche Fragen

Nach der Behandlung der materiell-rechtlichen Perspektiven soll eine Behandlung verfahrensrechtlicher Probleme folgen, die sich durch die gemeinschaftsrechtlich bedingte Öffnung des Gemeinnützigkeits- und Zuwendungsrechts stellen. Die dabei zu besprechenden Fragen werden wiederum getrennt bearbeitet. Begonnen wird mit der verfahrensrechtlichen Behandlung der gemeinnützigen Körperschaft im Körperschaftsteuerveranlagungsverfahren (I.). Im Anschluss folgt die Behandlung abzugsfähiger Zuwendungen an ausländische Körperschaften bei der Besteuerung des Zuwendenden (II.).

I. Gemeinnützigkeitsrecht

Die Aufnahme beschränkt steuerpflichtiger Körperschaften in den Kreis der begünstigten gemeinnützigen Körperschaften nach § 5 Abs. 1 Nr. 9 KStG stellt die Finanzverwaltung vor Verfahrensfragen, die sich so im Gemeinnützigkeitsrecht bisher nicht stellten. Denn auch das Verfahrensrecht ist kein gemeinschaftsrechts-

---

795 S. Dritter Teil, A., I., 5., S. 172.

796 S. Dritter Teil, A., I., 5., S. 172 bzw. Dritter Teil, A., III., 4., S. 192 ff.

freier Raum. Insbesondere die Grundfreiheiten gewährleisten Steuerausländern auch verfahrensrechtlich eine gegenüber Steuerinländern diskriminierungs- und beschränkungsfreie Behandlung.[797] Außerdem verlangt der Grundsatz der Gemeinschafts- bzw. Unionsloyalität (Art. 10 EG bzw. Art. 5 EU), dass jeder Mitgliedstaat im „innerstaatlichen Recht die Konsequenzen aus seiner Zugehörigkeit zur Gemeinschaft zu ziehen„[798] hat. Mitwirkungspflichten in grenzüberschreitenden Sachverhalten dürfen deshalb gegenüber Pflichten in rein nationalen Sachverhalten nicht überdehnt werden und Beweislasten dürfen den gebietsfremden Steuerpflichtigen in vergleichbaren Fällen nur im gleichen Maße treffen wie den Gebietsansässigen.[799] Der EuGH spricht insoweit vom Effektivitätsgebot und Äquivalenzprinzip[800], nachdem er in früheren Entscheidungen, lediglich in sprachlicher Hinsicht abweichend, auf ein Beeinträchtigungs- und Diskriminierungsverbot[801] abgestellt hatte. Unabhängig von der Bezeichnung geht es darum, dass die Mitgliedstaaten einerseits selbst entscheiden, wie das Gemeinschaftsrecht in nationales Recht umgesetzt wird und wie gewährleistet wird, dass das Gemeinschaftsrecht bei der Anwendung nationalen Rechts zur Geltung gelangt. Andererseits sind sie bei der rechtlichen Gestaltung aber wiederum an das Gemeinschaftsrecht gebunden. *Rengeling* prägte insoweit den Begriff der institutionellen und verfahrensrechtlichen Autonomie der Mitgliedstaaten.[802] Die Art und Weise der Umsetzung des Gemeinschaftsrechts muss einen vollständigen, einheitlichen und effektiven Gemeinschaftsrechtsvollzug gewährleisten.[803] Damit gilt es, bei der Ermittlung bzw. Überprüfung des Vorliegens der gemeinnützigkeitsrechtlichen Voraussetzungen durch die Finanzverwaltung, das Spannungsverhältnis zwischen der gemeinschaftsrechtlich gebotenen Gleichbehandlung inländischer und ausländischer Körperschaften, der verfassungsrechtlich notwendigen Verifizierung des Besteuerungssachverhaltes und der Freiheit des Kapitalverkehrs sowohl grundsätzlich also auch im Einzelfall verfassungs- und gemeinschaftsrechtskonform aufzulösen.

---

797 *Cordewener*, Europäische Vorgaben für die Verfahrensrechte von Steuerausländern – Formellrechtliche Implikationen der "Fokus Bank"-Entscheidung des EFTA-Gerichtshofs – Teil 2, in: IStR 2006, 158 (164); *Kahl*, in: Calliess/Ruffert, Art. 10 EGV, Rn. 31.

798 *EuGH* vom 08.02.1973 – 30/72 („*Kommission/Italien*“), Slg 1973, 161 = DÖV 1973, 411, Rn. 11.

799 *Terra/Wattel*, European Tax Law, S. 107.

800 *EuGH* vom 10.07.1997 – C-261/95 („*Palmisani*“), Slg 1997, I-4025 = EuZW 1997, 538; *EuGH* vom 15.09.1998 – C-260/96 („*Spac*“), Slg 1998, I-4997 = ABl EG 1998, Nr C 327, 2.

801 *EuGH* vom 21.09.1983 – 205-215/82 („*Milchkontor*“), Slg. 1983, 2633 = NJW 1984, 2024; *EuGH* vom 14.12.1995 – C-312/93 („*Peterbroeck*“), Slg 1995, I-4599 = EuZW 1996, 636.

802 *Rengeling*, Europäisches Gemeinschaftsrecht und nationaler Rechtsschutz – unter besonderer Berücksichtigung der Rechtsprechung des Europäischen Gerichtshofs und deutscher Gerichte, in: GS-Sasse, S. 197 (198 ff.).

803 *Kahl*, in: Calliess/Ruffert, Art. 10 EGV, Rn. 31.

Sieht man von den zusätzlichen (teilweise gemeinschaftsrechtswidrigen)[804] Voraussetzungen des § 5 Abs. 2 Nr. 2 KStG n.F. ab, müssen gebietsfremde Körperschaften, die wegen inländischer Einkünfte beschränkt steuerpflichtig sind, die selben Voraussetzungen wie gebietsansässige gemeinnützige Körperschaften erfüllen, um nach § 5 Abs. 1 Nr. 9 KStG von der Körperschaftsteuer befreit zu werden. Ebenso wie bei den inländischen Körperschaften sind diese im Veranlagungsverfahren zur Körperschaftsteuer zu prüfen, das regelmäßig, aber nicht notwendig, mit der Abgabe einer Steuererklärung der Körperschaft beginnt. Denn es ist möglich und üblich, dass auf Antrag der erstmals steuerlich in Erscheinung tretenden Körperschaft das Finanzamt vorläufig bescheinigt, dass die Körperschaft steuerlich erfasst ist und eine den formellen Satzungsanforderungen entsprechende Satzung vorgelegt wurde.[805] Eine solche Bescheinigung muss auch Gebietsfremden ausgestellt werden, wenn sie die formellen Voraussetzungen steuerlicher Gemeinnützigkeit erfüllen (§§ 59-63 AO). Denn auch für gebietsfremde Körperschaften kann die Vereinnahmung steuerbegünstigter Zuwendungen schon vor Erlass des ersten Körperschaftsteuerbescheides von großer Bedeutung sein. Um Zuwendungen effektiv einzuwerben, bedarf es jedoch der vorläufigen Bescheinigung. Eine typisierende Verweigerung der Bescheinigung stellte eine nicht zu rechtfertigende Beschränkung dar.

1. Sprachliche Anforderungen an Steuererklärung und beizufügende Unterlagen

Nach § 150 Abs. 1 S. 1 AO sind Steuererklärungen nach amtlich vorgeschriebenem Vordruck abzugeben, soweit nicht eine mündliche Steuererklärung zugelassen ist. Die „Erklärung zur Körperschaftsteuer und Gewerbesteuer von Körperschaften, die gemeinnützigen, mildtätigen oder kirchlichen Zwecken dienen“ erfolgt nach dem amtlichen Formular „GEM 1“[806]. Dem ausgefüllten und unterschriebenen Formular sind verschiedene Unterlagen beizufügen, soweit sie dem Finanzamt nicht bereits vorliegen: Abschrift der Satzung, Abschrift eines Beschlusses über die Festsetzung der Mitgliederbeiträge, Umlagen und Aufnahmegebühren, Gegenüberstellung der Einnahmen und Ausgaben, Aufstellung über das Vermögen, Geschäfts- oder Tätigkeitsbericht.

Das Formular selbst muss in deutscher Sprache ausgefüllt werden, die beizufügenden Unterlagen müssen entweder in deutscher Sprache (§ 87 Abs. 1 AO) oder mit deutscher Übersetzung vorgelegt werden (§ 87 Abs. 2 AO). Die Erfordernisse der Verwendung und Vervollständigung eines einheitlichen Formulars

---

804 S. Dritter Teil, A., I., 4., S. 172.

805 AEAO zu § 59 Nr. 4.

806 Abrufbar z.B. im Formularmanagementsystem der Bundesfinanzverwaltung, *https://www.formulare-bfinv.de/ffw/content.do*, Formulare A-Z, Stichwort „Gemeinnützigkeit“ (Stand: 21.01.2010).

in deutscher Sprache und die Vorlegung von Unterlagen und Nachweisen in deutscher Sprache oder mit einer Übersetzung ist mit den Grundfreiheiten zu vereinbaren und diskriminiert Gebietsfremde nicht. Denn die Notwendigkeit der effektiven Steueraufsicht in einem Massenverfahren rechtfertigt sowohl verbindliche Formulare, die für alle Steuerpflichtigen gelten, als auch eine verbindliche Amtssprache.[807] Die Prüfung der beizufügenden Unterlagen darf dagegen nicht davon abhängig gemacht werden, dass alle Originalunterlagen und -belege in deutscher Sprache erstellt wurden, insoweit ist die Vorlage ggf. beglaubigter Übersetzungen ein milderes, vorzugswürdiges Mittel.[808] Denn im Unterschied zur Steuererklärung selbst können die weiteren Unterlagen gegebenenfalls noch für andere Zwecke als das Besteuerungsverfahren in Deutschland genutzt werden oder wurden gar zunächst für andere Zwecke in einer anderen Sprache erstellt.

2. *Ermittlung und Entscheidung in Zweifelsfällen*

Ist das Vorliegen der gemeinnützigkeitsrechtlichen Voraussetzungen nach der Erklärung und den Unterlagen der gebietsfremden Körperschaft unzweifelhaft, ist die Steuerbefreiung ohne weiteres zu gewähren. Denn weitere Ermittlungen werden bei gebietsansässigen Körperschaften nur in begründeten Verdachtsfällen durchgeführt[809] und verbieten sich deshalb auch in eindeutigen Fällen gebietsfremder Körperschaften. Allein auf die Ansässigkeit außerhalb der Bundesrepublik darf insbesondere kein Missbrauchsverdacht gestützt werden.

Fraglich ist, welche Konsequenzen sich ergeben, wenn nach den vorgelegten Erklärungen und Unterlagen und trotz gezielter Nachfragen bei der Körperschaft bzw. ihrem steuerlichen Berater zweifelhaft bleibt, ob die gemeinnützigkeitsrechtlichen Voraussetzungen tatsächlich erfüllt sind. Zwar muss sich die Behörde keine strafverfahrensähnliche Gewissheit verschaffen, begründeten Zweifeln muss sie jedoch nachgehen.[810] Unklare Situationen werden vor allem hinsichtlich der tatsächlichen Geschäftsführung der Körperschaft und der satzungsgemäßen Mittelverwendung auftreten, z.B. weil die Angaben im Geschäfts- bzw. Tätigkeitsbe-

807 Die Gemeinschaftsrechtskonformität des § 87 AO ebenfalls bejahend: *Tipke*, in: Tipke/Kruse, § 87, Rn. 1; *Söhn*, in: Hübschmann/Hepp/Spitaler, § 87 AO, Rn. 17. *Wünsch*, in: Pahlke/Koenig, § 87, Rn. 2.

808 A.A. wohl *Fischer*, Das EuGH-Urteil Persche zu Auslandsspenden – die Entstaatlichung des Steuerstaates geht weiter, in: FR 2009, 249 (256), der sogar vom Spender den Nachweis aller Voraussetzungen der Gemeinnützigkeit des Zuwendungsempfängers durch Urkunden in deutscher Sprache verlangt wissen will.

809 *BFH* vom 21.06.1968 – VI R 135/66, BStBl. III 1968, 698 = BFHE 93,33; *Söhn*, in: Hübschmann/Hepp/Spitaler, § 88 AO, Rn. 242; *Lahme*, Spendenabzugsverfahren & Anerkennungsverfahren gemeinnütziger Körperschaften, S. 17.

810 *Seer*, in: Tipke/Kruse, § 85 AO, Rn. 19 und § 88 AO, Rn. 13.

richt unzureichend sind oder Anhaltspunkte für Zweifel bieten. Es ist bisher ungeklärt, ob in diesen Fällen eine Entscheidung nach den Grundsätzen der Feststellungslast getroffen werden kann oder ob eine Verpflichtung der Finanzbehörden besteht, zunächst Amtshilfe der Behörden des Ansässigkeitsstaates der Körperschaft in Anspruch zu nehmen. Bei einer notwendigen Entscheidung nach der Feststellungslast trägt allgemeinen prozessrechtlichen Grundsätzen folgend für Tatsachen, welche die Steuer begründen oder erhöhen, die Finanzverwaltung die Feststellungslast, während für das Vorliegen von Tatsachen, die zu einer Steuerbefreiung führen, der Steuerpflichtige die Feststellungslast trägt.[811] Insofern würde eine Entscheidung über die Gewährung der Steuerbefreiung wegen Gemeinnützigkeit in nicht aufklärbaren Fällen stets zu Lasten der Körperschaft ergehen.

3. Pflicht zur Inanspruchnahme von Amtshilfe und Möglichkeit von Entscheidungen nach den Grundsätzen der Feststellungslast

Geht man zunächst vom nationalen Recht aus, folgt aus dem Amtsermittlungsgrundsatz des § 88 Abs. 1 S. 1 AO die Verpflichtung der Finanzverwaltung, in unklaren Fällen weiter zu ermitteln. Satz 2 überlässt der Finanzverwaltung aber die Bestimmung von Art und Umfang der Ermittlungen, wofür nach Satz 3 die Umstände des Einzelfalls maßgebend sein sollen. Art, Umfang und Grenzen der Ermittlung stehen deshalb grundsätzlich im Ermessen der Finanzverwaltung und es bedarf einer Ausübung dieses Ermessens gemäß § 5 AO. Die Verwaltung hat insbesondere zu berücksichtigen, ob eine zusätzliche Aufklärung rechtlich und tatsächlich möglich, verhältnismäßig und zumutbar ist.[812]

Ein Auskunftsbegehren an ausländische Behörden ist zur Prüfung des Vorliegens der gemeinnützigkeitsrechtlichen Voraussetzungen rechtlich und tatsächlich ohne weiteres möglich. Fragen der Erfüllung der Anforderungen der §§ 51-68 AO sind für die Besteuerung der Körperschaft notwendige Auskünfte gemäß Art. 1 Abs. 1, 2 Abs. 1 Amtshilfe-Richtlinie. Der um Auskunft ersuchte Mitgliedstaat ist deshalb zur Erteilung von Auskünften auf Ersuchen nach Art. 2 Abs. 1 Amtshilfe-Richtlinie verpflichtet und „soll" auch Spontanauskünfte nach Art. 4 der Amtshilfe-Richtlinie erteilen. Ist die Körperschaft in einem EWR-Staat ansässig, der nicht Mitglied der EU ist (Norwegen, Island, Liechtenstein) können Auskünfte erlangt werden aufgrund der Klauseln zum Informationsaustausch in den bestehenden Doppelbesteuerungsabkommen.[813]

Dass ein Auskunftsbegehren unverhältnismäßig sein kann, ist nicht erkennbar. Denn der Grundsatz der Verhältnismäßigkeit gilt als Schranke für mit den Er-

811 *BFH* vom 07.07.1983 – VII R 43/80, BStBl. II 1983, 760 = BFHE 138, 527.

812 *Söhn*, in: Hübschmann/Hepp/Spitaler, § 88 AO, Rn. 136.

813 Dazu Dritter Teil, A., I., 3., S. 169 ff.

mittlungen verbundene Eingriffe in die Rechte Beteiligter und ist vor allem relevant, wenn die Intimsphäre berührt wird. Das Auskunftsbegehren an ausländische Behörden ist insoweit aber schon nicht geeignet, eine Rechtsverletzung der Beteiligten herbeizuführen.

Problematisch ist, ob ein Ersuchen um grenzüberschreitende Amtshilfe generell und im Einzelfall auch zumutbar ist. Im Gegensatz zur Verhältnismäßigkeit, die sich auf die Beteiligten und mögliche Eingriffe in deren Rechte bezieht, muss im Rahmen der Zumutbarkeit auf die Finanzverwaltung und deren Möglichkeiten und Ressourcen abgestellt werden. Eine Aufklärung von Auslandssachverhalten durch eine generelle und regelmäßige Einholung von Auskünften bei ausländischen Finanzbehörden innerhalb der Europäischen Union wird von *Söhn* für zumutbar erachtet.[814] Man wird richtigerweise aber um eine Differenzierung nicht umhinkommen.

Ein Ersuchen um Amtshilfe könnte unzumutbar sein, wenn die steuerpflichtige ausländische Körperschaft ihrerseits nicht hinreichend an der Aufklärung des Sachverhaltes mitwirkt, also ihre Mitwirkungspflichten verletzt. Eine Verletzung von Mitwirkungspflichten liegt nahe, weil in Auslandsfällen nach § 90 Abs. 2 AO gesteigerte Pflichten gelten. Der Steuerpflichtige ist in Auslandsfällen zur Sachaufklärung und Beweismittelbeschaffung verpflichtet und ihn trifft auch eine Beweisvorsorgepflicht.[815] Auskunftspersonen müssen nicht nur benannt sondern gestellt werden.[816] Man könnte daher annehmen, dass die Finanzbehörde die Körperschaft lediglich zur Erbringung aller Nachweise auffordern muss und im Zweifelsfall schon wegen der Verletzung der Mitwirkungspflicht die Gewährung der Befreiung ablehnen könnte.[817] Entscheidend ist dafür die Klärung der Vorfrage, in welchem Verhältnis der Amtsermittlungsgrundsatz und die Mitwirkungspflichten der Beteiligten allgemein stehen.

Zum Teil wird in der Literatur davon ausgegangen, dass sich die Mitwirkungspflichten der Beteiligten und eine mögliche Pflichtverletzung nicht auf die Aufklärungspflicht der Behörde und des Finanzgerichts auswirken.[818] Die Mitwirkungspflicht der Beteiligten sei nur eines von mehreren Mitteln, die zur Aufklärung zur Verfügung stünden. Unabhängig von diesem einen Mittel und einer gegebenenfalls auch grundlosen Verweigerung der Mitwirkung müssten alle verfügbaren und zumutbaren Erkenntnismittel ausgeschöpft werden. Die Pflicht

814 *Söhn*, in: Hübschmann/Hepp/Spitaler, § 88 AO, Rn. 172.

815 *Seer*, in: Tipke/Kruse, § 90 AO, Rn. 21.

816 *BFH* vom 03.04.2007 – VIII B 60/06, BFH/NV 2007, 1341 (1342).

817 *BFH* vom 09.05.2007 – XI R 56/05, BFHE 218, 125 = DStR 2007, 1295 (1299).

818 *Söhn*, in: Hübschmann/Hepp/Spitaler, § 88 AO, Rn. 100; *Nierhaus*, Beweismass und Beweislast – Untersuchungsgrundsatz und Beteiligtenmitwirkung im Verwaltungsprozess, S. 279; *Wittmann*, Mitwirkungspflicht und Aufklärungspflicht in der AO, in: StuW 1987, 35 (45).

mindere sich aufgrund einer Mitwirkungspflichtverletzung nur dann oder entfiele wegen ihr gänzlich, wenn der Sachverhalt wegen der Verletzung der Mitwirkungspflicht gar nicht mehr, auch nicht mit anderen Mitteln, aufgeklärt werden könne.[819] Danach wäre eine Auskunft in Zweifelsfällen generell einzuholen, Mitwirkungspflichtverletzungen blieben unberücksichtigt.[820]

Die §§ 88 ff. AO zeigen jedoch, dass dem Steuerpflichtigen aufgrund seiner Sachnähe eine „sphärenorientierte Mitverantwortung„[821] für die Ermittlung des Sachverhaltes zukommt. Es wäre unangemessen, wenn die Behörde trotz unterbliebener Mitwirkung zu weiteren Ermittlungen von allein in der Sphäre des Steuerpflichtigen liegenden Tatsachen verpflichtet wäre. Denn je weniger der Steuerpflichtige zu den Ermittlungen beiträgt, umso weniger Ansatzpunkte bieten sich für weitere erfolgversprechende Ermittlungen. Rechtsprechung[822] und Teile der Literatur[823] gehen deshalb zu Recht davon aus, dass der Amtsermittlungsgrundsatz durch die Mitwirkungspflichten der Beteiligten des Steuerverfahrens begrenzt wird. Daraus folgt, dass die Verletzung von Mitwirkungspflichten der Beteiligten, insbesondere also der gebietsfremden Körperschaft selbst, dazu führen kann, dass weitere Ermittlungen und damit auch ein grenzüberschreitendes Ersuchen um Amtshilfe unzumutbar werden.

Ob tatsächlich eine Unzumutbarkeit anzunehmen ist, muss nach pflichtgemäßem Ermessen unter Abwägung aller Umstände des Einzelfall beurteilt werden. Es kann nicht verallgemeinert werden, welche Mitwirkungspflicht verletzt werden muss oder welche Schwere eines Pflichtenverstoßes zu einer Unzumutbarkeit führt. Von Bedeutung ist aber in jedem Fall, dass es um die steuerlichen Verhältnisse der Körperschaft selbst und nicht um die eines Dritten geht, was dafür spricht, hohe Anforderungen an die Mitwirkungspflichten zu stellen. Danach wird für eine Unzumutbarkeit sprechen, wenn die Körperschaft Unterlagen oder Erklärungen nicht zur Verfügung stellt, die sie in früheren Besteuerungszeiträumen noch erstellt bzw. ausgehändigt hat.

Im Rahmen der Zumutbarkeit müssen neben der Verletzung von Mitwirkungspflichten der Beteiligten auch alle weiteren Umstände berücksichtigt werden, etwa die im AEAO genannten Umstände: der Zeitaufwand der Finanzverwaltung,

---

819 *Söhn*, in: Hübschmann/Hepp/Spitaler, § 88 AO, Rn. 99.

820 Insoweit konsequent: *Söhn*, in: Hübschmann/Hepp/Spitaler, § 88 AO, Rn. 172.

821 *Seer*, in: Tipke/Lang, Steuerrecht, § 21, Rn. 4; *Uterhark*, in: Schwarz, § 90, Rn. 17.

822 *BFH* vom 09.06.2005 – IX R 75/03, *BFH/NV 2005, 1765; BFH* vom 29.04.1999 – VII B 253/98, BFH /NV 1999, 1481; *BFH* vom 23.08.1994 – VII R 134/92, BFH/NV 1995, 570.

823 *Wünsch*, in: Pahlke/Koenig, § 88, Rn. 31; *Schmitz*, in: Schwarz, § 88 Rn. 19; *Jakob*, Abgabenordnung, Rn. 184; *Brockmeyer*, in: Klein, § 88 AO, Rn. 9, *Martin*, Wechselwirkungen zwischen Mitwirkungspflichten und Untersuchungspflicht im finanzgerichtlichen Verfahren, in: BB 1986, 1021.

der für eine Auskunftseinholung erforderlich ist, der steuerliche Erfolg, der zu erwarten ist, und der Aufwand, welcher für die Finanzverwaltung zu erwarten ist, wenn der Steuerpflichtige bei einer Ablehnung den Klageweg beschritte.[824] Da sich diese Kriterien aber einzig an Vereinfachungs- und Effizienzgesichtspunkten orientieren, dürfen sie nicht isoliert herangezogen werden. Das liefe der verfassungsrechtlich verbürgten Besteuerungsgleichheit zuwider.[825] Denn es würde einseitig derjenige Steuerpflichtige begünstigt, der nur spärliche Informationen preisgibt und ansonsten die Klärung verzögert, erschwert oder verhindert. Andererseits verlangt gerade die natürliche Beschränkung der Ressource „Verwaltung" eine auch an Effizienzgesichtspunkten orientierte Abwägung, um die vorhandenen Kapazitäten zielgerichtet einsetzen zu können. Gerade durch einen effizienten Einsatz der Verwaltung wird eine gleichheitsgerechte Bearbeitung der Gesamtheit der Steuerfälle erst ermöglicht.

Als Kriterium, das gegen eine Pflicht zur Inanspruchnahme von Amtshilfe spricht, kann auch die konkrete Erwartung berücksichtigt werden, dass der um Auskunft ersuchte Mitgliedstaat eine Auskunft verweigern wird. Diese Erwartung kann sich etwa aus konkreten Erfahrungen in früheren Fällen ergeben, in denen sich der andere Mitgliedstaat bereits auf den Subsidiaritätsgrundsatz des Art. 2 Abs. 1 S. 2 oder die Verweigerungsgründe des Art. 8 der Amtshilfe-Richtlinie berufen hatte.

Spiegelbildlich zur Begrenzung der Amtsermittlungspflicht sind aber auch Fälle denkbar, in denen sich das Ermessen der Behörde zur Entscheidung für oder wider ein Auskunftsersuchen verengen kann und sich sogar in eine Pflicht zur Inanspruchnahme grenzüberschreitender Amtshilfe wandeln kann. Eine solche Ermessensreduzierung auf Null[826] wird vor allem dann in Betracht kommen, wenn die Körperschaft ihren Mitwirkungspflichten vollumfänglich genügt hat, das Auskunftsersuchen nur einen geringen Umfang aufweist, nicht mit besonderen tatsächlichen oder rechtlichen Schwierigkeiten verbunden ist und gute Erfolgsaussichten bestehen, die offenen Fragen durch die Auskunft tatsächlich zu klären bzw. die bestehenden Zweifel endgültig auszuräumen.

---

824 Diese Kriterien nennt AEAO Nr. 1 zu § 88 AO.

825 Kritisch auch *Wünsch*, in: Pahlke/Koenig, § 88, Rn. 30; *Söhn*, in: Hübschmann/Hepp/Spitaler, § 88 AO, Rn. 183 ff.

826 Der (auch heute noch) vereinzelt gebrauchte Terminus der „Ermessensreduktion auf eins" [erstmals wohl *Menger*, Höchstrichterliche Rechtsprechung zum Verwaltungsrecht, in: VerwArch 1967, 169 (179)] ist unzutreffend, da sich das Ermessen auf den Auswahlspielraum bei einer Mehrzahl jeweils rechtmäßiger Entscheidungen bezieht. Verengt sich das Feld der verbleibenden Möglichkeiten auf eine, verbleibt „kein" oder „null" aber gerade nicht „ein" Auswahlspielraum [so auch *Hain/Schlette/Schmitz*, Ermessen und Ermessensreduktion – ein Problem im Schnittpunkt von Verfassungs- und Verwaltungsrecht, in: AöR, 1997, 32 (41)].

Damit kann zunächst festgehalten werden, dass nach dem nationalen Recht eine Ermessensentscheidung der Finanzverwaltung bzw. des Finanzgerichts unabdingbar ist, die nach den Umständen des Einzelfalles erfolgt. Im Einzelfall ist eine Ermessensreduzierung nicht ausgeschlossen.

Diesem Ergebnis steht das Gemeinschaftsrecht nicht entgegen, es wird vom Gemeinschaftsrecht vielmehr gestützt. Weder aus dem primären noch aus dem sekundären Gemeinschaftsrecht ergibt sich eine generelle und unbedingte Verpflichtung zur Inanspruchnahme von Amtshilfe oder das Recht, stets nach Grundsätzen der Feststellungslast zu entscheiden. Vielmehr gebietet es die Verwirklichung des Gemeinschaftsrechts, im Einzelfall nach allen vorliegenden Umständen zu entscheiden. Eine schematische Lösung, die erhöhte Mitwirkungspflichten nur in Auslandsfällen vorsieht und an eine Verletzung der Pflichten zwingend eine ablehnende Entscheidung koppelt, führt im Ergebnis zu einer indirekten Benachteiligung gebietsfremder gemeinnütziger Körperschaften. Denn diese engagieren sich typischerweise im Ausland.

In Art. 2 Abs. 1 der Amtshilfe-Richtlinie heißt es zudem, dass eine Behörde eines anderen Mitgliedstaates um Amtshilfe ersucht werden „kann“ und nicht etwa, dass um Amtshilfe zu ersuchen „ist“ oder Behörden eines Mitgliedstaates in grenzüberschreitenden Fällen um Amtshilfe zu ersuchen „haben“.[827] Auch aus der Historie der Richtlinie leitet sich gerade keine Verpflichtung zur Inanspruchnahme von Amtshilfe zum Zwecke der Ermittlung der gemeinnützigkeitsrechtlichen Voraussetzungen ab. Denn die Erwägungen[828] zur Amtshilfe-Richtlinie zeigen, dass die Richtlinie bei ihrem erstmaligen Erlass (1977) auf „Maßnahmen der Gemeinschaft zur Bekämpfung der internationalen Steuerflucht und Steuerumgehung“ ausgerichtet war. Auch die Begründung[829] zur jüngsten Revision der Richtlinie (2004) zeigen, dass die Richtlinie nach wie vor nicht auf eine verpflichtende Inanspruchnahme durch die Mitgliedstaaten bei der Festsetzung der Steuern ausgerichtet ist.

In diesem Sinne legt auch der EuGH die Amtshilfe-Richtlinie aus und gelangt ebenso zu einer differenzierenden Auffassung vom Verhältnis der Mitwirkungspflichten der Beteiligten und der Ermittlungspflichten der Steuerbehörden. So sei im harmonisierten Umsatzsteuerrecht der Steuerpflichtige für den innergemeinschaftlichen Charakter von ihm getätigter Lieferungen beweispflichtig, denn die Amtshilfe-Richtlinie und die Verordnung über die Zusammenarbeit der Verwaltungsbehörden seien nicht erlassen worden, um die beteiligten Mitgliedstaaten

827 So auch *EuGH* vom 27.09.2007 – C-184/05 („*Twoh*“), Slg 2007, I-7897 = IStR 2007, 745, Rn. 32.

828 Erwägungsgründe zur Richtlinie 77/799/EWG des Rates vom 19.12.1977 über die gegenseitige Amtshilfe der Mitgliedstaaten im Bereich der direkten Steuern (ABl. L 336, S. 15).

829 Erwägungen zur Richtlinie 2004/106/EG des Rates vom 16.11.2004 (ABl. L 359, S. 30).

zum Informationsaustausch zu verpflichten und auf diesem Wege die dem Steuerpflichtigen fehlenden Nachweise zu beschaffen.[830] Die Nachweispflichten des Steuerpflichtigen dürfen gleichwohl nicht zu übermäßigen Verwaltungszwängen führen.[831] Für den Steuerpflichtigen muss eine hinreichende Rechtssicherheit zu erlangen sein, die ihm eine vernünftige Kalkulation ermögliche.[832]

Auf den Nachweis der Voraussetzungen steuerlicher Gemeinnützigkeit für eine Befreiung von der nichtharmonisierten Körperschaftsteuer sind diese Erwägungen übertragbar.[833] Das zeigen insbesondere die Ausführungen des EuGH in den Rechtssachen „Stauffer" und „Persche" in denen der Gerichtshof darauf abstellt, dass vorrangig vom Steuerpflichtigen selbst stichhaltige Belege als Nachweis der Voraussetzungen steuerlicher Gemeinnützigkeit gefordert werden können und sich die Finanzbehörden „darüber hinaus" an die Behörden des anderen Mitgliedstaates wenden „können".[834]

Im Gegensatz zu früheren Entscheidungen geht der EuGH nicht mehr von einer Vorrangigkeit des Auskunftsersuchens nach der Amtshilfe-Richtlinie und der ergänzenden Möglichkeit des Nachweises durch den Steuerpflichtigen aus.[835] Vielmehr argumentiert der Gerichtshof jetzt in der entgegengesetzten Reihenfolge und stellt primär auf die Nachweispflicht des Steuerpflichtigen ab. Die Betonung der Mitwirkungspflichten des Steuerpflichtigen durch den Gerichtshof wird in der Literatur zutreffend als Akzentverschiebung in der Rechtsprechung angesehen.[836]

Im Ergebnis muss die Finanzverwaltung nach pflichtgemäßem Ermessen darüber entscheiden, ob Amtshilfe in Anspruch genommen wird; eine Ermessensreduzierung ist denkbar.[837] Eine unbedingte Pflicht zur Inanspruchnahme grenz-

830 *EuGH* vom 27.09.2007 – C-184/05 („*Twoh*"), Slg 2007, I-7897 = IStR 2007, 745, Rn. 34.

831 *EuGH* vom 27.09.2007 – C-409/04 („*Teleos*"), Slg 2007, I-7797 = IStR 2007, 740, Rn. 50 f.

832 *EuGH* vom 27.09.2007 – C-409/04 („*Teleos*"), Slg 2007, I-7797 = IStR 2007, 740, Rn. 50 f.

833 *Englisch*, Europarechtliche Einflüsse auf den Untersuchungsgrundsatz im Steuerverfahren, in: IStR 2009, 37 (42).

834 *EuGH* vom 14.09.2006 – C-386/04 („*Stauffer*"), Slg 2006, I-8203 = DStR 2006, 1736 = IStR 2006, 675, Rn. 50; *EuGH* vom 27.01.2009 – C-318/07, („*Persche*"), DStR 2009, 207 = IStR 2009, 171, Rn. 61.

835 *EuGH* vom 28.10.1999 – C-55/98 („*Vestergaard*"), Slg 1999, I-7641 = IStR 1999, 694, Rn. 26; *EuGH* vom 03.10.2002 – C-136/00 („*Danner*"), Slg 2002, I-8147 = IStR 2002, 736, Rn. 49; *EuGH* vom 26.06.2003 – C-422/01(„*Skandia und Ramstedt*"), Slg 2003, I-6817 = EWS 2003, 379, Rn. 42 f.

836 *Staringer*, Steuervollzug bei grenzüberschreitenden Sachverhalten, in: DStjG 31 (2008), S. 135 (144); *Lang*, Recent Case Law of the ECJ in Direct Taxation: Trends, Tensions, and Contradictions, in: EC Tax Review, 2009, 98 (110); *Daurer*, Die Rs. Persche: Spenden auf dem Prüfstand des Gemeinschaftsrechts, in: SWI 2009, 385 (393); *Drüen*, Die Zukunft des Steuerverfahrens, in: Zukunftsfragen des deutschen Steuerrechts, S. 1 (25).

837 So i.E. auch: *Staringer*, Steuervollzug bei grenzüberschreitenden Sachverhalten, in: DStjG 31 (2008), S. 135 (146); *Daurer*, Die Rs. Persche: Spenden auf dem Prüfstand des Gemeinschaftsrechts, in: SWI 2009, 385 (394); *Englisch*, Europarechtliche Einflüsse auf den Untersuchungs-

überschreitenden Auskunftsaustausches besteht nicht. Entscheidend sind die Umstände des Einzelfalles. Deshalb kann auch eine Entscheidung nach den Grundsätzen der Feststellungslast ermessensfehlerfrei sein, ohne dass zuvor ausländische Behörden um Amtshilfe ersucht wurden. Das gilt unterschiedslos für das Besteuerungsverfahren von Körperschaften, die in Mitgliedstaaten der Gemeinschaft ansässig sind, wie auch für Körperschaften, die Sitz und/oder Geschäftsleitung in einem EWR-Staat haben.

II. Zuwendungsrecht

Bis zum 31.12.2008 waren Zuwendungen nur abziehbar, wenn sie an Körperschaften geleistet wurden, die nach § 5 Abs. 1 Nr. 9 KStG steuerbefreit waren. Das galt nach § 5 Abs. 2 Nr. 2 KStG in der Fassung des JStG 2009 dann auch für Zuwendungen an beschränkt steuerpflichtige Körperschaften. De lege lata sind nun auch Zuwendungen an Körperschaften abziehbar, die im Inland nicht ansässig und mangels inländischer Einkünfte auch nicht beschränkt steuerpflichtig sind, wie etwa das Kinder- und Seniorenheim in der Rechtssache „Persche".[838] Die Einbeziehung dieser Körperschaften in den gesetzlich vorgesehenen Kreis der möglichen Zuwendungsempfänger war gemeinschaftsrechtlich notwendig und erfolgte durch das „Gesetz zur Umsetzung steuerlicher EU-Vorgaben sowie zur Änderung steuerlicher Vorschriften".[839] Die Erweiterung der materiell-rechtlichen Regelungen führt aber auch im Verfahrensrecht zu notwendigen Änderungen. Denn im Gegensatz zu den unbeschränkt oder beschränkt steuerpflichtigen Körperschaften werden die nichtsteuerpflichtigen Körperschaften im Inland steuerlich nicht veranlagt und haben keine Möglichkeit, einen Körperschaftsteuerfreistellungsbescheid zu erhalten. Auf den Freistellungsbescheid ist das gegenwärtige Verfahrensrecht aber zugeschnitten. Ohne eine Anpassung der verfahrensrechtlichen Bestimmungen, vor allem des § 50 EStDV und der Anlagen zu dieser Norm, ist das Besteuerungsverfahren – wie zu zeigen sein wird – nicht nur mit erheblichen tatsächlichen Schwierigkeiten[840] verbunden, sondern begegnet verfassungsrechtlichen und gemeinschafts-

---

grundsatz im Steuerverfahren, in: IStR 2009, 37 (41); *Schlussantrag des Generalanwalts Mengozzi* vom 14.10.2008 – C-318/07 („*Persche*"), Rn. 110 – zitiert nach juris; die Verfahrensherrschaft der Finanzbehörden besonders betonend: *Fischer*, Das EuGH-Urteil Persche zu Auslandsspenden – die Entstaatlichung des Steuerstaates geht weiter, in: FR 2009, 249 (256).

838 S. Dritter Teil, B., I., S. 201 ff.

839 S. Dritter Teil, B., II., S. 202 ff.

840 Unter anderem auf diese administrativen Schwierigkeiten stützte der BFH seine Begründung zur Rechtfertigung der subjektiven Typisierung des § 5 Abs. 2 Nr. 2 KStG a.F. im Vorlagebeschluss an den EuGH in der Rechtssache „Persche" *BFH* vom 09.05.2007 – XI R 56/05, BFHE 218, 125 = DStR 2007, 1295 (1299).

rechtlichen Bedenken. Als Lösung bietet sich an, wie von *Hüttemann/Helios*[841] vorgeschlagen, eine zentrale Stelle zur Überprüfung und Erfassung der nichtsteuerpflichtigen gemeinnützigen Körperschaften einzurichten, etwa beim Bundeszentralamt für Steuern.[842]

1. Analyse der verfahrensrechtlichen Hürden bei der Berücksichtigung von Zuwendungen an nichtsteuerpflichtige Körperschaften

a. Mehr- und Mehrfachaufwand der Finanzverwaltung bei einstufiger Prüfung der Abzugsvoraussetzungen

Das Verfahrensrecht für die Abziehbarkeit gemeinnütziger Zuwendungen ist de lege lata darauf zugeschnitten, dass die Voraussetzungen der Abziehbarkeit in einem gestuften Verfahren geprüft werden. Ob die Empfängerkörperschaft die Voraussetzungen steuerlicher Gemeinnützigkeit erfüllt, ist materielle Voraussetzung der Abziehbarkeit, wird aber schon im Veranlagungsverfahren zur Körperschaftsteuer geprüft. Der Körperschaftsteuerfreistellungsbescheid gemeinnütziger Körperschaften entfaltet im Veranlagungsverfahren des Zuwendenden Bindungswirkung.[843]

Der Veranlagungsbeamte kann für die Besteuerung des Zuwendenden deshalb ohne weiteres auf die im Körperschaftsteuerveranlagungsverfahren getroffenen Feststellungen zurückgreifen und nimmt keine eigene inhaltliche Prüfung der gemeinnützigkeitsrechtlichen Voraussetzungen der Empfängerkörperschaft vor. Fehlt es dagegen, wie im Falle einer nichtsteuerpflichtigen Empfängerkörperschaft, an einem Freistellungsbescheid, bedarf es im Rahmen des Veranlagungsverfahrens zur Einkommen- oder Körperschaftsteuer sowie im Verfahren zur Festsetzung des Gewerbesteuermessbetrages der Feststellung, ob hinsichtlich der Empfängerkörperschaft die gemeinnützigkeitsrechtlichen Voraussetzungen der §§ 51-68 AO vorliegen. Das beinhaltet auch die Kontrolle, ob die Empfängerkörperschaft im Jahr der Zuwendung ihre Mittel ausschließlich für satzungsgemäße Zwecke

---

841 *Hüttemann/Helios*, Gemeinnützige Zweckverfolgung im Ausland nach der „Stauffer"-Entscheidung des EuGH, in: DB 2006, 2481 (2489).

842 Der Vorschlag ist, soweit ersichtlich, im Schrifttum ausnahmslos auf Zustimmung gestoßen. Siehe etwa: *Geserich*, Die Abzugsfähigkeit von Spenden in andere EU-Staaten – Zugleich eine Anmerkung zum EuGH-Urteil vom 27.01.2009, C-318/07, Persche, DStR 2009, 207, in: DStR 2009, 1173 (1175); *von Proff*, Grenzüberschreitende Gemeinnützigkeit nach dem Persche-Urteil des EuGH, in: IStR 2009, 371 (375); *Weitemeyer*, Der strukturelle Inlandsbezug in § 51 AO im Jahressteuergesetz 2009, in: BIS Non Profit Law News, Nr. 4/2008, 5 (8).

843 *BFH* vom 15.06.1973 – VI R 35/70, BStBl. II 1973, 850 = BFHE 110, 112 = BB 1973, 1247; *BFH* vom 18.07.1980 – VI R 167/77, BStBl. II 1981, 52 = BFHE 131, 345 = BB 1980, 1783; *Geserich*, in: Kirchhof/Söhn/Mellinghoff, § 10b Rn. A 232; *Hofmeister*, in: Blümich, EStG, § 10b, Rn. 37

verwendet hat und ob die konkrete Zuwendung zweckentsprechend verwendet wurde. Erfolgte die Verwendung in einem anderen Kalenderjahr, z.B. weil die Zuwendung kurz vor dem Jahresende geleistet wurde, bedarf es der Prüfung der Mittelverwendung mehrerer Kalenderjahre. Nicht unberücksichtigt bleiben darf auch die satzungsmäßige Vermögensbindung nach § 61 AO. Hier ist vor allem § 61 Abs. 3 S. 1 AO zu beachten, wonach eine nachträgliche Satzungsänderung zum Verlust der formellen Satzungsmäßigkeit ex tunc führt. Der rückwirkende Verlust der steuerlichen Gemeinnützigkeit der Empfängerkörperschaft wirkt als rückwirkendes Ereignis nach § 175 Abs. 1 S. 1 Nr. 2 AO auch auf die Besteuerung des Zuwendenden zurück. Der Steuerbescheid des Zuwendenden ist nachträglich zu ändern und der Abzug der Zuwendung rückgängig zu machen. Die Frist von 10 Jahren nach § 61 Abs. 3 S. 2 AO gilt nach dem weitgefassten Wortlaut nicht nur für Steuerbescheide der gemeinnützigen Körperschaft, sondern auch für Steuerbescheide des Zuwendenden. Insoweit ist eine langjährige „Beobachtung“ der Empfängerkörperschaft notwendig, auch wenn nur eine einmalige Zuwendung an sie geleistet wurde. Berücksichtigt man diese Notwendigkeit und auch die Tatsache, dass etwa Bedienstete in den Arbeitnehmerbezirken der Finanzämter nicht auf eine Prüfung gemeinnützigkeitsrechtlicher Voraussetzungen spezialisiert sein dürften, wird eine Aufteilung der Bearbeitung unumgänglich sein.

Der Prüfungsaufwand fällt zudem mehrfach an, wenn verschiedene Steuerpflichtige in verschiedenen Veranlagungsbezirken/Städten/Bundesländern Zuwendungen an dieselbe gebietsfremde Körperschaft leisten. Schon in Ermangelung eines entsprechenden Datenaustausches kann auf die Ergebnisse der anderen Verfahren nicht zurückgegriffen werden. Jedenfalls kommt der ersten Entscheidung keine Bindungs-, sondern allenfalls eine Indizwirkung zu. Denn vom Steuerbescheid des Zuwendenden erwächst nur die Festsetzung der Steuer als Konkretisierung des Steuerschuldverhältnisses in Rechtskraft, nicht dagegen die Beurteilung der Besteuerungsgrundlagen als Gründe der Festsetzung.[844]

Festzuhalten ist damit, dass das Fehlen eines Anerkennungsverfahrens für nichtsteuerpflichtige Körperschaften einen Mehr- und Mehrfachaufwand der Finanzverwaltung bedingt.

b. *Einseitige Verteilung von Beweispflichten und Beweisrisiko zu Lasten des Zuwendenden*

Ein einstufiges Prüfungsverfahren bei Zuwendungen an nichtsteuerpflichtige Körperschaften hat außerdem zur Folge, dass allein den Zuwendenden alle Nachweispflichten treffen. Nach § 90 Abs. 2 AO treffen den Zuwendenden wegen der Leistung an die im Ausland ansässige Körperschaft erhöhte Mitwirkungs-

844 *Seer*, in: Tipke/Lang, Steuerrecht, § 21, Rn. 55.

pflichten in Form einer Sachaufklärungs- und Beweismittelbeschaffungspflicht, die auch eine Beweisvorsorgepflicht beeinhalten. Oben wurde gezeigt, dass die Amtsermittlungspflicht durch die Mitwirkungspflichten der Beteiligten begrenzt ist. Auch vor dem Hintergrund des Gemeinschaftsrechts kann und muss die Verwaltung zwar nach pflichtgemäßem Ermessen über weitere Ermittlungsmaßnahmen entscheiden. Eine Pflicht zur Inanspruchnahme grenzüberschreitender Amtshilfe kommt aber – wie gezeigt – nur ausnahmsweise in Fällen der Ermessensreduzierung in Betracht.[845] Der Zuwendende ist somit grundsätzlich allein dafür verantwortlich, alle notwendigen Informationen und Belege von der gebietsfremden Körperschaft zu beschaffen, um nachweisen zu können, dass die gesetzlichen Abzugsvoraussetzungen hinsichtlich seiner Zuwendung vorliegen, die gebietsfremde Körperschaft also insbesondere alle Voraussetzungen steuerlicher Gemeinnützigkeit erfüllt. All dies muss der Steuerpflichtige bei einer Zuwendung an eine Körperschaft mit Freistellungsbescheid oder vorläufiger Bescheinigung nicht tun, ihn trifft also ein verminderter Aufwand und er hat ein geringeres Beweisrisiko zu tragen.

Dezentrale Entscheidungen der Finanzämter der Zuwendenden können außerdem dazu führen, dass divergierende Entscheidungen zur Gemeinnützigkeit derselben gebietsfremden Körperschaft ergehen. Es ist für den Spender nicht sicher vorhersehbar, ob und mit welchem Aufwand ihm der Nachweis der Gemeinnützigkeit der von ihm bedachten Körperschaft gelingen wird. Darüber muss sich der Spender bei einem Freistellungsbescheid keine Gedanken machen. Bei grenzüberschreitenden Zuwendungen an Körperschaften ohne Freistellungsbescheid fehlt es somit an einer Rechts- und Planungssicherheit der Spender, die derjenigen bei Zuwendungen an im Inland steuerpflichtige Körperschaften entspricht.

c. *Kein Vertrauensschutz*

Selbst wenn dem Zuwendenden alle Nachweise gelingen und die Zuwendung als abziehbar angesehen wird, kann ein Vertrauensschutz für die Zuwendung an eine nichtsteuerpflichtige Körperschaft de lege lata nicht in Anspruch genommen werden. Nach §§ 10b Abs. 4 S. 1 EStG, 9 Abs. 3 S. 1 KStG und 9 Nr. 5 S. 6 GewStG kann ein Steuerpflichtiger auf die Richtigkeit der „Bestätigung über Spenden und Mitgliedsbeiträge" vertrauen. Damit korrespondieren eine Ausstellerhaftung für das Ausstellen unrichtiger Bestätigungen und eine Veranlasserhaftung für das Veranlassen zweckwidriger Mittelverwendungen.

§ 50 EStDV regelt aufgrund der Ermächtigung in § 51 Abs. 1 Nr. 2 lit. c EStG, dass eine „Bestätigung" materielle Abzugsvoraussetzung ist und dass diese nach „amtlich vorgeschriebenem Vordruck" auszustellen ist. Unter den verschiedenen Vordrucken existiert de lege lata aber noch keiner für Körperschaften, die im

845 S. Dritter Teil, C., I., 3., S. 212 ff.

Inland nicht steuerpflichtig sind, jedoch die Voraussetzungen des § 5 Abs. 1 Nr. 9 KStG erfüllen würden, wenn sie es wären. Da kein passendes Muster vorhanden ist, kann nach dem Wortlaut der Regelungen somit keine für einen Vertrauensschutz notwendige „Bestätigung" ausgestellt werden.

Dieses Auslegungsergebnis ergibt sich auch aus Sinn und Zweck der Regelungen zum Vertrauensschutz und zur Ausstellerhaftung. Das Vertrauen des Zuwendenden knüpft zwar primär an die Angaben des Zuwendungsempfängers in der Zuwendungsbestätigung an. In den bisher vorliegenden Mustern der Bestätigungen muss aber entweder erklärt werden, dass die Empfängerkörperschaft durch „Freistellungsbescheid ... von der Körperschaftsteuer und ... der Gewerbesteuer befreit" wurde oder dass die Körperschaft durch eine vorläufige Bescheinigung als „steuerbegünstigten Zwecken dienend" anerkannt wurde. Datum und ausstellendes Finanzamt des Freistellungsbescheides bzw. der vorläufigen Bescheinigung sind dabei anzugeben. Der Vertrauensschutz wird dem Zuwendenden somit nur deswegen gewährt, weil dieser sein Vertrauen der Aussage schenkt, dass ein staatlicher Anerkennungsakt vorliegt. Das Vertrauen ist nicht deshalb geschützt, weil der Aussteller behauptet, die Voraussetzungen steuerlicher Gemeinnützigkeit lägen bei der Empfängerkörperschaft vor. Das wird in der Zuwendungsbestätigung nicht erklärt. Der Staat trägt durch den Vertrauensschutz für den Zuwendenden hinsichtlich unrichtiger Bestätigungen damit nur das Risiko, dass jemand sich bewusst oder unbewusst zu Unrecht auf einen staatlichen Anerkennungsakt beruft. Ob es den Anerkennungsakt gibt oder nicht, ist leicht und eindeutig nachprüfbar. Entsprechend einfach prüfbar und beweisbar sind die Voraussetzungen des Tatbestandes der Ausstellerhaftung. Das Risiko eines Subsumtionsirrtums ist dagegen über den Vertrauensschutz und die Ausstellerhaftung nicht abgedeckt. Ob jemand vorsätzlich oder fahrlässig wahrheitswidrig erklärt, die Empängerkörperschaft erfülle die Voraussetzungen des § 5 Abs. 1 Nr. 9 KStG, wäre auch nur schwer nachprüfbar. Fehlt es deshalb an einem Anerkennungsakt in Form eines Freistellungsbescheides oder einer vorläufigen Bescheinigung, kann ein schützenswertes Vertrauen des Zuwendenden de lege lata keinen Anknüpfungspunkt finden und ein Vertrauensschutz nicht gewährt werden.

d. Mehraufwand nichtsteuerpflichtiger Körperschaften

Für die nichtsteuerpflichtigen Empfängerkörperschaften bedingt ein einstufiges Verwaltungsverfahren ebenfalls einen signifikant höheren Aufwand als ein mehrstufiges System. Die Körperschaft muss jeden einzelnen Spender mit den notwendigen Informationen versorgen, welche dieser zum Nachweis der Voraussetzungen des Steuerabzuges gegenüber seinem Finanzamt benötigt. Der Nachweis umfasst die gesamten Voraussetzungen steuerlicher Gemeinnützigkeit, ist also nicht von unerheblichem Umfang. Steuerpflichtige Körperschaften müssen den Nachweis der steuerlichen Gemeinnützigkeit dagegen nur einmal im Rahmen ihres Veranlagungsverfahrens und nicht für jede einzelne Zuwendung führen. Zur Abgabe von Steuererklärungen werden sie zudem in der Regel nur im Turnus von 3 Jahren aufgefordert.[846]

2. *Rechtsfolgen*

Die Ausgestaltung des Verfahrensrechts de lege lata ist wegen der Nachteile für den Zuwendenden und des Mehr- und Mehrfachaufwandes der Finanzverwaltung und der Empfängerkörperschaft sowohl verfassungsrechtlich als auch gemeinschaftsrechtlich bedenklich.

a. *Vereinbarkeit mit Verfassungsrecht*

In verfassungsrechtlicher Hinsicht kommt wegen der mehrfachen dezentralen Überprüfung identischer Fallgestaltungen ein Verstoß gegen das Wirtschaftlichkeitsgebot in Betracht. Das Wirtschaftlichkeitsgebot ist im Grundgesetz verankert und bindet alle Staatsgewalten.[847] Als „verfassungsimmanentes Ziel" wird Verwaltungseffizienz speziell beim Steuervollzug zudem in Art. 108 Abs. 4 S. 1 GG ausdrücklich benannt.[848] Der Gesetzgeber ist daher verpflichtet, unter Berücksichtigung seines Gestaltungsspielraumes ein Verwaltungsverfahren zu organisieren, dass die knappe Ressource „Verwaltung" effizient einsetzt. Das bedeutet nicht, dass maximaler fiskalischer Ertrag erzielt werden muss, sondern, dass alle betroffenen Rechtsgüter möglichst schonend zum Ausgleich gebracht werden müssen, um insbesondere materielle Besteuerungsgleichheit sicherzustellen.[849] Ein Verfahren wie die beschriebene Mehrfachprüfung desselben Sachverhaltes durch verschiedene Finanzbehörden bindet Ressourcen ohne Generierung eines Zusatznutzens. Es fehlt in der Folge an Zeit und Personal, um andere Steuerfälle mit der notwendigen Intensität zu prüfen. Ein solches Verfahren ist deshalb ineffizient und verfassungsrechtlich jedenfalls dann bedenklich, wenn eine effizientere Organisationsmöglichkeit naheliegt bzw. sich förmlich aufdrängt. In Gestalt einer zentralen Prüfung gebietsfremder im Inland nichtsteuerpflichtiger Körperschaften ist eine

---

846 AEAO zu § 59 Nr. 7.

847 So die wohl h.M., wobei die verfassungsrechtliche Verankerung selbst, die Herleitung und die Bindung des Gesetzgebers durchaus umstritten sind: *Gröpl*, in: Bonner Kommentar, GG, Art. 110, Rn. 140 (m.w.N.) nimmt auf Art. 114 Abs. 2 S. 1 GG Bezug, *VerfGH NRW* vom 02.09.2003 – 6/02, NVwZ 2004, 217 bezieht sich auf das Verhältnismäßigkeitsprinzip. Zur a.A. *Siekmann*, in: Sachs, GG, Art. 110, Rn. 68 m.w.N.

848 *Seer*, Der Vollzug von Steuergesetzen unter den Bedingungen einer Massenverwaltung, in: DStjG 31 (2008), S. 7 (18).

849 *Seer*, Der Vollzug von Steuergesetzen unter den Bedingungen einer Massenverwaltung, in: DStjG 31 (2008), S. 7 (18 f.).

solche Alternative verfügbar. Ihr ist deshalb aus verfassungsrechtlicher Sicht der Vorzug zu gewähren.

b. *Vereinbarkeit mit Gemeinschaftsrecht*

Aus gemeinschaftsrechtlicher Sicht ist die gegenwärtige Regelung ebenfalls bedenklich. Die konkrete technische Ausgestaltung des Besteuerungsverfahrens muss sich am Gemeinschaftsrecht messen lassen, weshalb eine administrative bzw. organisatorische Mehrbelastung grenzüberschreitender Vorgänge im Lichte der Grundfreiheiten rechtfertigungsbedürftig ist.[850]

Die Ausgestaltung des Verwaltungsverfahrens de lege lata führt bei der Einbeziehung von Zuwendungen an nichtsteuerpflichtige Körperschaften zu einem signifikant höheren Aufwand der nichtsteuerpflichtigen Körperschaften verglichen mit dem Aufwand der Körperschaften, die über einen Freistellungsbescheid verfügen.

Auch für die Spender führt die derzeitige Verfahrensgestaltung zu einer verminderten Attraktivität von Zuwendungen an nichtsteuerpflichtige Körperschaften. Aus Sicht eines inländischen Spenders ist eine Zuwendung an eine Körperschaft attraktiver, wenn diese über einen Freistellungsbescheid verfügt. Denn wie analysiert wurde, sind bei Zuwendungen an Organisationen mit Freistellungsbescheid die Beweispflichten und das Beweisrisiko zwischen dem Spender und der Körperschaft aufgeteilt, wogegen die gesamte Last bei Zuwendungen an nichtsteuerpflichtige Körperschaften vom Zuwendenden zu tragen ist. Dezentrale Entscheidungen der Finanzämter der Zuwendenden in einem einstufigen Verfahren führen zudem zu fehlender Rechts- und Planungssicherheit der Spender. Solcherlei Unsicherheit ist geeignet, einen Spender von der interstaatlichen Verwirklichung eines Sachverhaltes abzuhalten, wenn im vergleichbaren intrastaatlichen Sachverhalt Rechts- und Planungssicherheit herrscht. In diesem Sinne hat auch der EuGH[851] in der Rechtssache „Safir“ für das Besteuerungsverfahren schwedischer Lebensversicherungen entschieden. Der Spender genießt zudem für Zuwendungen an nichtsteuerpflichtige Körperschaften keinen Vertrauensschutz, sodass ihm etwa bei nachträglichem Wegfall der gemeinnützigkeitsrechtlichen Voraussetzungen eine Nacherhebung droht.

Die derzeitige Regelung des Zuwendungsabzugsverfahrens weist damit eine Reihe von Faktoren auf, die in der Summe geeignet sind, gebietsfremde Körperschaften vom Eintritt in den deutschen Spendenmarkt abzuschrecken und Spender von grenzüberschreitenden Zuwendungen an bestimmte Körperschaften absehen zu lassen. Eine Rechtfertigung dieser Beschränkung der Kapitalverkehrsfreiheit,

850 *EuGH* vom 28.04.1998 – C-118/96 („*Safir*“), Slg 1998, I-1897 = IStR 1998, 299; *Cordewener*, Europäische Grundfreiheiten und nationales Steuerrecht, S. 586.

851 *EuGH* vom 28.04.1998 – C-118/96 („*Safir*“), Slg 1998, I-1897 = IStR 1998, 299, Rn. 29.

gleich unter welchem rechtlichen Gesichtspunkt, kommt schon deshalb nicht in Betracht, weil die konkrete Ausgestaltung des Verfahrens unverhältnismäßig, da nicht erforderlich ist. Eine zentrale Anerkennung und Registrierung gebietsfremder nichtsteuerpflichtiger Körperschaften wäre ebenso wirksam, um zu gewährleisten, dass Zuwendungen nicht zu Unrecht abgezogen werden. Bei der Veranlagung des Spenders könnte auf eine Zuwendungsbestätigung der Körperschaft, die sich auf die Registerdaten oder einen Anerkennungsbescheid bezieht, zurückgegriffen werden. Der zentralen Anerkennung würde Bindungswirkung zukommen.

3. *Zwischenergebnis*

Das Verfahrensrecht muss auf die Einbeziehung nichtsteuerpflichtiger Körperschaften in den Kreis der möglichen Empfänger steuerbegünstigter Zuwendungen abgestimmt werden. Wendete man es in der bisherigen Fassung an, führte dies zu erheblichen tatsächlichen Schwierigkeiten und Belastungen für alle Beteiligten, wäre mit dem Gemeinschaftsrecht nicht zu vereinbaren und verfassungsrechtlich jedenfalls bedenklich. Eine zentrale Prüfung und Anerkennung nichtsteuerpflichtiger gemeinnütziger Körperschaften würde diese Probleme lösen. Der Vertrauensschutz könnte auf Zuwendungen an nichtsteuerpflichtige Körperschaften ausgedehnt werden und die Körperschaften unterlägen dazu korrespondierend den Haftungsregelungen für die Richtigkeit von ihnen ausgestellter Zuwendungsbestätigungen und die korrekte Verwendung der Zuwendung. Mit Hilfe der Möglichkeiten nach der Beitreibungs-Richtlinie wäre eine Realisierung von Haftungsforderungen auch tatsächlich möglich. Ein weiteres Muster für Zuwendungsbestätigungen wäre als Anlage der EStDV zuzufügen. Darin müsste die Körperschaft bestätigen, dass gemäß eines konkret zu bezeichnenden Bescheides anerkannt wurde, dass sie die Voraussetzungen des § 5 Abs. 1 Nr. 9 KStG erfüllt. Der Zuwendende bräuchte dann analog der Regelung für Zuwendungen an steuerpflichtige Körperschaften nur noch die hinsichtlich seiner Person notwendigen persönlichen Merkmale (z.B. Höchstbeträge) nachzuweisen. Insgesamt erfolgte eine verfahrensrechtliche Gleichstellung von Zuwendungen an steuerpflichtige und nichtsteuerpflichtige Körperschaften.

4. *Muster für Zuwendungsbestätigung*

Fraglich ist, ob von gebietsfremden Körperschaften verlangt werden kann, wie von § 50 EStDV vorgesehen, den Erhalt der Zuwendung auf einem amtlichen Vordruck nach deutschem Muster zu bestätigen. Durch diese Norm wird die Zuwendungsbestätigung zur sachlichen Voraussetzung der Abziehbarkeit der Zuwendung. Jedenfalls als Beweismittel im Sinne des § 92 AO kommen aber auch landesübliche Formulare anderer Mitgliedstaaten in Betracht, was eine Behandlung der Frage im Rahmen des Verfahrensrechts rechtfertigt.

Ein Zwang zur Nutzung eines deutschen Musters läuft darauf hinaus, dass für gebietsfremde Körperschaften bei der grenzüberschreitenden Einwerbung von Zuwendungen ein Mehraufwand für die Bestätigung erhaltener Zuwendungen anfallen wird. Der besteht einerseits darin, dass die Formvorschriften zu ermitteln, die Muster zu übersetzen und Vorlagen zu erstellen sind. Bedeutend neben diesem einmaligen Aufwand ist aber andererseits, dass die Vorschriften verschiedener Staaten kollidieren können und es deshalb notwendig werden kann, dass zwei Bescheinigungen erstellt werden müssen, und zwar eine nach dem Recht des Ansässigkeitsstaates der Empfängerkörperschaft (z.B. aus Buchführungsgründen) und eine nach dem Recht des Ansässigkeitsstaates des Zuwendenden. Das wird umso eher der Fall sein, je detaillierter die nationalen Vorschriften sind. Es liegt auf der Hand, dass das Erfordernis eines bestimmten Musters in einer bestimmten Sprache kaum übereinstimmen wird mit den Formvorschriften bzw. Buchführungspflichten eines anderen Staates. Folge eines verbindlichen Musters in deutscher Sprache wäre somit, dass von der Empfängerkörperschaft für die Zuwendung eines deutschen Spenders zwei Bestätigungen erstellt werden müssten, damit die Zuwendung für den deutschen Spender steuerlich berücksichtigungsfähig wäre. Im Gegensatz zu Form-anforderungen an Satzungen ist hinsichtlich der Zuwendungsbestätigungen aber kein Fall vorstellbar, in dem eine Formvorschrift des Ansässigkeitsstaats der Empfängerkörperschaft derart mit dem deutschen Erfordernis der Nutzung des Musters kollidieren könnte, dass im Ergebnis für grenzüberschreitende Zuwendungen gar keine wirksame Bestätigung erstellt werden könnte. Denn anders als bei der Satzung ist es möglich, dem gebietsfremden Spender eine weitere Bestätigung nach den Anforderungen seines Wohnsitzstaates auszustellen.

In der Entscheidung zur Rechtssache „Persche" hat der EuGH explizit darauf hingewiesen, dass gebietsfremde Körperschaften selbst beurteilen müssen, ob sie es für lohnenswert erachten, alle Unterlagen für Spender aus anderen Staaten zusammenzustellen, die diese zur Inanspruchnahme von Steuervergünstigungen in ihren Wohnsitzstaaten benötigen.[852] Dieser schlichte Hinweis des EuGH auf die Entscheidungsfreiheit der gemeinnützigen Einrichtungen zeigt, dass der Gerichtshof Mehraufwand grundsätzlich als zumutbar ansieht. Richtigerweise kann dies aber nur der Fall sein, wenn dieser Mehraufwand nicht über das hinausgeht, was erforderlich und angemessen ist, also dem Verhältnismäßigkeitsprinzip genügt.

Zum Ersten steht hinter dem Erfordernis der Notwendigkeit eines verbindlichen Musters der Gedanke, dass ein standardisiertes Formular als Teil eines mehrstufigen Prüfungsverfahrens eine effiziente Bearbeitung des Massenphänomens Zu-

852 *EuGH* vom 27.01.2009 – C-318/07, („*Persche*"), DStR 2009, 207 = IStR 2009, 171, Rn. 59.

wendungsabzug ermöglicht. Effizienz ermöglicht wiederum erst notwendige steuerliche Kontrollen.

Durch ein mehrstufiges Prüfungssystem, in dem die Voraussetzungen der gemeinnützigen Betätigung der Körperschaft getrennt von den weiteren Voraussetzungen der Abzugsfähigkeit der Zuwendung geprüft werden, sollen Mehrfachprüfungen desselben Sachverhalts vermieden werden. Nachdem sich auf der ersten Stufe die spendenempfangsberechtigte Einrichtung anerkennen lässt, kann auf der zweiten Stufe auf die nochmalige Überprüfung der gemeinnützigkeitsrechtlichen Voraussetzungen der Empfängerkörperschaft verzichtet werden. Dass die Voraussetzungen der ersten Stufe vorliegen, bestätigt die Empfängerkörperschaft in der Zuwendungsbestätigung. Der Veranlagungsbeamte des Zuwendenden (der wahrscheinlich kein intimer Kenner des Gemeinnützigkeitsrechts ist) wird durch die standardisierte Zuwendungsbestätigung so weit als möglich entlastet. Er muss inhaltlich gar nicht prüfen, was bestätigt wird, sondern lediglich, ob die Bestätigung dem Muster entspricht oder nicht. Im gleichen Maße, in dem man in diesem System aber auch materiell gleichwertige, jedoch im Wortlaut abweichende Erklärungen zuließe, erhöhte man die Anforderungen an die Prüfung auf der zweiten Stufe und verminderte dadurch die Effektivität des Systems.

Zum Zweiten darf der Inhalt der standardisierten Zuwendungsbestätigung nicht aus dem Blick verloren werden. So wie die verbindlichen Muster de lege lata gestaltet sind, kommt ihnen auch eine Hinweis- und Warnfunktion zu. Denn es besteht die Pflicht, einen Hinweis auf die Haftungsfolgen der Ausstellung unrichtiger Zuwendungsbestätigungen in die Bestätigung aufzunehmen.[853] Dadurch wird der Aussteller auf die Rechtslage hingewiesen, vor einer Vernachlässigung seiner Sorgfaltspflichten gewarnt und vom bewussten Ausstellen unrichtiger Bestätigungen abgeschreckt. Die Notwendigkeit der Aufnahme des Hinweises auf eine mögliche Haftung als Teil eines verbindlichen Formulars dient damit auch dem Aussteller selbst.

Ausgehend vom Gedanken möglichst hoher Effizienz und der Hinweis- und Warnfunktion ist kein milderes Mittel als die Vorgabe eines verbindlichen Musters ersichtlich. Die Prüfung materieller Übereinstimmung erfordert im Gegensatz zur Prüfung der Übereinstimmung mit einem Muster einen gegebenenfalls signifikant höheren Aufwand. Und der Verpflichtung zum Hinweis auf die Rechtslage hinsichtlich möglicher Haftungsansprüche kann man am einfachsten gerade dadurch genügen, dass man den Gesetzeswortlaut bzw. den Wortlaut eines Musters wiedergibt.

853 *BMF* vom 02.06.2000 – IV C 4 – 2223 – 568/00, BStBl. I 2000, 592, Rn. 14.

Die Formvorschriften für Zuwendungsbestätigungen dürfen daher auch die Verpflichtung zur Nutzung eines verbindlichen Musters in deutscher Sprache enthalten.[854]

III. Änderung bestandskräftiger Steuerbescheide

Eine weitere verfahrensrechtliche Frage ist, ob bestandskräftige Steuerbescheide, die vor den Entscheidungen des EuGH in den Rechtssachen „Stauffer" und „Persche" ergingen, noch geändert werden können, wenn der Steuerpflichtige erst jetzt in Kenntnis der Rechtsprechung entsprechende Angaben gegenüber dem Finanzamt macht. Dann könnten beschränkt steuerpflichtige Körperschaften nachträglich die Befreiung von der Körperschaft- und Gewerbesteuer beantragen und die nachträgliche Berücksichtigung grenzüberschreitender Zuwendungen könnte verlangt werden. Ansatzpunkt dieser Überlegungen ist, dass die Entscheidungen des EuGH deklaratorischer Natur sind, also die Rechtslage nicht gestalten, sondern sie nur so beschreiben, wie sie bereits vor der Entscheidung bestand.[855] Das Gemeinschaftsrecht anerkennt als allgemeinen Rechtsgrundsatz jedoch den Grundsatz der Rechtssicherheit und verlangt daher von den Mitgliedstaaten keine grundsätzliche Korrektur bestandskräftiger Verwaltungsentscheidungen.[856] Maßgeblich sind die Möglichkeiten der Durchbrechung der Bestandskraft im nationalen Recht.

Als Korrekturvorschrift kommt insoweit § 173 Abs. 1 Nr. 2 AO in Betracht. Das „Vorliegen der Voraussetzungen steuerlicher Gemeinnützigkeit" bzw. die „Leistung steuerbegünstigter Zuwendungen" sind Tatsachen, die dem Finanzamt erst „nachträglich" durch eine Mitteilung des Steuerpflichtigen bekannt werden. Das setzt allerdings voraus, dass der Steuerpflichtige in der ursprünglichen Steuererklärung insoweit keine Angaben gemacht hatte. Nicht von § 173 AO erfasst ist der Fall, dass Angaben gemacht wurden und die Finanzverwaltung eine Berücksichtigung mit Hinweis auf § 5 Abs. 2 Nr. 2 KStG a.F. (bestandskräftig) abgelehnt hatte.

Die Tatsachen müssten „rechtserheblich" bzw. „kausal" gewesen sein, was nach der herrschenden Ansicht in Rechtsprechung[857] und Literatur[858] heißt, es

---

854 A.A. ohne nähere Begründung: *Thömmes*, Sonderausgabenabzug für Spenden an gemeinnützige Einrichtungen im Ausland, in: IWB 2009/4, Fach 11a, 1227 (1233).

855 St. Rspr. siehe *EuGH* vom 06.03.2007 – C-292/04 („*Meilicke*"), Slg 2007, I-1835 = IStR 2007, 247, Rn. 34 m.w.N.

856 *EuGH* vom 12.02.2008 – C-2/06 („*Kempter*"), Slg 2008, I-411 = EuZW 2008, 148, Rn. 37.

857 *BFH* vom 23.11.1987 – GrS 1/86, BStBl. II 1988, 180 = BFHE 151, 495; *BFH* vom 27.10.1998 – X R 157/95, BStBl. II 1999, 91 = BFHE 187, 445; *BFH* vom 19.10.2006 – III R 31/06, BFH/NV 2007, 392; *BFH* vom 15.03.2007 – III R 72/05, BFH/NV 2007, 1458.

858 *Gosch*, Früheres KSt-Anrechnungsverfahren ist gemeinschaftsrechtswidrig, in: BFH-PR 2007, 187 (189); *Frotscher*, in: Schwarz, § 173, Rn. 31; Koenig, in: Pahlke/Koenig, § 173, Rn. 87;

muss mit an Sicherheit grenzender Wahrscheinlichkeit feststehen, dass die Finanzverwaltung seinerzeit anders entschieden hätte, wenn ihr die Tatsachen bekannt gewesen wären. Die Gegenansicht[859] interpretiert § 173 AO abweichend und fragt nicht, ob anders entschieden worden wäre, sondern ob anders hätte entschieden werden müssen. Für die herrschende Meinung spricht, dass nach § 173 AO die Änderung von Steuerbescheiden aufgrund neuer Tatsachen und nicht aufgrund geläuterter Rechtsauffassung möglich sein soll. Nicht eine neue Schlussfolgerung soll die Bestandkraft durchbrechen, sondern die ihr zugrundeliegende Tatsache. Indes kann an dieser Stelle eine Entscheidung offen bleiben. Hätte der Steuerpflichtige die Tatsachen bei seiner Erklärung dargelegt, hätte die Finanzverwaltung wegen des eindeutigen Wortlauts des § 5 Abs. 2 Nr. 2 KStG a.F. eine Berücksichtigung verweigern müssen. Insoweit war keine andere Entscheidung möglich und damit auch nicht wahrscheinlich. Auf die Frage, ob den Steuerpflichtigen gemäß § 173 Abs. 1 Nr. 2 AO ein „grobes Verschulden" daran trifft, dass die Tatsachen erst nachträglich bekannt werden, kommt es deshalb nicht an.[860]

Eine Korrektur nach § 175 Abs. 1 S. 1 Nr. 2 AO wegen eines Ereignisses mit steuerlicher Wirkung für die Vergangenheit kommt im Ergebnis ebenfalls nicht in Betracht. Die Änderung der Rechtsprechung oder die erstmalige Entscheidung zu einer bisher nicht entschiedenen Fallgruppe ist kein rückwirkendes Ereignis, wie eine systematische Auslegung der §§ 175, 176 AO zeigt.[861] Denn Änderungen eines Steuerbescheides wegen der Änderung der Rechtsprechung regelt § 176 AO, sodass diese kein rückwirkendes Ereignis nach § 175 Abs. 1 S. 1 Nr. 2 AO darstellen können. Das muss auch für Auslegungen der Grundfreiheiten in Vorabentscheidungsverfahren des EuGH gelten, weil auch diese Entscheidungen nur inter partes wirken.[862] Dass das nachträgliche Ausstellen einer Zuwendungsbestätigung als materieller Voraussetzung für den Zuwendungsabzug kein rückwirkendes Ereignis ist, regelt § 175 Abs. 2 S. 2 AO explizit.

Eine Änderung ist damit nur in den Fällen noch möglich, in denen die entsprechenden Steuerbescheide in diesem Punkt durch Einspruch offen gehalten wurden. Damit wird zu Recht nur derjenige begünstigt, der gegen die gemeinschaftsrechtswidrige Ablehnung der Anerkennung steuerlicher Gemeinnützigkeit bzw. die Versagung des Zuwendungsabzuges aufgrund § 5 Abs. 2 Nr. 2 KStG

Rüsken, in: Klein, AO, § 173, Rn. 71 ff.; *Szymczak*, in: Koch/Scholtz, § 173, Rn. 26; *von Groll*, in: Hübschmann/Hepp/Spitaler, § 173 AO, Rn. 125 ff.

859 *Loose*, Tipke/Kruse, § 173 AO, Rn. 56; *Martens*, Änderung von Steuerbescheiden wegen neuer Tatsachen, in: StuW 1989, 365; *Mittmann*, Restitution nach § 173 Abs. 1 Nr. 2 AO trotz mutmaßlich kausalen Rechtsirrtums?, in: DStZ 1989, 505.

860 So aber *Hahn*, Spenden in das (EG-)Ausland grundsätzlich abzugsfähig – Entscheidung in der Rechtssache Persche, in: jurisPR-SteuerR 16/2009 Anm. 2.

861 *BFH* vom 21.03.1996 – XI R 36/95, BStBl. II 1996, 399 = BFHE 179, 563.

862 *Wegener*, in: Calliess/Ruffert, Art. 234 EGV, Rn. 36.

a.F. selbst vorgegangen ist. Entsprechend regelt auch das Gesetz zur Umsetzung steuerlicher EU-Vorgaben sowie zur Änderung steuerlicher Vorschfiten, dass die Neuregelungen nur für noch nicht bestandskräftige Veranlagungen und die im jeweiligen Veranlagungszeitraum gültigen Höchstabzugsbeträge gilt.[863]

863 BT-Drucks. vom 03.03.2010 – 17/923, S. 5.

Zusammenfassung der wichtigsten Thesen und Ergebnisse

A. Nationale Vorgaben des bis zum 31.12.2008 geltenden Rechts

Die Regelungen des Gemeinnützigkeitssteuerrechts folgen als Fiskalzwecknormen dem Gebot austeilender Gerechtigkeit. Als „allgemeiner Teil" des Gemeinnützigkeitsrechts waren die §§ 51-68 AO bis zum 31.12.2008 auslandsoffen gestaltet und unterschieden nicht zwischen gebietsansässigen und gebietsfremden Körperschaften. Jedoch setzte auch insoweit § 52 Abs. 1 S. 1 AO mit dem Erfordernis der „Förderung der Allgemeinheit" schon voraus, dass deutsche Staatsangehörige oder die deutsche Bevölkerung als die Menschen gefördert werden, die der deutschen Staatsgewalt unterliegen.[864] Zu differenzieren von der zu fördernden „Allgemeinheit" sind die unmittelbaren Destinatäre gemeinnütziger Tätigkeit. Insoweit ergaben sich aus den bis zum 31.12.2008 geltenden Regelungen keine Einschränkungen für die Förderung ausländischer Destinatäre. Im Gegensatz zu den auslandsoffenen Regelungen der §§ 51-68 AO wurde in verschiedenen materiellen Steuergesetzen eine Privilegierung gemeinnütziger Körperschaften von deren Ansässigkeit im Inland abhängig gemacht. Diese beruhte in rechtstechnischer Hinsicht meist auf einer Verknüpfung mit § 5 Abs. 1 Nr. 9 KStG und § 5 Abs. 2 Nr. 2 KStG in der bis zum 31.12.2008 geltenden Fassung, wonach beschränkt steuerpflichtige Körperschaften von den Steuerbefreiungen wegen Gemeinnützigkeit ausgeschlossen waren.

B. Europäische Vorgaben für das Gemeinnützigkeitsrecht

I. Bedeutung der Grundfreiheiten für das Steuerrecht der Mitgliedstaaten im Allgemeinen

Da Gemeinnützigkeit im Rahmen direkter und indirekter Steuervergünstigungen berücksichtigt wird, ist es gerechtfertigt, die Vereinbarkeit des Gemeinnützigkeits- und Spendenrechts mit dem Gemeinschaftsrecht anhand der Maßstäbe zu messen, die für das Steuerrecht der Mitgliedstaaten im Allgemeinen gelten und maßgeblich im Wege der „stillen" Harmonisierung mit Hilfe der Grundfreiheiten durch den

864 S. Erster Teil, D., I., 1., lit. b., S. 44 ff.

EuGH entwickelt wurden.[865] Der Rechtfertigungsgrund der Kohärenz vermag steuerliche Vorteile auch dann zu rechtfertigen, wenn mit ihnen steuerliche Nachteile für andere Steuerpflichtige verknüpft sind, wobei die Verknüpfung folgerichtig und nichtdiskriminierend ausgestaltet sein muss. Wie die Entscheidung „Manninen" und nachfolgende Entscheidungen zeigen, akzeptiert auch der Gerichtshof eine solche übergreifende Kohärenzbetrachtung und hält für die Annahme einer kohärenten Regelung nicht mehr am Erfordernis „desselben Steuerpflichtigen" fest.[866] Ob die Notwendigkeit der Wahrung der steuerlichen Kontrolle eine Beschränkung der Grundfreiheiten rechtfertigen kann, ist anhand der tatsächlichen Überprüfungsmöglichkeiten für den jeweiligen grenzüberschreitenden Sachverhalt zu beurteilen.[867]

II. Bedeutung der Grundfreiheiten für das Gemeinnützigkeits- und Zuwendungsrecht der Mitgliedstaaten im Speziellen

Die Grundfreiheiten sind auf die Betätigung gemeinnütziger Körperschaften umfassend anwendbar, fehlende Gewinnorientierung steht dem nicht entgegen.[868] Ausländische Körperschaften können nicht allein wegen ihrer Ansässigkeit im Ausland von steuerlichen Vergünstigungen ausgeschlossen werden. Selbst wenn man richtigerweise eine Inlandsanknüpfung des deutschen Rechts und ein erweitertes Verständnis des Kohärenzbegriffes zugrunde legt, sind subjektiv typisierende Regelungen gleichwohl insoweit nicht zu rechtfertigen.[869] Der Rechtfertigungsgrund der Wahrung der Wirksamkeit steuerlicher Kontrollen greift ebenfalls nicht durch. Das gilt sowohl hinsichtlich der Beschränkung direkter steuerlicher Vorteile der gemeinnützigen Körperschaft als auch hinsichtlich der steuerlichen Berücksichtigung von Zuwendungen an diese. Es ist Aufgabe des nationalen Gesetzgebers, das Verwaltungsverfahren an die Berücksichtigung der Tätigkeit ausländischer gemeinnütziger Körperschaften anzupassen.[870]

III. Bedeutung der Beihilferegelungen für das Gemeinnützigkeits- und Zuwendungsrecht

Zur Zeit besteht mit Blick auf die Beihilferegelungen der Art. 87 ff. EG = Art. 107 ff. AEU kein Handlungsbedarf für den deutschen Gesetzgeber zur Än-

---

865 S. Zweiter Teil, B., S. 84 ff.
866 S. Zweiter Teil, C., III., 6., lit. a., bb., S. 97 ff.
867 S. Zweiter Teil, C., III., 6., lit. b., S. 100 ff.
868 S. Zweiter Teil, D., I., 1., S. 109 ff.
869 S. Zweiter Teil, D., III., 1., S. 122 ff.
870 S. Zweiter Teil, D., III., 3., lit. c., bb., S. 141 ff.

derung des Gemeinnützigkeits- und Spendenrechts. Die Steuervergünstigungen für gemeinnützige Körperschaften erfüllen aus verschiedenen Gründen schon nicht den Tatbestand einer Beihilfe. Jedenfalls sind die Vergünstigungen nach Art. 87 Abs. 3 EG bzw. Art. 107 Abs. 3 AEU gerechtfertigt. Da es sich bei den Vergünstigungen um Altbeihilfen handelt, besteht keine Notifikationspflicht. Allein die Kommission kann tätig werden. Durch die Finanzämter oder die Finanzgerichte können Vergünstigungen wegen Gemeinnützigkeit nicht unter Verweis auf die Beihilferegelungen abgelehnt werden.[871]

C. Perspektiven eines europarechtskonformen Gemeinnützigkeits- und Zuwendungsrechts

I. Materielle Fragen des Gemeinnützigkeitsrechts

1. Neufassung des § 5 Abs. 2 Nr. 2 KStG

Die Neufassung des § 5 Abs. 2 Nr. 2 KStG durch das Jahressteuergesetz 2009 ist nicht mit europäischem Recht zu vereinbaren, soweit auf Gesellschaften im Sinne von Art. 48 EGV bzw. Art. 34 EWR (Art. 54 AEU) abgestellt wird und dadurch solche gebietsfremden Einrichtungen ausgeschlossen werden, die den deutschen nichtrechtsfähigen Stiftungen entsprechen.[872] Die Norm sollte deshalb insoweit geändert werden, als von den Steuerbefreiungen nach § 5 Abs. 1 KStG nicht ausgeschlossen sind:

> *„Steuerpflichtige im Sinne des § 5 Abs. 1 Nr. 9 KStG, die ihren Sitz und/oder ihre Geschäftsleitung in einem EU/EWR-Mitgliedstaat haben, wenn der Ansässigkeitsstaat Amtshilfe nach der Amtshilfe-Richtlinie oder einem völkerrechtlichen Abkommen leistet*".

2. Souveräne mitgliedstaatliche Bestimmung der steuerbegünstigten Förderzwecke – Grenzen mitgliedstaatlichen Ermessens

Bei der Auswahl der förderungswürdigen Sachzwecke sind die Mitgliedstaaten prinzipiell frei. Deshalb können grundsätzlich auch Inlandsverknüpfungen durch die Vorgabe des Ortes der begünstigten Tätigkeit oder die Vorgabe der Nationalität oder Ansässigkeit der Destinatäre erfolgen. Eine Unterscheidung darf jedoch nicht diskriminierend wirken und muss jedenfalls für solche Zwecke gänzlich unterbleiben, in denen die spezifischen Unionsziele der Förderung von Forschung technolo-

871 S. Zweiter Teil, E., S. 148 ff.
872 S. Dritter Teil, A., I., 1., S. 167 f.

gischer Entwicklung, der Mobilität der Lehrenden und Lernenden und des Umweltschutzes betroffen sind. Im Gegensatz dazu ergeben sich für Förderzwecke aus den Politikfeldern der Sozialpolitik, der Kultur und des Gesundheitswesens als auch für Förderzwecke, die keinem der genannten Politikfelder zuzuordnen sind keine Einschränkungen.[873]

3. *Neufassung des § 51 Abs. 2 AO*

a. *Unvereinbarkeit mit Gemeinschaftsrecht*

Der in § 51 Abs. 2 AO eingefügte Inlandsbezug ist wegen des Merkmals des Ansehensbeitrages kaum justiziabel und in seiner jetzigen Form nicht mit dem europäischen Recht zu vereinbaren. Das Erfordernis des Beitrages zum Ansehen der Bundesrepublik Deutschland ist zudem im Gemeinnützigkeitsrecht sachfremd. Durch die in der Gesetzesbegründung verankerte Indizwirkung eines Ansehensbeitrages durch die Tätigkeit einer im Inland ansässigen gemeinnützigen Körperschaft werden im Ausland ansässige Körperschaften, für die die Indizwirkung nicht gilt, indirekt diskriminiert.[874] Zudem steht der gemeinschaftsrechtlichen Zulässigkeit des § 51 Abs. 2 AO n.F. entgegen, dass die Grenzen des mitgliedschaftlichen Ermessens insoweit überschritten wurden, als die spezifischen Unionsziele der Förderung von Forschung und technologischer Entwicklung, der Mobilität der Lehrenden und Lernenden und des Umweltschutzes bei der Gesetzesfassung nicht beachtet wurden und deshalb eine insoweit nicht zulässige Unterscheidung zwischen Betätigungen im Inland und im Ausland erfolgt.[875]

b. *Eigener Vorschlag zur Regelung eines Inlandsbezuges*

Es wird vorgeschlagen, die Notwendigkeit eines Inlandsbezuges im Katalog des § 52 Abs. 2 AO zu verankern und nur für bestimmte Förderzwecke eine universelle Betätigung zuzulassen. Dadurch kann die erforderliche Berücksichtigung der spezifischen Ziele der Union ebenso berücksichtigt werden wie der Umstand, dass bestimmte Förderzwecke, wie die Entwicklungshilfe, originär im Ausland zu verwirklichen sind. An § 52 Abs. 2 AO sollte folgender Satz 4 angefügt werden:

> *Mit Ausnahme der Nr. 1, 7, 10, 13, 15 und des Umweltschutzes nach Nr. 8 muss die Verwirklichung der förderungswürdigen Zwecke im Geltungsbereich dieses Gesetzes erfolgen oder die Tätigkeit muss einen nicht unerheblichen Bezug zur Bundesrepublik Deutschland haben, der sich insbesondere daraus ergeben kann, dass Staatsangehörige*

---

873 S. Dritter Teil, A., II., S. 173 ff.

874 S. Dritter Teil, A., III., 2., lit. a., S. 189 ff.

875 S. Dritter Teil, A., III., 2., lit. b., S. 190 f.

der Bundesrepublik Deutschland oder Personen gefördert werden, die ihren Wohnsitz oder ihren gewöhnlichen Aufenthaltsort in der Bundesrepublik Deutschland haben.[876]

4. *Neufassung des § 51 Abs. 3 AO*

Der mit dem Jahressteuergestz 2009 neugefasste Absatz 3 des § 51 AO hat überwiegend deklaratorischen Charakter. Auch vor der Kodifizierung war anerkannt, dass sich die Betätigung einer gemeinnützigen Körperschaft im Rahmen der verfassungsrechtlichen Ordnung halten muss. Konstitutiv wirkt insoweit nur die neue gesetzliche Vermutung bei der Aufführung der Körperschaft in einem Verfassungsschutzbericht.[877]

5. *Auslegung des § 60 Abs. 1 AO n.F.*

§ 60 Abs. 1 S. 2 AO n.F. ist so auszulegen, dass die gesetzliche Mustersatzung nicht wörtlich zu übernehmen ist. Die Norm ist nach dieser Auslegung mit dem Gemeinschaftsrecht zu vereinbaren.[878]

II. Materielle Fragen des Zuwendungsrechts

1. *Nach dem Jahressteuergesetz 2009*

Die steuerliche Abziehbarkeit von Zuwendungen an gemeinnützige Körperschaften nach den §§ 10b Abs. 1 und Abs. 1a EStG, 9 Abs. 1 Nr. 2 KStG, 8 Nr. 9 und 9 Nr. 5 GewStG war nach dem Jahressteuergesetz 2009 aus gemeinschaftsrechtlicher Sicht in zweifacher Hinsicht unzureichend geregelt. Durch den Verweis auf § 5 Abs. 1 Nr. 9 KStG in Verbindung mit § 5 Abs. 2 Nr. 2 KStG waren Zuwendungen an gebietsfremde Körperschaften nicht abziehbar, wenn (1.) die Körperschaft keine inländischen Einkünfte hatte und deshalb in Deutschland nicht steuerpflichtig war, und wenn (2.) es sich um eine gebietsfremde Vermögensmasse handelte, die einer inländischen nicht rechtsfähigen Stiftung vergleichbar war.[879]

2. *De lege lata*

Zu Recht können durch Inkrafttreten des Gesetzes zur Umsetzung steuerlicher EU-Vorgaben sowie zur Änderung steuerlicher Vorschriften[880] nun auch Zuwen-

876 S. Dritter Teil, A., III., 4., S. 192 ff.
877 S. Dritter Teil, A., IV., S. 195 f.
878 S. Dritter Teil, A., V., S. 196 ff.
879 S. Dritter Teil, B., I., S. 201 f.
880 S. Dritter Teil, B., II., S. 202.

dungen an solche gebietsfremden gemeinnützigen Körperschaften steuerlich berücksichtigt werden, die im Inland nicht steuerpflichtig sind. Die jetzt in den Abzugsvorschriften enthaltenen Merkmale der „Leistung" von Amtshilfe bzw. Beitreibungsunterstützung sind dann als erfüllt anzusehen, wenn der Ansässigkeitsstaat der Körperschaft die Amtshilfe-Richtlinie und die Beitreibungs-Richtlinie in nationales Recht umgesetzt hat oder alternativ zur Amtshilfe-Richtlinie Amtshilfe nach einem völkerrechtlichen Abkommen leistet. Die Änderungen im Zuwendungsrecht hätten passgenauer auf die bereits mit dem Jahressteuergesetz 2009 eingefügten Erfordernisse für die Steuerbefreiung gebietsfremder Körperschaften abgestimmt werden müssen. Das nun doppelt geregelte Erfordernis der „Leistung von Amtshilfe" sollte nur in § 5 Abs. 2 Nr. 2 KStG erfasst sein und dabei sollte auf die Leistung von *„Amtshilfe nach der Amtshilfe-Richtlinie oder einem völkerrechtlichen Abkommen"* abgestellt werden.[881]

III. Verfahrensrechtliche Fragen

1. Gemeinnützigkeitsrecht

Es begegnet keinen Bedenken, von gebietsfremden gemeinnützigen Körperschaften im Besteuerungsverfahren die Vorlage einer Steuererklärung nach einem Muster in deutscher Sprache zu verlangen. Beizufügende Nachweise wie Tätigkeits- oder Geschäftsbericht, Satzung, Bilanzen oder Mittelverwendungsrechnungen können dagegen in einer anderen Sprache verfasst sein; insoweit genügt die Vorlage von Übersetzungen.[882]

Eine unbedingte Pflicht der Finanzverwaltung zur Inanspruchnahme grenzüberschreitenden Auskunftsaustausches besteht ebenso wenig wie die Möglichkeit, in Zweifelsfällen generell nach den Grundsätzen der Feststellungslast und damit zum Nachteil der gebietsfremden Körperschaften zu entscheiden. Das nationale Recht und das Gemeinschaftsrecht verlangen vielmehr, dass die Finanzverwaltung im Einzelfall nach pflichtgemäßem Ermessen darüber entscheidet, ob Amtshilfe in Anspruch genommen wird. Eine Ermessensreduzierung, auch auf Null, ist dabei genauso möglich wie eine Entscheidung nach der Feststellungslast.[883]

2. Zuwendungsrecht

De lege lata ist verfahrensrechtlich nur die Prüfung der Abzugsfähigkeit von Zuwendungen an unbeschränkt oder beschränkt steuerpflichtige gemeinnützige

881 S. Dritter Teil, B., II., S. 202 ff.
882 S. Dritter Teil, C., I., 1., S. 210 ff.
883 S. Dritter Teil, C., I., 3., S. 212 ff.

Körperschaften mehrstufig ausgestaltet. Für Zuwendungen an nichtsteuerpflichtige Körperschaften bedarf es einer entsprechenden Regelung durch Einführung eines zentralen Anerkennungsverfahrens für gebietsfremde im Inland nichtsteuerpflichtige Körperschaften. Ohne eine mehrstufige Ausgestaltung verbleiben alle Nachweislasten beim Zuwendenden, er genießt keinen Vertrauensschutz, die gebietsfremden Körperschaften werden mehrfach belastet und auch für die Finanzverwaltung ist damit Mehr- und Mehrfachaufwand verbunden. Eine solche verfahrensrechtliche Behandlung von Zuwendungen an nichtsteuerpflchtige Körperschaften ist mit dem Gemeinschaftsrecht nicht zu vereinbaren und verfassungsrechtlich bedenklich.[884] Keinen Bedenken begegnet es dagegen, in einem mehrstufig ausgestalteten Prüfungsverfahren für Zuwendungsbestätigungen auch gebietsfremder Körperschaften die Nutzung eines verbindlichen Musters in deutscher Sprache vorzuschreiben.[885]

3. Änderung bestandskräftiger Steuerbescheide

Eine Änderung bestandskräftiger Steuerbescheide aufgrund der Rechtsprechung des EuGH ist nicht möglich. Hinsichtlich einer Änderung nach § 173 Abs. 1 Nr. 2 AO fehlt es an der Rechtserheblichkeit nachträglich vorgetragener Umstände zur Gemeinnützigkeit oder nachträglich vorgelegter Zuwendungsbescheinigungen. Eine Korrektur scheidet auch nach § 175 Abs. 1 S. 1 Nr. 2 AO aus, weil weder die Änderung der Rechtsprechung noch das nachträgliche Ausstellen einer Zuwendungsbescheinigung ein rückwirkendes Ereignis sind.[886]

884 S. Dritter Teil, C., II., S. 218 ff.
885 S. Dritter Teil, C., II., 4., S. 225 ff.
886 S. Dritter Teil, C., III., S. 228 ff.

Literaturverzeichnis

Axer, Georg	Der Europäische Gerichtshof auf dem Weg zur „doppelten „Kohärenz“ in: IStR 2007, 162.
Bauer, Karl-Heinz	Die Steuerpflicht gemeinnütziger Körperschaften nach der Rechtsprechung des Bundesfinanzhofs, in: FR 1989, 61.
Bayer, Walter Hoffmann, Thomas	Erste gemeinnützige Unternehmergesellschaft (haftungsbeschränkt), in: GmbHR 2009, R102.
Becker, Florian	Vergleich der Aufgabenverteilung zwischen öffentlichem und privatem Bereich – Spendenrecht im Spiegel der Staats- und Verfassungsrechtsentwicklung, in: Walz, Rainer Wolfgang u.a. [Hrsg.], Spenden- und Gemeinnützigkeitsrecht in Europa, Tübingen 2007, S. 637.
Behrens, Peter	Die Konvergenz der wirtschaftlichen Freiheiten im europäischen Gemeinschaftsrecht, in: EuR 1992, 145.
Bleckmann, Albert	Die Freiheiten des Gemeinsamen Marktes als Grundrechte, in: Bieber, Roland u.a. [Hrsg.], Gedächtnisschrift für Christoph Sasse, Kehl am Rhein 1981, S. 665.
Bopp, Gerhard	Das Merkmal der Selbstlosigkeit bei der Verfolgung steuerbegünstigter Zwecke i.S. der §§ 51 ff. AO 1977, in: DStZ 1999, 123.

Borgsmidt, Kirsten	Leitgedanken der EuGH-Rechtsprechung zu den Grundfreiheiten in Steuerfällen – eine Bestandsaufnahme, in: IStR 2007, 802.
Brunner, Heinrich	Deutsche Rechtsgeschichte, 2. Aufl., München und Leipizg 1928.
Buchna, Johannes	Gemeinnützigkeit im Steuerrecht, 8. Aufl., Achim 2003.
Bundesministerium der Finanzen [Hrsg.]	Gutachten der Unabhängigen Sachverständigenkommission zur Prüfung des Gemeinnützigkeits- und Spendenrechts, BMF-Schriftenreihe, Heft 40, Bonn 1988.
Calliess, Christian [Hrsg.] Ruffert, Matthias [Hrsg.]	Kommentar zum EUV/EGV, 3. Aufl., München 2007.
Carstensen, Carsten	Vermögensverwaltung, Vermögenserhaltung und Rechnungslegung gemeinnütziger Stiftungen, 2. Aufl., Frankfurt am Main 1996.
Conrad, Hermann	Deutsche Rechtsgeschichte, 2. Aufl., Karlsruhe 1962.
Cordewener, Axel	Europäische Grundfreiheiten und nationales Steuerrecht, Köln 2002.
Cordewener, Axel	Europäische Vorgaben für die Verfahrensrechte von Steuerausländern – Formellrechtliche Implikationen der „Fokus Bank“-Entscheidung des EFTA-Gerichtshofs, in: IStR 2006, 113 (Teil I), 158 (Teil II).
Crezelius, Georg	Steuerrechtliche Verfahrensfragen bei grenzüberschreitenden Sachverhalten, in: IStR 2002, 433.

Daurer, Veronika	Die Rs. Persche: Spenden auf dem Prüfstand des Gemeinschaftsrechts, in: SWI 2009, 385.
Degenhart, Christoph	Staatsorganisationsrecht, 25. Aufl., Heidelberg 2009.
Demuth, Ralf	Spenden an ausländische Körperschaften und JStG 2009, in: BeSt 2009, 14.
Dolzer, Rudolf [Hrsg.] u.a.	Bonner Kommentar zum Grundgesetz, Loseblatt, Heidelberg, Stand: 141. Lieferung August 2009.
Dötsch, Ewald [Hrsg.] Jost, Werner F. [Hrsg.] u.a.	Die Körperschaftsteuer, Loseblatt, Stand: 68. Lieferung Mrz. 2010.
Drenseck, Walter [Hrsg.]	Schmidt, Kommentar zum Einkommensteuergesetz, 28. Aufl., München 2009.
Drüen, Klaus-Dieter Liedtke, Stefan	Die Reform des Gemeinnützigkeits- und Spendenrechts und seine europarechtliche Flanke, in: FR 2008, 1.
Drüen, Klaus-Dieter	Die Zukunft des Steuerverfahrens, in: Zukunftsfragen des deutschen Steuerrechts, Berlin [u.a.] 2009, S. 1.
Ebersbach, Harry	Die Stiftung des öffentlichen Rechts, Göttingen 1961.
Ecker, Thomas	Taxation of Non-Profit-Organisations with Multinational Activities – The *Stauffer* Aftermath and Tax Treaties, in: Intertax 2007, 450.
Ehrentraut, Arno M.	Untersuchungen über die Frage der Frei- und Reichsstädte, Leipzig 1902.

Eicker, Klaus	Grenzüberschreitende gemeinnützige Tätigkeit, Frankfurt a.M. 2004.
Eicker, Klaus	Beschränkung der Kapitalverkehrsfreiheit durch Steuerbefreiungen nur für gebietsansässige gemeinnützige Stiftungen, zugleich Anmerkung zum Schlussantrag der Generalanwältin Stix-Hackl in der Rechtssache „Stauffer“ in: IWB 2006, Fach 11a, S. 947 f.
Eicker, Klaus	Abzugsfähigkeit von Spenden an gemeinnützige Körperschaften im europäischen Ausland, in: ZErb 2006, 162.
Eicker, Klaus Obser, Ralph	EuGH-Rechtsprechung Ertragsteuerrecht, 2. Aufl., Bonn 2007.
Eicker, Klaus	Erfordern die EG-Grundfreiheiten eine Änderung des deutschen Gemeinnützigkeitsrechts?, in: ZErb 2005, 147.
Elicker, Michael	Die „steuerrechtliche Kohärenz“ in der Rechtsprechung des Europäischen Gerichtshofes, in: IStR 2005, 89.
Endres, Dieter [Hrsg.] Schreiber, Christoph [Hrsg.]	Investitions- und Steuerstandort USA, 1. Aufl., München 2008.
Englisch, Joachim	Fiscal Cohesion in the Taxation of Cross-Border Dividends, in: European Taxation, 2004, 323 (Part One), 355 (Part Two).
Englisch, Joachim	Europarechtliche Einflüsse auf den Untersuchungsgrundsatz im Steuerverfahren, in: IStR 2009, 37.
Epiney, Astrid	Umweltrecht in der Europäischen Union, 2. Aufl., Köln 2005.

Epping, Volker [Hrsg.] Hillgruber, Christian [Hrsg.] — Beck'scher Online-Kommentar zum GG, Edition 4, Stand: 01.11.2009.

Everett, Mary — Der Einfluss der EuGH-Rechtsprechung auf die direkten Steuern, in: DStZ 2006, 357.

Fischer Peter — Das EuGH-Urteil Persche zu Auslandsspenden – die Entstaatlichung des Steuerstaates geht weiter, in: FR 2009, 249.

Fischer, Peter — Überlegungen zur Fortentwicklung des steuerlichen Gemeinnützigkeitsrechts, in: FR 2008, 752.

Fischer, Peter — Unorthodoxe Überlegungen zur Verfassungsarchitektur Europas am Beispiel des Falles „Stauffer", in: FR 2007, 361.

Fischer, Peter — Europa macht mobil – bleibt der Verfassungsstaat auf der Strecke?, in: FR 2005, 457.

Fischer, Peter — Marktliberalismus versus Europäisches Sozialmodell, in: FR 2009, 929.

Förster, Jutta — Kapitalverkehrsfreiheit: Abzugsfähigkeit von Spenden innerhalb der EU, in: BFH-PR 2009, 125.

Frotscher, Gerrit — Internationales Steuerrecht, 3. Aufl., München 2009.

Fuisting, Bernhard — Die preußischen direkten Steuern, Bd. I, Kommentar zum Einkommensteuergesetz, 8. Aufl., Berlin 1915.

Gast-de Haan, Brigitte | Ungelöste Verfahrensfragen im Recht gemeinnütziger Körperschaften, in: FR 1993, 708.

Geiger, Rudolf | Kommentierung zum Vertrag über die Europäische Union und Vertrag zur Gründung der Europäischen Gemeinschaft, 4. Aufl., München 2004.

Geserich, Stephan | Die Abzugsfähigkeit von Spenden in andere EU-Staaten – Zugleich eine Anmerkung zum EuGH-Urteil vom 27.01.2009, C-318/07, Persche, DStR 2009, 207, in: DStR 2009, 1173.

Geserich, Stephan | Das Spendenrecht, in: 27. Jahrestagung der Deutschen Steuerjuristischen Gesellschaft (DStJG) Band 26, Köln 2003, S. 245.

Gmach, Gertlieb | Neuere Rechtsprechung zum Recht der steuerbegünstigten Zwecke, in: FR 1997, 793.

Gosch, Dietmar | Kurze, aber grundlegende Nachlese zur Nachlese von Meilicke zu den Schulgeld-Urteilen des EuGH, in: DStR 2007, 1895.

Gosch, Dietmar | Früheres KSt-Anrechnungsverfahren ist gemeinschaftsrechtswidrig, in: BFH-PR 2007, 187.

Gradel, Christian | Zur steuerlichen Abzugsfähigkeit von Auslandsspenden, in: IStR 2002, 222.

Haase, Florian | Internationales und Europäisches Steuerrecht, 2. Aufl., Heidelberg 2009.

Hahn, Hartmut | Spenden in das (EG-) Ausland grundsätzlich abzugsfähig – Entscheidung in der Rechtssache Persche, in: jurisPR-SteuerR 16/2009 Anm. 2.

Hain, Karl-Eberhard Schlette, Volker Schmitz, Thomas	Ermessen und Ermessensreduktion – ein Problem im Schnittpunkt von Verfassungs- und Verwaltungsrecht, in: AöR, 1997, 32.
Hallstein, Walter	Der unvollendete Bundesstaat, 1. Aufl., Düsseldorf 1969.
Hammer, Felix	Die Gemeinnützigkeitsregelungen des Steuerrechts, in: StuW 2001, 19.
Heger, Karin	Gemeinnützigkeit und Gemeinschaftsrecht, in: FR 2004, 1154.
Heintzen, Markus	Steuerliche Anreize für gemeinwohlorientiertes Engagement Privater, in: FR 2008, 737.
Helios, Marcus	Das deutsche Gemeinnützigkeitsrecht innerhalb der Schranken des Europarechts, in: BB 2002, 1893.
Helios, Marcus Schlotter, Carsten	Spendenabzug und EU-Recht, in: IStR 2006, 483.
Helios, Marcus	EG-beihilfenrechtliche Vereinbarkeit von gemeinnützigkeitsabhängigen Steuervergünstigungen, in: EWS 2006, 61 (Teil 1), 108 (Teil 2).
Helios, Marcus	Steuerliche Gemeinnützigkeit und EG-Beihilfenrecht, Hamburg 2005.
Herbert, Ulrich	Der wirtschaftliche Geschäftsbetrieb des gemeinnützigen Vereins, Köln 1988.
Herzig, Norbert Wagner, Thomas	EuGH-Urteil „Marks & Spencer“ – Begrenzter Zwang zur Öffnung nationaler Gruppenbesteuerungssysteme für grenzüberschreitende Sachverhalte, in: DStR 2006, 1.

Herzog, Roman [Hrsg.] Scholz, Rupert [Hrsg.] u.a.	Maunz/Dürig, Grundgesetz Kommentar, 53. Aufl., München 2009.
Heuermann, Bernd [Hrsg.]	Blümich, Kommentar zum Einkommensteuergesetz, Körperschaftsteuergesetz, Gewerbesteuergesetz, Loseblatt, München, Stand: 104. Lieferung September 2009.
Hey, Johanna	Perspektiven der Unternehmensbesteuerung in Europa, in: StuW 2004, 193.
Hey, Johanna [Hrsg.], Prinz, Ulrich [Hrsg.], Wendt, Michael [Hrsg.]	Herrmann/Heuer/Raupach, Kommentar zum Einkommensteuer- und Körperschaftsteuergesetz, Loseblatt, Köln, Stand: 239. Lieferung Februar 2010.
Hidien, Jürgen W. Möllenbeck, Claus	Spenden an gemeinnützige Institutionen in EU-Mitgliedstaaten sind steuerlich abzugsfähig, in: PISTB 2009, 124.
Hopt, Klaus [Hrsg.] u.a.	The European Foundation, Gütersloh 2006.
Hruschka, Franz	Feststellungslast und Mitwirkungspflicht bei Auslandsbetriebsstätten, in: IStR 2002, 753.
Hufeld, Ulrich	Deutsches Steuerrecht und europäische Gemeinnützigkeit, in: Festschrift für Reinhard Mußgnug, Heidelberg 2005, S. 255.
Hüttemann, Rainer	Gemeinnützigkeits- und Spendenrecht, Köln 2008.
Hüttemann, Rainer Helios, Marcus	Gemeinnützige Zweckverfolgung im Ausland nach der „Stauffer“-Entscheidung des EuGH, in: DB 2006, 2481.

Hüttemann, Rainer	Die steuerliche Förderung gemeinnütziger Tätigkeiten im Ausland – eine Frage des „Ansehens", in: DB 2008, 1061.
Hüttemann, Rainer	Der neue Anwendungserlass zum Gemeinnützigkeitsrecht (§§ 51 bis 68 AO), in: FR 2002, 1337.
Hüttemann, Rainer	Wirtschaftliche Betätigung und steuerliche Gemeinnützigkeit, Köln 1991.
Hüttemann, Rainer	Steuervergünstigungen wegen Gemeinnützigkeit und europäisches Beihilfenverbot, in: DB 2006, 914.
Hüttemann, Rainer Helios, Marcus	Abzugsfähigkeit von Direktspenden an gemeinnützige Einrichtungen im EU-Ausland, in: IStR 2008, 39.
Hüttemann, Rainer Helios, Marcus	Zum grenzüberschreitenden Spendenabzug in Europa nach dem EuGH-Urteil vom 27.1.2009, Persche, in: DB 2009, 701.
Igl, Gerhard Jachmann, Monika Eichenhofer, Eberhard	Enquete-Kommission „Zukunft des Bürgerschaftlichen Engagements" Deutscher Bundestag [Hrsg.], Opladen 2002.
Ipsen, Knut	Soziale Dienstleistungen und EG-Recht, Berlin 1997.
Isensee, Josef	Gemeinnützigkeit und Europäisches Gemeinschaftsrecht, in: 27. Jahrestagung der Deutschen Steuerjuristischen Gesellschaft (DStJG) Band 26, Köln 2003, S. 93.
Isensee, Josef	Staatsaufgaben, in: Isensee, Josef [Hrsg.], Kirchhof, Paul [Hrsg.], Handbuch des Staatsrechts, Band IV, Aufgaben des

	Staates, 3. Aufl., Heidelberg 2006.
Jachmann, Monika Meier-Behringer, Annette	Gemeinnützigkeit in Europa: Steuer- und europarechtliche Rahmenbedingungen, in: BB 2006, 1823.
Jachmann, Monika	Reformbedarf im Gemeinnützigkeitsrecht, in: ZSt 2003, 35.
Jachmann, Monika	Die Europarechtswidrigkeit des § 5 Abs. 2 Nr. 2 KStG, in: BB 2003, 990.
Jachmann, Monika	Die Entscheidung des EuGH im Fall Stauffer – Nationale Gemeinnützigkeit in Europa, in: BB 2006, 2607.
Jacobs, Otto H.	Internationale Unternehmensbesteuerung, 6. Aufl., München 2007.
Jähnke, Burkhard [Hrsg.] Laufhütte, Heinrich [Hrsg.] Odersky, Walter [Hrsg.]	Leipziger Kommentar zum Strafgesetzbuch, 11. Aufl., Band 2, Berlin 2003.
Jakob, Wolfgang	Abgabenordnung, 5. Aufl., München 2010.
Jarass, Hans D.	Elemente einer Dogmatik der Grundfreiheiten II, in: EuR 2000, 705.
Jenetzky, Johannes	System und Entwicklung des materiellen Steuerrechts in der wissenschaftlichen Literatur des Kameralismus von 1680-1840, Berlin 1978.
Jochum, Heike	Gemeinnützigkeit in Europa: National oder europäisch gedacht?, in: Festschrift für Hans-Werner Rengeling, Köln [u.a.] 2008, S. 545.

Joecks, Wolfgang [Hrsg.] Miebach, Klaus [Hrsg.]	Münchener Kommentar zum Strafgesetzbuch, 1. Aufl, Band 2/1, München 2005.
Kirchhof, Paul	Gemeinnützigkeit – Erfüllung staatsähnlicher Aufgaben durch selbstlose Einkommensverwendung, in: 27. Jahrestagung der Deutschen Steuerjuristischen Gesellschaft (DStJG) Band 26, Köln 2003, S. 1.
Kirchhof, Paul [Hrsg.]	EStG KompaktKommentar, 8. Aufl., Heidelberg 2008.
Kirchhof, Paul [Hrsg.] Söhn, Hartmut [Hrsg.]	Kirchhof/Söhn/Mellinghoff, EStG, Kommentar, Loseblatt, München, Stand: 197. Lieferung Mai 2009.
Klein, Franz [Hrsg.]	Abgabenordnung, 10. Aufl., München 2009.
Koch, Karl [Hrsg.] Scholtz, Rolf-Detlev [Hrsg.]	Abgabenordnung, 5. Aufl., Köln, Berlin, Bonn, München 1996.
Korn, Klaus Strahl, Martin	Beratungsrelevante Aspekte zum JStG 2009 und zu weiteren steuerlichen Änderungsgesetzen, in: KÖSDI 2009/2, 16358.
Korth, Peter	Betriebsausgaben für direkte/indirekte Parteispenden?, in: DB 1985, 2640.
Korts, Sebastian Korts, Petra	Ermittlungsmöglichkeiten deutscher Finanzbehörden bei Auslandssachverhalten, in: IStR 2006, 869.
Koss, Clauss	Die Besteuerung von Vereinen, in: NWB Fach 2, 9809 (26/2008).
Kube, Hanno	Die Zukunft des Gemeinnützigkeitsrechts in der europäischen Marktordnung, in: IStR 2005, 469.

Kube, Hanno — Grenzüberschreitende Verlustverrechnung und die Zuordnung von Verantwortung,
in: IStR 2008, 305.

Kümpel, Andreas — Die steuerliche Behandlung von Zweckbetrieben,
in: DStR 1999, 93.

Kümpel, Andreas — Die Änderung des Spendenrechts ab dem 1.1.2000,
in: FR 2000, 91.

Lahme, Stefan — Spendenabzugsverfahren & Anerkennungsverfahren gemeinnütziger Körperschaften,
Aachen 2004.

Lang, Joachim — Besteuerung in Europa zwischen Harmonisierung und Differenzierung,
in: Unternehmen Steuern, Festschrift für Hans Flick,
Köln 1997, S. 873.

Lang, Joachim — Gemeinnützigkeitsabhängige Steuervergünstigungen,
in: StuW 1987, 221.

Lang, Michael — Recent Case Law of the ECJ in Direct Taxation: Trends, Tensions, and Contradictions,
in: EC Tax Review, 2009, 98.

Lehr, Helmut — Spenden an ausländische Organisationen abzugsfähig,
in: NWB 2009, 432.

Leisner-Egensperger, Anna — Verfassungsrecht der steuerlichen Gemeinnützigkeit,
in: Festschrift für Josef Isensee,
Heidelberg 2007, S. 895.

Lenaerts, Koen — Education in European Community Law after „Maastricht",
in: CMLR 1994, 7.

Lissner, Benjamin — Das Gemeinnützigkeits- und Spendenrecht unter dem Einfluss der europäischen Grundfreiheiten,
Hamburg 2009.

Littmann, Eberhard [Hrsg.] Bitz, Horst [Hrsg.] Pust, Hartmut [Hrsg.]	Kommentar zum Einkommensteuergesetz, Loseblatt, Stuttgart, Stand: 81. Lieferung August 2008.
Lüdicke, Jochen [Hrsg.] Sistermann, Christian [Hrsg.]	Unternehmenssteuerrecht, 1. Aufl., München 2008.
Martens, Joachim	Änderung von Steuerbescheiden wegen neuer Tatsachen, in: StuW 1989, 365.
Martin, Suse	Wechselwirkungen zwischen Mitwirkungspflichten und Untersuchungspflicht im finanzgerichtlichen Verfahren, in: BB 1986, 1021.
Menck, Thomas	International Fiscal Association [Hrsg.], Die Moeglichkeiten und Nachteile einer eventuellen Anwendung nationaler Steuererleichterungsmassnahmen auf auslaendische wissenschaftliche, erzieherische oder gemeinnuetzige Institute, Länderbericht Deutschland, Amsterdam 1969.
Menger, Christian-Friedrich	Höchstrichterliche Rechtsprechung zum Verwaltungsrecht, in: VerwArch 1967, 169.
Meyn, Christian Richter, Andreas Koss, Claus	Die Stiftung, 2. Aufl., Freiburg 2009.
Mittmann, Volker	Restitution nach § 173 Abs. 1 Nr. 2 AO trotz mutmaßlich kausalen Rechtsirrtums?, in: DStZ 1989, 505.
Münzel, Hartmut	Zur Befreiung gemeinnütziger Körperschaften von Beiträgen nach den Kommunalabgabengesetzen, in: KStZ 1994, 101.

Musil, Andreas	Reformbedarf bei der wirtschaftlichen Betätigung gemeinnütziger Körperschaften, in: DStR 2009, 2453.
Nettesheim, Martin [Hrsg.]	Grabitz/Hilf, Das Recht der Europäischen Union, Loseblatt, München, Stand: 38. Lieferung Juni 2009.
Neumann, Steffen	Verbesserungen für das bürgerschaftliche Engagement; Spendenabzug nach Stauffer, in: FR 2008, 745.
Nierhaus, Michael	Beweismass und Beweislast – Untersuchungsgrundsatz und Beteiligtenmitwirkung im Verwaltungsprozess, München 1989.
Oppermann, Thomas Classen, Claus Dieter Nettesheim, Martin	Europarecht, 4. Auflage, München 2009.
Orth, Manfred	Finanzierung und Mittelverwendung gemeinnütziger Organisationen, in: 27. Jahrestagung der Deutschen Steuerjuristischen Gesellschaft (DStJG) Band 26, Köln 2003, S. 177.
Pahlke, Armin [Hrsg.] Koenig, Ulrich [Hrsg.]	Kommentar zur Abgabenordnung, 2. Aufl., München 2009.
Prinz, Friedrich	Neue deutsche Geschichte, München 1985.
Rauh, Wolfgang	Kommentierung zum Stichwort „Kapitalertragsteuer“ in: Beck'sches Steuer- und Bilanzrechtslexikon, Edition 1/10, München 2010.
Reiffs, Hans	Außenprüfung bei gemeinnützigen Vereinen, in: StBp 1991, 205.

Reimer, Ekkehart Ribbrock, Martin	Gemeinnützigkeit auch für ausländische Körperschaften?, in: RIW 2005, 611.
Reimer, Ekkehart Ribbrock, Martin	Steuerbefreiung von inländischen Vermietungseinkünften einer ausländischen Stiftung, Anmerkung zum Urteil des EuGH vom 14.09.2006 – C-386/04 („*Stauffer*"), in: IStR 2006, 679.
Rengeling, Hans-Werner	Europäisches Gemeinschaftsrecht und nationaler Rechtsschutz – unter besonderer Berücksichtigung der Rechtsprechung des Europäischen Gerichtshofs und deutscher Gerichte, in: Gedächtnisschrift für Christoph Sasse, S. 197.
Richter, Andreas Gollan, Anna Katharina	Entscheidung des EuGH in der Rechtssache Persche – Spenden an EU-ausländische gemeinnützige Organisationen, in: npoR 2009, 19.
Rieß, Peter [Hrsg.]	Löwe-Rosenberg, Großkommentar zur Strafprozessordnung und zum Gerichtsverfassungsgesetz, 25. Aufl., Band 3, Berlin 2004.
Roolf, Willy J.	Die Beteiligungen einer gemeinnützigen Körperschaft an Personen- und Kapitalgesellschaften und der wirtschaftliche Geschäftsbetrieb, in: DB 1985, 1156.
Roth, Wulf-Henning	Die Niederlassungsfreiheit zwischen Beschränkungs- und Diskriminierungsverbot, in: Schön, Wolfgang [Hrsg.], Gedächtnisschrift für Brigitte Knobbe-Keuk, Köln 1997, S. 729.
Runte, Julia	Sonderausgabenabzug für Auslandsspenden, in: RIW 2009, 461.
Ruppe, Hans Georg	Die Bedeutung der Kapitalverkehrsfreiheit für das Steuerrecht,

in: Lechner, Eduard u.a. [Hrsg.], Kapitalverkehrsfreiheit und Steuerrecht,
Wien 2000, S. 9.

Rüsken, Reinhard
Außenprüfung, Nachschau und Steuerfahndung im Rechtsstaat,
in: 32. Jahrestagung der Deutschen Steuerjuristischen Gesellschaft (DStJG) Band 31,
Köln 2008, S. 243.

Rust, Alexander
Renaissance der Kohärenz,
in: EWS 2004, 450.

Rust, Alexander
Rechtsfolgen EG-rechtswidriger Normen,
in: IStR 2009, 382.

Sachs, Michael [Hrsg.]
Kommentar zum Grundgesetz,
5. Aufl., München 2009.

Sauter, Eugen
Schweyer, Gerhard
Waldner, Wolfram
Der eingetragene Verein,
17. Aufl., München 2001.

Schäfers, Bernadette
Die steuerrechtliche Behandlung gemeinnütziger Stiftungen in grenzüberschreitenden Fällen,
Baden-Baden 2005.

Schäfers, Bernadette
Ausschluss der Steuerbefreiung einer gemeinnützigen, beschränkt steuerpflichtigen ausländischen Stiftung gemeinschaftsrechtswidrig, Anmerkung zum EuGH-Urteil vom 14.09.2006 – C-386/04 („Stauffer"),
in: ZEV 2006, 459.

Schaffhausen, Heinz-Willi
Plenker, Jürgen
Neuregelung des Sonderausgabenabzugs von Schulgeldzahlungen,
in: DStR 2009, 1123.

Schauhoff, Stephan [Hrsg.]
Handbuch der Gemeinnützigkeit,
2. Aufl., München 2005.

Schnitger, Arne	Grenzüberschreitende Körperschaftsteueranrechnung und Neuausrichtung der Kohärenz nach dem EuGH-Urteil in der Rs. Manninen, in: FR 2004, 1357.
Schnitger, Arne	Die erweiterte Mitwirkungspflicht und ihre gemeinschaftsrechtlichen Grenzen, in: BB 2002, 332.
Schön, Wolfgang	Gemeinschaftskonforme Auslegung und Fortbildung des nationalen Steuerrechts – unter Einschluss des Vorlageverfahrens nach Art. 177 EGV, in: 20. Jahrestagung der Deutschen Steuerjuristischen Gesellschaft (DStJG) Band 19, Köln 1996, S. 167.
Schröder, Friedrich	Die steuerbegünstigte und steuerpflichtige GmbH bei Non-Profit-Organisationen (Gründung, Ausgliederung und Hilfspersonen), in: DStR 2004, 1815.
Schroeder, Werner	Gemeinschaftsrechtliche Zulässigkeit von Transferregeln und Ausländerklauseln im Profisport, in: JZ 1996, 254.
Schropp, H.	Die Sonderausgaben nach dem Steuerreformgesetz, in: DStZ 1948, 74.
Schulz, Andreas Müller, Stefan	Anmerkung zum Urteil des BFH vom 20.12.2006 – I R 94/02, in: IStR 2007, 220.
Schulz, Hermann	Das System und die Prinzipien der Einkünfte im werdenden Staat der Neuzeit dargestellt anhand der kameralwissenschaftlichen Literatur (1600-1835), Berlin 1982.
Schwarz, Bernhard [Hrsg.]	Kommentar zur Abgabenordnung, Loseblatt, Freiburg, Stand: 135. Lieferung August 2009.

Schwarze, Jürgen [Hrsg.]	EU-Kommentar, 2. Aufl., Baden-Baden 2009.
Sedlaczek, Michael	Der Begriff der Diskriminierung und der Beschränkung – die Kapitalverkehrsfreiheit als konvergente Grundfreiheit des EG-Vertrages, in: Lechner, Eduard u.a. [Hrsg.], Kapitalverkehrsfreiheit und Steuerrecht, Wien 2000, S. 27.
Seer, Roman	Gemeinwohlzwecke und steuerliche Entlastung, in: 27. Jahrestagung der Deutschen Steuerjuristischen Gesellschaft (DStJG) Band 26, Köln 2003, S. 11.
Seer, Roman	Die beschränkte Steuerpflicht aus dem Blickwinkel des Gemeinschaft rechts, in: IWB, Fach 11, Gr. 2, S. 573 (586).
Seer, Roman	Der Vollzug von Steuergesetzen unter den Bedingungen einer Massenverwaltung, in: 32. Jahrestagung der Deutschen Steuerjuristischen Gesellschaft (DStJG) Band 31, Köln 2008, S. 7.
Seifart, Werner [Hrsg.] von Campenhausen, Axel [Hrsg.]	Stiftungsrechts-Handbuch, 3. Aufl., München 2009.
Sieger, Peter	Nochmals: Zur Befreiung gemeinnütziger Körperschaften von Beiträgen nach den Kommunalabgabengesetzen, in: KStZ 1995, 32.
Söhn, Hartmut [Hrsg.] Spindler, Wolfgang [Hrsg.] u.a.	Hübschmann/Hepp/Spitaler, Kommentar zur Abgabenordnung/Finanzgerichtsordnung, Loseblatt, Köln, Stand: 202. Lieferung April 2009.
Spiegel, Harald	Germany, in: European Taxation 1997, 348.

Stadie, Holger	Allgemeines Steuerrecht, 1. Aufl., Köln 2003.
Staringer, Claus	Dividendenbesteuerung und Kapitalverkehrsfreiheit, in: Lechner, Eduard u.a. [Hrsg.], Kapitalverkehrsfreiheit und Steuerrecht, Wien 2000, S. 93.
Staringer, Claus	Steuervollzug bei grenzüberschreitenden Sachverhalten, in: 32. Jahrestagung der Deutschen Steuerjuristischen Gesellschaft (DStJG) Band 31, Köln 2008, S. 135.
Streinz, Rudolf	Europarecht, 8. Aufl., Heidelberg 2008.
Strutz, Georg	Handausgabe des Einkommensteuergesetzes vom 29. März 1920, Berlin 1920.
Strutz, Georg	Kommentar zum Einkommensteuergesetz vom 10.8.1925, Berlin 1927-1929.
Terra, Ben J.M. Wattel, Peter J.	European Tax Law, 4th. Ed., Den Haag 2005.
Thesling, Hans-Josef	Steuerliches Verfahrensrecht und Europarecht, in: DStR 1997, 848.
Thömmes, Otmar	Gemeinnützigkeit und EG-Recht – Zur EG-Rechtswidrigkeit des § 5 Abs. 2 Nr. 3 KStG, in: Jahrbuch der Fachanwälte für Steuerrecht (JbFStR) 1999/2000, S. 123, Herne/Berlin 2000.
Thömmes, Otmar Nakhai, Katja	Gemeinnützigkeitsrecht – Förderung der Allgemeinheit und Satzungsbestimmungen zur Ausschließlich-

	keit und Unmittelbarkeit, in: DB 2005, 2259.
Thömmes, Otmar Nakhai, Katja	Aktuelle EG-rechtliche Entwicklungen auf dem Gemeinnützigkeitssektor, in: IStR 2006, 164.
Thömmes, Otmar	Sonderausgabenabzug für Spenden an gemeinnützige Einrichtungen im Ausland, in: IWB 2009/4, Fach 11a, 1227.
Thonemann, Susanne Kanders, Thomas	Brennpunkte der Stiftungsbesteuerung: Aktuelle Fragestellungen aus der Beratungspraxis, in: StC 2009, 15.
Tiedtke, Klaus Möllmann, Peter	Spendenabzug und Europarecht, in: IStR 2007, 837.
Tipke, Klaus	Die deklassierte Gemeinnützigkeit, in: StuW 1989, 165.
Tipke, Klaus [Hrsg.] Kruse, Heinrich Wilhelm [Hrsg.]	Abgabenordung, Finanzgerichtsordnung, Loseblatt, Köln, Stand: 120. Lieferung September 2009.
Tipke, Klaus [Hrsg.] Lang, Joachim [Hrsg.]	Steuerrecht, 19. Aufl., Köln 2008.
Ullrich, Benjamin D.	Praxisfragen der gesetzlichen Mustersatzung für gemeinnützige Körperschaften, in: DStR 2009, 2471.
Vogel, Klaus	Die Abschichtung von Rechtsfragen im Steuerrecht, in: StuW 1977, 97.
von der Groeben, Hans [Hrsg.] Schwarze, Jürgen [Hrsg.]	Kommentar zum Vertrag über die Europäische Union und zur Gründung der Europäischen Gemeinschaft, 6. Aufl., Baden-Baden 2003.

von Hippel, Thomas	Zukunft des deutschen Gemeinnützigkeitsrechts nach der „Stauffer“-Entscheidung des EuGH, in: EuZW 2006, 614.
von Hippel, Thomas	Steuerliche Diskriminierung ausländischer gemeinnütziger Nonprofit-Organisationen, in: Walz, Rainer Wolfgang u.a. [Hrsg.], Spenden- und Gemeinnützigkeitsrecht in Europa, Tübingen 2007, S. 677.
von Hippel, Thomas	Fremdnützige Vermögenstransfers – ein Anwendungsfall der Kapitalverkehrsfreiheit?, in: EuZW 2005, 7.
von Proff, Maximilian	Gemeinnützigkeit nach den „Stauffer“-Urteilen des EuGH und des BFH, in: IStR 2007, 269.
von Proff, Maximilian	Grenzüberschreitende Gemeinnützigkeit nach dem Persche-Urteil des EuGH, in: IStR 2009, 371.
von Wedelstädt, Alexander	Wichtige Änderungen der Abgabenordnung durch das Jahressteuergesetz 2009 und das Steuerbürokratieabbaugesetz, in: DB 2009, 84.
Wallenhorst, Rolf [Hrsg.] Halaczinsky, Raymond [Hrsg.]	Troll/Wallenhorst/Halaczinsky, Die Besteuerung gemeinnütziger Vereine und Stiftungen, 6. Aufl., München 2009.
Walz, Rainer Wolfgang	Non-Profit-Organisationen im Europäischen Zugwind, in: Walz, Rainer Wolfgang u.a. [Hrsg.], Spenden- und Gemeinnützigkeitsrecht in Europa, Tübingen 2007, S. 653.
Weber, Stefan	Kapitalverkehr und Kapitalmärkte im Vertrag über die Europäische Union, in: EuZW 1992, 561.

Weber-Grellet, Heinrich	Europäisches Steuerrecht, 1. Aufl., München 2005.
Wegehenkel, Peter	Entgeltliche Zusammenarbeit einer gemeinnützigen Körperschaft mit einem erwerbswirtschaftlich ausgerichteten Unternehmen auf dem Gebiete der Forschung, in: BB 1985, 792.
Weiand, Neil George	Wirtschaftliche und rechtliche Grundlagen des Kommunikationsinstruments Sponsoring, in: DStR 1996, 1897.
Weitemeyer, Birgit	Die Grundlagen des Altruismus und die Bedeutung steuerlicher Vergünstigungen für Gemeinnützigkeit, in: Bucerius Law Journal 2008, 51.
Weitemeyer, Birgit	Der strukturelle Inlandsbezug in § 51 AO im Jahressteuergesetz 2009, in: BLS Non Profit Law News Nr. 4/2008, 5.
Weitemeyer, Birgit	Jahressteuergesetz 2009 Änderungen des Gemeinnützigkeitsrechts geplant, in: Stiftung&Sponsoring 3/2008, S. 24.
Wieland, Joachim	Der Europäische Gerichtshof als Steuergesetzgeber?, in: Festschrift für Manfred Zuleeg zum siebzigsten Geburtstag, Baden-Baden 2005, S. 492.
Winheller Stefan Klein, Christoph	Spendenabzug für Zuwendungen ins EU-Ausland, in: DStZ 2009, 193.
Wittmann, Rolf	Mitwirkungspflicht und Aufklärungspflicht in der AO, in: StuW 1987, 35.
Zeumer, Karl	Zur Geschichte der Reichssteuern im frühen Mittelalter, Darmstadt 1955.

Finanz- und Steuerrecht in Deutschland und Europa

Herausgegeben von Klaus-Dieter Drüen, Hanno Kube
und Rainer Wernsmann

Band 1 Gordon Dreher: Das Alterseinkünftegesetz. Systematische Darstellung und verfassungsrechtliche Zweifelsfragen. 2007.

Band 2 Nils Meyer-Sandberg: Die Duale Einkommensteuer als Modell ungleicher Besteuerung von Arbeit und Kapital. 2008.

Band 3 Alexander Pfab: Die Behandlung von Bildungsaufwendungen im deutschen Einkommensteuerrecht. 2008.

Band 4 Christian Johannes Müller: Einnahmeverzicht im Einkommensteuerrecht – insbesondere durch verbilligte Wohnungsüberlassung an nahe Angehörige. 2009.

Band 5 Melanie Falkner: Die Einkunftserzielungsabsicht als subjektives Besteuerungsmerkmal. Eine Analyse subjektiver Tatbestandsmerkmale im Steuerrecht. Zugleich ein Beitrag zur Liebhaberei im Steuerrecht. 2009.

Band 6 Steffen Ott: Die Vertreterbetriebsstätte nach OECD-MA. 2009.

Band 7 Christoph Wagner: Steuergleichheit unter Standortvorbehalt? Verfassungsrechtliche Grenzen einer ungleichen Einkommensbesteuerung von Kapital und Arbeit. 2010.

Band 8 Andreas Goetze: Die Ersetzung der sieben Einkunftsarten des EStG durch eine einzige. Zur Gleichheit aller Erwerbsgrundlagen in einem vereinfachten Steuerrecht. 2010.

Band 9 Hanno Kube: Der bundesstaatliche Finanzausgleich. Verfassungsrechtlicher Rahmen, aktuelle Ausgestaltung, Entwicklungsperspektiven. 2011.

Band 10 Katharina Brauer: Abgrenzung der Lebensmittellieferung von der Restaurationsdienstleistung im Umsatzsteuerrecht. 2011.

Band 11 Marc Schubert: Die Verfassungswidrigkeit der Erbschaft- und Schenkungsteuer und die verfassungsrechtlichen Anforderungen an eine Neuregelung. 2011.

Band 12 Martin Rehberg: Der Zuzug und Wegzug von Kapitalgesellschaften in gesellschafts- und steuerrechtlicher Hinsicht. 2011.

Band 13 Dirk Wünschig: Perspektiven eines europarechtskonformen Gemeinnützigkeits- und Zuwendungsrechts. Eine Untersuchung nach „Stauffer" und „Persche" bei gleichzeitiger Kritik an der Neufassung des Gemeinnützigkeitsrechts nach dem Jahressteuergesetz 2009. 2011.

www.peterlang.de

Martin Karl Plappert

Gemeinnützigkeits- und Spendenrecht: Ein steuersystematischer Rechtsvergleich zwischen den USA und Deutschland

Frankfurt am Main, Berlin, Bern, Bruxelles, New York, Oxford, Wien, 2009.
401 S., zahlr. Graf.
Bochumer Schriften zum Steuerrecht. Herausgegeben von Roman Seer. Bd. 16
ISBN 978-3-631-59254-0 · geb. € 67.80*

Die USA haben in absoluten Zahlen, gemessen an der Beschäftigung und an den Einnahmen, den weltweit größten Nonprofit-Sektor. Die Förderung von Aufgaben des Gemeinwohls entstand in den USA fast ausschließlich in privater Initiative. Der deutsche dritte Sektor gehört zu den größten Nonprofit-Sektoren weltweit. Historisch wurde in Deutschland die Verfolgung des Gemeinwohls traditionell als staatliche Aufgabe verstanden, was zu einer starken Abhängigkeit von staatlicher finanzieller Unterstützung führte.
Der Autor stellt beide Rechtssysteme mit ihren Gemeinsamkeiten und Unterschieden dar, um daraus Erkenntnisse zur Fortentwicklung auf diesem deutschen Steuerrechtsgebiet zu liefern.

Aus dem Inhalt: Bedeutung und Entwicklung der Gemeinnützigkeitssektoren · Historische Entwicklung des Gemeinnützigkeitsrechts · Vergleich der Begriffe „charitable" und „gemeinnützig" · Zulässige Rechtsformen gemeinnütziger Organisationen · Beschränkung des Wettbewerbs zum gewinnorientierten Sektor · Spendenrecht